中国改革开放法治建构主义论丛

On Rule of Law Constructivism of China's Reform and Opening Up

中国特色自贸区（港）法治建构论

陈利强　著

ZHONGGUO TESE ZIMAOQU GANG

FAZHI JIANGOULUN

人民出版社

目　　录

序 言 一

隆国强[1]

改革开放是中国繁荣发展的必由之路。党的十八届三中全会以来,面对世界百年未有之大变局,以习近平同志为核心的党中央审时度势、科学决策,制定了新时代全面深化改革蓝图,提出构建开放型经济新体制。

建设中国特色自贸区(港)是党中央推动全面深化改革和高水平对外开放的重大举措。自贸区(港)在改革开放领域先行先试,总结经验,复制推广,真正实现中央提出的"以开放促改革"目标。六年多来,自贸区(港)对接高标准国际经贸规则,坚持以制度创新为主线,推出一系列重大改革开放新举措,不断加大自主开放力度,在贸易投资自由化便利化、政府职能转变等方面大胆探索,形成一大批可复制可推广的制度创新成果,有力推动了营商环境的改善和全面开放新格局的形成,为中国全面深化改革和高水平开放作出了重要贡献,发挥了作为改革开放"试验田"和"新高地"的作用。

中国特色社会主义进入新时代,对自贸区(港)提出了新要求,也赋予自贸试验区更大改革自主权。要更好发挥自贸区(港)为全面深化改革和进一步提高对外开放水平进行探索的作用,关键在于进一步完善自贸区(港)先行先试的保障机制。应当着重从法治保障先行、调动央地两个积极性、加大授权力度三大方面,完善自贸区(港)为改革开放探路的保障机制。

首先,法治保障要先行。在通过更加有效的法治授权让自贸试验区放开手脚、推动改革的同时,中央也需要把在自贸区(港)探索成功的经验,尽快地上升为新的法律和规章。

其次,需高效联动机制。中央相关部门要进一步加强对自贸区(港)改革

---

① 隆国强,国务院发展研究中心副主任、党组成员、研究员。

的指导，形成上下联动的工作机制，压实两个方面的责任，更好调动央地两个方面的积极性。

最后，更大幅度给予授权。中央对于已作明确规定的任务，要最大限度地给予授权，调动基层积极性，让自贸区（港）能够真正放手地去闯、去试、去改。

陈利强教授的这部著作，基于"内外关系""央地关系"和"政企关系"三对动态关系框架，开创性提出"中国特色高级应用法学思想"与"中国改革开放法治建构主义"，由此形成阐释中国特色自贸区（港）法治建构论的"思想体系和方法论"。本书构建了五位一体的系统性框架，深入探究中国特色自贸区（港）建设中改革与法治关系命题，指出其"双轮驱动、相互促进"的制度性成就与体制性障碍，确立了"事权法治制度环境一体化"的方略和路径，提出全球视野下的"中央授权及法治保障模式"。作者在全程参与中国（浙江）自贸试验区创建和积极服务海南自贸区（港）等建设中，率先提出并深入论证了"三层次联动推进模式""特别授权法模式"和"国家层面统一立法的基本法模式"，最后指出中国特色自贸区（港）法治建构国际化的基本思路和主要方向。本书是作者开展理论与实践互动、国内与国外比较、经济、公共管理与法律跨学科交叉研究的学术作品，原创性和实践性较强，彰显了中国法学学者积极参与国家改革开放事业的时代使命和历史担当。

2019 年 11 月于北京

序 言 二

陆剑锋①

　　当今世界正处于"百年未有之大变局",当代中国正处在持续而深刻的社会变革之中。新时代新形势要求国家治理适应我国社会变迁的新要求,实现国家治理体系和治理能力的现代化。党的十九届四中全会系统科学回答了在我国国家制度和国家治理上,应该"坚持和巩固什么,完善和发展什么"这个重大政治问题,充分体现了以习近平同志为核心的党中央高瞻远瞩的战略眼光和强烈的历史担当,充分彰显了中国特色理论之维、实践之维、新型文明形态之维,为实现更高水平、更高境界的"中国之治"提供了遵循、指明了方向。

　　建设中国特色自贸区(港)是党中央、国务院作出的重大战略决策,是在新形势下推动全面深化改革和高水平对外开放的重大举措。自贸区(港)要当好改革开放排头兵、创新发展先行者,必须以制度创新为核心,深化管理体制机制改革,不断提升事中事后监管能力水平。市场化、国际化、法治化、现代化的制度体系和营商环境既是自贸区(港)先行先试的目标任务,也是自贸区(港)改革创新的重要保障,更日益成为自贸区(港)探索发展的核心竞争力。深入研究自贸区(港)法治创新、法治保障的实践特征、中国特色,既是贯彻落实四中全会精神的具体要求,也将为新时代"中国之治"提供样本和佐证。

　　陈利强教授深耕中国特色自贸区(港)法治研究多年,淡泊名利,潜心治学,发表了系列成果,取得了显著成绩。近六年来,利强教授带领浙江省法学会自由贸易园(港)区法治研究中心学术团队,自觉扛起浙江"三个地"的时代使命和学术担当,以干在实处、走在前列的学术激情和学术探索,聚焦"中国特色涉外经贸法治建构主义"重大理论命题,深度参与中国特色自贸区(港)

――――――――――

　　① 陆剑锋,浙江省法学会党组成员、专职副会长。

国家战略实施，将浙江省自贸区法治研究中心打造成为全国首家跨学科、实战型、应用型的高端法治智库，为新时代中国改革开放法治建构作出了浙江法学学术界的贡献。

欣闻利强教授新作出版，十分高兴！该书凝聚了利强教授近八年来辛勤探索的心血，跳出传统法学研究范式和区域法治建设场域，完整深入阐述中国特色自贸区（港）法治建构论的"思想体系和方法论"，提出法治浙江建设乃至法治中国建设的独特理论体系——法治建构主义理论，彰显了法治建设和法学研究的浙江气度。书稿深入研究中国特色自贸区（港）建设中改革与法治关系命题及其实践成效，深入论证"三层次联动推进模式""特别授权法模式"和"国家层面统一立法的基本法模式"，初步指出中国特色自贸区（港）法治建构国际化的研究进路，是一部跨学科、跨领域研究的高质量学术著作。对协调处理全面深化改革与全面依法治国关系提出浙江方案，为形成深化改革和法治护航的"双轮驱动、相互促进"模式贡献中国法学学者智慧。

最后再次祝贺新著出版！

2019 年 11 月于杭州

序 言 三

郁建兴①

坚持和发展中国特色社会主义,必须加快构建中国特色哲学社会科学。2016 年 5 月,习近平总书记在哲学社会科学工作座谈会上强调,着力构建中国特色哲学社会科学,在指导思想、学科体系、学术体系、话语体系等方面充分体现中国特色、中国风格、中国气派。②

超越中国社会科学的依附性,建构中国社会科学的自主性,这是当代中国社会科学工作者的使命。中国社会科学要从跟跑、并跑到领跑,寻求实现自主性,关键在于如何突破社会科学西方话语体系以及基于西方历史经验的理论研究思路、框架、路径的设计,开辟社会科学研究中国自己的道路;根本途径就是立足文化土壤,开展中国研究;具体要领主要在于"拓宽全球视野、改进研究方法、赋予学术自由、发展新兴文科(如新法学)以及善用改革开放经验"。

进入新时代,各地社会科学工作者紧扣国家和区域发展战略,开展中国研究,聚焦改革开放以来涌现出的鲜活样本,寻找读懂中国的"钥匙",为地方发展闯关,为全国改革探路。其中深刻地影响了周边省份,燎原于全国,在全国绝大多数省市自治区推广的改革——"最多跑一次"就是始于浙江的经典案例。

陈利强教授带领专业智库团队,依托跨界学术调研,超越传统法学理论研究和法治保障路径依赖,打破象牙塔内传统学科的划界,直面法学理论对中国改革开放实践及重大法治需求回应不足的客观事实,在服务中国特色自贸区(港)国家战略实施中提炼法治真命题、创造法治新理论,提出了一系列具有

---

① 郁建兴,浙江大学公共管理学院院长、社会治理研究院院长、教授、教育部长江学者特聘教授、博士生导师。

② 习近平:《在哲学社会科学工作座谈会上的讲话》,人民出版社 2016 年版,第 15 页。

主体性、原创性的理论观点。通过创造性转化和创新性发展，着力破解塔内塔外话语体系如何对接、地方化知识如何变成全国性知识以及本土化如何走向国际化等难题，不断构建参与改革开放进程、服务国家战略实施、对接象牙塔内外供需的"思想体系和方法论"，为加快构建中国特色社会主义法治体系做出了有益探索和尝试，服务于中国特色自贸区（港）改革创新与法治保障实践。

　　利强是我的博士后，在创作题为《自由贸易试验区的"中国模式"论纲》的报告期间，本着求真务实的态度，坚持以问题为导向、以比较为基本方法、以理论创新为追求的基本原则，先赴美国加州大学伯克利分校法学院做访问学者，开展自由贸易区制度的比较研究。回国后担任中国（浙江）自贸试验区建设领导小组办公室成员，开展基于中国文化和经验的浙江自贸试验区政策设计和法治保障的实证研究。本书是他以博士后研究工作报告为主体内容，不断增补、修改和完善而成的，在创新研究范式、创立思想体系和构建研究内容三大方面具有比较显著的特色。希望他再接再厉，做出更大的学术贡献。

2019 年 11 月于杭州

导　　论

习近平总书记就《中共中央关于全面深化改革若干重大问题的决定》(以下简称《决定》)向全会作说明时指出,"党的十八大以来,中央反复强调,改革开放是决定当代中国命运的关键一招,也是决定实现'两个一百年'奋斗目标、实现中华民族伟大复兴的关键一招,实践发展永无止境,解放思想永无止境,改革开放也永无止境,停顿和倒退没有出路,改革开放只有进行时、没有完成时。"①党的十八届三中全会《决定》提出:"改革开放是党在新的时代条件下带领全国各族人民进行的新的伟大革命,是当代中国最鲜明的特色。"②当前,中国的改革开放已经走过了40多年,回顾过去,成就辉煌;展望未来,充满挑战。尤其从2001年加入WTO至今,中国发展所处的时代背景和内外部条件已经发生重大变化,继续推动"以开放促改革"面临更大压力和更多挑战:一是扩大对外开放面临强大的"倒逼压力"和挑战。从国际(开放)层面看,逆全球化潮流涌现,WTO处于被边缘化状态,美国单边主义、贸易保护主义和新孤立主义盛行,加快对中国形成全面遏制。这对加快落实习近平总书记在首届中国国际进口博览会开幕式上提出的中国进一步扩大对外开放五项重大举措("激发进口潜力""持续放宽市场准入""营造国际一流营商环境""打造对外开放新高地""推动多边和双边合作深入发展")以及对中国参与国际经贸规则重构、提升中国在全球经济治理中的制度性话语权形成强大的倒逼压力。因此,为适应经济全球化的新趋势,加快构建"与中国开放型经济发展要求相适应"的新体制机制(新模式),加快培育参与和引领国际经济合作竞争的新优势,中国将面临一系列重大挑战。二是全面深化改革面临巨大的"回潮压

---

① 《十八大以来重要文献选编(上)》,中央文献出版社2014年版,第494页。
② 《十八大以来重要文献选编(上)》,中央文献出版社2014年版,第494页。

力"和挑战。从国内（改革）层面看，全面深化改革，完善和坚持中国特色社会主义制度，推进国家治理体系和治理能力现代化，面临各种挑战。尤其要运用法治思维和法治方式全面深化改革，加快转变政府职能，推进市场化改革，建设现代化经济体系，促进经济转型升级，打造法治的市场经济，任务紧迫而繁重。

随着国内外形势发生重大变化，中国发展的"战略机遇期"正在加快结束。传统的开放平台和载体（如经济开发区、综合保税区等特殊经济功能区）的竞争优势、体制机制优势日渐下降，体制性障碍（监管体制和财税政策等）日益凸显，全面深化改革开放，提升对内对外开放层次和水平的压力和难度在不断加大。同时，2019 年 9 月，习近平总书记主持召开中央全面深化改革委员会第十次会议时强调，"现在要把着力点放到加强系统集成、协同高效上来，巩固和深化这些年来我们在解决体制性障碍、机制性梗阻、政策性创新方面取得的改革成果，推动各方面制度更加成熟更加定型。"[1]2019 年 11 月，习近平总书记在上海考察时再次强调，"上海自贸试验区临港新片区要进行更深层次、更宽领域、更大力度的全方位高水平开放，努力成为集聚海内外人才开展国际创新协同的重要基地、统筹发展在岸业务和离岸业务的重要枢纽、企业走出去发展壮大的重要跳板、更好利用两个市场两种资源的重要通道、参与国际经济治理的重要试验田，有针对性地进行体制机制创新，强化制度建设，提高经济质量。"[2]因此，中国必须围绕"系统集成、协同高效"这一战略目标，实行更加积极主动的开放战略，依托中国特色自贸区（港）（本书将中国自由贸易试验区（以下简称"中国自贸试验区"）与中国特色自由贸易港合称为"中国特色自贸区（港）"）等创新性开放平台和载体，坚持全面深化改革，加快建设更高水平开放型经济新体制，推动形成全面开放新格局。

在始终坚持中国特色自贸区（港）法治保障/法治建构的自主理论创新基础上，本书坚持以习近平新时代中国特色社会主义思想为指导，通过综合研判当前国际国内形势变化带来的压力和挑战，努力标定中国所处百年未有之大变局

---

[1]　习近平：《加强改革系统集成协同高效　推动各方面制度更加成熟更加定型》，载《人民日报》2019 年 9 月 10 日。

[2]　习近平：《城市是人民的城市，人民城市为人民》，载《人民日报海外版》2019 年 11 月 4 日。

的时代方位,研究提出"三个新时代"与"三个新突围"的重大判断。具体而言,一是中美已经进入"战略竞争新时代":中国如何突围;二是中国已经进入"改革开放新时代":改革如何突围;三是中国已经进入"变法图强新时代":法治如何突围。

一、选题的缘起

改革开放 40 多年来,中国自身发展取得了举世瞩目的重大成就,同时所处的时代背景条件以及所面对的发展主题发生了重大变化。第一,作为战略框架的"三对动态关系"将对中国特色自贸区(港)建设产生重要影响。一是"内外关系"(主要是指"中美关系")。进入"战略竞争新时代"的中美(经贸)关系发展更具不确定性,中美制度竞争/博弈将影响到中国改革开放的基本走向,势必对作为改革开放新高地/新平台/新载体的中国特色自贸区(港)建设形成"倒逼压力"及其压力传导机制。因此,"战略竞争新时代"的中美关系成为中国推进改革开放事业大局的关键。二是"央地关系"(是指"中央与地方关系")。进入"改革开放新时代"的中国特色自贸区(港)建设,正在承受时代命题和主题双重转换带来的改革"回潮压力"。其中,"央地关系"的重点难点问题是"国家事权及中央专属立法权与地方事权"的分配调整。三是"政企关系"(是指"政府与市场关系")。中美制度博弈推动中国对外开放迈入"五化统领"(便利化、市场化、法治化、国际化、自由化)新时代,"迫使"中国进一步从法治化维度厘定"政府与市场关系"的边界,努力构建"法治的市场经济"。

在笔者关于中国特色自贸区(港)法治保障/法治建构的研究历程中,以下四个阶段尤为关键:一是 2011—2012 年,在中国社会科学院法学研究所访学,开展中国特色涉外经贸法治建构论研究;二是 2013 年带领专业团队服务"义乌试点"建设,系统阐释了义乌涉外经贸法治建构论;三是 2014—2015 年,在美国加州大学伯克利分校法学院访学,开展对外贸易区(Foreign Trade Zone,FTZ)制度的"美国模式"研究;四是 2016 年至今,带领专业智库团队,全程深度参与中国(浙江)自由贸易试验区(以下简称"浙江自贸试验区")创建工作,深入探究中国特色自贸区(港)法治建构路径、模式及其国际化问题。

值得一提的是,在2013年至2019年的持续研究过程中,笔者在以下四个方面的学术经历对本书的创作至关重要:一是2013年—2016年,在浙江大学公共管理学院攻读在职博士后,撰写了题为《自由贸易试验区的"中国模式"论纲》的研究工作报告;二是2016年开始,正式担任中国(浙江)自由贸易试验区建设领导小组办公室成员,参与法治保障等专题工作;三是2018年,组织申报国家社会科学基金重大招标项目,撰写了题为《中国特色自由贸易港建设路径及法治保障研究》的投标书;四是从2013年开始,围绕"中国特色自贸区(港)改革创新与法治保障"主题,受邀为浙江、四川、安徽、河南、湖北、重庆、海南等各级干部培训授课以及为各种论坛作专题报告,共计70多次。

在上述走出象牙塔的研究历程中,中国特色自贸区(港)法治保障/法治建构的自主理论创新一直是笔者思考的重大命题。为此,笔者正在创立"中国特色高级应用法学思想"("走出象牙塔的智库思想")和"中国改革开放法治建构主义"("超越象牙塔的理论体系")的"思想体系和方法论",以期构建具有主体性原创性的中国特色哲学社会科学,提升中国社会科学的自主性(主体性、原创性)。该"思想体系和方法论"由五大要素构成:一是基本判断,即高质量发展:"一深两高"成为改革开放新逻辑;全面深化改革:"系统集成、协同高效"成为战略新课题;改革开放新高地:中国特色自贸区(港)法治保障与改革创新"双轮驱动、相互促进"成为改革开放新要求;国际一流(稳定、公平、透明、可预期)营商环境:"五化统领"、国际一流的政策和制度体系成为营商环境新目标四个基本判断。二是理论模式(模型),即"走出象牙塔的智库思想"——"中国特色高级应用法学思想"和"超越象牙塔的理论体系"——"中国改革开放法治建构主义"。三是概念体系。其核心是在"事权法治制度环境一体化"的方略和路径引领下的"赋权、调法、建制、营商四位一体高度统一"论。四是研究方法。其根本方法为"顶天立地"和"洋为中用"的社会科学方法论。具体方法包括实证研究法、历史研究法、比较研究法、跨学科研究法等。五是实践平台。其主要包括县级市义乌的义乌国际贸易综合改革试验区、地级市舟山的浙江自贸试验区、副省级城市宁波的"一带一路"建设综合试验区和保税区、义甬舟开放大通道以及长三角更高质量一体化发展等主要平台。

2017年10月,习近平总书记在中国共产党第十九次全国代表大会上的报告提出,"赋予自由贸易试验区更大改革自主权,探索建设自由贸易港。"①为此,有必要在"中国特色高级应用法学思想"和"中国改革开放法治建构主义"的"思想体系和方法论"统领下,进一步总结、提炼自贸区(港)的"中国模式"的实践经验,深入探究和有效破解中国特色自贸区(港)法治建构路径、模式及其国际化等若干重大体制性障碍,在中国特色自贸区(港)建设进程中协调处理好改革与法治/法治与改革关系命题,并以之为突破口或切入点,走出一条既符合国情、又接轨国际的法治适度有序引领、推动、规范、保障改革开放的新路子,这不仅关涉新时代中国改革开放事业前途,而且关涉新时代法治中国的未来图景。

(一)研究目的

笔者自中国加入 WTO 以来,一直致力于探寻中国特色涉外经贸法治建构的思想资源和本土理论,在国内率先提出"中国特色涉外经贸法治建构论"("中国特色涉外经贸法治建构主义")这一重大原创性命题。在 2013 年中国(上海)自由贸易试验区(以下简称"上海自贸试验区")创建之后,笔者带领于 2014 年 5 月成立的浙江省法学会自由贸易园(港)区法治研究中心团队(浙江工业大学自由贸易园(港)区法治研究咨政团队,2019 年正式启用"中国特色高级应用法学研究团队"名称),秉持"将法学论文写在中国(浙江)大地上"的治学理念,在深度参与浙江实施"四大国家战略举措"(浙江海洋经济发展示范区、浙江省义乌市国际贸易综合改革试点、浙江舟山群岛新区、浙江省温州市金融综合改革试验区),尤其是在全程深度参与浙江自贸试验区创建实践过程中,坚持马克思主义(辩证唯物主义)学术立场以及"顶天立地"和"洋为中用"的社会科学方法论,在持续深化研究"中国特色涉外经贸法治建构主义"的同时,开创性地提出了"三个新时代"和"三个新突围"的重大判断并正在创立"中国特色高级应用法学思想",创造性地提出并正在探索"中国改革开放法治建构主义"这一中国所处大变局时代的重大法哲学命题,明确指出:不构建法治,改革难推进;不构建法治,开放无保障。

---

① 习近平:《决胜全面建成小康社会 夺取新时代中国特色社会主义伟大胜利——在中国共产党第十九次全国代表大会上的报告》,人民出版社 2017 年版,第 35 页。

因此，本书的研究目的可以概括为以下两方面内容：一是通过深入探究中国特色自贸区（港）的建设现状和发展规律，提炼并阐释自贸区（港）的"中国模式"的实质，即"对标国际、自主改革模式"，并在此基础之上，系统论证中国特色自贸区（港）在法治建构路径及模式问题上与国际知名自贸区（港）之间的错位与落差，进而深入剖析中国特色自贸区（港）建设面临的体制性障碍及其成因，为中国特色自贸区（港）法治建构路径及模式不断优化创新，接轨国际，提供坚实的理论和实证支撑。二是在提炼和阐释"中国特色高级应用法学思想"和"中国改革开放法治建构主义"的"思想体系和方法论"过程中，倡导并坚持"事权法治制度环境一体化"的方略和路径、"为改革调法"的核心理念和"立改废释并举"的方法论等，通过总结和提炼中国特色自贸区（港）建设的法治化实证经验，深入阐述中国特色自贸区（港）法治建构路径、法治建构模式及路径和模式的国际化，努力打造中国特色"赋权、调法、建制、营商四位一体高度统一"的国家战略实施法治样本，进而为加快构建中国特色哲学社会科学学科体系、学术体系和话语体系作出应有的学术贡献。

（二）研究意义

中国作为一个发展中国家，其增长动力相当一部分来自制度方面的突破和生产力的提高，因此中国自改革开放以来取得前所未有的成就，主要归功于三次制度突破（20世纪70年代末的改革开放、20世纪90年代初的浦东开发开放与2001年加入WTO）。中国自改革开放以来的"强制性制度变迁"的基本逻辑是以国际化为切入点，适时调整国家事权及中央专属立法权与地方事权的分配关系，不断促进政府与市场关系的制度化（法治化）和自由化。因此，制度突破/制度变迁/制度创新（包括政策措施创新与法律制度创新）具有特殊且丰富的中国涵义，在改革开放进程中极具中国特色。中国特色自贸区（港）作为新一轮改革开放的重要载体、平台或窗口，其核心任务是探索"法治保障下的制度创新"，因此围绕法治建构路径、法治建构模式以及路径和模式的国际化，对自贸区（港）的"中国模式"开展研究具有重大的现实意义与理论价值。一是全面剖析"对标国际、自主改革"的"中国模式"，重在推进制度创新，为全面深化改革和扩大开放探索新途径、积累新经验。2014年12月，中央政治局就加快自由贸易区（包括中国与他国之间的自由贸易区（Free Trade

Area,FTA)与中国境内的自贸试验区(Pilot Free Trade Zone,PFTZ))建设进行第十九次集体学习时指出,加快实施自由贸易区战略,是适应经济全球化新趋势的客观要求,是全面深化改革、构建开放型经济新体制的必然选择,也是中国积极运筹对外关系、实现对外战略目标的重要手段。因此深入剖析自贸区(港)的"中国模式"的内涵和不足,旨在将中国特色自贸区(港)制度创新成果和经验抽象化和理论化,为全面深化改革和扩大对外开放提供制度创新的理论依据和路径依赖。二是深入解读当前在"对标国际、自主改革"的"中国模式"之下,中国特色自贸区(港)法治建构路径及模式的成效与不足,旨在为正确处理中国改革与法治/法治与改革关系以及充分理解中国纵横交错的事权分配体系与中国特色法治建构主义道路提供经验借鉴和路径参考。中国特色自贸区(港)改革创新必须破解"凡属重大改革都要于法有据"与"法治适度有序引领、推动、规范、保障改革开放"的两大政治课题,为协调推进"两个全面"(全面深化改革与全面依法治国)探索路径和方法。因此,深入解读中国特色自贸区(港)改革创新及法治建设实践,将有助于深入理解纵横交错的事权分配体系(中央与地方纵向事权分配与国家部委之间横向事权分配体系)的制度难题与中国特色法治建构主义的学术命题。

二、思想体系和方法论

2019年3月,郭声琨同志在中国法学会第八次全国会员代表大会上,代表党中央对法治工作者提出了"自觉做中国特色社会主义法治道路的践行者"、"自觉做社会主义法治国家的建设者"、"自觉做中国特色社会主义法治理论的发展者"以及"自觉做德才兼备的社会主义法治人才的培养者"的四位一体更高要求。在这一要求的统领下,笔者带领专业智库团队,对"思想体系和方法论"进行了系统提炼和总结,在五大要素框架下提出了以下具有主体性、原创性的核心观点。

(一)思想方法

本书的"中国特色高级应用法学思想及方法论"主要包括以下内容:一是提出以"立体式改革"取代"平面式改革",将改革与法治/法治与改革关系分解成"事权与立法权关系"，提出"三位"概念体系：事权/赋权（上位概念）、法治/调法（中位概念）、制度/建制和环境/营商（下位概念）。二是提出法治保障法治建构"三维图景"/"三维空间"论："纵向法治保障/法治建构"（纵向法治）论，即国家自上而下的法治；"横向法治保障/法治建构"（横向法治）论，即地方区域性法治；"行业法治保障/法治建构"论，即具有深度和厚度的行业法治化。三是提出新时代中国特色"赋权"论，即立足"纵横交错"体制，推动"经济赋权"（the economic empowerment）：政府公权力视角的自贸区（港）"有效赋权"、"纵横赋权"与市场私权利视角的民营企业"平等赋权"。四是提出新时代中国特色"调法"论，即推进法治改革，具体包括法律授权、立法修法、法律豁免/不适用、特别法优于一般法原则等法律调整方式方法。五是提出新时代中国特色"建制"论，即推进制度创新："纵向制度创新"论、"横向制度创新"论。六是提出中国特色自由贸易港"三位一体制度体系论"：全球共性制度、法治环境制度、特色产业制度。七是提出推进"赋权改革"和"破法改革"，避免"政策空转""立法空转"和"改革空转"。八是提出中国特色自贸区（港）改革创新模式："对标国际、自主改革模式"。九是提出修法比立法更重要、更紧迫的观点。立法是做增量，修法是做存量。既要做大增量，更要优化存量。要在优化存量的基础上做大增量。十是提出三种"中央授权及法治保障模式"："三层次联动推进模式"（"中央授权及法治保障模式Ⅰ"）、"特别授权法模式"（"中央授权及法治保障模式Ⅱ"）、"国家层面统一立法的基本法模式"（"中央授权及法治保障模式Ⅲ"）。十一是提出要区分"伪命题"与"悖论"，并进一步提出要区分"纵向悖论"与"横向悖论"。十二是提出要从"政策型开放"转向"制度型开放"。十三是提出坚持"事权法治制度环境一体化"的方略和路径，确保"赋权、调法、建制、营商四位一体高度统一"，破解"中国改革开放法治建构主义"这一重大法哲学命题。十四是坚持"为改革调法"的核心理念，不断创新中国特色法治方式方法。十五是坚持"事权与立法权相匹配、立法与修法相协调"、"立改废释并举"等方法，有效破解"四化"共性法治难题与"四不"共性突出难题。十六是建立"政策法律化"机制，将政策措施转变成法律制度。十七是提出中国特色高级应用法学"三观法治（思维）"论：宏观法治（思维）、中观法治（思维）、微观法治（思维）。十八是提出优化营商环境的"三位一体方法论"：目标论（法治环境论）：打造稳定、公平、透明、可预期的法治环境;过程论(改革创新论):形成"五化统领"(便利化、市场化、法治化、国际化、自由化)和国际一流(稳定、公平、透明、可预期)的营商环境建设方向;工具论(评估模式论):构建"营商环境评估机制、指标体系和行动计划三位一体评估模式"。十九是提出"三观营商环境"论:"宏观营商环境"论,主要关注法治和制度体系完备程度(经典的"山核桃理论"):"中观营商环境"论,主要关注行业法治化程度(经典的"山核桃理论");"微观营商环境"论,主要关注市场主体赋权水平(经典的"啄木鸟行动")。二十是提出"五化统领"营商环境论,即"便利化营商环境"论、"市场化营商环境"论、"法治化营商环境"论、"国际化营商环境"论、"自由化营商环境"论。二十一是提出"政企协同打造国际一流营商环境"论。

在上述观点的基础上,本书特别强调,"中国特色高级应用法学思想"的精髓在于,遵循"事权法治制度环境一体化"的方略和路径,构建"赋权、调法、建制、营商四位一体分析框架",实现"赋权、调法、建制、营商四位一体高度统一"。

(二)理论体系

本书在"法治建构"与"法治演进"二元区分以及"法治建构主义"与"法治演进主义"二元区分的基础上提出,"中国特色法治建构主义"—"中国特色涉外经贸法治建构主义"—"中国特色自贸区(港)法治建构主义"—"中国改革开放法治建构主义"是一脉相承的。因此,"中国改革开放法治建构主义"的提出可以划分为三个阶段:

2001—2012年,践行"中国特色涉外经贸法治建构主义"。笔者在国内率先提出"中国特色涉外经贸法治建构主义"这一重大原创性命题,指出改革开放以来,中国践行涉外经贸法制/法治建构之路.尤其在2001年中国加入WTO之后,坚持"自上而下的倒逼型改革创新路径",即"条约义务驱动→中央政府推动→对照WTO规则及中国'入世'承诺进行大规模的'立改废释'的修法活动→重构中国涉外经贸制度体系(涉外经贸政策体系与涉外经贸法治体系)",形成了"条约驱动型法制/法治建构模式"。

2013—2018年,践行"中国特色自贸区(港)法治建构主义"。2013年开始实施自贸试验区国家战略,坚持"自下面上的自主改革创新路径",即"问题导向/市场主体需求导向→地方政府推动→形成专业化系统化改革说理方案→向中央寻求政策突破→重构中国涉外经贸制度体系（涉外经贸政策体系与涉外经贸法治体系）"，形成了"自主推动型法制/法治建构模式"。

2019年（新中国成立70周年、中美建交40周年）开始，全面深入践行"中国改革开放法治建构主义"，旨在有效回应全面深化改革与全面依法治国如何协调推进。改革开放法治建构主义是中国所处大变局时代的重大法哲学命题，聚焦改革开放与法治建构/法治建构与改革开放关系。本书将从两个角度出发，对此加以全面深入研究。一是开放与法治/法治与开放关系，包括中国加入WTO、《中华人民共和国外商投资法》施行以及美国对华制度施压三方面内容。二是改革与法治/法治与改革关系，包括中国自贸试验区建设、加快研制"海南自由贸易港法"以及"加强改革系统集成、协同高效，推动各方面制度更加成熟更加定型"三方面内容。同时，本书从"三个新时代"和"三个新突围"的重大判断入题，提出了一系列主体性、原创性观点：一是率先研究提出"双轨制自贸区国家战略"，并提出构建自由贸易区（FTA）与自贸区（港）（FTZ）国家战略联动机制的总体构想。笔者带领专业智库团队，研究提出对标国际标准，既要对标高标准的国别自由贸易协定（FTA）模式（如自由贸易区协定的"美国模式"），又要对标国际通行的自贸区（港）（FTZ）模式（如对外贸易区制度的"美国模式"），学习借鉴世界先进的FTA与FTZ法治和制度经验，提出中国特色的"双轨制自贸区国家战略"（"自由贸易区国家战略"与"自贸区（港）国家战略"），同时提出构建FTA与FTZ国家战略联动机制的具体设想。本书将在中国特色自贸区（港）法治保障/法治建构的自主理论创新命题的指引下，进一步研究推动这种具体设想朝制度化方向发展，让中国特色自贸区（港）从"FTA与FTZ的复合体"中分离出来，真正走向国际化，发挥各自应有的制度价值和载体作用。二是开创性地提出和积极推动中国"中央规划—地方探索"的对外开放新模式。笔者带领专业智库团队，研究提出"中央规划—地方探索"的对外开放模式（国家事权及中央专属立法权保留下的地方先行先试）正在承受体制性压力。在该体制下，事权、法治、制度与环境四者时常错位或不协调，导致体制性障碍（监管体制和财税政策等）日益凸显，促使特殊经济功能区和非特殊经济功能区等开放平台或载体的竞争优势日渐下降。因此，必须运用好改革与法治/法治与改革关系的辩证法，从制度上加强"中央顶层设计"与"地方先行先试"之间的协同,在重要领域和关键环节改革上积极探索中央授权及法治保障顶层设计下的地方先行先试,为加快构建"与开放型经济发展要求相适应"的、"以法治适度有序引领、推动、规范、保障改革开放"的对外开放新模式而不懈努力。

三、研究范式、思路与方法

本书所研究课题的专业性和实践性很强,同时也是一个理论性很深的新题目。因此,必须在具有主体性、原创性的学术思想的指引下,创新研究范式,遵循系统的研究思路,采取正确的研究方法,方能有效破题,进而在形成具有一定系统性的"思想体系和方法论"的基础上,丰富并发展中国特色哲学社会科学学科体系、学术体系和话语体系。

(一)研究范式

研究范式的创新是本书的一大特色。本书以高站位、大格局、宽视野,以创建中国特色法学思想和理论为己任,以法学、经济学、国际关系学等跨学科视角,运用历史、实证与比较研究方法,超越纯法学概念体系和传统法治保障逻辑,善于利用"深入体制的实操经验",引入与法治紧密相关的中国特色体制性概念(如事权分配/划分、制度创新等),从服务国家战略实施实践中挖掘新材料、发现新问题、提出新观点、构建新思想。采用"顶天立地"的社会科学方法论,深入剖析了中国特色自贸区(港)建设中的改革与法治/法治与改革关系命题,高度提炼了中国特色自贸区(港)建设中的法治化实证素材。同时使用"洋为中用"的社会科学方法论,汲取国际知名自贸区(港)建设的法治有益经验,形成了中国特色自贸区(港)法治建构路径及中央授权及法治保障模式。

在该研究范式的指引下,本书高度聚焦理论(主要涉及第一章)、路径(主要涉及第二章)、模式(主要涉及第三章和第四章)、国际化(主要涉及第五章)四个关键词,建立法治建构"(自主性)理论、(世界性)命题、(中国)路径、(全球)模式、(走向)国际化五位一体"的系统性、内在逻辑性较强的内容框架,对中国特色自贸区(港)法治建构论进行了系统的梳理与全面的阐释。首先,通过对改革开放以来中国特色涉外经贸法制/法治建构路径及模式的考察和提炼，结合中国特色涉外经贸法治建构的地方（浙江）实践经验，为中国特色自贸区（港）法治建构路径、模式及国际化研究提供了坚实的理论支撑和实证基础。其次，从中国特色自贸区（港）建设中改革与法治/法治与改革关系命题及其逻辑展开，深入阐释"事权法治制度环境一体化"的方略和路径。然后，再对中国特色自贸区（港）"三层次联动推进模式"进行系统提炼和深入评析。随后，在该模式基础上提出海南探索建设中国特色自由贸易港，迫切需要构建"中国特色（中央）特别授权调法"的理论和"特别授权法模式"，从而为打造"最核心政策和制度体系"（"最基本制度框架和监管模式"）提供坚实的法治保障；同时以国际知名自贸区（港）的立法实践为参考，立足国情，对构建面向未来的"国家层面统一立法的基本法模式"提出了初步设想。最后，在对中美制度博弈进行全面梳理后指出，中国特色自贸区（港）国际化的实质是其法治建构路径及模式的国际化，落脚点在于营造国际一流营商环境，并从推进中国自贸试验区向自由贸易港转型升级、实现中国特色自贸区（港）与自由贸易区联动发展以及建设中国特色自贸区（港）国际一流（稳定、公平、透明、可预期）营商环境三个方面入手，对如何推进中国特色自贸区（港）法治建构的国际化进行了深入探讨。

（二）研究思路

中国特色自贸区（港）建设是一项复杂的系统性工程。依据"（自主性）理论、（世界性）命题、（中国）路径、（全球）模式、（走向）国际化五位一体"的系统性内容框架，本书的研究思路如下：

第一，系统阐述"中国特色涉外经贸法治建构论"（"中国特色涉外经贸法治建构主义"）这一理论学说，分别阐释"中国特色涉外经贸法治建构主义"的两种实现路径，逐步创立并完善"中国改革开放法治建构主义"，从而丰富和发展新时代"中国特色法治建构主义"的思想内涵和理论体系，为新时代法治中国建设汲取理论养分、提供学理参考。

第二，协调处理中国"改革开放新时代"的根本命题，即改革与法治/法治与改革关系命题（主要是指"事权与立法权关系命题"）。通过将中国特色自贸区（港）建设国家战略实施中的"改革与法治/法治与改革关系"分解为"事权分配（赋权）、法治保障（调法）、制度创新（建制）和营商环境（营商）"四者关系，将"事权"及其划分作为研究中国特色自贸区（港）法治建构路径创新和模式创新的逻辑起点，并将其与法治保障、制度创新、营商环境加以统筹／一体化研究，进而开创性地构建"事权法治制度环境一体化"的方略和路径，即实现"赋权、调法、建制、营商四位一体高度统一"，以厘定中国特色自贸区（港）建设中的改革与法治／法治与改革关系。

第三，全面论证中国"变法图强新时代"的自贸区（港）建设所涉三种"中央授权及法治保障模式"。中国特色自贸区（港）法治创新路径及法治建构的"应然模式"是"国家层面统一立法的基本法模式"，而"实然模式"是"国家授权、部委支持、地方立法／政策文件保障的三层次联动推进模式"。"实然模式"的最大成效是满足了"凡属重大改革都要于法有据"这一政治原则，但该模式存在三方面缺陷（无法适应深层次改革创新任务、不具有可持续性、价值取向模糊），在实践中遭遇了"四化"（行政化、地方化、空洞化、碎片化）难题，对制度创新的促进作用不够显著，无法实现可持续发展。因此，亟需探寻一条介于"应然模式"与"实然模式"之间的中间路径，即努力构建一种对中国特色自贸区（港）改革创新具有实质性法治保障意义的"特别授权法模式"。

第四，从中美"战略竞争新时代"下美国对华经贸关系中的主要"制度诉求"和美国回击中国制度问题的立法修法举措入手，系统论证中美制度博弈对中国特色自贸区（港）法治建构路径及模式的国际化的倒逼影响。

（三）研究方法

自然科学注重结果，社会科学讲究方法。在理论创新和实践探索过程中，笔者带领专业智库团队，提炼总结了中国特色高级应用法学"五步走"的研究框架。第一步是"问题意识"。"问题意识"包括三个要件：一是发现问题（question），问题即现象或表征（"病症"）；二是提炼话题（problem），话题即"三点"（痛点堵点难点）或成因（"病因"）；三是论证命题（issue/thesis），命题即原理（"病理"）。第二步是"学术调研"。"学术调研"包含三方面内容：一是设计调研主题、专题和问题，直击"三点"问题；二是跨部门，即垂直领导部门＋政府组成部门＋功能区＋涉法部门；三是旨在去除伪命题，提炼真命题。第三步是"思维导图"，即为"学术调研"中提炼的真命题画出思维导图。第四步是"分析框架"，即为"学术调研"中提炼的真命题建立分析框架。第五步是"学术成果"，即首先形成"咨询报告（政策建议）"，其次撰写"专业论文"，最后提炼新的"课题选题"。

在"五步走"研究框架的指引下，本书采用以下5种研究方法，深入而全面地探究中国特色自贸区（港）法治建构路径、模式及国际化问题。

一是跨学科或交叉学科研究法。中国特色自贸区（港）建设跨涉法学、经济学、国际关系学等多个学科，而且相互交叉性强，绝非"以法学单一学科为划分"，而是一个复杂的跨学科研究，涉及内容很广，政策性和综合性很强。因此，必须提高站位、拓展格局，积极探索不同学科间（尤其是经济学与法学）研究思路和方法的相互借鉴，紧跟国家政策前沿和国际形势发展变化（尤其是中美战略博弈进展变化）。

二是历史研究法。站在历史维度，开展富有成效的"文献调研"，能为探索中国特色自贸区（港）建设提供思想养分及真知灼见。第一，站在中美建交40周年（2019年）的历史维度上，对建交以来的中美关系，尤其是经贸关系中的法律问题开展系统性梳理，深刻了解"战略竞争新时代"中美（经贸）关系新的历史方位，准确把握其对新时代中国推进改革开放的法治和制度影响。第二，站在改革开放40周年（2018年）的历史维度上，系统性梳理和总结中国四次改革开放（1978年创设经济特区、1990年浦东开发开放、2001年中国加入WTO、2013年开始实施"自贸试验区国家战略"）进程中开放平台和载体（主要包括以经济开发区和6类海关特殊监管区域为代表的"特殊经济功能区"与以自贸试验区为代表的"非特殊经济功能区"）建设的法治和制度成就与不足，为进一步发展"中国改革开放法治建构主义"指明方向。第三，对标国际先进，重点梳理和提炼世界海关组织、世界贸易组织及美国、新加坡、韩国、迪拜等国家和地区有关自由贸易区协定（FTA）、自贸区（港）（FTZ）等领域的通行规则和成功经验，持续推动中国特色自贸区（港）法治建构路径、模式的优化创新及国际化。

三是实证研究法。实证研究方法是本书最重要的一种研究方法，主要由以下四个层面的实践经验和实证做法组成：第一，笔者在美访学期间专程赴美国西部旧金山、奥克兰对外贸易区和美国东部波士顿对外贸易区开展实地考察调研，深入了解美国对外贸易区的实际运作，收获颇丰。第二，笔者对近年来中国对外开放领域的国家指导性文件，尤其对涉及中国特色自贸区（港）的政策文件、法律法规、实践案例等进行仔细的实证研究。本书将在相应位置对这些指导性文件分别加以授引和阐述。第三，近年来笔者带领专业智库团队，依托大量的且高效的跨部门"学术调研"（"实地调研"／"实证调研"），及时掌握"第一手资料"，在推动三种"中央授权及法治保障模式"落地应用方面持续发力，为新时代中国特色自贸区（港）建设调法而持续努力。第四，为构建中国特色自由贸易港营商环境政策和制度体系开展深入的跨界调研。中国特色自由贸易港建设，其落脚点是打造"基于法治的政策和制度体系"，营造国际一流营商环境。因此，以企业制度诉求为抓手，通过实地调研努力引导和推动政企协同推进制度创新，为持续优化营商环境建立评估机制及相应的指标体系，具有十分重要的现实意义。

四是比较研究法。通过比较研究，能够深刻理解中外体制和制度差异以及中国对外开放平台和载体之间的差异，从而更好地把握法治建构路径、模式优化创新及国际化的具体方向和要点。第一，将对外贸易区制度的"美国经验"、自由贸易区制度的"新加坡经验"、自由贸易区制度的"韩国经验"等与自贸区（港）的"中国模式"进行比较研究，归纳共性，突出差异，同时指明未来中国特色自贸区（港）的发展方向。第二，对当前中国18个自贸试验区进行比较研究，尤其对各自的法治建构路径及模式开展全面的比较分析，提炼共性，强调差异，以期为未来中国特色自由贸易港的法治建构提供可资借鉴的实践经验。

五是综合研究法。第一，对中国特色自贸区（港）法治建构路径及模式创新开展综合研究。在实操层面，推进"建设路径创新"或建设的"实施路径创新"，具有综合性、系统性和复杂性，因此必须综合经济和法律、国内和国外、理论和实践等各方面因素和条件，有序开展。第二，对"战略竞争新时代"中美制度博弈对中国特色自贸区（港）建设的法治和制度影响开展综合研究。这种法治和制度影响具有较强的综合性和复杂性，因此需要综合各方面因素，进行对照和研判。

第一章　中国特色涉外经贸法治建构论

　　改革开放 40 多年来,在涉外经贸法制/法治建构路径依赖,即"党政推进型法治"指引下,中国通过自上而下借鉴和移植外国法与国际条约法的方式逐步推进涉外经贸领域法制/法治建设,以此践行涉外经贸法制/法治建构[①]之路。中国"入世"开启的法治建构可以称之为"条约驱动型法制/法治建构模式"[②],而中国"入世"之前及上海自贸试验区[③]建立之后的法制/法治建构可以称之为"自主推动型法制/法治建构模式"[④]。两种模式既是相通的,但又有各自特点。在加快实施"双轨制自贸区国家战略"[⑤]的背景下,中国应当把

　　[①]　在法学范畴中,法制与法治区别较大。前者主要强调形式意义上的法律制度,如规则、程序和机制等;后者除了包含形式意义上的法律制度之外,强调法的统治,即法律作为一种社会治理工具在社会生活中的至上地位,并且关切实质意义上的民主、人权、自由等价值目标。因此,本书认为中国"入世"是中国涉外经贸领域"法制建构"与"法治建构"的转折点。

　　[②]　陈利强、屠新泉:《中国涉外经贸法治建构论——以中国入世与上海自贸区为视角》,载《国际贸易问题》2015 年第 3 期。

　　[③]　世界各地的自贸区(港)(FTZ)因其所处不同国家而名称不尽相同:在美国被称为对外贸易区(Foreign Trade Zones,FTZs);发展中国家专门服务出口的自贸区(港)被称之为出口加工区(Export Processing Zones);国外文献将中国的经济特区(Special Economic Zones,SEZs)看作自贸区(港);在爱尔兰被称之为工业自由区(Industrial Free Zones)或出口自由区(Export Free Zones);在约旦与埃及被称之为合格工业区(Qualifying Industrial Zones,QIZs);在阿拉伯联合酋长国被称之为自由区(Free Zones)。本书中的中国"自由贸易试验区"与"自由贸易园(港)区"所指向的对象是相同的,只是前者更偏向实务,而后者更偏向学理。但是,两者与国际通行的自贸区(港)在发展定位、功能作用等方面存在较大差异。具体参见 Mary Jane Bolle,Brock R. Williams,"U. S. Foreign-Trade Zones:Background and Issues for Congress",CRS Report(R42686),November 12,2013,p.1.

　　[④]　陈利强、屠新泉:《中国涉外经贸法治建构论——以中国'入世'与上海自贸区为视角》,载《国际贸易问题》2015 年第 3 期。

　　[⑤]　自改革开放以来,中国逐步参与各种国际经贸条约的缔结,推动双边贸易自由化、区域贸易自由化以及以 WTO 为代表的多边贸易自由化,实施"自由贸易区战略"。上海自贸试验区是中国创新对外开放模式、推进单边贸易自由化的重大举措,同时也是实施自贸区(港)战略的开端。因此本书认为,中国四层次的贸易自由化格局已经初步形成,现已进入实施"双轨制自贸区国家战略"("自由贸易区战略"与"自贸区(港)战略")的新时代。

握主要原则、优化路径依赖,通过三项制度创新落实涉外经贸法治建构的重要任务,即协同推进两种法制/法治建构模式,为推动中国特色自贸区(港)法治建构不断进步和完善,建设更高水平开放型经济新体制而不懈努力。

自 2001 年中国加入 WTO 以来,中国经济发展取得举世瞩目的成就,同时涉外经贸领域的法治建设也取得长足进步,因此中国"入世"堪称中国近现代史上对外开放的一个里程碑①。2013 年 9 月,建立上海自贸试验区是党中央、国务院在新形势下推进改革开放的重大举措,旨在促进涉外经贸领域的制度创新,率先建立符合法治化和国际化要求的跨境投资和贸易规则体系,为全面深化改革和扩大开放探索新途径、积累新经验。在十八届三中全会全面深化改革与四中全会全面推进依法治国的背景下,深入研究和总结中国"入世"以来涉外经贸领域法治建设经验以及探索中国特色自贸区(港)可复制和可推广的制度创新经验,对中国实施对外开放新战略以及促进涉外经贸法治建设具有重大的理论价值和现实意义。

从 1979 年 7 月颁布实施第一部涉外经贸法律《中外合资经营企业法》至今,由于中国一直采用"法治建构主义""制度建构主义"的立法范式②,涉外经贸法制/法治建设成就显著。因此,回溯中国对外开放及其涉外经贸法制/法治建设进程③,可以发现,中国在涉外经贸领域践行"法制/法治建构"之路,并且从建立上海自贸试验区开始进入第四阶段。十八届四中全会要求"适应对外开放不断深化,完善涉外法律法规体系,促进构建开放型经济新体制",这为今后中国特色涉外经贸法治建设指明了方向。2014 年 11 月,为了贯彻落实四中全会精神,时任国务院副总理汪洋在人民日报撰文要求"加强

---

①　隆国强:《新兴大国的对外开放新战略——加入 WTO 十周年的回顾与展望》,中国发展基金会组织的《加入世界贸易组织十年后的中国》研究课题的总论部分。

②　在中国特色社会主义市场经济体制下,由于缺乏现代涉外经贸制度生成的"本土资源",中国主要学习借鉴欧美等发达经济体的涉外经贸制度以及 WTO 规则等,然后自主建立涉外经贸法律法规体系,因此在涉外经贸立法或贸易自由化立法领域实行"法治建构主义""制度建构主义",参见陈利强、屠新泉:《为后危机时代中国贸易自由化立法》,载《国际贸易问题》2011年第 6 期。

③　有学者将中国涉外经济法制建设的发展进程划分为三个阶段:一是涉外经济法制建设的起步阶段(1978 年—1991 年);二是涉外经济法制建设的深入发展阶段(1992 年—2001 年);三是涉外经济法制建设进入全新阶段(2002 年至今),参见尚明:《中国涉外经济法制建设的发展进程》,载《中国法律》2008 年第 4 期。

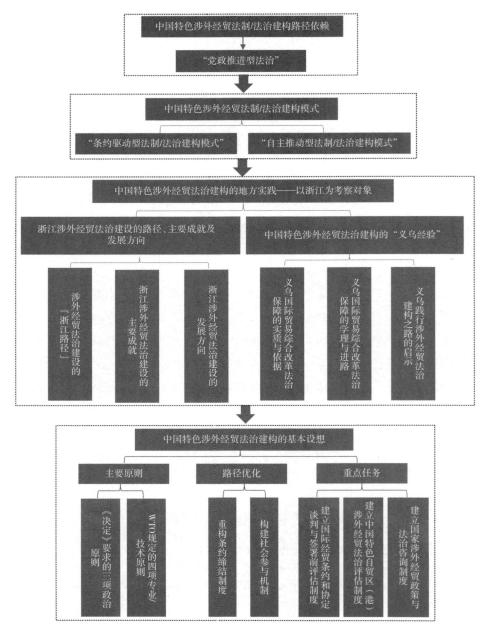

图 1

涉外法律工作",为中国今后涉外经贸法治建设提出了具体要求。因此,有必要在对中国"入世"与中国特色自贸区(港)建设进行比较分析的基础上,深入解读中国特色涉外经贸法治建构命题,从而为未来中国特色涉外经贸法治建设提供理论支撑和制度保障。

第一节　改革开放以来中国特色涉外经贸法制/法治建构路径及模式

综观中国四次改革开放的伟大实践及取得的重大成就,可以发现它们基本上遵循相同的改革原理,即"对标国际、改革创新";主要得益于连贯且基本一致的开放路径,即"以开放促改革"或"以开放倒逼改革";具有近乎相似的建设目标,即建立与国际投资贸易规则相衔接的制度框架(即基本制度体系,包括政策体系与法治体系)和监管模式,培育"五化统领"(便利化、市场化、法治化、国际化、自由化)的营商环境。概言之,中国四次改革开放的发展逻辑是以"国际化"为切入点,利用两个市场与两种资源,主动融入经济全球化,逐渐融合国际经济与国内经济关系;以"法治化"为突破点,且以"便利化"、"市场化"和"自由化"为落脚点,积极推动政府与市场关系的法治化,[1]努力建设法治的市场经济。[2] 尤其在 2001 年中国加入WTO 之后,坚持"自上而下的倒逼型改革创新路径"[3],即"条约义务驱动→中央政府推动→对照 WTO 规则及中国'入世'承诺进行大规模的'立改废释'的修法活动→重构中国开放型经济(涉外经贸)制度体系(涉外经贸政策体系与涉外经贸法治体系)",中国开放型经济(涉外经贸)法治建构取得举世瞩目的进展及成就。[4] 2013 年创设上海自贸试验区,开始实施"自贸试验区国家战略",坚持"自下而上的自主改革创新路径"[5],即"问题导

---

[1]　[德]彼得·克雷斯迪安·弥勒·格拉夫著《国家与市场关系的法治化——德国、欧共体以及美国思路的比较》,刘旭译,载《经济法论丛》2010 年第 2 期。

[2]　吴敬琏:《建设法治的市场经济》,载《经济体制改革》2003 年第 6 期。

[3]　陈利强:《中国自由贸易试验区法治建构论》,载《国际贸易问题》2017 年第 1 期。

[4]　陈利强、屠新泉:《中国涉外经贸法治建构论——以中国"入世"与上海自贸区为视角》,载《国际贸易问题》2015 年第 3 期。

[5]　陈利强:《中国自由贸易试验区法治建构论》,载《国际贸易问题》2017 年第 1 期。

向/市场主体需求导向→地方政府推动→形成专业化和系统化改革说理方案→向中央寻求政策突破→重构中国开放型经济（涉外经贸）制度体系（涉外经贸政策体系与涉外经贸法治体系）"。

毋庸置疑，改革开放 40 多年来，中国涉外经贸领域法制/法治建设所遵循的路径依赖是中央政府自上而下，主观和理性的借鉴和移植外国法和国际条约法而建构的，因此有学者将其称之为"党政推进型法治"；也有学者将这种现象称之为"贸易自由化立法中的父爱主义"或"涉外经贸立法中的父爱主义"，认为强制性制度变迁是中国涉外经贸法制/法治建设的主要特色①。尽管如此，细察 1979 年至今的四个发展阶段，在该路径依赖指引下，中国特色涉外经贸法制/法治建构形成了两种不同的模式。

一、条约驱动型法制/法治建构模式

历经长达 15 年的"复关"和"入世"谈判，中国最终于 2001 年 12 月加入WTO。中国"入世"为中国涉外经贸法律发展和成熟注入巨大的外部动力②。在履行 WTO 义务和承诺的驱动下，中国开启了全面的涉外经贸法治建设进程，开展了新中国成立以来最大规模的法律法规和政策措施"立改废"工作，基本建立起符合中国国情和世贸组织规则的涉外法律体系，支撑了全方位对外开放新格局③。因此，本书将条约驱动下的涉外经贸法制/法治建设归结为"条约驱动型法制/法治建构模式"。

这种法制/法治建构模式具有以下三大特点：一是中央政府使用"主权机制"或"主权让渡机制"④，即条约缔结制度，将 WTO 规则以及为中国"量身定制"的《中华人民共和国加入议定书》及《中国加入工作组报告书》中的条约权利、义务和承诺转化成国内法并加以实施。因此，"入世"以来涉外经贸法治建设的主要推动力是中国承担的 WTO 义务和承诺及其形成的"倒逼机制"。

---

① 陈利强、屠新泉：《为后危机时代中国贸易自由化立法》，载《国际贸易问题》2011 年第6 期。

② 沈四宝、沈健：《中国涉外经贸法律制度发展的战略新思路》，载《WTO 经济导刊》2011年第 12 期。

③ 汪洋：《加强涉外法律工作》，载《人民日报》2014 年 11 月 6 日。

④ 陈利强、屠新泉：《为后危机时代中国贸易自由化立法》，载《国际贸易问题》2011 年第6 期。

该"倒逼机制"促使中国在较短时间内直接接纳国际贸易法治[①]或 GATT/WTO 法治成果,从而极大地推动了中国特色涉外经贸法治建设进程并初步实现与国际接轨。二是由于中国以特殊身份参与"复关"和"入世"谈判,是 GATT/WTO 规则的接受者而非制定者,因此在接纳国际通行规则、促进涉外经贸法治变革的同时,中国也接纳了许多负面条款,如"四个不利条款"[②],并在后续的法治实践中承受了比较严重的后果。三是由于中国条约缔结制度不尽完善,中国"入世"是自上而下由中央政府推动的,"入世"前后国内私人(主要指自然人、企业及行业组织等)参与涉外经贸立法的程度有限,最后导致部分涉外经贸法律制度没有发挥应有的价值。实践证明,"入世"十多年来,中国企业参与 WTO 事务的范围比较狭窄,主要局限在贸易摩擦及贸易救济领域。作为中国"入世"后涉外经贸领域的基本法,2004 年修订的《中华人民共和国对外贸易法》规定了许多新颖的贸易制度,如贸易壁垒调查、服务贸易救济、贸易转移救济及与贸易有关的知识产权调查与救济措施等,但这些法律制度在实践中并没有发挥预期的功能和作用[②]。

二、自主推动型法制/法治建构模式

1979 年至 2001 年是中国特色涉外经贸法制建设的起步和深入发展阶段,与 2013 年 9 月建立上海自贸试验区、开启中国特色涉外经贸法治建设新征程的模式基本上是一致的,即在推进对外开放进程中自主构建法制/法治保障,因此本书将其称之为"自主推动型法制/法治建构模式"。与"条约驱动型法制/法治建构模式"相比,这种法制/法治建构模式具有以下三大不尽相同的特点:一是随着改革开放不断深化,从中国实际出发,借鉴转化国外法治有益经验,逐步自主构建中国外商投资、对外贸易、外汇、税收、进出口检验检疫及知识产权等涉外法律制度体系,使其成为改革开放的前进动

---

①　曾晖、黄志雄:《"权力政治"下的"贸易法治"——对 WTO 法律体系的几点反思》,载《武汉大学学报(哲学社会科学版)》2013 年第 3 期。

②　具体指"入世"议定书第 15 条"非市场经济条款"(15 年),第 16 条"特别保障措施条款"(12 年),第 18 条"贸易政策过渡性审议机制"(8 年)以及工作组报告书第 242 段规定的纺织品特别保障措施(7 年)。

③　陈利强、屠新泉:《为后危机时代中国贸易自由化立法》,载《国际贸易问题》2011 年第 6 期。

力和制度保障①。尽管中国也使用条约缔结制度，签订了许多双边贸易协定、双边投资保护协定及知识产权协定等，但它们对推动中国特色涉外经贸法制/法治建设的作用和影响是有限的和局部的。中美双边投资协定（Bilateral Investment Agreement，BIT）与中欧双边投资协定谈判注定将对中国特色涉外经贸法治建设产生深远的影响，但应该不会形成类似 WTO 义务和承诺意义上的"倒逼机制"。二是因其为党和政府推动下的自我建构，"入世"前中国涉外经贸法制水平不高，涉外经贸政策的法治化和国际化程度有限，与国际通行规则差异很大。具体而言，主要表现在非歧视性原则在《中华人民共和国对外贸易法》与《中华人民共和国外商投资法》中的应用、贸易制度全国统一实施及涉外经贸政策透明度等方面。三是在由党和政府自上而下自主推动的法治建构模式下，由于没有条约义务和承诺的制约，改革开放以来国内私人参与涉外经贸立法的通道和机会更加有限，所以这将成为未来中国（包括自贸区（港）立法在内）涉外经贸法治建设的重要问题。

三、对两种涉外经贸法制/法治建构模式的简评

在中央政府自上而下推动法制/法治建构的路径指引下，两种法制/法治建构模式不同程度地推动了中国特色涉外经贸法制/法治建设。但是，在中国进入全面实施"双轨制自贸区国家战略"的新时期，这两种模式与国外法治建设经验及法治的市场经济②建设方向还不相适应。以中国"入世"为经典代表的"条约驱动型法制/法治建构模式"引致的涉外经贸法治变革有目共睹，但从更好地捍卫国家及私人经贸利益的角度出发，未来中国应当逐步成为国际经贸规则的制定者而非接受者。以当下中国特色自贸区（港）为典型代表的"自主推动型法制/法治建构模式"的主要问题是如何进一步提高中国涉外经贸政策的市场化、法治化与国际化水平，从而为参与国际经贸规则谈判打好基础。总之，这两种模式是互通的，但各有不足。本书认为改进的总体思路是规范涉外经贸领域中的公权力，保障和实现私权利，换言之，为人民或社会公众（国内私人）渐进参与涉外经贸法治建设进行相应的制度设计，让私权利监督

---

① 汪洋：《加强涉外法律工作》，载《人民日报》2014 年 11 月 6 日。

② 吴敬琏：《建设法治的市场经济》，载《经济体制改革》2003 年第 6 期。

和制约公权力,因为中国涉外经贸法制/法治建设的最终受益者是人民或社会公众(国内私人)。

第二节　中国特色涉外经贸法治建构的地方实践——以浙江为考察对象

2019年3月,浙江省委书记车俊在省委全面依法治省委员会第一次会议上强调,"要认真学习贯彻习近平总书记在中央全面依法治国委员会第二次会议上的重要讲话精神,坚定不移沿着习近平总书记开创的法治浙江建设道路砥砺前行,锚定建设法治中国示范区的目标,做到站位再提高、理念再深化、力度再加大,努力把浙江法治建设的先行优势转化为领跑态势,使法治真正成为浙江核心竞争力的重要组成部分,推动新时代法治浙江建设谱好新篇走在前列。"可见,以浙江为考察对象,探究其涉外经贸法治建构实践,将为发展中国特色涉外经贸法治建构主义提供可资借鉴的地方经验。

一、浙江涉外经贸法治建构路径、主要成就及发展方向

2003年7月,习近平在担任浙江省委书记期间,带领中共浙江省委提出"八八战略"①,要求进一步发挥浙江的环境优势,积极推进基础设施建设,切实加强法治建设、信用建设和机关效能建设。2006年4月,中共浙江省委通过《中共浙江省委关于建设"法治浙江"的决定》,对建设"法治浙江"的总体

---

① 2003年7月,在浙江省委十一届四次全会上,时任浙江省委书记习近平首次系统提出了进一步"发挥八个方面优势,推进八个方面举措"的"八八战略"。战略具体分为八个方面的内容:一是进一步发挥浙江的体制机制优势,大力推动以公有制为主体的多种所有制经济共同发展,不断完善社会主义市场经济体制;二是进一步发挥浙江的区位优势,主动接轨上海、积极参与长江三角洲地区交流与合作,不断提高对内对外开放水平;三是进一步发挥浙江的块状特色产业优势,加快先进制造业基地建设,走新型工业化道路;四是进一步发挥浙江的城乡协调发展优势,统筹城乡经济社会发展,加快推进城乡一体化;五是进一步发挥浙江的生态优势,创建生态省,打造"绿色浙江";六是进一步发挥浙江的山海资源优势,大力发展海洋经济,推动欠发达地区跨越式发展,努力使海洋经济和欠发达地区的发展成为我省经济新的增长点;七是进一步发挥浙江的环境优势,积极推进基础设施建设,切实加强法治建设、信用建设和机关效能建设;八是进一步发挥浙江的人文优势,积极推进科教兴省、人才强省,加快建设文化大省。

要求、基本原则和主要任务进行总体部署,同时要求"加强地方性法规和规章建设"、"加强法治政府建设"、"加强法制宣传教育,提高全民法律素质"以及"确保人民的政治经济文化权益得到切实尊重和保障"等。因此,该决定成为"法治浙江"建设的纲领性文件,成为浙江开放型经济法治建设的主要依据,为浙江加快构建开放型经济新体制提供了法治保障。2006年5月,时任浙江省委书记习近平在《之江新语》第四篇《市场经济必然是法治经济》提出三个重大论断:一是市场经济要健康发展离不开法治上的保障;二是市场经济必然是法治经济;三是法治建设引领社会主义市场经济体制的完善。① 这三大论断不仅在"法治浙江"建设中得以全面体现,同时,浙江在贯彻三大论断过程中进行了积极的理论创新。十多年来,全省上下以"八八战略"为总纲,深入推进"法治浙江"建设,在开放型经济法治建设、尤其是涉外经贸法治建设方面取得长足发展和重要成就。以中国"入世"推动涉外经贸法治建设与实施"四大国家战略举措",促进涉外经贸法治建设为代表的"浙江经验",不仅为浙江开放型经济发展继续走在前列提供了制度保障,而且为中国特色涉外经贸法治建设做出了重要贡献。

(一)涉外经贸法治建设的"浙江路径"

自改革开放至今,以实践经验、国家习惯与国际规则为基础的"中国特色涉外经贸法治建构主义"理论已经基本形成。"条约驱动型法制/法治建构模式"(国际条约义务驱使下的"倒逼机制")与"自主推动型法制/法治建构模式"本质上都在探寻、推进国家(政府)与市场关系的法治化,推动法治的市场经济建设。同时,一直以来,法学界对中国法治的推动力或发展路径主要存在以下两种相反的学理观点:② 一种认为法治或法治秩序是可以通过人们主观和理性的努力而建构出来的,即党和政府自上而下的推动,称之为"党政推进型法治";另一种认为法治或法治秩序是不能建构的,只能通过社会的自然演进而逐渐成长,即民间自下而上的演进,称之为"自然演进

---

① 习近平:《之江新语》,浙江人民出版社2007年8月版,第203页。

② 有学者认为,中国法治发展存在两条比较基本的、又是相互区别的法治道路(政府推进型的法治道路与社会演进型的法治道路),参见蒋立山:《中国法治道路初探(上)》,载《中外法学》1998年第3期。本书认为,推动力或发展路径与法治道路既有联系,又有区别,中国法治秩序的形成或法治中国化首先应当研究推动力或发展路径问题,然后再解决具体道路问题。

型法治"①。也有学者通过对江、浙、沪三地的法治实践进行实证研究,认为法治或法治秩序既是演进的,又是建构的,并提出中国东部地区在其经济与社会"先发"的基础上,在国家法制统一的原则下,率先推进区域法治化,即先行法治化。② 尽管国内学界对中国地方法治建设存在不同看法,甚至批判,③但先行法治化论点可以为"法治浙江"战略提供学理支持。这种来自浙江法治发展实践基础上的理论创新是有生命力的。因此,以"先行法治化"理论为指导,作为开放型经济大省的浙江在探索涉外经贸领域中"先行法治化"的理论与实践方面一直走在全国前列。

综上所述,2006 年浙江省委做出建设"法治浙江"的决定之后,涉外经贸法治建设的"浙江路径"得到进一步明确和强化,即在"先行法治化"理论与"中国特色涉外经贸法治建构主义"理论的双重指引下,一方面中国"入世"十年(2001—2011 年),推动中国(浙江)涉外经贸法治建设("条约驱动型法制/法治建构模式");另一方面 2011 年开始实施"四大国家战略举措",推动中国(浙江)涉外经贸法治建设("自主推动型法制/法治建构模式")。

(二)浙江涉外经贸法治建设的主要成就

自 2001 年中国加入 WTO 以来,浙江涉外经贸法治建设取得重要成绩,为中国特色涉外经贸法治建设提供了"浙江样本"。浙江配合中央政府开展史上规模最大的法律、法规清理工作,积极履行中国"入世"承诺,确保与 WTO 体制要求相符合。尤其在 2006 年省委做出建设"法治浙江"的决定之后,浙江协调推进对外开放与法治建设,在实践基础上开展涉外经贸法治创新及制度创新,积极为实施"四大国家战略举措"提供法治保障,努力建立与国际贸易投资规则相衔接的制度框架和监管模式,积极培育便利化、市场化、法治化、国际化、自由化的营商环境。

---

① 与"党政推进型法治"相对立,认为法治或法治秩序是不能建构的,只能通过社会/民间自下而上的自然演进而逐渐发展,该学者将这种发展路径下的法治称之为"自然演进型法治",参见孙笑侠、胡瓷红:《法治发展的差异与中国式进路》,载《浙江社会科学》2003 年第 4 期。

② 孙笑侠、钟瑞庆:《"先发"地区的先行法治化——以浙江省法治发展实践为例》,载《学习与探索》2010 年第 1 期。

③ 有学者认为,"法治 xx"提法存在四大危险倾向:割裂法治单元体、割裂法律体系的完整性和统一性、导致法治观念发生偏差并最终肢解法治理念以及形成法治的地方割据。参见杨解君、赵会泽:《法治的界域:由"法治 xx(区划)"引发的思考》,载《湖南社会科学》2004 年第 4 期。

1."入世"以来浙江涉外经贸法治建设成果

中国"入世"极大地推动涉外经贸法治建设进程,如出口低价竞销法律规制、贸易行政诉讼、外商贸易权落实、对外贸易壁垒调查、反倾销与反补贴、贸易政策合规性审查等制度先后制定或出台。浙江涉外经贸法治建设走在全国前列,主要开展四项基础性工作:强化 WTO 观念和规则意识、确保政策法规的 WTO 合法性、践行 WTO 透明度和非歧视原则与加强 WTO 人才培训,涉及四项具体工作:贸易预警、贸易摩擦、贸易壁垒与贸易救济。需要强调的是,浙江努力建设符合 WTO 体制要求的市场经济法治、体制机制,贸易救济法治化建设(制度机制创新)创造了许多的"浙江经验",成为浙江率先、全国示范。

一是开展全社会中国"入世"宣传教育活动,宣扬法治精神,强化与国际接轨意识、市场竞争意识,WTO 规则意识深入人心。2002 年 4 月,浙江省政府下发《浙江省人民政府关于印发浙江省应对加入世界贸易组织行动计划的通知》(浙政发〔2002〕13 号)。全省兴起学习宣讲 WTO 知识的热潮,各级行政部门进一步转变政府职能,增强服务意识和规则意识,依法行政能力得到很大程度的提升。

二是开展大规模政策法规清理工作,对地方性法规、规章和政策措施进行全面梳理,进行大规模的"立改废释"等调法活动。"入世"十年中国"立、改、废"3000 多部法律法规,使中国(浙江)涉外经贸法律法规体系与 WTO 体制全面对接,取得举世瞩目的成绩。

三是践行 WTO 透明度原则与非歧视性原则,提高了法规、规章、政策措施和行政决策事项的公开透明度和非歧视性。中国"入世"以来、尤其是建设"法治浙江"至今,按照 WTO 原则要求,出台政策法律法规前向社会公开征求意见,提高了立法透明度、公开性和平等性,WTO 透明度原则与非歧视性原则作为现代法治的基本原则在浙江得以落实和践行。

四是率先出台贸易救济地方政府规章,构建应对出口反倾销与反补贴制度体系。2008 年 3 月,制定《浙江省对外贸易预警机制工作方案》,建立对外贸易预警机制与产业损害预警机制,设立浙江省对外贸易预警示范点;2014年,浙江省商务厅出台了《浙江省对外贸易预警示范点暂行管理办法(试行)》(浙商务发〔2014〕219 号),为浙江省对外贸易预警示范点建设提供制度保障。2006 年 8 月,作为国内首个针对反倾销应诉的规范性文件《浙江省应对出口反倾销暂行办法》（浙政办发〔2006〕114号）正式出台,为构建"四体联动"（中央政府包括驻外机构、地方政府、中介组织、企业）贸易摩擦应对机制提供了法律依据。2008年5月,《浙江省进出口公平贸易专项资金使用管理办法暂行规定》出台,为应对国外贸易救济调查提供资金支持。2014年初新修订的《浙江省出口产品反倾销应对办法》（浙江省人民政府令第319号）正式出台,同时实施《浙江省进出口公平贸易评价管理暂行办法》（浙商务联发〔2014〕150号）,为应对国外反倾销提供更加优化的法治保障。

五是积极应对贸易摩擦促使地方商务立法WTO合法性能力得以极大提升,企业/行业贸易主体意识、贸易权利意识、公平竞争意识与贸易争端法律解决意识得到很大程度的强化。中国"入世"十年来,浙江成为贸易摩擦的重灾区,全国约70%的贸易摩擦案件涉及浙江,涉案金额约占全国涉案金额的25%,浙江已遭遇来自美国、欧盟、土耳其、印度、巴西等27个国家和地区提起的反倾销、反补贴、保障措施、特别保障措施和337调查等贸易摩擦案件571起,涉案金额超过125亿美元。[①] 浙江外贸企业通过积极参与贸易救济调查,进一步提升了运用WTO规则捍卫自身权益的意识和能力,扎实推进贸易救济与维护产业安全。

2."四大国家战略举措"先行先试的法治保障成效

在中国"入世"十周年、"法治浙江"建设深入推进的背景下,事关中国进一步对外开放的"四大国家战略举措"先后落地浙江大地,为浙江涉外经贸法治建设注入新动力、开辟新领地。2011年2月,浙江海洋经济发展示范区建设上升为国家战略（"海洋经济示范区"）;2011年5月,浙江省义乌市国际贸易综合改革试点全面启动（"义乌试点"）;2011年6月,国务院正式批准设立浙江舟山群岛新区（"舟山自由贸易园区"）;2012年3月,国务院常务会议决定设立浙江省温州市金融综合改革试验区（"温州试验区"）。浙江以"八八战略"为总纲,以深入推进"法治浙江"建设为契机,以实施"四大国家战略举措"为抓手,从政策层面探索规划2013—2022年对外开放战略的时间表与路线图,并从法治层面积极推进涉外经贸法治建设,为新一轮对外开放与开放型经

① 浙江在线:《应对全球贸易摩擦案件　浙江省在全国做得最好》,2011年12月10日,资料来源:http://zjnews.zjol.com.cn/05zjnews/system/2011/12/10/018065618.shtml。

济发展提供法治保障。

一是促进改革开放与法治建构"双轮驱动"，通过"立改废释"方式，开展有关法律和规章的修订和修改工作，进一步完善涉外经贸法律法规体系。实施"四大国家战略举措"，牵涉贸易、投资、金融、税收及海洋等领域的国家事权与地方事权，因此必须对相应的法规、规章和政策措施进行调整和修改。浙江省立法机关积极通过立法推动"四大国家战略举措"依法实施。浙江省人大常委会制定了《浙江省人大常委会关于保障和促进义乌市国际贸易综合改革试点工作的决定》，确保重大改革于法有据，依法保障和促进"义乌试点"的法治建设及制度创新。

二是积极探索与国际贸易投资规则相衔接的制度框架和监管模式，进一步优化便利化、市场化、法治化、国际化、自由化的营商环境。"义乌试点"在推进货物通关便利化、推进资金结算便利化、推进外贸主体多元化、建立属地化综合管理机制等方面取得重要进展，通过法治方式深化商事登记制度、行政复议制度、不动产登记制度、跨境电商制度、"四张清单一张网"（政府权力清单、政府责任清单、企业投资负面清单、财政专项资金管理清单和政府服务网）等重点改革领域，涉外经贸法治建设实效突出。

（三）浙江涉外经贸法治建设的发展方向

浙江涉外经贸法治建设是"法治浙江"建设不可或缺的组成内容，也是中国涉外经贸法治建设、乃至开放型经济法治建设的重要组成部分。未来浙江应当继续以开放型经济国际化为切入点，以法治化为突破点，以市场化为落脚点，不断提高开放型经济发展的层次和水平，努力提升浙江开放型经济法治建设水平，率先实现与国际通行规则和惯例接轨，逐渐构建与国际贸易投资规则相衔接的制度框架和监管模式，持之以恒地营造便利化、市场化、法治化、国际化、自由化的营商环境。为此，浙江需要不断推进涉外管理体制、外商投资准入、新型贸易业态、贸易便利化、海关通关一体化、国际产业合作、自贸试验区等领域的法治建设，加快起草制定涉外经贸领域的相应的地方性法规和规章。当前比较重要且紧迫的立法主要有"浙江省经济开发区条例"与"义乌国际贸易综合改革试验区条例"。浙江在涉外经贸领域探索"法治浙江"的理论与实践，应当"干在实处永无止境，走在前列要谋新篇，勇立潮头方显担当"。

二、中国特色涉外经贸法治建构的"义乌经验"

2011 年 3 月,国务院批复实施《浙江省义乌市国际贸易综合改革试点总体方案》(国函〔2011〕22 号)(以下简称《总体方案》),义乌市国际贸易综合改革试点成为国务院批准设立的第 10 个综合配套改革试点,也是中国首个在县级市设立的国家级综合改革试点。"义乌试点"旨在解决义乌市场国际化进程中面临的深层次矛盾和问题,构建与小商品市场独特的国际贸易方式相适应的管理体制、机制和方式,①同时也担负着"在国际贸易重点领域和关键环节深化改革、先行先试,探索建立新型贸易体制机制"②的国家使命。为此,浙江省制定了《浙江省义乌市国际贸易综合改革试点三年实施计划(2011—2013 年)》③,义乌市委市政府印发了《浙江省义乌市国际贸易综合改革试点2011—2013 年重点工作任务分解表》,要求相关职能部门组织实施各项具体的改革任务。

"义乌试点"实施八年来,改革红利快速释放,试点效应不断放大,取得了阶段性成效,④但与此同时也遇到了不少问题,其中法律、规章的修订和修改问题显得尤为突出。本书认为,为"义乌试点"立法固然重要,但"破法"更为迫切,义乌"破法改革"任重道远。如在设立义乌市仲裁委员会问题上,按照《中华人民共和国仲裁法》规定,仲裁委员会一般设立在设区市,而义乌市在行政区划上属于县级市,不符合法律关于在设区市设立仲裁委的规定;又在设立人民银行义乌中心支行问题上,根据《国务院办公厅关于印发中国人民银行主要职责内设机构和人员编制规定的通知》(国办发〔2008〕83 号)附则,规定由中央机构编制委员会办公室负责解释,其调整由中央机构编制委员会办

---

① 国务院研究室义乌市场研究课题组:《关于在义乌进行国际贸易综合改革试点的调查与建议》,载《中国党政干部论坛》2010 年第 11 期。

② 参见《国务院关于浙江省义乌市国际贸易综合改革试点总体方案的批复》(国函〔2011〕22 号)第 1 页。

③ 当前,最新版实施计划为《浙江省义乌市国际贸易综合改革试点三年(2017—2020 年)实施计划》。

④ 有关"义乌试点"取得的具体成效,参见 2013 年 7 月 31 日浙江省人民政府召开的义乌国际贸易综合改革试点工作新闻发布会情况介绍。访问地址:http://www.zj.gov.cn/col/col30791/index.html,访问时间:2013 年 11 月 5 日。此外,改革效应能否持续以及改革成果如何巩固,尚须观察和研究。

公室按规定程序办理,由此导致成倍增长的工作业务量与人员紧张之间的矛盾日益突出,同时,支行的职责与国际贸易综合改革要求不相适应。当下,"义乌试点"进入了全面深化的关键时期,深入推进重点改革任务将受到来自内外部的各项挑战。① 需要指出的是,全面落实"八部委批复意见",②实现市场采购新型贸易方式全面落地,建立与国际接轨的、现代市场经济相适应的市场经营主体制度及配套的政府监管制度或机制,推进与国际贸易相适应的行政管理体制专项改革,推动海关、商检、工商、外汇、税务等职能部门之间的跨部门协调以及国际贸易与电子商务之间的跨界整合,都将面临困难和考验。其主要原因在于,市场采购新型贸易方式至今为止仍以红头文件为支撑,碎片化的政策措施、法治经验尚未进入法治化的轨道,法治保障的顶层设计尚未形成。因此,应当探索改革理论,凝聚改革共识,创新改革路径,③重塑改革动力。特别要以"法治化改革路径"④作为下一阶段的突破口,依托制度机制创新,力争攻克"义乌试点"的主要改革难题,同时用法治思维和法治方式保障改革成果。有鉴于此,加强法治建构,为义乌国际贸易综合改革提供法治保障

---

① 在深化各项改革任务的进程中,以下三个方面的挑战特别值得关注:一是从思想观念层面看,凝聚、支持改革共识的难度加大;二是从改革内容层面看,完成、落实改革事项的难度加大;三是从职能部门层面看,协调、整合改革举措的难度加大。

② 经过近两年的努力,八部委联合出台了《商务部、发展改革委、财政部、海关总署、税务总局、工商总局、质检总局、外汇局关于同意在浙江省义乌市试行市场采购贸易方式的函》(商贸函〔2013〕189号),同意自2013年4月18日起,在义乌试行市场采购贸易方式。本书将此函简称为"八部委批复意见"。

③ 要实现"义乌试点"《总体方案》中的发展目标以及义乌市场、产业、城市、社会、政府五个转型发展,必须创新改革路径,为义乌改革注入新的活力。为此,本书提出"四位一体"(法治化、信息化、一体化、国际化)的创新型改革路径(或称"四化战略")。这个创新型改革路径或战略建立在义乌40多年发展经验基础之上,并顺应了国内与国际发展趋势,是"义乌经验"的升华和延伸,将有助于凝聚改革共识,加强协调整合,促使改革到位。总之,这对义乌未来理清改革思路、指引改革方向至关重要。本书主要讨论其中最为重要的"法治化改革路径"或"法治化战略"。

④ 国内知名的义乌问题研究专家陆立军教授在阐述"义乌模式"的发展轨迹时,使用"市场化—工业化—国际化—城乡一体化"加以表述,并未使用"法治化"术语。参见陆立军、王祖强、杨志文:《义乌模式》,人民出版社2008年版,第1页。时任浙江省人民政府咨询委员会副主任刘亭研究员指出,中国现代化的路径就是"五化归一":工业化+城市化+市场化+民主化+法制化=现代化。参见刘亭:《改革劲风吹向何方》,载《浙商》2013年第2期。本书认为,时至今日,无论是义乌市场国际化还是"义乌模式"现代化,均离不开法治化,这是发展定律决定的,不随人的主观意志为转移。

顶层设计,是一项亟需研究和实践的重大课题,①因为这对巩固已经取得的改革成果、保障和促进"义乌试点"的关键性改革事项与深入推进具有重要的理论价值和现实意义。

(一)义乌国际贸易综合改革法治保障的实质与依据

探讨义乌国际贸易综合改革法治保障命题,首先应当从法治原理切入,探究其实质,并在此基础上,从理论、政策与法律三个角度探寻其依据。

1. 义乌国际贸易综合改革法治保障的实质

迄今为止,古今中外的学者难以达成一个统一的、公认的法治概念,探究法治的角度和方法不同,结论也不尽相同。古希腊亚里士多德曾经对法治作出如下经典的阐述:"法治应当包含两重含义:已成立的法律获得普遍的服从,而大家所服从的法律又应该是制定得良好的。"②法治从其字面的含义来看,有两种基本含义:一是法的统治或治理(rule of law);二是依据或通过法的统治或治理(rule by law)。③ 也有学者从七个层面阐述法治的不同含义。④无论使用何种角度和方法解读法治的含义,本书认为,现代法治的本质在于防止国家权力侵害个人权利,即要处理好公权力与私权利之间的关系。这种关系映射至政治学与经济学层面,分别体现为政治国家与市民社会之间的关系以及政府与市场之间的关系。

在探索义乌市场经济规律的40多年实践中,法治始终是义乌市党委、政府探索与实践的灵魂。⑤ 从法经济学角度审视,这种市场经济规律的法治探索与实践本质上是在探寻、推动国家(政府)与市场关系的法治化。⑥ 站在

---

① 迄今为止,有关"义乌试点"的媒体报道很多,从经济学视角研讨"义乌模式"与"义乌试点"的论著也很多,但研究"义乌试点"的法治保障的论著却很少,这对本书的创作带来了一定的挑战。

② [古希腊]亚里士多德著:《政治学》,吴寿彭译,商务印书馆1965年版,第167页。

③ 刘剑文等:《中国自由贸易区建设的法律保障制度》,载《财税法论丛》2004年第3卷。

④ 一是作为一种理性的治国方略,即"依法治国";二是作为民主化法制的法制模式;三是作为普遍的办事原则的依法办事,或称"既定规则严格执行",即形式主义法治;四是作为法律内在精神的法治理念;五是法治还是指法律人之治,即职业化的法官、检察官和律师从事专门化的法律活动;六是作为理想社会关系的法治秩序;七是作为人民生活方式的法治传统。参见孙笑侠、胡瓷红:《法治发展的差异与中国式进路》,载《浙江社会科学》2003年第4期。

⑤ 肖玮、王胜明:《法治兴市:书记市长揭秘义乌奇迹》,载《检察日报》2005年12月27日。

⑥ [德]彼得·克雷斯迪安·弥勒·格拉夫著:《国家与市场关系的法治化——德国、欧共体以及美国思路的比较》,刘旭译,载《经济法论丛》2010年总第19卷。

"义乌试点"的历史节点上，义乌各界应当以更高起点、更高标准将"法治兴市"①这一造就义乌奇迹的战略坚定不移地实施下去。因此，本书所指的法治保障的实质是弘扬社会主义法治精神，树立社会主义法治理念，控制、规范立法、执法、司法、守法与法律监督各个环节中公权力的运行，保障、维护私权利的实现，善于运用法治思维和法治方法深化改革开放，推进制度创新，确保"义乌试点"不断深入推进，逐步实现义乌市场、产业、城市、社会、政府五个转型发展，并履行相应的国家责任。概言之，法治是推进"义乌试点"的制度保障。

2. 义乌国际贸易综合改革法治保障的依据

（1）理论依据

法治保障的理论依据主要可归结为以下两方面既相对独立又互相联系的内容：

一是对接国际贸易规则（惯例）的需要。晚近，经济全球化与区域经济一体化纵深发展。追溯历史，战后美国发起并主导国际经济秩序的构建，其中堪称经典的例证是，美国通过八轮多边贸易谈判推动多边贸易体制（GATT/WTO 体制）的发展和演化，建立了一整套国际贸易规则，从而推进国际贸易关系的法治化，或称"国际贸易法治"（International trade rule of law）。② 此前，由美国所主导的跨太平洋伙伴关系协定（Trans-Pacific Partnership Agreement，TPP）与跨大西洋贸易与投资伙伴关系协定（Transatlantic Trade and Investment Partnership，TTIP）③的谈判，旨在建立新一代、高标准的国际贸易规则，进而加

---

① 2006 年 4 月 30 日，中共浙江省委、浙江省人民政府发布《关于学习推广义乌发展经验的通知》（浙委〔2006〕34 号文件），将"义乌经验"归纳为六点：一是兴商建市；二是产业联动；三是城乡统筹；四是和谐发展；五是丰厚底蕴；六是党政有为。参见陆立军、王祖强、杨志文：《义乌模式》，人民出版社 2008 年版，第 13—14 页。在这六条经验中，法治或法治化经验并没有被充分彰显，本书认为，应当在第六条经验中突出其特殊地位及极端重要性，这对下一阶段推进"义乌试点"至关重要。当然，也有主流媒体认为，义乌在改革开放过程中实现了制度环境之变：从"审批经济"到稀缺资源公开、公正的市场化配置，义乌打造"法治政府"。参见鲍洪俊、袁亚平：《让世界瞩目的嬗变——浙江义乌市落实科学发展观纪实》，载《人民日报》2006 年 7 月 11 日。

② 郑玲丽：《国际贸易关系的法治与全球治理》，载《世界贸易组织动态与研究》2007 年第 12 期。

③ 在 2017 年 1 月美国总统特朗普签署行政命令，宣布美国正式退出 TPP 之前，美国加快推进实施"两洋战略"（TPP 与 TTIP）。当前，TPP 已改组为全面与进步跨太平洋伙伴关系协定（CPTPP）。

快"国际贸易法治"的发展。显而易见，这将对中国进一步融入经济全球化、参与国际贸易规则的制定构成挑战。2001 年中国"入世"开启了义乌市场的国际化进程。未来要建设成为"世界领先的国际小商品贸易中心"（"义乌试点"的发展目标之一），义乌必须积极实施"国际化战略"，加强法治保障，突破国际贸易管理和促进体制等改革难题，实现与已经成形及正在生成的国际贸易规则（惯例）的对接。简言之，义乌应当努力构建符合国际规则（惯例）的贸易自由化和便利化法律制度。

二是推进市场经济法治化的需要。现代市场经济是开放型市场经济，同时也是法治经济，①建立现代市场经济需要法治保障已经成为社会各界的共识。② 现代市场经济是法治经济可以从以下两个方面理解：第一，法治是市场经济的本质要求。市场经济的自由性、统一性、开放性、竞争性、可控性需要法治加以保障，③同时市场经济的局限性需要法治进行约束和引导。第二，法治是市场经济的必然产物。市场经济要求法治并为法治创造了外部物质性条件，同时市场经济所造就的企业家和商人等市场主体成为法治的主要需求者和消费者。④ 党的十八大报告指出，"经济体制改革的核心问题是处理好政府与市场的关系，必须更加尊重市场规律，更好发挥政府作用"，因此推进市场经济法治化应当是社会主义市场经济的改革方向。40 多年来，义乌市党政有为，在经济发展中始终坚持有所为、有所不为，正确处理政府与市场的关系，建

---

① 关于市场经济与法治之间的关系存在多种表述：法治经济、法治化市场经济、市场经济法治化、法治的市场经济及市场经济法治等。这些术语的表述方式不尽相同，但它们的含义和本质却大同小异。

② 在 1992 年中共十四大至 2007 年中共十七大这个时期，法学界提出"市场经济是法治经济"的观点得到普遍认同。参见李林：《市场经济改革中的法治建设》，载《经济社会体制比较》2008 年第 4 期。著名的经济学家吴敬琏先生认为，现代的市场经济是建立在规则基础上的，也可以称为法治的市场经济。参见吴敬琏：《建设法治的市场经济》，载《经济体制改革》2003 年第 6 期。时任广东省委书记汪洋在广东省第十一次党代会报告中提出"坚持社会主义市场经济的改革方向，就是要着力构建法治为基、诚信为魂、效率为先、公平为本的社会主义市场经济"，其中特别强调要建设法治广东，确保市场经济规范有序运行。参见刘志铭：《法治广东：确保市场经济规范有序运行》，载《南方日报》2012 年 6 月 11 日。

③ 余松：《试论市场经济与法治的几个问题》，载《西南民族学院学报（哲学社会科学版）》1999 年第 53 期。

④ 孙笑侠、胡瓷红：《法治发展的差异与中国式进路》，载《浙江社会科学》2003 年第 4 期。

设法治政府,积极探索建立精简、统一、高效的新型管理体制。① 在当前"三个新时代"的背景之下,义乌应当更加积极主动推进市场经济法治化建设,因为"义乌试点"在很大程度上是要用法治思维和法治方式,处理国际贸易领域中政府与市场的关系。

（2）政策依据

以下三个方面的内容为义乌国际贸易综合改革法治保障提供政策依据:

一是党的十八大报告、十八届三中和四中全会决定、党的十九大报告及十九届四中全会决定等对法治作出要求。十八大报告在"全面推进依法治国"中指出,"法治是治国理政的基本方式。要推进科学立法、严格执法、公正司法、全民守法,坚持法律面前人人平等,保证有法必依、执法必严、违法必究。"十九大报告在"坚持全面依法治国"中指出,"坚定不移走中国特色社会主义法治道路,完善以宪法为核心的中国特色社会主义法律体系,建设中国特色社会主义法治体系,建设社会主义法治国家,发展中国特色社会主义法治理论,坚持依法治国、依法执政、依法行政共同推进,坚持法治国家、法治政府、法治社会一体建设。"这既为义乌国际贸易综合改革法治保障提供了总体依据,又从立法、执法、司法、守法及法律监督五个层面对"义乌试点"法治建设提供了具体指引,是义乌国际贸易综合改革法治保障的纲领性政策文件。

二是建设"法治浙江"的要求。2006 年 4 月,中国共产党浙江省第十一届委员会第十次全体会议通过了《中共浙江省委关于建设"法治浙江"的决定》。该决定对建设"法治浙江"的总体要求、基本原则和主要任务进行了阐述,同时要求"加强地方性法规和规章建设"、"加强法治政府建设"、"加强司法体制和工作机制建设"、"加强法制宣传教育,提高全民法律素质"以及"确保人民的政治经济文化权益得到切实尊重和保障"。2014 年 12 月,中国共产党浙江省第十三届委员会第六次全体会议通过了《中共浙江省委关于全面深化法治浙江建设的决定》。该决定对全面深化法治浙江建设的总体要求作出了部署,对"健全具有浙江特色的法规规章""加快建设法治政府""全面提升司法公信力""推进法治社会建设"作出了要求。因此,这两个决定为浙江在涉外经贸领域探索"法治浙江"的理论与实践提供了基础,同时为"义乌试点"法治

① 雷琳:《善治政府的典范——浙江义乌社会考察体会》,载《新疆社科论坛》2007 年第 5 期。

建设提供了指导性意见。

三是国务院和浙江省批复的要求。《总体方案》在"基本原则"中要求，"立足于政府管理向公共服务转变，寓管理于服务之中，推进贸易便利化，推进金融支持、区域合作、管理体制创新，完善政策环境，为转变外贸发展方式提供有效的支持平台和制度保障。"毋庸置疑，这项基本原则为"义乌试点"制度创新提供了明确而具体的依据。2019 年 1 月，浙江省批复《义乌国际贸易综合改革试验区框架方案》(以下简称《框架方案》)，作出了相应的要求。

（3）法律依据

以下两方面的内容为义乌国际贸易综合改革法治保障提供法律依据：

一是《中华人民共和国宪法》第 5 条关于建设法治国家的规定。2004 年修订的《中华人民共和国宪法》第 5 条规定："中华人民共和国实行依法治国，建设社会主义法治国家。"因此，"依法治国，建设社会主义法治国家"成为党和国家的治国方略和奋斗目标。

二是浙江省人大常委会关于"义乌试点"的决定。2012 年 11 月，浙江省第十一届人民代表大会常务委员会第三十六次会议通过了《浙江省人大常委会关于保障和促进义乌市国际贸易综合改革试点工作的决定》。该决定属于地方性法规，阐述了"义乌试点"的重要意义，对浙江省人民政府、金华市人民政府与义乌市人民政府有关"义乌试点"的任务提出了具体要求。该决定规定："省人大常委会根据改革试点工作的具体情况和实际需要，通过开展地方性法规专项清理、在地方性法规中作出特别规定、向全国人大常委会提出法律修改意见建议、组织执法检查以及听取改革试点工作专项报告等形式，依法保障和促进改革试点工作的深入开展。"概言之，该决定为"义乌试点"提供了坚实的法治保障。

（二）义乌国际贸易综合改革法治保障的学理与进路

要加强法治保障，义乌必须积极实施"法治化战略"，在实践基础上进行理论创新与制度创新，探索"义乌试点"法治建设的学理与进路，攻坚克难，努力开创良好的改革开放局面。

1. 法治化学理：涉外经贸法治建构论

如前所述，先行法治化论点可以为"法治浙江"战略提供学理支持。这种来自浙江法治发展实践基础上的理论创新是有生命力的。因此，本书以先行法治化论点为指导，以下列四种实践经验为基础，探索涉外经贸领域中先行法治化的理论与实践，提出涉外经贸法治建构论。

第一，涉外经贸法治建构论的基础。一是国际贸易法治建设经验。众所周知，GATT/WTO 是一个"成员驱动型"（member-driven）体制，所以多边贸易体制从 GATT 到 WTO 的演进实质上是由国际法上主体地位平等的成员方通过八轮多边贸易谈判推动的。因此，成员方推进 GATT/WTO 体制（实体性与程序性贸易规则/GATT/WTO 争端解决机制）的实践实际上是在建构国际贸易法治。当然，这种法治不尽完美，因为它是"权力政治"下的"贸易法治"。① 二是中国特色涉外经贸法治建设经验。改革开放 40 多年来，中国积极缔结国际条约，在涉外法律、法规中大量移植国外先进的法律及制度，极大地推动了对外经贸及引进外资的法治建设进程。② 特别在 2001 年加入 WTO 以后，中国积极履行 WTO 义务，对涉外经贸法律、法规、规章等进行前所未有的清理、修订和制定，确保涉外经贸法律体系与 WTO 规则保持一致，同时从执法与司法层面采取措施，使其在全国统一而有效地实施。这种法治建构努力是举世瞩目的，得到了 WTO 成员方的普遍尊重。三是义乌市场经济法治化建设经验。改革开放 40 多年来，"法治兴市"成为义乌市场繁荣发展的一个关键因素。义乌市党政有为，积极主动打造法治政府，探索政府与市场关系的法治化实践。③ 因此，这条宝贵的法治或法治化经验在未来义乌市场国际化以及"义乌模式"现代化进程中必须坚定不移地传承下去。四是行业法治化建设经验。法治在空间上存在着"三维"：纵向的法治，即国家自上而下的法治；横向的法治，即地方区域性法治；具有深度和厚度的法治，即法治伸展到各行各业，在行业领域建立法治。④ 在第三种法治维度中，证券行业法治化就是经典的

---

① 曾晖、黄志雄：《"权力政治"下的"贸易法治"——对 WTO 法律体系的几点反思》，载《武汉大学学报（哲学社会科学版）》2013 年第 3 期。

② 沈四宝、沈健：《对外开放三十年来我国外经贸法治建设基本经验和展望》，载《河北法学》2008 年第 10 期。

③ 从制度经济学角度看，"温州模式"的成因主要是由民间力量推动的诱致性制度变迁，而"义乌模式"虽然也是由民间力量诱致的，但在后来的发展、完善过程中，政府的引导、调控、规范则发挥了决定性作用，因此"义乌模式"属于强制性制度变迁，是法治建设的结果。参见陆立军等：《义乌模式》，人民出版社 2008 年版，第 20—21 页。

④ 孙笑侠：《论行业法》，载《中国法学》2013 年第 1 期。

例证。资本市场是高度法治化的市场,①因此"义乌试点"法治建设可以学习、借鉴证券行业的法治化经验。

第二,涉外经贸法治建构论的特征。涉外经贸法治建构论虽是在上述四种实践经验基础上引申出来,但也有自己的特征:一是从发展路径角度看,它既有党政自上而下的推动,也有党政自下而上的推动,因此属于"党政推进型法治"。② 二是从推动力量角度看,除了党政推动力之外,还有民间推动力和法律职业推动力。在这三种推动力量之中,官方力量是主导力,民间力量(企业家、商人及中介组织等)是原动力,而法律人的力量是建构力,具有能动建构作用。③ 建构过程是三种推动力共同作用的过程。三是从法律规范的性质角度看,尽管晚近国际经贸关系呈现"私法一体、公法趋同"的现象,但为了降低法治成本,加速涉外经贸法治化的进程,应当进行公法移植,因为公法更加缺乏本土资源。

2. 法治化进路:义乌涉外经贸法治建设之路

中国 40 多年改革开放的一个基本经验就是:通过地方"先行先试"带动全国的制度创新。但是,地方的立法试验和制度创新容易引致"良性违法"、甚至"良性违宪",从而使地方"先行先试"陷入法治困境,④"义乌试点"也不例外。因此,为了尽量避免陷入法治困境,强化试点的法治保障,应当在涉外经贸法治建构论的指引下,从以下两个向度切入,走涉外经贸法治建设之路。

第一,推动"法治义乌"建设。"法治义乌"建设应当成为义乌市党委政府的一项中心工作。具体而言,主要包括以下几个方面内容:一是全面打造法治政府是核心。义乌市党委、政府应当以政府与市场关系的法治化为抓手,依法执政与依法行政,从"简政放权"("扩权强县")与"简政限权"两个向度展开,并从立法、执法、司法、守法及法律监督五个层面,深入推进义乌法治政府建设。二是营造良好的法治环境是基础。法治环境对义乌市场国际化发展以及"义乌模式"走向现代化至关重要。因此,应当强化法治精神和法治理念的宣

---

① 耿亮:《法治建设是上海证券交易所市场发展的重要保障》,载《证券法苑》2011 年第 4 卷。

② 喻中:《改进党对法治建设的领导方式》,载《北京行政学院学报》2013 年第 1 期。

③ 孙笑侠:《一些地方先行法治化突出》,载《政府法制》2010 年第 8 期。

④ 封丽霞:《地方"先行先试"的法治困境》,载《法律方法与法律思维》2010 年第 6 辑。

传教育;构建地方(义乌)法治评价体系;①发布(义乌)涉外经贸法治指数。②
三是加强科研机构与政府职能部门之间的协同创新是关键。义乌改革开放是
一项专业性与系统性很强的伟大事业。未来义乌要实现市场、产业、城市、社
会、政府五个转型发展,应当借助包括高等院校在内的科研力量,整合资源,创
设跨界与跨学科的"义乌试点"协同创新中心,联合打造具有实战效果的新型
智库,为义乌改革开放事业保驾护航。为此,应当尽快组建"法治义乌"专家
咨询委员会,通过课题研究、专家咨询、学术论坛等形式构建协同创新机制。

总之,未来义乌的发展应从市场驱动转向法治引领,在不断拓展、挖掘经
济学意义上的"义乌模式"的法治内涵基础上,努力构建地方法治建设的"义
乌模式",为"义乌试点"法治建设(或称"法治试点"建设)提供支撑,并争取
形成可复制和可推广的法治护航改革的"浙江经验"。

第二,加快"法治试点"与"法治试验区"建设。"法治试点"与"法治试验
区"建设是义乌市党委、政府的一项重大的系统性工程。2016 年 11 月,国家
发展改革委等八部委联合下发《关于进一步深化浙江省义乌市国际贸易综合
改革试点工作的通知》(发改经体〔2016〕2351 号)(以下简称《进一步深化通
知》),同意义乌市开展市场采购进口贸易机制创新,实施进口贸易便利化改
革举措。为贯彻落实八部委通知,进一步深化"义乌试点",2017 年 1 月,浙江
省批复《框架方案》,希望通过把试点上升为试验区,叠加实施自贸区(港)等
改革措施,努力为国家推进外贸领域改革、构建开放型经济新体制探索新路
径、提供新经验。③ 但是,该《框架方案》仅对授权设立国际贸易综合改革试验
区管委会,作为省政府派出机构,赋予国际贸易改革领域省级权限作出了规
定,缺少实质性内容。2019 年 7 月,浙江省政府第 25 次常务会议审议通过
《义乌国际贸易综合改革试验区条例(草案)》,后续将以法规案形式提请省人
大常委会审议。该《条例》作为试验区"基本法",旨在将改革成果以立法形式

---

① 主要包括民主完善、法制完备、公共权力运行规范、公民权利切实保障与法律职业严格
保护五个方面内容。参见李燕霞:《地方法治评价体系论纲——以"法治浙江"建设为例》,载《浙
江社会科学》2006 年第 2 期。

② 可以参照世界银行和世界正义工程的法治指数与余杭法治指数等进行研究设计。参见
钱弘道等:《法治评估及其中国运用》,载《中国社会科学》2012 年第 4 期。

③ 宗庆后:《深化义乌国际贸易综合改革试点 规划建设国际贸易改革试验区》,载《中国
经贸导刊》2017 年第 10 期。

加以固定,同时将国家和浙江有关重大政策措施转化为法规条文,确保改革于法有据。[1] 当下,应当以建设"法治浙江"的决定、浙江省人大常委会关于"义乌试点"的决定、国务院批复的《总体方案》、八部委《进一步深化通知》以及浙江省《框架方案》等为总纲,坚定不移走党政推动、民间参与、学术支持的"法治试点"与"法治试验区"建设之路,重点做好以下三个方面的工作:一是推动经贸政策法治化。《总体方案》及三年实施计划是推进"义乌试点"的指导性政策文件,该政策方案及实施计划的宏观性与前瞻性很强,但实践中的操作性不强。因此,应当采用法治方式加以转化,为义乌现代市场经济立法,特别要加强涉外经济管理部门之间的配合与协调,保障市场经营主体的各项权利。二是探索"法治试点"与"法治试验区"的顶层设计。当前,义乌改革也进入了攻坚期和深水区,体制性障碍开始凸显。在编制三年实施计划过程中,应当同步为"义乌试点"与"义乌试验区"的法治保障做好顶层设计,规划"法治试点"与"法治试验区"建设的路线图与时间表。与此同时,需要处理好"先行先试"与"法治试点"和"法治试验区"建设之间的关系,适时清理和修订束缚改革的部门规章及以下层次的规章,确保改革事项依法推进。三是为关键性改革事项提供坚实的法治保障。加快建立与现代市场经济相适应的市场经营主体制度及配套的政府监管制度或机制;尽快推动与市场采购新型贸易方式相配套的海关、商检、工商、税务、外汇等经贸政策的法治化,尤其要确保法定检验检疫体制改革与"一次申报、一次查验、一次放行"通关作业体制改革驶入法治化轨道,用法治方式将通过实践探索行之有效的政策措施固定化;[2]推进与国际贸易相适应的行政管理体制改革的法治化发展;[3]制定"义乌国际贸易综合改革试点信息化发展规划"及相应的法律,构建信息化市场采购商品认定体系,建设信息化与法治化市场综合管理机制,推动跨境电子商务贸易政策[4]的法治化发展;为义乌金融支持国际贸易立法:创新与小商品特点相符的

---

① 浙江在线:《浙江将制定义乌国际贸易综合改革试验区条例》,2019 年 7 月 6 日,资料来源:http://biz.zjol.com.cn/zjjjbd/zjxw/201907/t20190706_10532570.shtml。

② 刘剑文等:《中国自由贸易区建设的法律保障制度》,载《财税法论丛》2004 年第 3 卷。

③ 青锋:《法治化:行政管理体制改革基本路径》,载《学习时报》2007 年 11 月 5 日。

④ 《国务院办公厅转发商务部等部门关于实施支持跨境电子商务零售出口有关政策意见的通知》(国办发〔2013〕89 号)。

知识产权保护制度和机制；加快义乌国际陆港城市法治建设等。

（三）义乌践行涉外经贸法治建构之路的启示

第一，必须积极实施"法治化改革路径"或"法治化战略"，善于使用法治方式保障、巩固改革成果，破解改革难题。虽然政策框架内的短期改革成效显著，但从长期看可能难以为继，也不符合现代市场经济法治化的改革方向。因此，应当推动经贸政策法治化发展，运用法治思维和法治方式深化义乌改革，推动制度机制创新，解决与试点相关的立法、执法、司法、守法与法律监督等问题，确保"义乌试点"与"义乌试验区"的基本走向。

第二，应当以涉外经贸法治建构论为指导，点面结合，走涉外经贸法治建设之路。"法治试点"与"法治试验区"建设是点，"法治义乌"建设是面。为"义乌试点"提供法治保障，要以点带面、点面结合，在40多年市场经济法治化建设的基础上，走出一条涉外经贸法治建设的"义乌之路"，完成国家交付的改革使命。

第三，大力实施"法治化与信息化双轨制战略"，强力助推关键性改革事项。下一阶段，一方面必须实施"法治化战略"，采用法治方式落实八部委《进一步深化通知》，依托制度机制创新，加快形成与国际接轨的新型贸易体制框架；另一方面应当实施"信息化战略"，通过技术创新，提升国际贸易便利化、信息化水平，强化涉外经济管理部门之间的协调以及实体市场与虚拟市场之间的整合。推动制度创新与技术创新双管齐下，加快推进义乌改革的一体化与国际化进程。

第四，"义乌试点"与"义乌试验区"可被视为中国（浙江）法治建设在涉外经贸领域中的探索及实践，有助于推进中国开放型经济体制改革。当下，中央政府正在实施新一轮改革开放。2013年9月挂牌的上海自贸试验区被普遍视为是这一轮改革开放的突破口，因此意义重大。与中国自贸试验区相比，"义乌试点"的战略性和全局性不足。但是，义乌完全可以在实践基础上积极探索，用理论创新带动制度创新，打造涉外经贸法治建设的"义乌模式"，为中国建设更高水平开放型经济体制作出积极贡献。

第三节　中国特色涉外经贸法治建构的基本设想

十八届四中全会为中国涉外经贸法治建设提出了总体要求，因此我们应当按照《中共中央关于全面推进依法治国若干重大问题的决定》(以下简称《决定》)的相关要求,结合正在推进中的"自由贸易区战略"与"自贸区(港)战略",提出未来中国特色涉外经贸法治建构的基本设想。

一、中国特色涉外经贸法治建构的主要原则

主要原则是中国特色涉外经贸法治建构的行为准则。根据《决定》的要求并结合改革开放以来中国特色涉外经贸法制/法治建设的实践经验,本书认为主要原则可以分为政治原则与专业/技术原则两大类。

(一)《决定》要求的三项政治原则

这三项政治原则对未来中国特色涉外经贸法治建设具有重要的指导意义。一是坚持党的领导。无论是"条约驱动型法治建构模式"还是"自主推动型法治建构模式",改革开放以来中国特色涉外经贸法制/法治建设及其成就都是在党的领导下开展并取得的,所以始终坚持党的领导是未来涉外经贸法治建构的首要原则。二是坚持人民主体地位。为人民参与涉外经贸法治建设创设利益诉求及表达制度或机制,真正做到涉外经贸法治建设的出发点和落脚点是为了保障和实现私人涉外经贸权益。三是坚持从中国实际出发。适应对外开放不断深化的新形势,坚持两种模式并重,同步探索"自由贸易区战略"与"自贸区(港)战略"的法治保障。

(二)WTO 规定的四项专业/技术原则

WTO 规定的四项专业/技术原则是战后以美国为首的西方国家推动国际经贸关系"法制化"/"法治化"的重要成果,不仅指导中国"入世"以来涉外经贸法治建设实践,而且对当下中国实施"自贸区(港)战略"仍然具有引领、规范和保障作用。一是非歧视性原则。该项原则包含最惠国待遇与国民待遇两个子原则,其中国民待遇原则对上海自贸试验区探索外资准入前国民待遇加负面清单管理模式①、重构中国外资准入制度具有重要的现实指导意义。二是市场开放原则。该项原则可以指导中国特色自贸区(港)服务业等产业市场开放及其法治建设,除了制定针对企业行为的负面清单之外,还应当制定规范政府行为的权力清单,真正做到"法无禁止皆可为、法无授权不可为、法定

---

① 负面清单管理模式是上海自贸试验区制度创新的最大亮点。

职责必须为"。三是透明度原则。实施负面清单管理模式的最大难度不是外资准入权问题，而是管理措施的透明度问题。因此，提高政策法规透明度将在很长时间内成为转变政府职能、依法公开行政的关键问题，对营造稳定、公平、透明、可预期的国际一流法治环境是至关重要的。四是司法审查原则。该项原则是中国特色自贸区（港）实现与国际通行规则接轨、构建集涉外诉讼、仲裁与调解于一体的多元化经贸纠纷解决体系的基础，是培育法治化和国际化营商环境的关键。

二、中国特色涉外经贸法治建构的路径优化

改革开放以来涉外经贸法制/法治建构的路径依赖的最显著特点是主要由中央政府自上而下而非由社会自下而上推动法制/法治建构，结果导致国内私人主动参与的范围和深度有限。因此，应当坚持人民主体地位原则，优化涉外经贸法治建构的路径依赖，改进两种涉外经贸法制/法治建构模式，让人民或社会公众（国内私人）渐进参与构建国际化法治化的市场经济体制[①]。

（一）重构条约缔结制度：为私人参与国际经贸条约和协定缔结建立制度化通道

从学理层面看，条约缔结制度是一国对外事务中宪治与主权的连接点，是中国实施"自由贸易区战略"的引擎或驱动器，所以完善中国条约缔结制度具有重大的理论价值和现实意义。近年来，越来越多学者关注中国条约缔结制度，其中有学者基于中国"入世"实践，从国家公权力角度对完善条约评估与条约审批程序提出建设性意见[②]。中国"入世"堪称中国缔结国际经贸条约的经典案例，对规范中国涉外经贸领域中的公权力具有重要的促进作用，但实践证明，国内私人参与"入世"前后涉外经贸法制/法治建设的能力、通道和机会具有一定局限性。因此，应当坚持人民主体地位原则，从私人权利保障角度完善中国现行的条约缔结制度，建立私人涉外经贸利益诉求及表达的制度化通道（机制或程序），使其与国家"主权机制"或"主权让渡机制"对接，从而推进

---

① 汪洋：《加强涉外法律工作》，载《人民日报》2014年11月6日。
② 车丕照：《认真对待条约——写在中国"入世"10周年之际》，载《国际经济法学刊》2011年第2期。

国家(政府)与市场关系法治化①。完善国际经贸条约和协定缔结程序,推动中国涉外经贸关系法治化,应当成为未来中国特色涉外经贸法治建设的努力方向。

(二)构建社会参与机制:让社会力量参与自贸区(港)涉外经贸法治建设②

2016 年 12 月,习近平总书记对上海自贸试验区建设作出重要指示:"建设上海自贸试验区是党中央、国务院在新形势下全面深化改革和扩大开放的一项战略举措。"要"大胆试、大胆闯、自主改,力争取得更多可复制推广的制度创新成果,进一步彰显全面深化改革和扩大开放的试验田作用。"③可见,上海自贸试验区是中国实施"自贸区(港)战略"的开端,是未来中国扩大对外开放的新模式,同时也是中国的"法治试验田",对推动中国涉外经贸领域政府与市场关系法治化具有重要的先导作用和示范意义。为此,应当构建社会力量(包括自然人、法人、行业协会、商会、社团组织及专业服务机构等)参与自贸区(港)涉外经贸法治建设的沟通协调机制,使其依法表达利益诉求,联合自律,公平参与市场竞争,从而实现政府与市场良性互动、共同发展。值得关注的是,2014 年 9 月,根据《中国(上海)自由贸易试验区条例》(以下简称《条例》)第 43 条规定④,上海自贸试验区"社会参与委员会"正式成立。首批参与"社会参与委员会"的企业、行业协会、商会等社会力量共有 42 家单位,涉及航运、物流、贸易、加工、金融、服务等多个行业。该"社会参与委员会"既非行业协会,又非社团组织,是一种全新的社会参与机制,将有助于上海自贸试验区涉外经贸法治建设。

---

① [德]彼得·克雷斯迪安·弥勒·格拉夫:《国家与市场关系的法治化——德国、欧共体以及美国思路的比较》,刘旭译,《经济法论丛》2010 年总第 19 卷。

② 屠新泉:《让社会力量参与自由贸易园(港)区涉外法治建设》,载《红旗文摘》2015 年第 5 期。

③ 习近平:《解放思想　勇于突破　大胆试大胆闯自主改　力争取得更多可复制推广的制度创新成果》,载《人民日报》2017 年 1 月 1 日。

④ 《中国(上海)自由贸易试验区条例》第 43 条:"自贸试验区建立企业和相关组织代表等组成的社会参与机制,引导企业和相关组织等表达利益诉求、参与试点政策评估和市场监督。支持行业协会、商会等参与自贸试验区建设,推动行业协会、商会等制定行业管理标准和行业公约,加强行业自律。区内企业从事经营活动,应当遵守社会公德、商业道德,接受社会公众的监督。"

三、中国特色涉外经贸法治建构的重点任务

在全面实施"双轨制自贸区国家战略"的背景下,应当协同推进"条约驱动型法制/法治建构模式"与"自主推动型法制/法治建构模式",促使两者相得益彰。因此,在坚持主要原则、优化建构路径的前提下,本书认为,当下中国特色涉外经贸法治建构的重点任务是通过制度创新协同推进两种法治建构模式。

（一）建立国际经贸条约和协定谈判与签署前评估制度

从《中华人民共和国缔结条约程序法》第 3 条规定①可以推断,商务部有权代表中央人民政府对外谈判与签署条约和协定,而全国人大常委会有权批准和废除条约和重要协定②。无论是一般协定和条约还是重要协定和条约,从改革开放以来的缔约实践看,商务部代表国家对外谈判与签署国际经贸条约和协定时,国内私人缺少参与条约和协定缔结的程序性制度或机制,而这种制度或机制对推动中国特色涉外经贸法治构建是不可或缺的。因此,建议在商务部层面构建国际经贸条约和协定谈判与签署前评估制度,分别建立谈判前议题评估程序与签署前条款评估程序。前者可以由谈判机构邀请相关企业、行业协会、商会等利益主体,以座谈会、研讨会等非正式形式实施,对谈判议题广泛凝聚共识;后者应当由谈判机构以公开听证会等正式形式实施,由谈判机构与相关利益主体共同评估有关条约和协定条款对后者可能产生的负面影响并作出相应的调整。

（二）建立中国特色自贸区（港）涉外经贸法治评估制度

以上海自贸试验区为代表的中国特色自贸区（港）是目前中国开放度最高的区域,旨在培育便利化、市场化、法治化、国际化和自由化的营商环境,因此构建自贸区（港）涉外经贸法治评估制度是必不可少的。从《条例》以及自

---

① 《中华人民共和国缔结条约程序法》第 3 条:"中华人民共和国国务院,即中央人民政府,同外国缔结条约和协定。中华人民共和国全国人民代表大会常务委员会决定同外国缔结的条约和重要协定的批准和废除。"

② 尽管《中华人民共和国缔结条约程序法》第 7 条列举了六种类型的条约和重要协定需要提交全国人大常委会批准,但在实际操作层面看,条约和重要协定的具体范围尚不清楚,需要进一步立法明确。参见车丕照:《认真对待条约——写在中国"入世"10 周年之际》,载《国际经济法学刊》2011 年第 2 期。

贸区(港)发展建设情况看,未来中国自贸区(港)立法应当仍然是由地方性立法占据主导地位,但又牵涉许多国家事权及中央专属立法权。因此,建议国务院在批准各地自贸区(港)总体方案中要求构建法治评估制度①,从而提高自贸区(港)涉外经贸法治建设水平。该项制度应当主要包含以下内容:一是建立立法前条文评估程序与立法后实施评估程序,由地方立法主体分别以座谈会、公开征求社会意见或听证会等方式实施,为社会公众或国内私人提供充分的利益诉求及表达机会;二是以打造涉外经贸法治政府为核心,构建涉外经贸法治评估指标体系。该指标体系主要应该包括社会公众(包括行业商协会等)的立法参与度、政府职能部门依法行政程度、涉外经贸纠纷公平公正解决程度、负面清单开放透明度、权力清单透明执行度、事中事后监管制度高效便捷程度以及与国际通行规则接轨程度等内容。构建自贸区(港)涉外经贸法治评估制度,旨在规范涉外经贸领域中的公权力,从而保障私人涉外经贸权益。

(三)建立国家涉外经贸政策与法治咨询制度

商务部承担着中国国际经贸条约和协定谈判和签署的职责,同时担负着全国各地自贸区(港)申报以及与其他部委的协调工作。现在的商务部"经贸政策咨询委员会"的主要不足是缺乏相应法律专家参与,难以适应全面推进依法治国的发展要求以及商务领域法治政府建设要求,很难担负起为推进"双轨制自贸区国家战略"建言献策的重要使命。因此,建议选聘国内外知名的涉外经贸法律专家加入,将商务部"经贸政策咨询委员会"改组为商务部"涉外经贸政策与法治咨询委员会",为协同推进两种法治建构模式提供专家咨询意见,构建国家涉外经贸政策与法治咨询制度,并逐步将其打造成具有国际影响力的中国特色涉外经贸政策与法治建设高端智库。该委员会可以成为商务部联系国家部委与地方政府的桥梁,同时也是商务部与涉外经贸主体的联系纽带,其主要职责是总结和评判两种法治建构模式及其实践,以座谈会或调查问卷等方式征求社会意见,为商务部推进"双轨制自贸区国家战略"提供专家咨询意见。在中国参与亚太自由贸易区、中美贸易协议与中欧双边投资

---

① 中国的法治评估实践是从立法司法领域的专项评估开始的,近年来,北京、江苏、浙江、上海、深圳等发达地区开始了法治评估的全面探索。参见钱弘道等:《法治评估及其中国应用》,载《中国社会科学》2012 年第 4 期。

协议等谈判以及推进中国特色自贸区（港）涉外经贸法治建设的背景下，该委员会可以在推动中国国际经贸条约和协定谈判与自贸区（港）涉外经贸法治建设的协同发展进程中发挥积极作用。

改革开放以来，中国一直在涉外经贸领域推进法制/法治建构，为逐步融入并参与经济全球化提供制度保障。中国"入世"以来的涉外经贸法治建设主要是由中国WTO义务和承诺所推动的，属于国家"主权机制"问题；中国特色自贸区（港）涉外经贸法治建设是由党和政府自主推动的，牵涉国家事权及中央专属立法权与地方事权的配置问题。在统一的路径指引下，两种具有共性但又有差异的涉外经贸法制/法治建构模式逐渐形成。上海自贸试验区坚持运用法治思维和法治方式、推进改革创新、营造良好的法治环境的事实充分说明，中国"入世"对中国法治变革的影响是巨大的和深远的，而且将对中国特色自贸区（港）涉外经贸法治建设产生积极影响。让人民或社会公众（国内私人）渐进参与涉外经贸法治建设并为私权利监督和制约公权力进行制度设计，应当成为中国改进和优化两种涉外经贸法制/法治建构模式的基本思路。在全面实施"双轨制自贸区国家战略"的新时代，中国应当把握主要原则、优化路径依赖以及落实重点任务，协同推进两种涉外经贸法制/法治建构模式，积极建构涉外经贸法治体系，为建设更高水平开放型经济新体制而不懈努力。

第二章　中国特色自贸区(港)"事权法治制度环境一体化"方略和路径论

进入"改革开放新时代",中国进一步推进改革开放,必须面对四位一体的四个基本判断。① 40年后中国改革开放为在逻辑是,②只有推进"深层次改革",才能推动"高水平开放",最终实现"高质量发展"。"一深两高"的改革开放新逻辑对中国特色自贸区(港)营造国际一流营商环境、长三角更高质量一体化发展和浙江高水平构筑义甬舟开放大通道等国家和区域战略实施带来了新挑战。因此,中国改革开放法治保障/法治建构③也应遵循"一深两高"的新逻辑,在加快创新法治建构路径征程中不断完善和优化。2019年9月,习近平总书记在中央深改委第十次会议上强调从"三个阶段"(前期、中期、现在)到"三个注重"(体制性障碍、机制性梗

---

① 一是高质量发展:"一深两高"("深层次改革"—"高水平开放"—"高质量发展")成为改革开放新逻辑。二是全面深化改革:"系统集成、协同高效"成为战略新课题。三是改革开放新高地:中国特色自贸区(港)法治保障与改革创新"双轮驱动、相互促进"成为改革开放新要求。四是国际一流营商环境:"五化统领"(便利化、市场化、法治化、国际化、自由化)、国际一流(稳定、公平、透明、可预期)的政策和制度体系成为营商环境新目标。

② 40年后中国改革开放内在逻辑发生了重大变化:40年后的改革开放逻辑是"深层次改革"—"高水平开放"—"高质量发展"。换言之,40年后的中国改革开放正面临"深层次改革"、"高水平开放"与"高质量发展"三大相互关联的战略难题。

③ 一直以来,西方世界存在两大哲学思想学派:一是以哈耶克、卡尔·波普为代表的"进化的/演进的理性主义(evolutionary rationalism)";二是以马克思为代表的"建构的理性主义(constructivist rationalism)"。相互对立的两大哲学思想打射到法治层面或领域,就产生了这样一个重大提问:法治是"进化的/演进的理性主义"还是"建构的理性主义"? 本书的基本立场是:法治总体是建构的,但局部可能是进化的/演进的。本书的根本主张是:"中国特色法治建构主义"、"中国特色涉外经贸法治建构主义"、"中国特色自贸区(港)法治建构主义"与"中国改革开放法治建构主义"是一脉相承的。

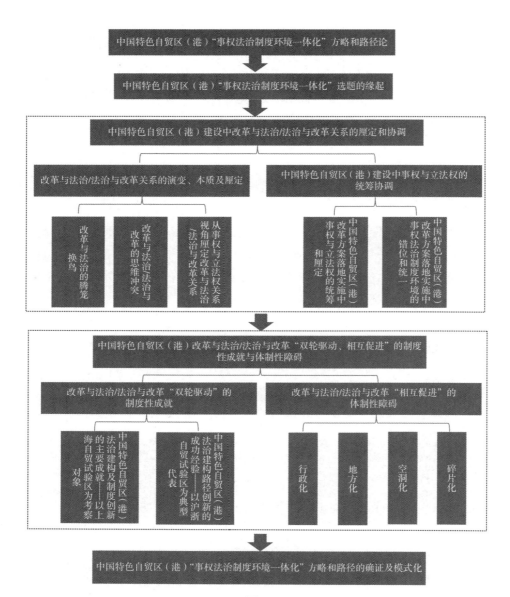

图 2

阻、政策性创新），①要求形成十八届三中全会有既定要求的制度体系，②释放了重大信号。这是中央首次对全面深化改革进行三个阶段的概括总结，尤其是明确提出"现在要把着力点放到加强系统集成、协同高效上来"，这对当前和今后一段时间扎实推进全面深化改革各项工作作出了明确指引、提供了根本遵循。在中国特色自贸区（港）法治保障与改革创新"双轮驱动、相互促进"成为改革开放新要求的背景下，中国特色自贸区（港）率先加强改革"系统集成、协同高效"，积极探索"系统集成、协同高效"的方略和路径，这不仅对中国特色自贸区（港）法治保障/法治建构以及构建"五化统领"、国际一流营商环境及其政策和制度体系③具有重大的现实指导意义，而且可以为破解"一深两高"三大相互关联的战略难题探索新路径以及为进一步全面深化改革积累新经验。

第一节 中国特色自贸区（港）"事权法治制度环境一体化"选题的缘起

探索建设中国特色自由贸易港，④关键在于积极重塑国际与国内关系

---

① 习近平总书记强调，落实党的十八届三中全会以来中央确定的各项改革任务，前期重点是夯基垒台、立柱架梁，中期重点在全面推进、积厚成势，现在要把着力点放到加强系统集成、协同高效上来，巩固和深化这些年来我们在解决体制性障碍、机制性梗阻、政策性创新方面取得的改革成果，推动各方面制度更加成熟更加定型。

② 党的十八届三中全会提出，"到2020年，在重要领域和关键环节改革上取得决定性成果，形成系统完备、科学规范、运行有效的制度体系，使各方面制度更加成熟更加定型。"

③ 2017年外商要求舟山公布"稳定、公开、透明、可持续的政策体系"。具体参见陈利强：《以法治化路径塑造舟山对内对外开放竞争新优势》，载《舟山日报》2018年10月26日。

④ 党中央提出"探索建设中国特色自由贸易港"这一重大战略课题，历经了三个阶段：一是习近平总书记在党的十九大报告中指出，"赋予自由贸易试验区更大改革自主权，探索建设自由贸易港"。二是时任中央政治局常委、国务院副总理汪洋在《推动形成全面开放新格局》（人民日报2017年11月10日）一文中正式提出该课题，并且为探索建设中国特色自由贸易港指明了方向。三是2018年4月14日，《中共中央 国务院关于支持海南全面深化改革开放的指导意见》（中发〔2018〕12号，以下简称"中央12号文件"）在"（四）发展目标"中明确了海南探索建设中国特色自由贸易港的时间表和路线图，即"四个阶段的制度创新目标"："到2020年，自由贸易试验区建设取得重要进展，国际开放度显著提高；到2025年，自由贸易港制度初步建立，营商环境达到国内一流水平，民主法制更加健全，治理体系和治理能力现代化水平明显提高；到2035年，自由贸易港的制度体系和运作模式更加成熟，营商环境跻身全球前列；到本世纪中叶，形成高度市场化、国际化、法治化、现代化的制度体系，成为综合竞争力和文化影响力领先的地区。"

("内外关系")、中央与地方关系("央地关系")以及政府与市场关系("政企关系")"三对关系"框架,旨在协调处理改革开放与法治/法治与改革开放关系这一重大战略命题,有效破解"中国改革开放法治建构主义"这一重大法哲学命题。① 改革开放与法治/法治与改革开放关系命题可以分解成两大子命题:一是改革与法治/法治与改革关系命题;二是开放与法治/法治与开放关系命题。具体而言,改革开放与法治/法治与改革开放关系日趋凸显且亟需厘定和协调,主要表现在改革开放两个层面或向度:第一,法治与全面深化改革。不构建法治,改革难推进。如全国人大正在加快研制"海南自由贸易港法"。② 第二,法治与全面扩大开放。不构建法治,开放无保障。如将于 2020 年 1 月施行的《中华人民共和国外商投资法》。③ 截止目前,为保障外商投资法有效实施,《中华人民共和国外商投资法实施条例(征求意见稿)》已经向社会公布。营造国际一流营商环境(法治化营商环境/法治环境),推动从"政策型开放"转向"制度型开放"④(法治保障下的对内对外高水平双向开放),

---

① 本书认为中国所处大变局时代的重大法哲学命题是"改革开放法治建构主义"。"改革开放法治建构主义"命题何以证成? 本书认为可从以下"三对关系"分析框架加以证成:一是"内外关系"视角下的法治与改革(开放)关系:中美战略竞争。二是"央地关系"视角下的法治与改革(开放)关系:中国特色自贸区(港)建设。三是"政企关系"视角下的法治与改革(开放)关系:长三角更高质量一体化发展。

② 2019 年 2 月 25 日,习近平总书记主持召开中央全面依法治国委员会第二次会议并发表重要讲话时强调,"改革开放 40 年的经验告诉我们,做好改革发展稳定各项工作离不开法治,改革开放越深入越要强调法治"。"对改革开放先行先试地区相关立法授权工作要及早作出安排"。具体参见习近平:《完善法治建设规划提高立法工作质量效率 为推进改革发展稳定工作营造良好法治环境》,载《人民日报》2019 年 2 月 26 日。

③ 在《中华人民共和国外商投资法》于 2020 年 1 月 1 日正式施行之前,必须坚持"事权法治制度环境一体化"的改革方略,从厘定与之相关的"事权与立法权"关系入手,尽快开启一项重大且紧迫的立法修法工程,协调和修改"外商投资特别管理措施目录、原审批和备案制度相关的法律法规、合同法、反垄断法、企业法、政府采购法和其他相关部门规章等多种法律法规"。具体参见孔庆江:《〈中华人民共和国外商投资法〉与相关法律的衔接与协调》,载《上海对外经贸大学学报》2019 年第 3 期。

④ 2018 年底召开的中央经济工作会议明确提出,推动由商品和要素流动型开放向规则等制度型开放转变,这是中央文件中首次出现"制度型开放",标志着中国对外开放进一步向制度层面纵深推进,进入了以制度型开放为主的新阶段。2019 年 3 月 5 日,国务院总理李克强作十三届全国人大二次会议政府工作报告时指出,进一步拓展开放领域,优化开放布局,继续推动商品和要素流动型开放,更加注重规则等制度型开放,以高水平开放带动改革全面深化。

加快构建中国特色对外开放(涉外)法治体系。①

中国特色自贸区(港)作为践行"一深两高"改革开放新逻辑的前沿阵地,将在以下两个方面承载历史使命:一是努力实现改革与法治/法治与改革"双轮驱动、相互促进"。二是逐步构建国际一流营商环境政策和制度体系(法治体系)。简言之,要在"改革创新难以推进"与"法治建构难以实现"两大方面,积极破题,努力促进两者协调共进。在当下中国改革开放时代命题和主题双重转换背景下,深入研究中国特色自贸区(港)建设中改革与法治/法治与改革关系命题,具有重大理论价值和战略意义,因为它关涉中国改革开放法治建构主义道路问题。有基于此,在内部"加强改革系统集成、协同高效"与外部"应对美国制度施压"双重压力下,积极探索中国特色自贸区(港)建设中改革与法治/法治与改革关系破题的改革方略、建设路径和实施路径,②具有极端重要性和现实紧迫性,因为它不仅事关中国特色自由贸易港能否真正建成,而且事关新时代全面深化改革与全面依法治国战略能否协同推进。因此,本书在厘定和协调中国特色自贸区(港)建设中改革与法治/法治与改革关系的前提下,以中国特色自贸区(港)改革与法治/法治与改革"双轮驱动、相互促进"的沪浙实战成果和实证经验为考察对象,深入论证"事权法治制度环境一体

---

①　2019年8月28日,中共中央政治局委员、全国人大常委会副委员长、中国法学会会长王晨在上海调研强调积极投身全面依法治国伟大实践,做好新时代地方法学会工作时指出,涉外法律斗争是一个新课题、新任务、新战场,既是挑战也是机遇,既有紧迫性又具长期性,我们要加强谋划,妥为应对,增强斗争意识,勇于亮剑,敢于斗争,加快涉外法治体系建设,更好运用法律武器,坚决捍卫我国主权、安全和发展利益,维护我国企业和公民的正当合法权益。最经典的实例是《美国对外关系法》及其美国对外关系法治体系。

②　本书提出并区分"改革方略"、"建设路径"、"实施路径"和"建设思路"四个概念。本书提出的"事权法治制度环境一体化"的重大判断和重要观点,既是全面深化改革和扩大开放的一种"改革方略",也是全面依法治国(法治中国)的一种"建设路径"。为了论证的便利,本书统一简称"中国特色自贸区(港)'事权法治制度环境一体化'的方略和路径"。本书在第四章中着重阐述了海南自由贸易港特别授权调法的实施路径("上海路径"与"浙江路径")。经济学专家提出了探索建设自由贸易港可供选择的三种路径:路径一是现有保税港区向国际上高标准自由贸易港区模式拓展和转型;路径二是以沿海组合港为依托,集中建设2—3个国家级自由贸易港;路径三是选择沿海较大离岛建设一个全方位、高水平开放的港城融合型自由贸易港。经比较研究发现,这三种所谓的"建设路径"并非法治意义上的制度概念,应当理解为"建设思路"。具体参见赵晋平:《关于探索建设自由贸易港的几点思考》,载《中国发展观察》2018年第6期。

化"的方略和路径①对破解改革与法治/法治与改革关系命题的关联性、有效性和重要性。

第二节　中国特色自贸区（港）建设中改革与
法治/法治与改革关系的厘定和协调

改革与法治/法治与改革关系是一个世界性命题。党的十八届三中全会以来，全面深化改革与法治的重大理论与实践问题成为法学、经济学、公共管理学研究的主题和法治建设实践的主线，在今后相当长的一个时期里，它仍将是中国社会发展和法治建设最核心的主题。② 当前，国内法学界尤其是法理学界对改革与法治/法治与改革关系的一般性研究很多，泛泛而谈，提出了许多协调解决两者关系的理论、思路、方案等，但鲜有学者深入探讨中国特色自贸区（港）建设中改革与法治/法治与改革关系命题及协调路径。协调处理中国特色自贸区（港）建设中改革与法治/法治与改革关系命题，也有可能成为当下中国面临的体制性悖论命题之一。③ 本书研究旨在提出并论证中国特色自贸区（港）建设中改革与法治/法治与改革思维冲突的破解路径，即坚持"事权法治制度环境一体化"的方略和路径。

一、改革与法治/法治与改革关系的演变、本质及厘定

有必要从改革与法治/法治与改革两者关系的历史脉络、本质属性及

---

① 本书提出的"事权法治制度环境一体化"的重大判断和重要观点，既是全面深化改革和扩大开放的一种"改革方略"，也是全面依法治国（法治中国）的一种"建设路径"。为了论证的便利，本书统一简称"中国特色自贸区（港）'事权法治制度环境一体化'的方略和路径"。

② 王乐泉：《论改革与法治的关系》，载《中国法学》2014 年第 6 期。

③ 本书率先提出"纵向悖论"与"横向悖论"的观点。"纵向悖论"是指央地关系层面的悖论。例如中国特色高级应用法学研究团队成员发现的"垂直领导与地方需求之间的制度悖论"。又如有学者提出的"中国环境治理的'地方分权'悖论"，具体参见冉冉：《如何理解环境治理的"地方分权"悖论：一个推诿政治的理论视角》，《经济社会体制比较》2019 年第 4 期。"横向悖论"是地方（省际与市际）协作关系层面的悖论。例如有学者提出的长三角区域一体化内在动力机制中的体制性悖论，即指市场化和"区域—行政"层级体系间的矛盾导致了一体化和区隔化的一体两面的同时存在，具体参见陈建军：《不失时机推动长三角更高质量一体化发展》，载《人民论坛·学术前沿》2019 年第 4 期。

所涉事权①与立法权关系等角度,对改革与法治/法治与改革关系加以全面厘定,为有效协调中国特色自贸区（港）建设中改革与法治/法治与改革关系提供理论基础和破题路径。

（一）改革与法治的腾笼换鸟②

进入"改革开放新时代",中国的时代主题和命题正在或已经发生双重转换:一是时代主题从"优惠政策"转向"制度创新";二是时代命题从"改革与法治"转向"法治与改革"。但是,法治与改革的关系是一个长期被忽视的问题。③ 改革与法治的腾笼换鸟标志着中国全面深化改革与全面依法治国开始进入新阶段。经权交替,其前景如何,主要取决于法治与改革谁是笼中之鸟。④ 第一,"法治是改革的笼中之鸟"。40 年前至下而上摸着石头过河的改革创立了"政策驱动型改革模式"。改革与法治(法制)的关系是改革先行,法治(法制)附随。法治(法制)主要是方式或工具。第二,"改革是法治的笼中之鸟"。⑤ 40 年后至上而下需要顶层设计的改革亟需构建"法治引领型改革模式",改革创新需要法治保障顶层设计。法治与改革的关系是法治先行,改革附随。十八届四中全会发布的《关于全面推进依法治国若干重大问题的决定》提出,"实现立法与改革决策相衔接,做到重大改革于法有据、立法主动适应改革和经济社会发展需要"。随着中国特色社会主义法律体系的形成和各方面制度体系的成熟,我们有条件也有必要从政策推动改革转变为法治引领改革,实现改革决策与立法决策的协调同步。改革越深入,越要强调法治。越

---

① 本书中提及的"事权"、"改革自主权"和"管理权限",虽名称不同,但属于同一概念范畴。

② 叶竹盛:《法治与改革,谁是笼中之鸟?》,载《南风窗》2013 年第 24 期。

③ 叶竹盛:《"负面清单"的法治思维》,载《领导文萃》2014 年第 9 期。

④ 国内知名经济学专家高度关注改革与法治/法治与改革关系。具体参见周其仁:《当改革与法制矛盾时》,2013 年 11 月 12 日,资料来源:http://www.ftchinese.com/story/001053380?full=y。徐昌生:《有多少法律法规应当推倒重来?》,2010 年 4 月 20 日,资料来源:http://byxcs668.blogchina.com/925679.html。

⑤ 2011 年伊始,时任全国人大常委会委员长吴邦国正式宣布中国特色社会主义法律体系已经形成,这标志着中国已在根本上实现从无法可依到有法可依的历史性转变,各项事业发展步入法制化轨道。与此同时,中国特色社会主义法律体系宣告形成,意味着必须依法、依规全面深化改革,任何突破现行法律的改革都要得到法律授权,这是新时代改革应当遵守的基本原则。

是重大改革，越要法治先行。① 以法治适度有序引领、推动、规范、保障改革，以法治促改革、促创新、促发展。法治既是方式，更是目标。

（二）改革与法治/法治与改革的思维冲突

中国已经进入"变法图强新时代"，法治如何突围？要破解这一重大战略课题，关键在于回答改革与法治/法治与改革关系的本质追问："二律背反"还是"辩证统一"？② 康德等唯心论主张"二律背反"，③即改革与法治/法治与改革两者各有独立的运作逻辑，但两者之间天然冲突，认为改革与法治/法治与改革"二律背反"必然发生。马克思唯物论主张两者是辩证统一的有机结合体（辩证统一关系），改革与法治/法治与改革是一个硬币的两面，二者相伴而生、相辅相成，既具有深刻的内在统一性，又具有明显的形式差异性。④ 必须承认的是，改革思维（行政思维）与法治思维（立法思维）时常冲突，导致改革与法治/法治与改革之间的关系长期紧张。法治与改革长期处于紧张状态，在一定程度上损害了法律的权威性，并导致"改革就是要突破现有法律"的认识误区，一些人打着改革的旗号理直气壮地绕开法治、甚至冲击法治。⑤ 国内长期关注改革与法治/法治与改革关系的陈金钊教授认为，这种思维倾向上的悖论，可能导致法治与改革关系在很多方面难以兼容。⑥ 法治与改革已经不是平行关系，今后中国将会出现法治引领改革的思维方式。⑦ 在法律体系已经形成的背景下，改革应该是修法。⑧ 改革与法治共进的方式主要是修法，能够兼容法治与改革的法治方式就是修法。⑨

那么应当如何消解改革与法治/法治与改革的思维冲突？国内法学专家

---

① 王乐泉：《论改革与法治的关系》，载《中国法学》2014 年第 6 期。

② 按照康德的唯心主义哲学观点，改革与法治/法治与改革关系是"二律背反"。坚持辩证唯物主义哲学观点，改革与法治/法治与改革关系是"辩证统一"。

③ 具体参见靳相木、王海燕：《改革与法治"二律背反"及其消解方式》，载《贵州社会科学》2014 年第 2 期。

④ 袁曙宏：《准确把握新形势下改革与法治的关系》，载《学习时报》2015 年 7 月 30 日。

⑤ 王乐泉：《论改革与法治的关系》，载《中国法学》2014 年第 6 期。

⑥ 陈金钊：《法治与改革的关系及改革顶层设计》，载《法学》2014 年第 8 期。

⑦ 陈金钊：《法治与改革的关系及改革顶层设计》，载《法学》2014 年第 8 期。

⑧ 陈金钊：《在深化改革中拓展法治——统合意义上的"法治改革"论》，载《法律科学》2017 年第 5 期。

⑨ 陈金钊：《改革与修法的意义阐释》，载《河南大学学报（社会科学版）》2014 年第 6 期。

就如何有效协调改革与法治/法治与改革关系提出相似的立场和观点。① 陈金钊教授认为法治既是手段，又是目标，用法治方式凝聚改革共识是对这一矛盾的解决。党的十八大以后，党中央对法治与改革的关系进行重新定位，找到了化解两者冲突的思路，确定了"法治优先、改革附随"的法治改革观，②即法治改革观指导下的法治先行、改革附随，实现改革与法治/法治与改革"双轮驱动"，避免"单轮空转"或"双轮不和谐驱动"。对如何辩证认识和处理当前中国改革与法治的关系作出了深刻论断，提出了新形势下互动推进改革和法治的正确路径，即"在法治下推进改革，在改革中完善法治"。③ 时任中国法学会会长王乐泉提出了"三个充分发挥"的主张。④ 中国特色高级应用法学坚定不移地坚持辩证唯物主义立场，认为法治主要是"建构的理性主义"，而非"进化的/演进的理性主义"。同时提出解决思维冲突的有效路径方案是倡导"立体式改革"的理念，坚持"事权法治制度环境一体化"的方略和路径。就改革与法治/法治与改革关系而言，就是"双轮驱动、相互促进"，即发挥法治对改革的引领、推动、规范、保障作用，协调共进的主要方式是调法，即立法修法、法律暂停等。就开放与法治/法治与开放关系而言，就是加快构建中国特色对外开放（涉外）法治体系。

（三）从事权与立法权关系视角厘定改革与法治/法治与改革关系

中国特色高级应用法学提出以"立体式改革"取代"平面式改革"，将"改革与法治/法治与改革关系"分解成"事权与立法权关系"，并提出"三位"概念体系：一是上位概念，如事权/赋权；二是中位概念，如法治/调法；三是下位概念，如制度/建制、环境/营商。以事权是否法治化为标准，是出两种调法路径：一是事权已经法治化的修法路径；二是事权尚未法治化的立法路径。此外，坚持"为改

---

① 中国法学会学术委员会主任张文显教授在多次会议上提出"在深化改革中拓展法治"的命题；北京大学法学院朱苏力教授提出"在社会转型中平衡改革与法治"的观点；广东外语外贸大学校长石佑启教授提出"深化改革与推进法治良性互动关系论"的观点；最高人民法院副院长姜伟提出"全面深化改革与全面推进依法治国关系论纲"。

② 陈金钊：《重新界定法治与改革关系的意义》，载《江西社会科学》2016 年第 1 期。

③ 袁曙宏：《准确把握新形势下改革与法治的关系》，载《学习时报》2015 年 7 月 30 日。

④ 一是充分发挥法治对全面深化改革的引领、推动和保障作用；二是充分发挥全面深化改革对法治中国建设的推进作用；三是充分发挥法学法律工作者特别是法学家在全面深化改革、建设法治中国中的作用。具体参见王乐泉：《论改革与法治的关系》，载《中国法学》2014 年第 6 期。

革调法"的核心理念,不断创新中国特色法治方式方法;构建"政策法律化"机制,将政策措施转变成法律制度;坚持"事权与立法权相匹配、立法与修法相协调""立改废释并举"等方法论,推进"赋权改革"和"破法改革",避免"政策空转""立法空转"和"改革空转"。从事权与立法权关系视角厘定改革与法治/法治与改革关系实践角度审视,目前中国主要有三种比较典型的做法:一是将法治政策保障要求纳入"政策文件"（改革方案）之中。党中央、国务院支持海南全面深化改革开放和支持深圳建设中国特色社会主义先行示范区以及上海自贸试验区临港新片区加大授权力度。① 二是为"政策文件"（改革方案）制定配套的或执行的"调法方案"。第一是上海市人大常委会专门为支持浦东新区改革开放再出发实现新时代高质量发展做出调法决定。② 第二是国家税务总局等落实国务院关于促进综合保税区高水平开放高质量发展,发布关于在综合保税区推广增值税一般纳税人资格试点的公告。③ 三是在推进"政策文件"（改革方

----

① 一是 2018 年 4 月 14 日公布的《中共中央　国务院关于支持海南全面深化改革开放的指导意见》(中发〔2018〕12 号)提出"(三十)强化政策保障。本意见提出的各项改革政策措施,凡涉及调整现行法律或行政法规的,经全国人大或国务院统一授权后实施。中央有关部门根据海南省建设自由贸易试验区、探索实行符合海南发展定位的自由贸易港政策需要,及时向海南省下放相关管理权限,给予充分的改革自主权。按照市场化方式,设立海南自由贸易港建设投资基金。深化司法体制综合配套改革,全面落实司法责任制,实行法院、检察院内设机构改革试点,建立法官、检察官员额退出机制。支持建立国际经济贸易仲裁机构和国际争端调解机构等多元纠纷解决机构"。二是 2019 年 8 月 18 日公布的《中共中央　国务院关于支持深圳建设中国特色社会主义先行示范区的意见》提出"(十八)强化法治政策保障。本意见提出的各项改革政策措施,凡涉及调整现行法律的,由有关方面按法定程序向全国人大或其常委会提出相关议案,经授权或者决定后实施;涉及调整现行行政法规的,由有关方面按法定程序经国务院授权或者决定后实施。在中央改革顶层设计和战略部署下,支持深圳实施综合授权改革试点,以清单式批量申请授权方式,在要素市场化配置、营商环境优化、城市空间统筹利用等重点领域深化改革、先行先试。"三是 2019 年 8 月 6 日公布的《中国(上海)自由贸易试验区临港新片区总体方案》提出"(二十一)加大赋权力度。赋予新片区更大的自主发展、自主改革和自主创新管理权限,在风险可控的前提下授权新片区管理机构自主开展贴近市场的创新业务。新片区的各项改革开放举措,凡涉及调整现行法律或行政法规的,按法定程序经全国人大或国务院统一授权后实施"。

② 2019 年 5 月 31 日审议通过的《关于支持浦东新区改革开放再出发实现新时代高质量发展的若干意见》与 2019 年 7 月 26 日起施行的《上海市人民代表大会常务委员会关于促进和保障浦东新区改革开放再出发实现新时代高质量发展的决定》(上海市人民代表大会常务委员会公告第 22 号)。

③ 2019 年 1 月 25 日发布的《国务院关于促进综合保税区高水平开放高质量发展的若干意见》(国发〔2019〕3 号)与 2019 年 8 月 8 日发布的《国家税务总局　财政部　海关总署关于在综合保税区推广增值税一般纳税人资格试点的公告》(国家税务总局公告 2019 年第 29 号)。

案)落地实施进程中统筹协调改革创新与法治保障/法治保障与改革创新之间的关系。其中,上海自贸试验区与浙江自贸试验区建设就是经典实例。

二、中国特色自贸区(港)建设中事权与立法权的统筹协调

在全面厘定改革与法治/法治与改革关系的基础上,坚持事权和立法权相匹配的原则,从事权与立法权关系视角探寻中国特色自贸区(港)法治建构路径,创建"事权法治制度环境一体化"的方略和路径,统筹协调中国特色自贸区(港)建设中事权与立法权关系,努力使其在"双轮驱动、相互促进"的互动轨道上有序运行。其中,上海自贸试验区与浙江自贸试验区法治建构及制度创新的实践经验走在全国前列。

(一)中国特色自贸区(港)改革方案落地实施中事权与立法权的统筹和厘定

考察"央地关系"视域下中国特色自贸区(港)建设中的事权与立法权关系,上海自贸试验区与浙江自贸试验区实践比较典型。一是"央地关系"视域下事权与立法权关系厘定的上海实践。2013年9月国务院印发了《中国(上海)自由贸易试验区总体方案》(国发〔2013〕38号),2013年10月起《中国(上海)自由贸易试验区管理办法》施行,开启法治化路径创新征程。2014年8月起《中国(上海)自由贸易试验区条例》施行,正式厘定了上海自贸试验区建设中的"国家事权及中央专属立法权与地方事权"。目前该条例仍在修订中。2015年4月国务院印发了《进一步深化中国(上海)自由贸易试验区改革开放方案》(国发〔2015〕21号)与2017年3月国务院印发了《全面深化中国(上海)自由贸易试验区改革开放方案》(国发〔2017〕23号),为上海自贸试验区打造升级版。2019年8月国务院印发了《中国(上海)自由贸易试验区临港新片区总体方案》(国发〔2019〕15号),随后8月20日上海自贸试验区临港新片区正式揭牌,上海市人民政府发布了《中国(上海)自由贸易试验区临港新片区管理办法》并于当天施行,为临港新片区改革创新提供法治保障。二是"央地关系"视域下事权与立法权关系厘定的浙江实践。2017年3月国务院印发了《中国(浙江)自由贸易试验区总体方案》(国发〔2017〕16号);在此基础上,2017年8月浙江省人民政府印发了《中国(浙江)自由贸易试验区建设实施方案》(浙政发〔2017〕29号),提出了浙江自贸试验区建设的主要任务

和工作要求,厘定了浙江自贸试验区建设中的事权分配关系。① 2018 年 1 月起《中国(浙江)自由贸易试验区条例》施行,浙江省在第三批自贸试验区中率先直接制定地方性法规。为贯彻落实党的十九大报告明确提出的"赋予自由贸易试验区更大改革自主权",2018 年 6 月浙江省制定了《中国(浙江)自由贸易试验区更大改革自主权方案》(尚未公布)。2018 年 6 月浙江自贸试验区管委会发布了《关于印发中国(浙江)自由贸易试验区权责清单的通知》(浙自贸委发〔2018〕4 号);②另外,浙江自贸试验区管委会已经形成了《要求下放给浙江自贸试验区的省级管理权限清单》,进一步厘定浙江自贸试验区建设中的事权与立法权关系。

（二）中国特色自贸区（港）改革方案落地实施中事权法治制度环境的错位和统一

从设区与立法关系角度看,必须客观地承认,中外自贸区(港)建设中思维逻辑存在重大差异。国外一般经验是先立法、后设区;先中央/联邦立法、后地方/州立法。中国具体实践是先设区、后立法;先地方立法及相关中央授权修法、后中央授权立法修法。中外自贸区(港)法治保障模式也存在较大差异。国外一般采用的法治保障模式是"特别授权法模式"("中央授权及法治保障模式 II")或"国家层面统一立法的基本法模式"("中央授权及法治保障模式 III"),而目前中国采取的法治保障模式是"三层次联动推进模式"("中央授权及法治保障模式 I")③。由于体制性因素的客观存在,中国特色自贸区(港)建设中改革思维(行政思维)中的事权与法治思维(立法思维)中的立法权处于"双轨制运行"状态,"政策法律化"机制尚未有效建立。究其深层次原因,主要是"中央规划—地方探索"对外开放模式下事权分配(赋权)、法治保

---

① 本书认为政策文件(改革方案)要真正落地实施见效,一般应当包括四个阶段的研制工作,即"总体(规划)方案"、"(建设)实施方案"、"法治保障(调法)工作方案"与"制度创新工作方案"。

② 为贯彻落实《中国(浙江)自由贸易试验区总体方案》(国发〔2017〕16 号)和《中国(浙江)自由贸易试验区条例》,推进浙江自贸试验区政府职能转变和"放管服"改革,明确政府职能边界,提高政府运行效能,自贸试验区管委会编制了中国(浙江)自由贸易试验区权力清单和责任清单,共梳理行政权力事项 1987 项、部门主要职责 20 项、具体工作事项 115 项,与相关部门的职责边界 51 项,事中事后监管制度 97 项,公共服务事项 66 项。

③ "国家授权、部委支持、地方立法/政策文件保障的三层次联动推进模式"。

障(调法)、制度创新(建制)、营商环境(营商)四者时常错位/不协调,"中央规划—地方探索"对外开放模式亟需调整和创新。40年前的"中央规划—地方探索"对外开放模式,即国家事权及中央专属立法权保留下的地方先行先试,正在承受体制性压力,即事权与立法权关系视角下的事权分配(赋权)、法治保障(调法)、制度创新(建制)、营商环境(营商)亟需统筹和协调。40年后的"中央规划—地方探索"对外开放模式,即中央授权及法治保障顶层设计下的地方先行先试,亟需在重要领域和关键环节改革上加快践行,推动事权与立法权关系视角下的事权分配(赋权①)、法治保障(调法②)、制度创新(建制③)、营商环境(营商④)实现四位一体高度统一。

第三节　中国特色自贸区(港)改革与法治/法治与改革"双轮驱动、相互促进"的制度性成就与体制性障碍

中国特色自贸区(港)改革创新与法治保障/法治保障与改革创新"双轮驱动、相互促进"取得了制度性成就,同时遇到了体制性障碍⑤。如何构建与开放型经济发展要求相适应的、以法治适度有序引领、推动、规范、保障改革的对外开放新模式,以法治促改革、促创新、促发展,将成为中国特色自贸区(港)建设的头等大事。

一、改革与法治/法治与改革"双轮驱动"的制度性成就

在推动厘定事权与立法权关系实践进程中,形成了中国自贸试验区"三

---

① 中国特色高级应用法学认为,"赋权"是指赋予或授予事权/改革自主权/管理权限。

② 中国特色高级应用法学认为,"调法"是指自主创新中国特色法治(保障)方式方法,如法律授权、立法修法、法律暂停、法律豁免/不适用、特别法优于一般法原则、"立改废释并举"等符合国情的法治调整方式,旨在形成与改革"双轮驱动、相互促进"的和谐局面。

③ 中国特色高级应用法学认为,"建制"是指建立制度或推进制度创新。

④ 中国特色高级应用法学认为,"营商"是指营造国际一流(稳定、公平、透明、可预期)营商环境。

⑤ 党的十八届三中全会以来,我们在解决体制性障碍、机制性梗阻、政策性创新方面取得一系列重要改革成果。其中,将"外资管理体制改革与自贸区改革等,推动开放型经济新体制逐步健全"纳入"解决体制性障碍的部分重大改革"。

层次联动推进模式"。以事权是否法治化为标准,具体形成两种模式或实施路径:"上海赋权模式"/"上海修法路径"与"浙江赋权模式"/"浙江立法路径"。

（一）中国特色自贸区（港）法治建构及制度创新的主要成就——以上海自贸试验区为考察对象

中国自贸试验区法治建构及制度创新实践及成效充分表明,上海自贸试验区法治建构成就走在全国最前列,形成了"法治创新路径—法治建构模式—负面清单制度—备案管理制度—制度经验入法"的"上海样本",其经验为其他自贸试验区所借鉴和转化。一是法治创新路径。"市人大常委会授权立法→市政府'1+X'规则群→市人大常委会条例三步走"成为上海自贸试验区改革创新与法治保障的最大亮点之一。二是法治建构模式。"国家授权、部委支持、地方立法/政策文件保障的三层次联动推进模式",其主要成效是遵守"凡属重大改革都要于法有据"这一政治原则。三是负面清单制度。外商投资准入前国民待遇加负面清单管理模式成效显著,成为上海自贸试验区制度创新的最大亮点,但遭遇"三度"(开放度、透明度、与国际接轨度)与"三性"(确定性、可预见性、可操作性)难题,即"不符措施"(non-conforming measures)如何穷尽? 四是备案管理制度。商务部《外商投资企业设立及变更备案管理暂行办法》将企业设立及变更由审批制改为备案管理,说明自贸试验区可复制和可推广制度创新经验本质上必然是法治建构及法律制度创新成果。五是制度经验入法。外商投资准入前国民待遇加负面清单管理制度被采纳后进入《中华人民共和国外商投资法》。

（二）中国特色自贸区（港）法治建构路径创新的成功经验——以沪浙自贸试验区为典型代表

沪浙自贸试验区改革创新与法治保障/法治保障与改革创新"双轮驱动"实践,形成了以事权是否法治化为基准的两种法治建构路径和经验。一是"上海经验":国家事权已经法治化的授权修法路径。全国人大常委会和国务院"双授权"—暂停或修改三资企业法等部分条款—准入前国民待遇加负面清单制度—审批制改为备案制的实践逻辑,严格遵循"事权法治制度环境一体化"的方略和路径,创造了法治保障与改革创新"双轮驱动"的经典的"上海经验"。二是"浙江经验":国家事权尚未法治化的授权立法路径。商务部在

《中国（浙江）自由贸易试验区总体方案》中将国际航行船舶保税加油许可权下放至舟山市政府—市政府研制《中国（浙江）自贸试验区国际航行船舶保税油经营管理暂行办法》（舟政发〔2017〕32 号）——浙江自贸实验区管委会制定《中国（浙江）自贸试验区国际航行船舶俣税燃料油供应业务操作规范》—全国首个与国际接轨的国际航行船舶保税油制度的实践逻辑，严格遵循"事权法治制度环境一体化"的方略和路径，创造了改革创新与法治保障"双轮驱动"的经典的"浙江经验"。概言之，"三层次联动推进模式"的主要制度性成就是形成了"对标国际、自主改革"的"中国模式"以及两种法治建构路径："上海修法路径"（"事权已经法治化"的修法路径）与"浙江立法路径"（"事权尚未法治化"的立法路径）。

二、改革与法治/法治与改革"相互促进"的体制性障碍

中国特色自贸区（港）改革与法治/法治与改革可以"双轮驱动"，但改革与法治/法治与改革难以"相互促进"，在实践中产生"四化"共性法治难题①与"四不"共性突出难题②。"四化"共性法治难题是体制性内因/障碍，而"四不"共性突出难题是体制性表征。"三层次联动推进模式"的内在缺陷使中国特色自贸区（港）难以担当起"改革开放新高地"③的时代使命。考察中国自贸试验区法治建构实践及成果并对标国际通行规则，除了自上而下的法治建构与自下而上的改革创新之间的可能性冲突、国家层面（全国人大常委会与国务院）授权调法

---

① 陈利强：《破解自贸区法治建设中"四化"问题的建议》，载中国法学会《要报》2017 年第 2 期。

② 由于"赋权、调法、建制、营商"时常错位或者不协调，事权与立法权时常不匹配，四者难以实现四位一体高度统一，所以"四不"共性突出难题逐步形成：一是"有效赋权不足"（事权/改革自主权/管理权限受限）。二是"法治保障不力"（地方自主立法不足）。三是"制度创新不够"（系统集成效应不强，复制推广不易）。四是"营商环境不优"（企业获得感和市场活力不强）。六年来自贸试验区建设经验充分证明，只有坚持"事权法治制度环境一体化"，即"赋权、调法、建制、营商四位一体高度统一"，才能有效突破改革自主权受限、地方自主立法不足、改革创新系统集成效应不强和改革创新成果复制推广难、营商环境不优"四不"共性突出难题。具体参见许昌、陈利强等：《关于推进浙江自贸试验区深度发展的法治建议》，载《法治浙江》（专报）2018 年第 17 期。

③ 习近平总书记要求"把自由贸易试验区建设成为新时代改革开放新高地"。习近平总书记于 2018 年 4 月 13 日《在庆祝海南建省办经济特区 30 周年大会上的讲话》中指出"自由贸易港是当今世界最高水平的开放形态"。因此，与经济开发区、海关特殊监管区域等传统特殊经济功能区相比，中国特色自由贸易港的区域定位应当是一种开放水平最高的、新型的特殊经济功能区。

的稳定性与改革创新的可变性之间的固有矛盾之外，由于"国家层面统一立法的基本法模式"的缺失，各省市自贸试验区的境内关外的区域性质、[①]法律地位及"一线放开、二线（安全高效）管住、区内自由/不干预"的监管模式未能有效确立，从而导致海关监管（贸易自由化和便利化）、投资管理（投资便利化）、金融监管、事中事后监管及行政管理等具体领域法治建设进展缓慢，同建立与国际投资贸易规则相衔接的制度框架和监管模式存在很大差距。[②] 具体而言，中国自贸试验区"四化"共性法治难题主要体现在以下四个方面。

（一）行政化，即私人不到位，无法与深层次改革创新任务相适应

美国对外贸易区制度成功运行的两大核心要素是精简的行政监管体系与私人驱动型法治。美国 1934 年通过全国统一立法，逐步确立了对外贸易区的境内关外的区域性质、法律地位以及法定的管理和监管机制。相比之下，中国自贸试验区是在党中央、国务院的领导下推进的，践行国家法治建构主义道路，属于"党政推进型法治"，其法治体系与政策体系之间关系模糊、边界不清，因此法治建构具有完全意义上的行政化倾向，私人或社会力量参与中国自贸试验区法治建设的范围和程度有限。

（二）地方化，即部委不到位，无法同构建与国际贸易投资规则相衔接的制度框架和监管模式相适应

国际通行的自贸区（港）的基本特征是国家行为、境内关外、功能突出、高度自由（货物进出自由、投资自由、金融自由）、依法监管，是世界各国在全球范围内集聚生产要素、参与经济全球分工与竞争、推动经济发展的重要载

---

① 在国家层面通过立法明确中国自贸试验区境内关外的区域性质凸现实紧迫感，境内关外的区域性质应当由国务院行政法规层级及以上的法律法规加以规定，因为海关总署部门规章的法律位阶偏低。最主要的内容是确定境内关外的区域性质，明确界定"国境线"和海关"关境线"的分线管理，对各种贸易方式在境内关外模式下如何运作制定详细的管理规范，避免境内关外成为违法商人走私避税的天堂，从而以良好的法律制度保护境内关外的自贸试验区健康有序发展。参见许林、戴邴仕：《云南姐告边境贸易区"境内关外"政策效应的经济学分析》，载《生态经济》2014 年第 9 期。

② 对标国际成熟的自贸区（港），具有国际水准自由贸易园区的核心制度体系可概括为"三自由、一保障"：一是货物进出自由制度安排；二是投资自由制度安排；三是金融自由制度安排；四是法律法规保障制度安排。参见肖林：《自贸区"国际水准"全对标（一）——中国（上海）自由贸易试验区之国际标杆研究》，载《国际金融报》2013 年 9 月 30 日。

体。① 由于"国家层面统一立法的基本法模式"的缺失，中国自贸试验区"管理办法和地方政府规章（即'1+X'规则群）与条例"的地方立法模式已经初成并践行，法治建构呈现严重的地方化倾向。尽管全国人大常委会与国务院做出了"授权决定"，但地方立法能否对标国际通行规则，对财政、税收、海关、金融和外贸等国家事权和基本制度进行规范，逐步建立与国际投资贸易规则相衔接的制度框架和监管模式，需要进一步的观察和考证。

（三）空洞化，即授权不到位，导致"有政无策"或"改革空转"

由于多部门改革牵涉许多国家事权，涉及部门利益改革难以深入，与现行法律法规发生冲突，而且地方协调国家垂直部门/直属部门的难度很大，法治建构的政策体系出现"虚化"现象，即"政策虚化"，主要体现在以下四种"有政无策"的情形之中：国家（部委）事权不下放；国家（部委）事权交叉，难以下放；属于国务院事权，需要统一决策；未来国家（部委）事权的具体内容尚不清楚。

（四）碎片化，即法治不统一，"逐项授权暂停"不具有可持续性

"国家（部委）事权条块分割"致使中国自贸试验区法治建构及制度创新成果的碎片化格局难以避免。纵观当下各省市自贸试验区改革创新与法治保障的具体实践，由于国家部委"条块分割、各自为政"，自贸试验区政策法规（主要是部委规章）呈现碎片化格局。此外，由于中国自贸试验区改革创新涉及部门多、经验碎，制度创新成果（做法或经验）也呈现碎片化格局，缺乏总体框架性成果。当前，海南探索建设中国特色自由贸易港政策和制度体系，关键是推动从"碎片化的制度创新成果"转向"系统化的制度创新体系"，将"碎片化的开放/优惠政策"变成"制度化的开放模式"，加快打造"基于法治的政策和制度体系"（"法治保障下的制度体系"），尽快形成区别于其他自贸试验区的"海南模式"，因为开放模式比开放政策更为重要、更为紧迫。

第四节　中国特色自贸区（港）"事权法治制度环境一体化"方略和路径的确证及模式化

中国特色高级应用法学积极倡导法治保障/法治建构的"三维图景"/"三

---

① 肖林：《主动开放战略与上海自贸试验区制度创新》，载《文汇报》2013 年 11 月 25 日。

维空间"（横向、纵向、行业）论，尤其遵循"一深两高"的改革开放新逻辑，特别关注中国特色自贸区（港）、长三角更高质量一体化等国家战略实施中的"内外关系"、"央地关系"和"政企关系"，高度聚焦国家战略实施中的事权分配（赋权）、法治保障（调法）、制度创新（建制）、营商环境（营商）能否四位一体高度统一，旨在为加强改革"系统集成、协同高效"提供破题思路和路径选择。自 2013 年以来，中国自贸试验区建设实践及经验已经证明，"事权法治制度环境一体化"的方略和路径不仅成为中国特色自贸区（港）法治保障/法治建构的基本方略和路径，而且逐步发展成型且模式化。

一、中国特色自贸区（港）"事权法治制度环境一体化"方略和路径的确证

中国特色高级应用法学认为中国已经进入"三个新时代"，需要实现"三个新突围"。[①] 中国能否成功突围，主要取决于改革能否成功突围，而改革能否成功突围，关键取决于法治能否成功突围。党中央反复强调，面对当今世界所处的百年未有之大变局，最重要的还是做好我们自己的事情。就中国特色自贸区（港）建设而言，做好我们自己的事情，就是要遵循"一深两高"的改革开放新逻辑，积极倡导"立体式改革"理念，不断创新"立体式改革"路径，加快中国特色自贸区（港）法治保障/法治建构路径及模式构建。是故，应当立足于从授权到授权和从法治到法治的"平面式改革"的理念和路径，创造自主性法治保障理论和路径，超越传统法学/法治及经济学等研究路径和进路，创新中国特色法治概念体系[②]，构建"事权法治制度环境一体化"的方略和路径，[③]形成中国特色高级应用法学"赋权、调法、建制、营商四位一体分析框架"，这

---

① 中美已经进入"战略竞争新时代"：中国如何突围；中国已经进入"改革开放新时代"：改革如何突围；中国已经进入"变法图强新时代"：法治如何突围。

② 本书提出"三位"概念体系：一是上位概念，如事权/赋权；二是中位概念，如法治/调法；三是下位概念，如制度/建制、环境/营商。

③ 本书提出"平面式改革"与"立体式改革"的观点。华东政法大学贺小勇教授提出的由"调法路径"转到"创法路径"和由"单向赋权"转到"综合赋权"，认为从自贸试验区的"调法路径"到自由贸易港的"创法路径"是形势发展的必然选择，应该针对的是中国特色自贸区（港）建设中的"平面式改革"。具体参见贺小勇：《迪拜自由区的"创法路径"与借鉴意义》，载《检察风云》2019 年第 4 期。本书提出的"事权法治制度环境一体化"的方略和路径（即"赋权、调法、建制、营商四位一体高度统一"），主要针对的是中国特色自贸区（港）建设中的"立体式改革"。

是中国特色高级应用法学的思想精髓,已被中国特色自贸区(港)建设实践证明是符合国情且接地气的并具有科学合理性,主要说理如下。

一是符合中国特色事权与立法权关系的实践逻辑。国内学界对中国特色"事权"概念及中国特色"事权与立法权关系"命题的研究不够重视和深入。中国特色"事权与立法权关系"是一个极其复杂的重大理论和实践命题,包括国家事权与地方事权以及国家立法权和地方立法权相互之间错综复杂的联系,因此目前国内学术研究尚未形成比较成熟的事权与立法权关系理论。从改革与法治/法治与改革"双轮驱动、相互促进"的实践角度审视,中国特色自贸区(港)建设主要牵涉国家事权及中央专属立法权与地方事权之间的分配关系。有学者对央地事权划分及其运行的国别经验进行比较考察,提出央地事权划分的主要途径是法治化。① 中国特色高级应用法学研究团队在全程参与浙江自贸试验区创建以及深入研究上海自贸试验区和海南自贸区(港)建设进程中,首先,提出了"三位"概念体系,将改革与法治/法治与改革关系分解成"事权与立法权关系",然后再分解成"事权、法治、制度、环境"四个具体概念。其次,发现了中国特色自贸区(港)建设中事权、法治、制度、环境四个因素或事项时常错位/不协调的客观事实。再次,在坚持"事权、法治、制度、环境"相统一的前提下,以"事权是否法治化"为基准,形成了"上海修法路径"与"浙江立法路径"两种具体的实施路径,提炼了成功的"上海经验"与"浙江经验"。最后,在坚持"赋权、调法、建制、营商四位一体高度统一"的方法论基础上,形成了中国特色高级应用法学"赋权、调法、建制、营商四位一体分析框架"。必须特别指出的是,这种来自于中国改革开放实践的制度性经验,可以提炼为中国特色主体性、原创性法学学术成果,对破解"系统集成、协同高效"战略新课题具有重大理论价值和实践意义。

二是符合党中央关于事权划分法治化的政策导向。全面深化改革与全面依法治国,是新时代党中央治国理政的两大战略支点,事权划分法治化对于这两大战略的实现意义非凡。② 十八届三中全会要求建立事权和支出责任相适

① 王浦劬:《中央与地方事权划分的国别经验及其启示——基于六个国家经验的分析》,载《政治学研究》2016年第5期。

② 刘剑文、侯卓:《事权划分法治化的中国路径》,载《中国社会科学》2017年第2期。

应的制度。① 十八届四中全会提出"推进各级政府事权规范化、法律化,完善不同层级政府特别是中央和地方政府事权法律制度"。② "十三五"规划纲要强调"适度加强中央事权和支出责任"。因此,按照十八届三中、四中全会等要求,应当从建设社会主义法治国家和法治政府的高度,加快推进央地事权划分的法治化、制度化、规范化。中国特色自贸区(港)作为"改革开放新高地",对探索事权划分法治化的方略和路径具有重大示范意义。有基于此,构建中国特色自贸区(港)"事权法治制度环境一体化"的方略和路径,建立中国特色自贸区(港)"赋权、调法、建制、营商四位一体高度统一"的方法论,形成中国特色高级应用法学"赋权、调法、建制、营商四位一体分析框架",这不仅完全符合党中央关于事权划分法治化的政策导向,而且应当成为中国重塑改革开放"三对关系"框架("内外关系""央地关系""政企关系")的制度路径。

二、中国特色自贸区(港)"事权法治制度环境一体化"方略和路径的模式化

中国特色高级应用法学认为改革与法治/法治与改革关系是一个世界性命题,因此必须立足中国国情,考察全球经验,坚持"赋权改革论"和"破法改革论",提出中央渐进式"碎片化赋权"和中央一次性"概括式赋权"的论点。在此基础上,按照中国特色自贸区(港)"事权法治制度环境一体化"方略和路径的实践逻辑,即"赋权"——"调法"——"建制"——"营商",提出全球视野下的两类、三种"中央授权及法治保障模式"。一是中央渐进式"碎片化赋权"之"三层次联动推进模式"("中央授权及法治保障模式Ⅰ")。作为"碎片化赋权"方式的中国自贸试验区"三层次联动推进模式",本质上属于"对标国际、自主改革"的"中国模式",在实践中存在较大的局限性。二是中央一次性"概括式赋权"之"特别授权法模式"("中央授权及法治保障模式Ⅱ")。作为"概括式赋权"方式的"特别授权法模式"③是一项系统性法治工程。由于中央授权本身存在"政策法律化"等诸多技术性难题,导致从"三层次联动推进模式"

---

① 《中共中央关于全面深化改革若干重大问题的决定》,人民出版社 2013 年版,第 17 页。

② 《中共中央关于全面推进依法治国若干重大问题的决定》,人民出版社 2014 年版,第46 页。

③ 自由区的"迪拜模式"与构建中的中国特色自由贸易港的"海南模式"。

过渡到"特别授权法模式"存在一定程度的不确定性。因此，如何落实党的十九大报告提出的"赋予自由贸易试验区更大改革自主权"的政策考量，需要深入探究"概括式赋权"。三是中央一次性"概括式赋权"之"国家层面统一立法的基本法模式"（"中央授权及法治保障模式Ⅲ"）。作为"概括式赋权"方式的"国家层面统一立法的基本法模式"，美国、新加坡、韩国属于比较典型的实践者，积累了丰富的制度经验，其法治有益经验值得借鉴和转化。总之，深入践行中国特色自贸区（港）法治建构主义，必须始终坚持"事权法治制度环境一体化"的方略和路径、"为改革调法"的核心理念和"立改废释并举"等方法论，统筹应用两类、三种"中央授权及法治保障模式"。

第三章　中国特色自贸区(港)三层次 联动推进模式"论

　　法治建构是中国特色自贸区(港)改革创新的决定性因素。自贸试验区战略的提出,开启了中国特色涉外经贸法治建设的新征程,是中国特色涉外经贸法治建构的又一次伟大实践。随着自贸试验区战略的深入推进,"中国特色自贸区(港)法治建构主义"("中国特色自贸区(港)法治建构论")①得以形成并发展。因此,对中国自贸试验区战略的缘起和发展开展系统全面的梳理,能为阐明中国自贸试验区"三层次联动推进模式"的成效和不足,并为提出富有针对性的优化建议奠定坚实基础。

　　当前,中国特色自贸区(港)"中央授权及法治保障模式"研究有三种学术进路可供遵循:一是中国特色法理学研究进路,即坚持立法、执法、司法、守法与法律监督五位一体。2013 年上海自贸试验区建设,坚持"自下而上的自主改革创新路径",即"问题导向/市场主体需求导向→地方政府推动→形成专业化和系统化改革说理方案→向中央寻求政策突破→重构中国开放型经济(涉外经贸)制度体系〔涉外经贸政策体系与涉外经贸法治体系〕"。局部采取了"先国家授权(全国人大常委会和国务院'双授权')→再部委支持→后地方立法/政策文件保障"的"三层次联动推进模式"②。该种模式的最大成效是主要解决了"凡属重大改革都要于法有据"这一政治课题,但该模式同时存在三方面缺陷(无法适应深层次改革创新任务、不具有可持续性、价值取向模糊),在实践中遭遇了"四化"(行政化、地方化、空

---

　　① 陈利强:《中国自由贸易试验区法治建构论》,载《国际贸易问题》2017 年第 1 期。
　　② 陈利强:《中国自由贸易试验区法治建构论》,载《国际贸易问题》2017 年第 1 期。

洞化、碎片化)共性法治难题①,对制度创新的促进作用不够显著,无法实现可持续发展。二是国际法(国际经济法)研究进路,即以"主权机制"或"主权让渡机制"引领国际法(国际经济法)重大变革。2001 年中国加入 WTO 之后,坚持"自上而下的倒逼型改革创新路径',即"条约义务驱动→中央政府推动→对照 WTO 规则及中国'入世'承诺进行大规模的'立改废释'的修法活动→重构中国开放型经济(涉外经贸)制度体系(涉外经贸政策体系与涉外经贸法治体系)"。该路径虽有成效,但其主要缺陷是无法从根本上有效指引基于中国国内法、而非国际法(国际经济法)的自贸区(港)建设。三是中国特色高级应用法学研究进路,即坚持"事权法治制度环境一体化"的方略和路径、坚持"为改革调法"的核心理念以及坚持"立改废释并举"的方法论等。建议以事权划分为基准,优化中国自贸试验区"三层次联动推进模式",进而构建"特别授权法模式",最终借鉴对外贸易区制度的"美国经验"和自由贸易区制度的"新加坡经验"等,构建"国家层面统一立法的基本法模式",进行国家统一立法,研制"中华人民共和国自由贸易港法"。

综上,本书将以中国自贸试验区战略的缘起和发展为起点,立足中国自贸试验区法治保障/法治建构实践,从三方面入手,对"三层次联动推进模式"进行系统阐释:首先,从"三层次联动推进模式"的沪折成功经验、主要成就和固有缺陷入手,对"三层次联动推进模式"展开深入评析。同时,对"三层次联动推进模式"下的制度创新进行系统全面的考察。其次,以"事权分配(赋权)、法治保障(调法)、制度创新(建制)、营商环境(营商)四位一体的分析框架"为抓手,厘清并阐明"三层次联动推进模式"面临的体制性难题。最后,对标国际、立足国情,提出"三层次联动推进模式"的优化建议和方案,以期在"事权法治制度环境一体化"方略和路径统领下,创新并完善中国自贸试验区法治保障/法治建构模式,有效推进自贸试验区创新发展及向中国特色自由贸易港转型升级。

---

① 陈利强:《破解自贸区法治建设中"四化"问题的建议》,载中国法学会《要报》2017 年第2 期。

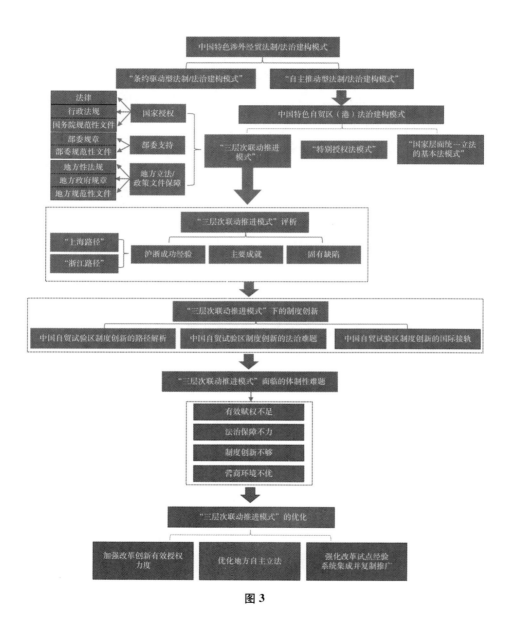

图 3

第一节　中国自贸试验区战略的缘起和发展

　　加快实施自由贸易区（包括 FTA 与 FTZ）①战略是中国新一轮对外开放的重要内容。党的十七大报告明确提出"实施自由贸易区战略"，首次将自由贸易区建设上升为国家战略，这为中国在加入 WTO 以后，以开放促改革促发展提供了新的途径和方式。党的十八大提出要"加快实施自由贸易区战略"，这表明中国将适应经济全球化新趋势的客观要求，全面深化改革、构建更高水平开放型经济新体制，以对外开放的主动赢得经济发展的主动、赢得国际竞争的主动。2013 年 9 月，党中央、国务院决定设立上海自贸试验区，开启了新一轮、高标准对外开放/单边贸易投资自由化征程，②标志着中国"四层次贸易投资自由化格局"（单边、双边、区域、多边）将加快形成，③自由贸易区战略的层次将更趋多元、内容将更加丰富。党的十八届三中、五中全会进一步要求以周边为基础，加快实施自由贸易区战略，形成面向全球的高标准自由贸易区网络，这意味着中国自由贸易区战略的路径更加清晰、格局更加完整。

---

　　①　《商务部海关总署关于规范"自由贸易区"表述的函》（商国际函〔2008〕15 号）指出，所谓"自由贸易区"（Free Trade Area，FTA），是指两个以上的三权国家或单独关税区通过签署协定，在世贸组织最惠国待遇基础上，相互进一步开放市场，分阶段取消绝大部分货物的关税和非关税壁垒，改善服务和投资的市场准入条件，从而形成实现贸易和投资自由化的特定区域。"自由贸易区"所涵盖的范围是签署自由贸易协定的所有成员的全部关税领土，而非其中的某一部分。"自由贸易园区"（Free Trade Zone，FTZ），指在某一国家或地区境内设立的、实行优惠税收和特殊监管政策的小块特定区域，类似于世界海关组织的前身——海关合作理事会所解释的"自由区"（Free Zone）。按照该组织 1973 年订立的《京都公约》的解释："自由区"系指缔约方境内的一部分，进入这一部分的任何货物，就进口税费而言，通常视为在关境之外，并免于实施通常的海关监管措施。有的国家还使用其他一些称谓，例如自由港、自由仓等。中国的经济特区、保税区、出口加工区、保税港区、经济技术开发区等特殊经济功能区都具有"自由贸易园区"（FTZ）的某些特征。"自由贸易区"是由双边、区域或多边协定形成的较大的特定区域，而"自由贸易园区"只能是一国家或地区境内的小块特定区域，因此两者是两个不同的概念，应当严格区分。

　　②　张燕生：《新一轮高标准改革开放应如何先行先试——中国（上海）自由贸易试验区的改革重点和未来方向》，载《学术月刊》2013 年第 10 期。

　　③　美国著名的国际贸易理论专家杰格迪什·巴格瓦蒂（Jagdish Bhagwati）在《捍卫全球化》（In Defense of Globalization）一书中提出四个层次的贸易自由化，即单边贸易自由化、双边贸易自由化、区域贸易自由化与多边贸易自由化。

一、中国自贸试验区战略的缘起

自改革开放以来，尤其是从 2001 年加入 WTO 至今，中国发展所处的时代背景与内外部环境和条件已经发生重大变化。继续推进对外开放面临的改革阻力和难度越来越大，因此亟需树立新开放观（如制度型开放）、实施新战略（"一深两高"），即实施"自贸试验区战略"，其核心任务是制度创新，其发展目标是营造便利化、市场化、法治化、国际化、自由化的营商环境。

（一）新一轮、高标准单边贸易投资自由化亟需自贸试验区战略

2014 年 3 月，习近平总书记在参加十二届全国人大二次会议上海代表团审议时讲话指出，"建设自由贸易试验区，是党中央为推进新形势下改革开放提出的一项重大举措。要牢牢把握国际通行规则，加快形成与国际投资、贸易通行规则相衔接的基本制度体系和监管模式，既充分发挥市场在资源配置中的决定性作用，又更好发挥政府作用。要大胆闯、大胆试、自主改，尽快形成一批可复制、可推广的新制度，加快在促进投资贸易便利、监管高效便捷、法制环境规范等方面先试出首批管用、有效的成果。"①自改革开放以来，中国先后自主创设了经济特区、开发区、保税监管场所（保税仓库、出口监管仓库、保税物流中心）及海关特殊监管区域（保税区、出口加工区、保税物流园区、跨境工业区、保税港区、综合保税区）②等一系列特殊经济功能区③或对外开放窗口/平台（以下统称单边贸易投资自由化载体），稳步推进单边贸易投资自由化进程，其范围逐渐拓展、程度不断加深。这些单边贸易投资自由化载体主要通过区域优惠政策支撑中国对外开放程度及贸易投资自由化水平，但伴随着加入

---

① 《习近平关于全面深化改革论述摘编》，中央文献出版社 2014 年版，第 136 页。

② 《中华人民共和国海关法》第 34 条规定："经国务院批准在中华人民共和国境内设立的保税区等海关特殊监管区域，由海关按照国家有关规定实施监管。"根据 2006 年《中华人民共和国海关对保税物流园区的管理办法》的规定，"海关特殊监管区域"是指"经国务院批准设立的保税区、出口加工区、保税物流园区、保税港区及其他特殊监管区域"。

③ "特殊经济功能区"概念来源于"经济区"、"功能区"和"经济功能区"，该概念在学界甚少使用，而且具体类型多样化，因此需要运用跨学科知识对其内涵加以提炼和界定。"特殊经济功能区"是经由国家或者国家授权的部门和政府机构按照国家经济宏观发展调整或者国际经济对外交往需要，按照法定程序依法确立的承担特定经济功能目标并享受特殊综合优惠政策，发挥重要经济先导作用的特定自然区域。具体参见曾文革：《特殊经济功能区法律制度研究》，对外经济贸易大学出版社 2012 年版，第 3 页。

WTO 后中国对外开放程度及贸易投资自由化水平越来越高,这些窗口或平台在监管体制①和财税政策②等方面的政策优势部分已经不太明显,竞争优势正在逐渐丧失。因此,亟需实施自贸试验区战略,运用法治思维和法治方式全面深化改革,加快转变政府职能,推进市场化改革,完善现代市场体系,构建更高水平开放型经济新体制,深入推进新一轮、高标准单边贸易投资自由化进程,再造以海关特殊监管区域为主体的特殊经济功能区的竞争新优势。具体而言,加快建设中国自贸试验区,创设"制度创新高地"而非"优惠政策洼地",促进以海关特殊监管区域为主体的特殊经济功能区的科学发展③和整合优化④,打造单边贸易投资自由化载体的"升级版"。

（二）双边、区域、多边贸易投资自由化亟需自贸试验区战略

2014 年 12 月,习近平总书记在十八届中共中央政治局第十九次集体学习时讲话指出,"加快实施自由贸易区战略,是适应经济全球化新趋势的客观要求,是全面深化改革、构建开放型经济新体制的必然选择,也是我国积极运筹对外关系、实现对外战略目标的重要手段……加快实施自由贸易区战略,是我国积极参与国际经贸规则制定、争取全球经济治理制度性权力的重要平台,我们不能当旁观者、跟随者,而是要做参与者、引领者,善于通过自由贸易区建设增强我国国际竞争力,在国际规则制定中发出更多中国声音、注入更多中国元素,维护和拓展我国发展利益。"⑤早在 2008 年就已经启动的中美 BIT 谈判以及 2013 年 11 月启动的中欧 BIT 谈判将促使中国外商投资管理体制发生重

---

① 具体参见时任海关总署署长于广洲于 2015 年 9 月 8 日在重庆召开的"全国海关特殊监管区域现场会"上做的题为《全国海关特殊监管区域发展情况和下一步工作措施及建议》的工作汇报。

② 具体参见时任国务院副总理汪洋于 2015 年 9 月 8 日在重庆召开的"全国海关特殊监管区域现场会"上做的题为《加快海关特殊监管区域创新升级 为开放型经济发展和改革开放再立新功》的重要讲话。

③ 《国务院关于促进海关特殊监管区域科学发展的指导意见》(国发〔2012〕58 号)明确规定,需要进一步推动保税区、出口加工区、保税物流园区、跨境工业区、保税港区、综合保税区等 6 类海关特殊监管区域科学发展。

④ 《国务院办公厅关于印发加快海关特殊监管区域整合优化方案的通知》(国办发〔2015〕66 号)在"远期目标"(2019—2020 年)中明确指出,"按照国际化、法治化标准,不断培育海关特殊监管区域竞争新优势,努力将海关特殊监管区域打造为自由贸易试验区的重要载体。"

⑤ 《习近平谈治国理政》第二卷,外文出版社 2017 年版,第 100 页。

大变革。此前由美国主导的 TPP 与 TTIP 旨在建立新一代、高标准国际贸易投资规则体系。同时，从 2019 年 7 月白宫发布的《关于改革世界贸易组织发展中国家地位的备忘录》看，美国对 WTO 关于发达国家和发展中国家之间的二分法提出置疑，认为这使得一些 WTO 成员国在国际贸易领域获得了不公平的优势，其中特别提到中国。可见，美国可能在可预见的未来彻底架空 WTO，这将对中国进一步融入全球经贸体系造成重大冲击。因此，亟需实施自贸试验区战略，依托制度创新，主动适应全球化发展新趋势和国际经贸规则新变化，[①]将对外自由贸易区（Free Trade Area，FTA）谈判中具有共性的难点、焦点问题，在自贸试验区内先行先试，通过在局部地区进行压力测试，积累防控和化解风险的经验，探索最佳开放模式，为对外谈判提供实践依据。

2013 年 9 月，上海自贸试验区的挂牌运行标志着中国开启了第四次改革开放的进程，担负起可复制可推广的制度创新使命，旨在为全面深化改革和扩大开放探索新途径、积累新经验，一方面推动以海关特殊监管区域为主体的特殊经济功能区转型升级，另一方面为中国参与制定国际贸易投资等领域的新规则提供基础或依据。自贸试验区作为"对外开放程度最高、制度创新要求最高"的特殊区域成为中国创新对外开放模式、推进新一轮、高标准单边贸易投资自由化的重大举措，承载国家进一步改革创新及对外开放的重大使命，探索未来三十五年高标准改革开放、高标准制度规范、高标准经济秩序、高标准 FTA，[②]成为中国"以开放促改革"/"以开放倒逼改革"的"压力测试平台"，因此设立上海自贸试验区是国家战略，[③]反映国家意志，[④]成为中国实施自贸试验区战略的开端。

---

① 石良平、周阳：《试论中国（上海）自由贸易试验区海关监管制度的改革》，载《上海海关学院学报》2013 年第 4 期。

② 张燕生：《新一轮高标准改革开放应如何先行先试——中国（上海）自由贸易试验区的改革重点和未来方向》，载《学术月刊》2013 年第 10 期。

③ 有学者认为建设上海自贸试验区是为了降低因国家治理方式转变和利益调整而产生的改革风险，其试验的本质是可复制和可推广，因此其目标是为了"实现国家战略的可复制和可推广"。具体参见李墨丝等：《中国（上海）自由贸易试验区：实现国家战略的可复制和可推广》，载《国际贸易》2013 年第 12 期。

④ 周汉民：《建设中国（上海）自由贸易试验区，以更大的开放促进更深入的改革》，载《国际商务研究》2014 年第 1 期。

二、中国自贸试验区战略的发展

2013 年 11 月,党的十八届三中全会在"构建开放型经济新体制"中指出,"在推进现有试点基础上,选择若干具备条件地方发展自由贸易园(港)区。"至此,作为中国单方面推进新一轮、高标准贸易投资自由化努力的重大举措,自贸试验区/自由贸易园(港)区已经正式上升至国家战略高度。由于商务部将自由贸易园(港)区统一称为"中国(XX)自由贸易试验区",因此本书单独将其称之为"自贸试验区战略"。当前,中国官方意义上的"自由贸易区战略"包括作为单边贸易投资自由化载体的"自贸试验区战略"与作为双边、区域、多边贸易投资自由化载体的"自由贸易区战略"。本书从学理层面将前者与后者加以区分的主要理由是两者除了在实施主体、路径、目标、任务等方面存在很大差异之外,前者相对于后者而言,对中国新一轮对外开放更具现实紧迫性和挑战性,而且前者在一定程度上会影响、制约后者。

(一)自贸试验区战略的深化发展

2015 年 3 月,习近平总书记在参加十二届全国人大三次会议上海代表团审议时讲话指出,加快实施自由贸易区战略,是我国新一轮对外开放的重要内容。要进一步解放思想、大胆实践,披坚执锐、攻坚克难,加强整体谋划、系统创新,着眼国际高标准贸易和投资规则,使制度创新成为推动发展的强大动力。① 2015 年 4 月,国务院印发中国(广东、天津、福建)自由贸易试验区总体方案和《国务院进一步深化中国(上海)自由贸易试验区改革开放方案》(国发〔2015〕21 号),标志着第二批自贸试验区正式落地,同时表明党中央、国务院以上海自贸试验区为起点,加快实施自贸试验区战略。2015 年 5 月,《中共中央国务院关于构建开放型经济新体制的若干意见》指出,要"实施更加主动的自由贸易区战略,拓展开放型经济发展新空间","建设若干自由贸易试验园区"。②

---

① 上海人大月报编辑部:《习近平总书记在参加上海代表团审议时强调　创新是引领发展的第一动力　当好改革开放排头兵创新发展先行者》,载《上海人大月刊》2015 年第 4 期。

② 该处的"自由贸易试验园区"与"自由贸易试验区"、"自由贸易园(港)区"表述不同,但所指向的对象是一致的。中共中央、国务院要求"依托现有新区、园区,推动广东、天津、福建自由贸易试验区总体方案全面实施,以上海自由贸易试验区试点内容为主体,结合地方特点,充实新的试点内容,未来结合国家发展战略需要逐步向其他地方扩展,推动实施新一轮高水平对外开放"。

这意味着中国将依托现有新区、园区,推动广东、天津、福建自贸试验区总体方案全面实施,进一步深化上海自贸试验区建设,结合国家发展战略需要,逐步向其他地方扩展,推动实施新一轮高水平对外开放。2015 年 12 月,《国务院关于加快实施自由贸易区战略的若干意见》(国发〔2015〕69 号)对中国加快实施自由贸易区战略做出顶层设计,提出要"继续深化自由贸易试验区试点"。这表明上海自贸试验区等将在对标国际贸易投资规则、以开放促改革促发展方面真正发挥"试验田"作用,同时说明中国真正进入实施"双轨制自贸区国家战略"(单边贸易投资自由化与双边、区域、多边贸易投资自由化)的新时代。①《国务院批转国家发展改革委关于 2016 年深化经济体制改革重点工作意见的通知》(国发〔2016〕21 号)在"加快构建对外开放新体制,推进高水平双向开放"中指出,要"深入推进自贸试验区建设,总结评估试验区经验,选择符合条件的地区扩大试验范围"。2017 年 4 月,第三批(辽宁、浙江、河南、湖北、重庆、四川、陕西)共 7 个自贸试验区揭牌成立。至此,"1+3+7",一个从沿海到中部再到西部的自贸试验区战略新格局形成,以扩大开放所引领的中国自贸试验区改革从"齐头并进"进入"雁行阵"模式,冲刺国际高标准自由贸易体系。2018 年 4 月,习近平总书记在庆祝海南建省办经济特区 30 周年大会上郑重宣布②,"党中央决定支持海南全岛建设自由贸易试验区,支持海南逐步探索、稳步推进中国特色自由贸易港建设,分步骤、分阶段建立自由贸易港政策和制度体系。"2018 年 4 月,《中共中央　国务院关于支持海南全面深化改革开放的指导意见》(中发〔2018〕12 号,以下简称"中央 12 号文件")在"(四)发展目标"中明确了海南探索建设中国特色自由贸易港的时间表和路线图,即"四个阶段的制度创新目标":"到 2020 年,自由贸易试验区建设取得重要进展,国际开放度显著提高;到 2025 年,自由贸易港制度初步建

---

① 自改革开放以来,中国一方面逐步自主创设经济特区、开发区、保税监管场所、综合保税区等特殊经济功能区,单方面推进贸易投资自由化;另一方面渐进参与各种国际经贸条约的缔结,推动双边贸易投资自由化、区域贸易投资自由化以及以 WTO 为代表的多边贸易自由化。因此笔者认为中国现已进入实施"双轨制自贸区国家战略"的新时代。具体参见陈利强、屠新泉:《中国涉外经贸法治建构论——以中国入世与上海自贸区为视角》,载《国际贸易问题》2015 年第 3 期。

② 《在庆祝海南建省办经济特区 30 周年大会上的讲话》(2018 年 4 月 13 日,以下简称"习近平总书记'4·13'重要讲话")。

立,营商环境达到国内一流水平,民主法制更加健全,治理体系和治理能力现代化水平明显提高;到2035年,自由贸易港的制度体系和运作模式更加成熟,营商环境跻身全球前列;到本世纪中叶,形成高度市场化、国际化、法治化、现代化的制度体系,成为综合竞争力和文化影响力领先的地区。"2018年10月,国务院批复同意设立中国(海南)自由贸易试验区并印发《中国(海南)自由贸易试验区总体方案》。2018年11月,习近平总书记出席首届中国国际进口博览会开幕式并发表主旨演讲指出,"中国将支持自由贸易试验区深化改革创新,持续深化差别化探索,加大压力测试,发挥自由贸易试验区改革开放试验田作用。中国将抓紧研究提出海南分步骤、分阶段建设自由贸易港政策和制度体系,加快探索建设中国特色自由贸易港进程。这是中国扩大对外开放的重大举措,将带动形成更高层次改革开放新格局。"[1]2019年6月,习近平总书记在二十国集团领导人第十四次峰会上就世界经济形势和贸易问题发表重要讲话时宣布,中国将在近期采取措施的基础上,进一步推出若干重大举措,加快形成对外开放新局面,努力实现高质量发展。包括:进一步开放市场、主动扩大进口、持续改善营商环境、全面实施平等待遇、大力推动经贸谈判。将新设6个自由贸易试验区,增设上海自由贸易试验区新片区,加快探索建设海南自由贸易港进程。[2]2019年8月,国务院先后公开发布了《中国(上海)自由贸易试验区临港新片区总体方案》与"中国(山东、江苏、广西、河北、云南、黑龙江)自由贸易试验区总体方案",上海自贸试验区临港新片区以及新一批自贸试验区正式落地。至此,中国特色自贸区(港)"1·8+1"战略格局已经形成,全面开放新格局基本形成。

(二)自贸试验区战略的发展动向

商务部明确要求自由贸易园(港)区申报必须具备三个条件,即已封关运行的综合保税区、具备一定的经济总量和具有鲜明特色。[3]结合现有的18("1+3+7+1+6")个自贸试验区建设实践,本书认为未来中国实施"自贸试验

---

①　习近平:《共建创新包容的开放型世界经济》,载《人民日报》2018年11月6日。

②　习近平:《挖掘增长动力,完善全球治理,破解发展瓶颈,妥善处理分歧》,载《人民日报》2019年6月29日。

③　陈晖:《从中国(上海)自由贸易试验区看我国综合保税区的建立和发展》,载《海关法评论》2014年第1期。

区战略"将呈现出以下三大特征：一是自贸试验区改革创新与海关特殊监管区域转型升级之间的承接关系将更趋紧密，与其他各种特殊经济功能区（如国家级新区、经济技术开发区、高新技术产业开发区等）之间的对接关系将更趋紧密，中国单边贸易投资自由化将纵深发展。尽管《国务院办公厅关于印发加快海关特殊监管区域整合优化方案的通知》（国办发〔2015〕66号）对未来中国海关特殊监管区域转型升级方向做了规划，即努力将海关特殊监管区域打造为自由贸易试验区的重要载体，但目前海关特殊监管区域转型升级面临很大的监管体制和财税政策改革压力。因此，未来中国自贸试验区改革创新主线之一将是通过监管和财税制度创新，将已纳入地方自贸试验区实施范围的海关特殊监管区域逐渐建设成为国际通行的自贸区（港），然后将成功经验逐步复制推广至以海关特殊监管区域为主体的特殊经济功能区以及全国范围内。① 当然，随着现有的自贸试验区（如上海自贸试验区）扩区发展，构建"一区多片"模式（如上海、广东、天津、福建等），未来地方自贸试验区的实施范围将以海关特殊监管区域为主，扩展至其他各种特殊经济功能区（如国家级新区、经济技术开发区、高新技术产业开发区等），甚至可能是试验区范围以外及全国范围内。二是作为单边贸易投资自由化载体的"自贸试验区战略"与作为双边、区域、多边贸易投资自由化载体的"自由贸易区战略"之间的互动关系将更趋紧密，中国将从单边、双边、区域与多边加快协同推进贸易投资自由化进程。《国务院关于加快实施自由贸易区战略的若干意见》（国发〔2015〕69号）从两个角度展示了这种互动关系：一方面中国自贸试验区建设与正在谈判中的双边、区域、多边自由贸易协定相互促进，特别是上海自贸试验区等为中国对标国际贸易投资规则、为对外自由贸易协定（如中国与以色列自由贸易协定、中欧 BIT 等）谈判提供实践依据；另一方面中国自贸试验区建设与中国已生效自由贸易协定（如中国与澳大利亚自由贸易协定、中国与韩国自由贸易协定等）实施工作的关联性将逐渐加固，将可能实现开放促改革与改革促开放之间良性互动。三是加快实施自贸试验区战略，将进一步促使自贸区（港）"中国模式"的固化和优化。自 2013 年建设上海自贸试验区以

---

① 具体参见《国务院关于推广中国（上海）自由贸易试验区可复制改革试点经验的通知》（国发〔2014〕65号）。

来,尤其是党的十八届三中全会明确提出选择若干具备条件地方发展自由贸易园（港）区之后,中国加快实施自贸试验区战略,第二批（广东、天津、福建）、第三批（辽宁、浙江、河南、湖北、重庆、四川、陕西）、海南自贸试验区以及新一批 6 个自贸试验区已经落地建设。2015 年 2 月,国务院建立"国务院自由贸易试验区工作部际联席会议制度",①表明国家自贸试验区管理体制和工作机制正式建立。2015 年 11 月,国务院自贸试验区工作部际联席会议办公室发布首批"两省两市"（上海、广东、天津、福建）自贸试验区在贸易便利化、投资体制改革、事中事后监管等方面制度创新性强、市场主体反映好的做法。②2017 年 7 月,自贸试验区新一批"最佳实践案例"的发布,③说明中国自贸试验区已经落地并产生实效。2019 年第三批自贸试验区"最佳实践案例"业已发布。因此,结合中国自贸试验区的国家战略、法治建构、管理体制及制度创新等综合要素,并对照对外贸易区制度的"美国模式",本书认为自贸区（港）的"中国模式"已经初步形成,即"对标国际、自主改革模式"。随着中国自贸试验区战略的深入实施,该模式将进一步固化和优化,成为中国官方意义上的"自由贸易区战略"的一道亮丽的风景线。

第二节　中国自贸试验区"三层次联动推进模式"评析

本书将从沪浙成功经验、主要成就以及固有缺陷三个方面入手,对"三层次联动推进模式"展开深入评析,以期为完善中国特色自贸区（港）法治保障/法治建构模式打下扎实基础。

一、"三层次联动推进模式"的沪浙成功经验

从国际自贸区（港）建设的成熟经验以及中国自贸试验区的建设实践角

---

①　具体参见《国务院关于同意建立国务院自由贸易试验区工作部际联席会议制度的批复》（国函〔2015〕18 号）。

②　具体参见《商务部关于印发自由贸易试验区"最佳实践案例"的函》（商资函〔2015〕945 号）。

③　具体参见《商务部关于印发自由贸易试验区新一批"最佳实践案例"的函》（商资函〔2017〕465 号）。

度考察,可以发现改革与法治/法治与改革关系表现为事权、法治、制度和环境四者关系,因此必须从"事权与立法权关系"探寻自贸区(港)法治建构路径:事权分配→法治保障→制度创新→营商环境。从全球视野看,存在两类针对自贸区(港)的"中央授权及法治保障模式":一是中央渐进式授权模式,即"国家授权、部委支持、地方立法/政策文件保障的三层次联动推进模式",该种模式以自贸区(港)的"中国模式"为代表。二是中央一次性授权模式,即以"迪拜模式"为代表的"特别授权法模式"与以"美国模式"和"新加坡模式"为代表的"国家层面统一立法的基本法模式"。在上述分类的基础之上,区分国家事权是否已经法治化,中国自贸试验区"三层次联动推进模式"已经形成两种典型的"地方路径",即国家事权已经法治化的授权修法的"上海路径"与国家事权尚未法治化的授权立法的"浙江路径"。

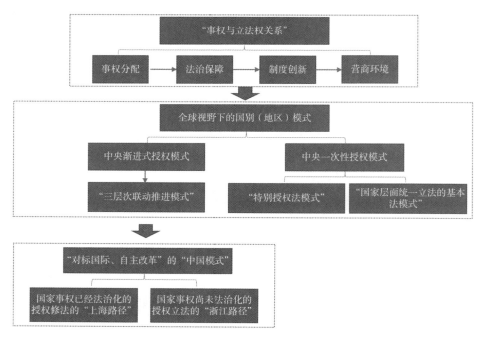

图 4

(一)国家事权已经法治化的授权修法的"上海路径"

国家事权已经法治化的授权修法的"上海路径"的本质是全国人大常委会和国务院"双授权",即推动"授权修法"模式,为改革方案落地实施修法。

具体包括两项内容:一是"授权暂停",即暂停条款;二是"授权修改",即修改条款。其经典案例为"授权暂停或修改三资企业法等部分条款",为《中国(上海)自由贸易试验区总体方案》落地实施修法,外商投资企业准入前国民待遇加负面清单管理制度由此产生并不断发展。①

具体而言,上海自贸试验区的法治建构采取了"先国家授权→再部委支持→后地方立法/政策文件保障"的推进方式。上海自贸试验区的先行先试是实施国家战略,其中大多数的改革创新内容涉及国家事权及中央专属立法权,因此从应然意义上讲,应由国家层面进行统一立法。但囿于当时改革的紧迫性,上海自贸试验区要获得国家事权的全部下放不具备条件,所以最终采取了全国人大常委会以"决定"的方式授权国务院在自贸试验区内暂时调整有关法律规定的行政审批的方式(以下简称《全国人大常委会授权决定》),②然后国务院再以"决定"的方式授权在上海自贸试验区内暂时调整有关行政法规和部门规章规定的行政审批的方式(以下简称《国务院授权决定》)。③ 全国人大常委会与国务院的立法"双授权"解决了上海自贸试验区先行先试于

① 2013 年 8 月 30 日,全国人大常委会通过了《全国人民代表大会常务委员会关于授权国务院在中国(上海)自由贸易试验区暂时调整有关法律规定的行政审批的决定》,授权暂停实施三资企业法中有关外资准入的行政审批规定,将其改为备案管理。待上海自贸试验区三年的先行先试证明行之有效后,2016 年 9 月 3 日,全国人大常委会通过了《全国人民代表大会常务委员会关于修改〈中华人民共和国外资企业法〉等四部法律的决定》,最终以国家正式修法的方式确立外商投资企业实行准入前国民待遇加负面清单管理制度,将其推广至全国统一适用。

② 全国人大常委会分别于 2013 年 8 月 30 日、2014 年 12 月 28 日通过了《全国人民代表大会常务委员会关于授权国务院在中国(上海)自由贸易试验区暂时调整有关法律规定的行政审批的决定》《全国人民代表大会常务委员会关于授权国务院在中国(广东)自由贸易试验区、中国(天津)自由贸易试验区、中国(福建)自由贸易试验区以及中国(上海)自由贸易试验区扩展区域暂时调整有关法律规定的行政审批的决定》。由于《中华人民共和国立法法》并未对此种授权立法方式做出明确界定,《全国人大常委会授权决定》在学界引发了"合法性"之争。有基于此,2015 年 3 月 15 日第十二届全国人民代表大会第三次会议通过了《关于修改〈中华人民共和国立法法〉的决定》,新修正的《立法法》第 13 条规定:"全国人民代表大会及其常务委员会可以根据改革发展的需要,决定就行政管理等领域的特定事项授权在一定期限内在部分地方暂时调整或暂时停止适用法律的部分规定。"国家层面的立法修正及时对上海自贸试验区法律因事因地调整的改革成果加以固化,同时消除了后续自贸试验区授权立法方式的"合法性"争议。

③ 国务院分别于 2013 年 12 月 21 日、2014 年 9 月 4 日发布了《国务院关于在中国(上海)自由贸易试验区内暂时调整有关行政法规和国务院文件规定的行政审批或者准入特别管理措施的决定》(国发〔2013〕51 号)、《国务院关于在中国(上海)自由贸易试验区内暂时调整实施有关行政法规和经国务院批准的部门规章规定的准入特别管理措施的决定》(国发〔2014〕38 号)。

法有据的问题。① 这种局部的、临时的法律调整方式创造了法律完善的一种新方式,在一定程度上解决了上海自贸试验区某些立法权限下放的困境。② 国家采取"授权决定"(即"逐项授权暂停")的做法,成为中国自贸试验区法治创新的主导性路径。

为了对接国家暂时调整法律、行政法规的举措,保持国家法制统一,依法推进上海自贸试验区改革创新的先行先试,上海市人大常委会于 2013 年 9 月审议通过了《上海市人民代表大会常务委员会关于在中国(上海)自由贸易试验区暂时调整实施本市有关地方性法规规定的决定》(以下简称《上海授权决定》)。《上海授权决定》促使上海市地方性法规引领自贸试验区先行先试成为可复制可推广的"上海经验"之一。除了作为与《全国人大常委会授权决定》相配合的《上海授权决定》之外,上海自贸试验区的地方立法采取了"先政府规章、后地方性法规"的做法,③即"先制定上海市人民政府规章(《中国(上海)自由贸易试验区管理办法》)作为过渡,后制定上海市人大常委会地方性法规(《中国(上海)自由贸易试验区条例》)"分两步走的法治创新做法。这种市政府"1+X"规则群与市人大常委会条例相结合的法治创新实践成为重要的、可复制和可推广的上海法治创新经验。在"1+X"规则群与市人大常委会条例相结合的法治创新实践的指引下,上海自贸试验区法治创新及法治建构有序展开,稳步推进。作为上海自贸试验区最重要的、可复制和可推广的法治创新经验,"国家层面(全国人大常委会与国务院)的授权决定与地方层面(省/市人大常委会)的授权决定相配合、国务院各部委部门规章/规范性文件支持以及省/市政府'1+X'规则群与省/市人大常委会条例相结合的法治创新路径及模式"被后续批准的广东、天津、福建等自贸试验区移植并践行,成为中国自贸试验区法治建构的主要模式。

（二）国家事权尚未法治化的授权立法的"浙江路径"

国家事权尚未法治化的授权立法的"浙江路径"的本质是事权下放→

---

① 丁伟:《上海自贸试验区法治创新的轨迹:理论思辨与实践探索》,上海人民出版社 2016 年版,第 102 页。

② 刘晓红、贺小勇主编:《中国(上海)自由贸易试验区法治建设蓝皮书》,北京大学出版社 2016 年版,第 323 页。

③ 刘晓红、贺小勇主编:《中国(上海)自由贸易试验区法治建设蓝皮书》,北京大学出版社 2016 年版,第 52 页。

地方(舟山)立法→制度创新,即推动"授权改革"/"事权下放"模式,下放事权至省或地级市,然后省或地级市将"尚未法治化的国家事权"进行地方立法。一般包含两方面内容:一是国家事权下放和委托行使,即下放国家管理权限和委托行使国家管理权限;二是省级事权下放和委托行使,即下放省级管理权限和委托行使省级管理权限。为了给国内自贸区(港)改革创新创造浙江经验,浙江在事权、法治、制度、环境一体化改革创新方面作出了多方面的努力。在事权方面,第一阶段把油品全产业链纳入到《中国(浙江)自由贸易试验区总体方案》,然后制定了《中国(浙江)自由贸易试验区建设实施方案》,这是浙江目前在事权方面取得的最大进展之一。随着建设不断地推进,"一中心三基地一示范区"工作重心越来越聚焦。第二阶段,浙江完成了《中国(浙江)自由贸易试验区更大改革自主权方案》(尚未公布),聚焦油品等大宗商品领域,梳理形成提升油品流通领域市场化配置能力、建设大宗商品现货交易市场等十个方面诉求,经过省级层面审议并上报中央有关部门,争取列入中央深改委会议审定。另外,浙江自贸试验区管委会已经形成了《要求下放给浙江自贸试验区的省级管理权限清单》与《关于印发中国(浙江)自由贸易试验区权责清单的通知》(浙自贸委发〔2018〕4号)。在法治保障方面,国际航行船舶保税燃料油加注是浙江一体化改革最经典的经验,也是浙江自贸试验区的最大亮点之一。既为浙江自贸试验区市场竞争格局建立规则,也是国内首个对接国际的制度创新。所以本书认为,浙江自贸试验区的制度创新在全国领先。

　　具体而言,"浙江路径"的经典案例是,《中国(浙江)自由贸易试验区总体方案》将区内国际航行船舶保税加油许可权下放至舟山市人民政府(事权下放);然后舟山市人民政府制定《中国(浙江)自由贸易试验区国际航行船舶保税油经营管理暂行办法》(法治保障);最后浙江自贸试验区管委会制定了《中国(浙江)自贸试验区国际航行船舶保税燃料油供应业务操作规范》(制度创新),①打造了全国首个与国际接轨的国际航行船舶保税油制度(营商环境),截止目前,形成了14家国际航行船舶保税油经营企业共同竞争的市场格局。

---

　　①　陈利强:《以法治化路径塑造舟山对内对外开放竞争新优势》,载《舟山日报》2018年10月26日。

二、"三层次联动推进模式"的主要成就

在"法治创新引领制度创新"的法治理念指导下，①中国自贸试验区的核心任务是推进制度创新，建设目标是建立与国际投资贸易规则相衔接的制度框架和监管模式，培育便利化、市场化、法治化、国际化、自由化的营商环境。中国自贸试验区的"国家授权、部委支持、地方立法/政策文件保障的三层次联动推进模式"在实践层面取得重要进展及成果，法治建构总体上依据"省/市政府'1+X'规则群与省/市人大常委会条例相结合的法治创新路径及模式"而展开，具体成果主要体现在贸易便利化、投资便利化、金融服务创新、航运便利化、知识产权保护、争议解决机制及行政管理创新/事中事后监管等改革创新领域。但是，与对标国际的"国家层面统一立法的基本法模式"相比，"三层次联动推进模式"仍存在无法适应深层次改革创新任务、不具有可持续性、价值取向模糊等固有缺陷。

在"国家授权、部委支持、地方立法/政策文件保障的三层次联动推进模式"的法治建构实践中，最为关键的是全国人大常委会与国务院的"双授权"，依法创新，充分体现了法律"因事、因地调整"的理念以及"凡属重大改革都要于法有据"的政治原则。这种"双授权"使中国自贸试验区法治创新及法治建构成为可能，但真正使中国自贸试验区法治建构富有成效的是部委规章、尤其是地方立法/政策文件。国务院各部委"因事调整"或"因地调整"，针对自贸试验区分别制定了一系列不同的部委规章。例如上海自贸试验区成立之后，国务院各部委（国家外汇管理局、交通运输部、工业和信息化部、中国人民银行、财政部、国家税务总局、海关总署、文化部、证监会、银监会、国家质量监督检验检疫总局及国家工商总局等）在不同时期单独或联合出台了许多部委规章。② 2013 年 9 月，上海自贸试验区挂牌成立并出台《中国（上海）自由贸易试验区外商投资准入特别管理措施（负面清单）》，对自贸试验区内的外商投资项目和设立外商投资企业采取与国民待

---

① 丁伟：《上海自贸试验区法治创新的轨迹：理论思辩与实践探索》，上海人民出版社 2016 年版，第 11 页。

② 有关比较重要的部委规章的具体名称，参见刘晓红、贺小勇主编：《中国（上海）自由贸易试验区法治建设蓝皮书》，北京大学出版社 2016 年版，第 37 页。

遇等不符的准入措施。① 此后,自贸试验区负面清单先后五次修订(2014 版、2015 版、2017 版、2018 版、2019 版),当前最新版是《自由贸易试验区外商投资准入特别管理措施(负面清单)》(2019 年版)。负面清单旨在为推进更高水平的对外开放和更深层次的外资管理体制改革以及中美、中欧双边 BIT 谈判提供实践经验,自 2013 年在上海自贸试验区先行先试以来,成效显著,为《中华人民共和国外商投资法》的制定奠定了坚实的理论和实践基础。

中国自贸试验区地方立法的突出成效就是省/市"1+X"规则群与省/市人大常委会条例相结合的法治创新路径及法治建构模式为各省市自贸试验区改革创新提供了比较坚实的法治保障。2013 年 9 月,上海市政府首先公布了包括《中国(上海)自由贸易试验区管理办法》在内的一系列涉及外商投资准入和境外投资的地方政府规章。② 作为临时过渡性质的地方政府规章,该《管理办法》确保上海自贸试验区改革创新运行在法治轨道上。2014 年 8 月,上海市人大常委会表决通过并正式实施《中国(上海)自由贸易试验区条例》,③ 成为中国自贸试验区的首部地方版的"基本法"。该《条例》取代市政府《管理办法》,结合上海自贸试验区法治建设实践,将《中国(上海)自由贸易试验区总体方案》中的改革创新任务及政策措施法律化,并将制度创新成果和经验法治化和体系化,使上海自贸试验区法治体系呈现一定程度的完整性和科学性,并与政策体系加以区分,为营造便利化、市场化、法治化、国际化、自由化的营商环境打下了比较扎实的基础。2015 年 4 月,国务院印发广东、天津、福建自贸试验区的总体方案和进一步深化上海自贸试验区改革开放方案之后,广东、天津、福建分别复制上海"1+X"规则群与市人大常委会条例相结合的法治创新路径及法治建构模式,"两省一市"先后制定了"管理办法和地方政府规章

---

① 陶立峰:《国际投资规则视阈下的负面清单法律定位》,载《上海对外经贸大学学报》2015 年第 3 期。

② 有关地方政府规章的具体名称,参见刘晓红、贺小勇主编:《中国(上海)自由贸易试验区法治建设蓝皮书》,北京大学出版社 2016 年版,第 37 页。

③ 该条例总共九章,依次为"总则"(第一章)、"管理体制"(第二章)、"投资开放"(第三章)、"贸易便利"(第四章)、"金融服务"(第五章)、"税收管理"(第六章)、"综合监管"(第七章)、"法治环境"(第八章)与"附则"(第九章)。该条例展示了地方性立法对国家事权的高超驾驭,属于中国地方立法史上一大创举,体现了较高的立法水准。

（即‘1+X’规则群）与条例"，①为各自自贸试验区在法治轨道上推行改革创新提供了相应的法治保障。

三、"三层次联动推进模式"的固有缺陷

中国自贸试验区国家层面的法治授权实践表明，为先行先试提供法治保障，不但需要法治方式方法的创新，而且更需要进一步解放思想、更新观念。②尽管通过法治创新路径探索及现代法治建构主义实践，暂时破解了协调推进"凡属重大改革都要于法有据"与"法治引领和规范重大改革"（"法治引领和规范改革创新"）的两大政治课题，但是作为技术工具主义的"国家层面（全国人大常委会与国务院）的授权决定与地方层面（省/市人大常委会）的授权决定相配合、国务院各部委部委规章等支持以及省/市政府‘1+X’规则群与省/市人大常委会条例相结合的法治创新路径及模式"能否维系并走远，需要进一步的实证观察和时效检验。有学者建议使用"法治改革观"指导中国自贸试验区建设，认为法治优先、改革附随是"法治改革观"的主要内容，也是十八大以来法治思维方式的重大变化。③但是，"法治改革观"并没有提出切实可行的具体方案和技术路径，从而有效破解中国自贸试验区建设中的改革与法治/法治与改革关系课题。

尽管存在对未来中国自贸试验区发展走向产生影响的不确定因素，如未来全国普遍复制自贸试验区经验的情况下，现有的自贸试验区是否继续存续；2019年3月表决通过的《中华人民共和国外商投资法》、中美BIT和中美贸易协议以及中欧BIT谈判结果对自贸试验区的影响等，④但是对照国际通行规

---

① 《中国（广东）自由贸易试验区管理试行办法》自2015年4月20日公布之日起施行，《中国（广东）自由贸易试验区条例》已经取代前者，自2016年7月1日起施行；《中国（天津）自由贸易试验区管理办法》自2015年4月21日起施行，《中国（天津）自由贸易试验区条例》已经取代前者，自2015年12月24日起施行；《中国（福建）自由贸易试验区管理办法》自2015年4月20日公布之日起施行，《中国（福建）自由贸易试验区条例》已经取代前者，自2016年4月1日公布起施行。

② 刘晓红、贺小勇主编：《中国（上海）自由贸易试验区法治建设蓝皮书》，北京大学出版社2016年版，第318页。

③ 刘晓红、贺小勇主编：《中国（上海）自由贸易试验区法治建设蓝皮书》，北京大学出版社2016年版，第9页。

④ 丁伟：《上海自贸试验区法治创新的轨迹：理论思辩与实践探索》，上海人民出版社2016年版，第132页。

则,对中国自贸试验区开展法治建构的顶层设计,构建"国家层面统一立法的基本法模式",应当成为中国特色自贸区(港)法治保障的模式选择。究其原因,主要是"三层次联动推进模式"存在以下三方面的固有缺陷。

一是作为技术工具主义的"三层次联动推进模式"难以与下一阶段的深层次改革创新任务相适应,所以未来需要制定国家层面统一的基本法加以引领和规范。现行的"全国人大常委会—国务院及相关部委—地方人大常委会与政府"三层次自贸试验区法治体系建构只是权宜之计,难以满足继续深化重要领域和关键环节的改革事项的现实需要,因此从长远看,这种技术工具主义的法治体系建构无法从根本上落实国家改革创新使命,应当制定国家层面统一的基本法加以引领和规范。

二是碎片化的"授权暂时调法"或"逐项授权暂停"做法难以为继,在自贸试验区成为新常态背景下不具有适应性和可持续性,致使中国自贸试验区法治建构主义道路很难继续走下去。"因地调整"或"因事调整"的逐项授权调法的针对性很强,因此从短期看,这种法治创新路径具有合理性与可行性。[1]但是,这种授权调法方式是在时间紧迫的情况下方才采取,而且"授权暂时调法"或"逐项授权暂停"方式不利于维护国家法制的统一性和完整性,在实践中还会束缚自贸试验区自主改革的边界,假如未来每项地方立法均要全国人大常委会作出一个"决定",其耗费的时间与精力显然难以承受。[2]更为重要的是,"因地调整"或"因事调整"的逐项授权立法必然造成自贸试验区法治建构的碎片化格局。必须指出的是,中国特色自贸区(港)改革创新的法治保障旨在营造国际一流法治化营商环境,形成法治保障下的政策和制度体系,但是"授权暂时调法"做法具有三年的期限限制,而且是否最终修法,关键要看实践成效,[3]这将对构建稳定、公平、透明、可预期的国际一流法治化营商环境带

---

① 刘晓红、贺小勇主编:《中国(上海)自由贸易试验区法治建设蓝皮书》,北京大学出版社2016年版,第5页。

② 刘晓红、贺小勇主编:《中国(上海)自由贸易试验区法治建设蓝皮书》,北京大学出版社2016年版,第323页。

③ 2019年10月26日第十三届全国人民代表大会常务委员会第十四次会议通过的《全国人民代表大会常务委员会关于授权国务院在自由贸易试验区暂时调整适用有关法律规定的决定》规定:"上述调整在三年内试行。对实践证明可行的,国务院应当提出修改有关法律的意见;对实践证明不宜调整的,在试点期满后恢复施行有关法律规定。"

来一定程度的不确定性。

三是政策体系与法治体系混合主义致使自贸试验区法治体系建构的价值取向模糊，所以未来需要制定国家层面统一的基本法加以厘清并规范。效率、公平与自由的价值取向既是国外对外贸易区法治建构的主要经验，也可为中国自贸试验区法治建构提供经验借鉴。中国自贸试验区的核心任务是通过制度创新，放松政府管制，推进市场化改革。但是，现行的"三层次联动推进模式"很难与其核心任务相适应，尤其体现在从法制体系建设转向法治体系建设进程中。因此，应当借鉴美国法治有益经验，厘清中国自贸试验区法治体系建构的价值取向，尤其未来需要通过制定国家层面统一的基本法将中国自贸试验区法治体系（法律法规体系）建构的价值取向具体化和条文化，并与政策体系（政策措施）加以区分，努力使中国自贸试验区法治体系呈现完整性和科学性，逐步为营造便利化、市场化、法治化、国际化、自由化的营商环境打下扎实的基础。

第三节 中国自贸试验区"三层次联动推进模式"下的制度创新

2018年10月，李克强总理对自由贸易试验区建设作出重要批示："望以习近平新时代中国特色社会主义思想为指导，认真贯彻党中央、国务院决策部署，坚持新发展理念，更大力度推动自贸试验区改革开放创新。要着眼解决深层次矛盾和结构性问题，强化改革统筹谋划和系统集成，继续狠抓制度创新，加快形成发展和竞争新优势。积累更多可在更大范围乃至全国复制推广的经验，进一步发挥改革开放'排头兵'的示范引领作用。"自贸区（港）的"中国模式"实质上是"以开放促改革模式"或"以开放倒逼改革模式"，即"对标国际、自主改革模式"，其核心任务是制度创新。各省市自贸试验区遵循"让法治创新引领制度创新"的制度创新逻辑，按照"国家授权、部委支持、地方立法/政策文件保障的三层次联动推进模式"，根据各自总体方案中的改革创新任务要求，坚持"自下而上的自主改革创新路径"，即"问题导向/市场主体需求导向→地方政府推动→形成专业化系统化改革说理方案→向中央寻求政策突破→重构中国涉外经贸制度体系（涉外经贸政策体系与涉外经贸法治体系）"，努力建立与国际贸易投资规则相衔接的制度框架和监管模式,培育便利化、市场化、法治化、国际化、自由化的营商环境。因此,以"事权法治制度环境一体化"的方略和路径为指引,从学理层面出发,深入解读中国自贸试验区的制度创新,对于考察"三层次联动推进模式"对制度创新的促进和保障作用以及明确"三层次联动推进模式"存在的缺陷和不足具有重要意义。

上海自贸试验区建设不是选择任意一块生地,而是选择已有发展、已有目标、已有基础的熟地,①因为中国自贸试验区必须要有灵魂,才能确保体制、机制、法治创新的承继性和延续性。② 各省市自贸试验区的总体方案、管理办法与条例要求建立与国际贸易投资规则相衔接的制度框架和监管模式,旨在培育便利化、市场化、法治化、国际化、自由化的营商环境,促进经济全球化背景下政府与市场关系的法治化及"中国化"。

一、中国自贸试验区制度创新的路径解析

要想深刻解析中国自贸试验区的制度创新路径,应当从理论和实践两方面入手,展开系统论述。

(一)中国自贸试验区制度创新的理论路径

一是以国际化为目标推进制度创新。国际化是中国自贸试验区推进制度创新的目标和切入点。自贸试验区是中国创新对外开放模式、推进单边贸易投资自由化的重大举措,其主要任务是依托制度创新,形成与国际贸易投资通行规则对接的基本制度框架和监管模式。比照2001年中国加入WTO之后的市场开放及法治建设进程,中国自贸试验区建设紧跟CPTPP、TTIP、WTO(TISA)、中美与中欧BIT等谈判进展,建立对外开放的规则标准,确保制度创新有所遵从,为中国进一步融入经济全球化提供有效制度供给。二是以市场化为导向推进制度创新。市场化是中国自贸试验区推进制度创新的导向和落脚点。中国自贸试验区制度创新以市场化为导向,加快政府职能转变,推动资源配置依据市场规则、市场价格、市场竞争实现效益最大化和效率最优化,正确处理政府与市场的关系。三是以法治化为基础

---

① 这块熟地就是历经29年发展的上海外高桥保税区,该保税区于1990年6月经国务院批准设立,同年9月正式启动,是全国第一个,也是全国15个保税区中经济总量最大的保税区。

② 郑凌燕:《法治保障好扬帆》,载《人民政坛》2015年第9期。

推进制度创新。法治化是中国自贸试验区推进制度创新的基础和突破点。制度创新可以分为政策措施创新与法律制度（法律法规）创新，所以自贸试验区制度体系可以分为政策体系与法治体系。中国自贸试验区法治创新引领制度创新，没有法治创新，制度创新就无从谈起。当前全国 18 个自贸试验区，尤其是上海自贸试验区可复制和可推广的制度创新经验主要是"法律制度创新经验"，因此从一定程度上讲，中国自贸试验区是"法律制度试验区"或"法治特区"。

（二）中国自贸试验区制度创新的实践路径

按照国家事权及中央专属立法权与地方事权的分配关系，中国自贸试验区制度创新沿着以下两条实践路径展开：一是对标国际自贸区（港）通行规则，成为中国海关特殊监管区域向国际通行的自贸区（港）的"转型升级方向"。按照《国务院办公厅关于印发加快海关特殊监管区域整合优化方案的通知》（国办发〔2015〕66 号）的要求，当下中国 6 类海关特殊监管区域（保税区、出口加工区、保税物流园区、跨境工业区、保税港区、综合保税区）的"转型升级方向"就是自贸试验区。但是历经近 30 多年发展的中国海关特殊监管区域现已面临来自监管体制和财税政策的一系列制度难题：对外贸易经营权、一般纳税人资格、关税倒挂/选择性征税、货物状态分类监管、内外贸一体化、通关不便利、选择性退税、离岸业务税收政策、跨境电商海关监管及新兴贸易业态等，其中，部分难题已经解决或正在破解。当下中国自贸试验区海关监管及贸易便利化制度创新主要借鉴对外贸易区制度的"美国模式"的有益经验，即选择性征税、货物状态分类监管及单一窗口等，旨在解决上述制度难题，"提高对外开放的质量和发展的内外联动性"，"加快构建对外开放新体制，推进高水平双向开放"。① 二是对标高标准国际贸易投资规则，成为接受国际贸易投资新规则的"压力测试平台"。此前由美国主导的 TPP 旨在希望放松管制（市场作用）与有效监管（政府作用）相互补充、相互促进，推动国际贸易投资健康发展。同时，以改组前的 TPP 为代表的国际贸易投资规则构建中的新议题广泛涉及环境、劳工、补贴、知识产权、汇率、竞争中立和国有企业等各类措施，直指

---

① 《国务院批转国家发展改革委关于 2016 年深化经济体制改革重点工作意见的通知》（国发〔2016〕21 号）。

一国的内部监管体系和规制实践。① 因此,中国自贸试验区旨在成为中国对标以 CPTPP 和 TTIP 为代表的新一代、高标准国际贸易投资规则②及中美 BIT 与中欧 BIT 谈判成果、推进制度创新的"压力测试平台"。统一适用于全国自贸试验区的负面清单及适用于上海、广东、天津、福建自贸试验区的外商投资国家安全审查制度创新做法充分体现了对接高标准国际贸易投资规则的要求。

二、中国自贸试验区制度创新的法治难题

2016 年 3 月,习近平总书记在参加十二届全国人大四次会议上海代表团审议时讲话指出,"自由贸易试验区建设的核心任务是制度创新。要深化完善基本体系,突破瓶颈、疏通堵点、激活全盘,聚焦商事制度、贸易监管制度、金融开放创新制度、事中事后监管制度等,率先形成法治化、国际化、便利化的营商环境,加快形成公平、统一、高效的市场环境。"③中国自贸试验区实质上是传统自贸区(港)(FTZ)和自由贸易区(FTA)的混合版/复合体,是中国接受国际贸易投资新规则的试验区,为未来综合保税区转型升级指明了发展方向。④从实践层面看,中国自贸试验区建设就是转变政府职能,在自贸区(港)(FTZ)内试验自由贸易区(FTA)的内容,逐渐与国际通行规则接轨。自贸区(港)(FTZ)重在履行"以境内关外为核心命题的监管使命",而自由贸易区(FTA)重在履行"以投资准入为核心命题的开放使命",两者(监管与开放)命题不同,价值取向不同,因此使命各异。更为关键的是,自贸区(港)(FTZ)与自由贸易区(港)(FTA)存在本质区别:前者主要规制"准入后"/"边境后"措施,而后者主要规制"准入"/"边境"措施。因此,中国自贸试验区如何承载起改革创新的国家使命(中国自贸试验区所特别承载的更大的贸易与投资改革努力),确保自贸区(港)(FTZ)所涉制度创新与自由贸易区(FTA)所涉制度创新相兼容,正面临以下两个方面的法治难题:一是中国自贸试验区境内关外

---

① 石静霞:《国际贸易投资规则的再构建及中国的因应》,载《中国社会科学》2015 年第 9 期。

② 王丹:《上海自贸试验区建设及制度创新研究》,载《城市观察》2015 年第 4 期。

③ 徐明棋:《建设"开放程度最高"的自贸试验区》,载《文汇报》2016 年 3 月 16 日。

④ 陈晖:《从中国(上海)自由贸易试验区看我国综合保税区的建立和发展》,载《海关法评论》2014 年第 1 期。

的区域性质、法律地位及监管模式尚未通过法定方式加以界定和建立。享有"海关治外法权"是国际通行的自贸区（港）（FTZ）的最基本特征。① 中国综合保税区向具有综合竞争优势的自贸区（港）（FTZ）转型升级的关键是如何按照自贸区（港）（FTZ）的内涵，落实其境内关外的区域性质。② 至今为止，国家从未对海关特殊监管区域境内关外的区域定性做出明确的法律界定，从而导致国家部委对海关特殊监管区域的区域定性认知不一。③ 中国海关特殊监管区域只是某些特征方面接近国际通行的自贸区（港）（FTZ），所以仍然是境内关内的区域性质。国家尚未对自贸试验区应有的区域性质、法律地位（主权归属和司法管辖等）及监管模式（"一线放开、二线管住、区内自由"）做出明确的立法规定。④ 因此，中国自贸试验区境内关外的区域性质没有明确界定，即区内海关是否仍然实施监管，监管到什么程度等问题没有明确。从中国自贸试验区改革创新实践角度看，目前区内海关监管制度仍然是以原来海关特殊监管区域的政策为基础，除了给予企业一定程度的便利以外，没有发生实质性的突破。⑤ 上海自贸试验区立法明确规定"按照'一线放开、二线安全高效管住、区内流转自由'的原则，在自贸试验区建立与国际贸易等业务发展需要相适应的监管模式"。尽管"一区多片"模式下地方各片区物理不相连造成境内关外海关监管客观上难以实现，但是中国自贸试验区海关监管制度创新方向

---

① 成思危主编：《从保税区到自由贸易区：中国保税区的改革与发展》，经济科学出版社2003年版，第116页。

② 孙浩：《上海综合保税区转型为自由贸易园区建设研究》，载《国际商务研究》2014年第1期。

③ 实践中，海关总署、商务部、外汇管理部门、财政部、税务总局等国家部委的看法和做法并不完全一致，从而也引发了一些问题。

④ 海关特殊监管区域与自贸区（港）的主要区别：中国海关特殊监管区域是国家海关的管辖区，由于海关特殊监管区域内的货物是"暂不征税"，但事实上仍处于"欠账"状态，海关特殊监管区域对货物采用电子账册管理的方式，如果货物出现短少或丢失，企业需要对缺失的货物补缴税款。但是，自贸区（港）是海关辖区以外的，在自贸区（港）内，货物不存在"欠账"问题，企业的压力会大大减轻。因此，随着海关特殊监管区域内外的开放程度逐渐趋同，外贸出口需求逐年下降，海关特殊监管区域对企业的吸引力已经不再明显。具体参见刘辉群：《中国保税区向自由贸易区转型的研究》，载《中国软科学》2005年第5期；周和敏、赵德铭、陈倩婷：《从海关特殊监管区到自由贸易区——上海自贸区海关监管政策分析》，载《海关法评论》第4卷。

⑤ 周和敏等：《从海关特殊监管区到自由贸易区——上海自贸区海关监管政策分析》，载《海关法评论》第4卷。

应当是通过法定方式界定境内关外的区域性质,①逐步建立"一线放开,二线安全高效管住,区内自由不干预"的监管模式。当然,通过立法界定自贸试验区境内关外的区域性质并不是完美的解决方案。②"一线放开"容易,但实现"二线安全高效管住"并非易事。一线放开与二线管住存在某种程度的张驰关系,一线放开程度越高,二线压力越大。随着中国自贸试验区的发展,一线放开的程度会越来越高,直至一线完全放开,因此二线的压力也会越来越大。③ 因此,从综合因素角度审视,中国自贸试验区发展的改进方向是"境内关外+内外贸一体化",其最优化方向应当是努力"提高对外开放的质量和发展的内外联动性"、"加快构建开放型经济新体制,推进高水平双向开放"。二是由于中国自贸试验区没有通过完备的法律法规界定并建立境内关外的区域性质、法律地位及监管模式,④未来要建立与国际贸易投资规则相衔接的制度框架和监管模式,将面临一系列的法治难题。国际通行的自贸区(港)(FTZ)的政策框架(制度框架)主要包括以下 10 个方面的核心内容:区域性质、海关监管、贸易便利、投资准入、市场准入、财税政策、金融创新、信息自由、自然人移动。⑤ 当前在推进中国自贸试验区改革创新进程中,最引人注目的是建立并实施准入前国民待遇制度和负面清单制度以及对企业登记注册和审批、企业资本金认缴等配套制度。⑥ 由于中国自贸试验区尚未真正建立国际通行的

---

① 即通过立法方式明确法定的有限豁免条款,使中国的非关税贸易壁垒逐步接近发达国家的水准,在自贸试验区一线实现有限度的"海关治外法权",明确废除限制类、自动登记类贸易管制措施的适用。具体参见展国红:《试论中国(上海)自由贸易试验区海关监管的法制基础》,载《海关与经贸研究》2014 年第 4 期。

② 自贸试验区"境内关外的三定律"(即境内关外所产生的效益与其所在的关税区市场的大小成反比;境内关外的程度越高,功能反而越少;与其追求高程度的境内关外,不如追求"境内关外+内外贸一体化")说明,境内关外是一把双刃剑,即程度越高,越方便与境外市场的交流,但同时越妨碍与境内市场的交流。具体参见王志明:《海关特殊监管区贸易监管体制改革探索》,载《学海》2014 年第 6 期。

③ "自贸区走私犯罪问题研究"课题组:《自贸区走私犯罪问题研究》,载《海关与经贸研究》2015 年第 1 期。

④ 徐文进:《中国(上海)自贸区法律监管模式探讨》,载《财贸研究》2014 年第 4 期。

⑤ 商务部国际贸易经济合作研究院课题组:《中国(上海)自由贸易试验区与中国香港、新加坡自由港政策比较及借鉴研究》,载《科学发展》2014 年第 70 期。

⑥ 刘斌、李禾禾:《中国(上海)自由贸易试验区政府监管模式创新刍议》,载《上海商学院学报》2014 年第 1 期。

自贸区(港)(FTZ)的制度框架和监管模式,未来要通过法治化方式对投资管理、金融监管、事中事后监管及行政管理等进行规制,建立开放度、自由度及与国际接轨度更大的自由贸易区(FTA)的制度框架和监管模式,将面临更大且更多的法治难题。

三、中国自贸试验区制度创新的国际接轨

中国自贸试验区制度创新接轨国际的本质在于对标世界最高水平的开放形态,构建"基于法治的政策和制度体系",其落脚点在于营造国际一流营商环境。在 2018 年海南"4·13"讲话中,习近平总书记指出:"自由贸易港是当今世界最高水平的开放形态。"①2018 年 11 月,习近平总书记在进博会开幕式主旨演讲中进一步指出要"加快探索建设中国特色自由贸易港进程""打造对外开放新高地","营造国际一流营商环境"。2018 年 11 月,国务院推进政府职能转变和"放管服"改革协调小组优化营商环境专题组召开第四次全体会议暨优化营商环境工作推进会提出,应当"以优化营商环境为基础,全面深化改革,切实抓好已出台政策落地实施,加快打造市场化、法治化、国际化的一流营商环境"。因此,按照习近平总书记"把自由贸易试验区建设成为新时代改革开放新高地"的指示要求和国务院工作部署,中国自贸试验区应当在遵循"事权分配(赋权)—法治保障(调法)—制度创新(建制)—营商环境(营商)"的关系逻辑的基础上,通过对标国际通行的自贸区(港)并实现转型升级,加快形成既接轨国际又具有中国特色的"基于法治的政策和制度体系",最终打造国际一流营商环境。

第四节　中国自贸试验区"三层次联动推进模式"面临的体制性难题

自 2013 年上海自贸试验区建设以来,中国自贸试验区法治建构及制度创新实践及成效充分表明,"中央规划—地方探索"的对外开放模式下事权分配(赋权)、法治保障(调法)、制度创新(建制)、营商环境(营商)四者时常错

---

① 习近平:《共建创新包容的开放型世界经济》,载《人民日报》2018 年 11 月 8 日。

位/不协调,同时,由于国家事权及中央专属立法权与地方事权的分配以及地方事权在地方自主立法中的厘定十分复杂,"三层次联动推进模式"在实践中遭遇了"四化"(行政化、地方化、空洞化和碎片化)共性法治难题,导致"三层次联动推进模式"面临有效赋权不足、法治保障不力、制度创新不够以及营商环境不优四个方面的体制性难题。

一、有效赋权不足

中国自贸试验区承载国家战略使命,在投资准入、金融创新、贸易便利等领域的先行先试事项多数涉及国家事权,地方的事权相当有限。2017 年 10 月,习近平总书记在中国共产党第十九次全国代表大会上的报告提出,"赋予自由贸易试验区更大改革自主权,探索建设自由贸易港。"改革自主权实质上就是事权和管理权限。由于改革创新牵涉多部门利益,且许多国家事权调整与现行法律法规发生冲突,导致改革难以深入推进 地方政府协调中央垂直管理部门的难度很大,因此更大改革自主权很难落实 法治建构的政策体系出现"虚化"现象,即"政策虚化",主要体现在以下四种"有政无策"的情形之中:第一,事权下放难,即国家(部委)事权不下放。第二,事权放开难,即属于国务院事权,需要统一决策。第三,事权重整难,即国家(部委)事权交叉,难以下放。第四,事权厘定难,即未来国家(部委)事权的具体内容尚不清楚。例如,浙江自贸试验区国际油品储运基地和国际石化基地等重大项目海域海岛使用的部委审批程序繁琐,且审批结果具有不确定性,致使部分项目推进艰难,制约了自贸试验区油品全产业链发展。再如,开展连续竞价、匿名交易等业务是国际油品现货交易市场的通行做法,但因国务院尚未下放相关权限而无法先行先试,这直接导致自贸试验区难以对标国际、落实建设国际油品交易中心的改革任务。

二、法治保障不力

对外贸易区制度的"美国模式"成功运行的两大核心要素是精简的行政监管体系与私人驱动型法治。美国 1934 年通过全国统一立法,逐步确立了对外贸易区的境内关外的区域性质、法律地位以及法定的管理和监管机制。相比之下,中国自贸试验区是在党中央、国务院的领导下推进的,践行国家法治建构主义道路，属于"党政推进型法治"，其法治体系与政策体系之间关系模糊、边界不清，因此法治保障／法治建构具有完全意义上的行政化倾向，私人或社会力量参与中国自贸试验区法治建设的范围和程度有限。同时，由于制定国家层面统一的自贸试验区基本法既不现实也不必要，导致自贸试验区建设过程中国家事权及中央专属立法权与地方事权的分配以及地方事权在地方自主立法中的厘定十分复杂，地方自主立法困难重重：一方面，地方立法与事权之间的关系难以厘定，尽管全国人大常委会与国务院做出了"授权决定"，但地方立法能否对标国际通行规则，对财政、税收、海关、金融和外贸等国家事权和基本制度进行规范，逐步建立与国际投资贸易规则相衔接的制度框架和监管模式，需要进一步的观察和考证。另一方面，地方自主立法的位阶偏低，贸易、投资、金融等领域应由国家层面进行立法，而不应由地方立法。目前，已经落地的 18 个自贸试验区建设基本都是根据各地差异化定位出台的地方性法规，不属于效力层级较高的法律性文件，导致立法的权威性弱、宏微观管理体制协同性差、法律适用问题突出、执法难度大等问题。① 同时，由于中央要求各地自贸区（港）应以现有自贸试验区试验内容为主题，结合地方特点与战略需要，增加差异化试点任务，因此势必需要各地自贸区（港）因地制宜，建立完备的法治体系，以确保立法引领、推动、规范、保障改革的有序进行。但是，从各地自贸试验区的立法实践看，一方面各地自贸试验区的立法大多雷同，另一方面，相关立法普遍出台于自贸试验区起步之初，无法充分保障自贸试验区制度创新的深入开展。以上海自贸试验区为例，尽管上海自贸试验区率先尝试的"因地调整"法律适用的模式得到了《立法法》肯定，但在使用"因地调整"模式过程中，仍然存在上下脱节的时差问题，在实践中的具体问题上仍然采取一事一议，自下而上请示、自上而下批复的模式。②

三、制度创新不够

2018 年 10 月，韩正副总理在自由贸易试验区建设五周年座谈会上的讲

---

① 李思奇、武赟杰：《国际自由贸易港建设经验及对我国的启示》，载《国际贸易》2018 年第 4 期。

② 龚柏华：《"一带一路"背景下上海自由贸易港构建的法治思维》，载《上海对外经贸大学学报》2018 年第 2 期。

话指出,"自贸试验区是制度创新的高地,不是优惠政策的洼地,要紧紧依靠制度创新激发市场活力。自贸试验区是'种苗圃',不是'栽盆景',要加快形成更多可复制可推广的制度创新成果。自贸试验区是'首创性'的探索,不是简单优化程序,要坚持大胆试、大胆闯、自主改,彰显改革开放试验田标杆示范带动引领作用。"但是,2019 年 7 月,商务部宣布,中国自贸试验区设立近 6 年来,累计形成 202 项制度创新成果得以复制推广。① 这 202 项制度创新中超七成涉及便利化,偏于低端。同时,当前中国自贸试验区的制度创新仍存在系统集成效应不强以及复制推广不易等问题。制度创新成果的系统集成不仅是必须的,而且是困难的:一是由于各省市自贸试验区改革措施涉及部门多、经验细碎,国家(部委)"事权条块分割",导致自贸试验区政策法规(主要是部委规章)与制度创新成果呈现碎片化格局,缺乏总体框架性成果。若不进行系统集成,很难复制推广。二是只有在将碎片化的制度创新成果系统集成之后,才能提出制度创新成果复制推广的"立改废释操作方案"。当前,"放管服"改革正在向纵深推进,但在中国自贸试验区建设过程中,改革成果呈现"碎片化"现象,部门间创新协同性偏弱,"信息孤岛""条块分割"的局面较难突破,系统集成效应有待进一步提升。以浙江自贸试验区为例,浙江省"单一窗口"建设,涉及海关等多个部门,尤其涉及管理国家机密的公安等职能部门,各部门事权难以真正整合已经成为突出难题。因"条块分割"的体制性因素存在,各部门对数据共享态度较为消极。海关大力推行"大通关"申报系统,但海事部门更多跟进"单一窗口"建设,导致"系统壁垒""信息孤岛"等现象难以消除,延长了进出口货物和单证流转时间,影响了"单一窗口"提升贸易便利化水平。此外,在浙江自贸试验区市场准入负面清单管理模式方面,突出表现在部门设置的前置条件较为苛刻,相关规定间存在较多冲突,导致隐性准入门槛过高,各种"玻璃门""弹簧门"依旧存在。此外,制度创新是中国自贸试验区建设的核心任务,其属性/本质要求是成果(改革试点经验)的可复制和可推广,旨在降低制度性交易成本,释放改革创新红利,积极营造便利化、市场化、法治化、国际化、自由化的营商环境。当下自贸试验区制度创新成果空洞化、

---

① 新华社:《202 项! 自贸试验区形成大批制度创新成果复制推广》,2019 年 7 月 23 日,资料来源:http://www.gov.cn/xinwen/2019-07-23/content_5413770.htm。

碎片化、不协同等问题已经深刻揭示,复制推广是一个体制性的"法治命题",而非简单的"行政概念"。① 中国语境下的制度创新具有政治学、经济学与法学三个层面的涵义,相应地,制度创新可以分为政策措施创新与法律制度(法律法规)创新。无论是理论界还是实务界,都将自贸试验区制度创新成果作为一个混合概念加以使用,但从复制推广视角看,必须将制度创新成果加以区分或厘清,这不仅是必要的,而且是困难的:一是两种制度创新及其复制推广所遵循的逻辑、原理和程序不尽相同,因此必须加以区分;二是40多年来中国改革开放实证经验(一个自下而上的"试验—总结—推广"的能动过程)主要是指政策措施创新成果的复制推广,这种经验对当下以"对标国际"为主要目标之一的自贸试验区建设是否仍然适用并奏效,值得拷问。当前,在中国自贸试验区建设过程中,由于改革创新系统集成效应不强,导致自贸试验区改革试点经验难以进行复制推广,各地自贸试验区"碎片化"的制度创新经验可能会成为本地化的地方性知识而非中国化的全国性知识。

四、营商环境不优

在2019年公布的世界银行《2020年营商环境报告》中,中国的营商环境排名在全球190个经济体中达到了第31位,相比2018年的46位,实现了大幅度的跃升,但仍与新西兰、新加坡、美国等市场经济发达国家有着较大差距,导致企业的获得感和市场活力不强。以浙江自贸试验区为例,其在营造国际—流营商环境过程中,遭遇了"三个不足":一是有效市场需求不足,即区位交通劣势、要

---

① 中国语境下的制度创新具有政治学、经济学与法学三个层面的涵义,相应地,制度创新可以分为政策措施创新与法律制度(法律法规)创新。本书认为中国自贸试验区应当坚持以法治化为基础推进制度创新,所以可复制和可推广的制度创新经验应当主要是"法律制度创新经验"。此观点得到许多法学专家的认同,如上海市人大常委会法工委主任丁伟教授认为,"可复制和可推广,说到底就是法律可复制和可推广。"华东政法大学陈俊教授认为,"对上海市政府出台的有关上海自贸试验区管理的规范性文件,经过实践检验较为成熟的,并且值得在全国复制、推广的制度创新做法,也需要及时通过立法程序,使之上升为地方性法规,以使之获得更加稳定更具权威的保障。"原上海财经大学法学院院长郑少华教授认为,"经过一段时间的试验将一些成熟的新规,经评估后,向全国范围或全国若干地方进行复制和推广,进而为打造'升级版'的中国经济提供开放型的法律制度体系,促进中国经济与社会的进一步开放与变革。因此,自贸试验区规则的可复制与可推广,会带来一系列法治新议题。"参见《第三届自由贸易法治论坛暨中国(上海)自贸试验区行政法治研讨会》会议论文集,2013年12月7日。

素成本高、体制性交易成本高等综合因素造成项目落地难和产业布局难,导致来浙江自贸试验区投资兴业的理想企业数量难以在短期内大幅增加,招商引资工作的实效不够明显。二是可供调配的资源优势不足,即港口、大桥、岸线、管道、围垦等资源要素处于分散状态,地方党委政府整合和调配能力受限,一定程度上制约了开发开放资源优势的形成。三是配套事权及立法权不足,即系列国家战略落地实施的配套事权及立法权缺乏,油品全产业链发展所需的有效制度供给不足,这对承载国家赋予的战略使命带来一定困难。同时,在重大时代命题和主题同步转换的背景下,浙江自贸试验区承担着推动区域转型与服务国家战略的双重战略使命,亟待破解如何处理法治与改革关系的重大课题。为了实现从"政府规划—产业政策导向"逐步转向"法治建构—制度创新/营商环境导向"和从"法制、政策、低端产业"迈向"法治、制度、高端产业"的发展目标,自贸试验区要建成对接国际标准/接轨国际的法治港区,需要对国家大宗商品及油品全产业链等关键领域的产业法规政策进行系统性调整。但是,大宗商品产业发展(制度创新)已被不成体系的"法治笼子"框定,同时,油品全产业链制度创新已成"法治的笼中之鸟",油品全产业链投资便利化贸易自由化受现行法规政策的羁绊,在短期内难以建成国际一流(稳定、公平、透明、可预期)法治化营商环境。

第五节　中国自贸试验区"三层次联动推进模式"的优化

以时间为轴,上海自贸试验区"先国家授权→再部委支持→后地方立法/政策文件保障"的"三层次联动推进模式"被实践证明是成功的,也符合《立法法》中法律位阶由上及下的立法秩序,该种模式在其他后设的自贸试验区立法中也得以贯彻。但是,展望中国自贸试验区建设的愿景,"三层次联动推进模式"存在固有缺陷,面临四个方面的体制性难题。因此,亟需在"事权法治制度环境一体化"方略和路径的统领下,坚持"为改革调法"的核心理念和"立改废释并举"的方法论,提出"三层次联动推进模式"的优化建议,为中国自贸试验区深度发展提供坚实的法治保障。

一、加强改革创新有效授权力度

实践中,中国自贸试验区国家事权已经法治化的授权修法的"上海路径"

与国家事权尚未法治化的授权立法的"浙江路径"已经充分证明，"三层次联动推进模式"的"碎片化赋权"具有很强的针对性和突破性，但也存在很大的局限性。同时，由于国家授权本身存在"政策法律化"等诸多技术性难题，导致从"三层次联动推进模式"过渡到"特别授权法模式"存在很大的不确定性。因此，有学者建议对全国自贸试验区开展"打包授权"或"集中授权"，对此，本书并不完全赞同。中国自贸试验区担负着更多先行先试的历史使命，建设内容和目标会随改革的推进不断转变，对全国所有自贸试验区开展"打包授权"或"集中授权"既不现实，也无必要。因此，本书建议对如何落实"赋予更大改革自主权"开展系统论证和阐释，深入探究"概括式赋权"并使之具有较高的实操性。具体而言，可以在把握各地自贸试验区独特功能定位的基础上，采取因地制宜的授权方式，加快制定各自贸试验区的"赋权清单"，赋予各自贸试验区更大的改革自主权。以浙江自贸试验区为例，应加快研制"浙江自贸试验区油品全产业链发展赋权清单"。该清单应聚焦浙江自贸试验区油品全产业链发展需要，重点给予油品贸易等核心领域的支持性政策。如在市场准入方面，取消油品领域部门规章设定的前置申请条件，降低企业投资的隐性准入门槛；在金融管理方面，争取建立服务于油品跨境贸易交易的账户体系，实现特定贸易背景下资金自由结算、划账和兑换。

二、优化地方自主立法

在推动自贸试验区地方立法过程中，最为关键的问题是处理好地方立法与其他规范性文件（中央其他规范性文件与其他地方规范性文件），即政策性规定之间的关系。一是地方立法与中央其他规范性文件之间的关系。为了持续有效地推进中国自贸试验区建设，国务院及其各部委出台了一系列政策性规定。此类政策性规定为中国自贸试验区制度创新指明了总体方向，是地方立法必须遵循的依据之一。但是，政策性规定只是一个总体的方向性规定，同时，在自贸试验区先行先试的动态推进之中，具有不确定性。因此，地方立法不能照搬政策性规定，应当在准确解读、深刻领悟政策性规定思想和本质的基础上，对其核心内容进行概括、提炼，并将政策语言转化为法言法语，纳入地方立法之中。二是地方立法与其他地方规范性文件之间的关系。其他地方规范性文件的出台是为了弥补地方立法的不足，为自贸试验区的制度创新提供依据,在实践中发挥了重要的政策保障作用,但由其他地方规范性文件所提供的政策保障的稳定性、公开性、公平性、透明度、可预期性等价值取向有待进一步研究和考证。地方立法的目标涵盖各个方面,范围广泛,但是,由于立法天然具有普适性和滞后性等特征,在具体条文的拟定方面显然难以做到面面俱到。因此,建议调整立法思路,采用反向思维、负面清单思路,立法仅需作出方向性规定,凡没有限制性、禁止性规定的,都可以允许探索,这样有助于在地方立法的权限范围内充分释放创新的制度空间。① 此外,在自贸试验区地方立法过程中,还需因地调整各自贸试验区的立法特色,关注各自贸试验区本身的定位和资源禀赋,使地方立法与功能定位相匹配。2019 年 8 月,在《中国(上海)自由贸易试验区临港新片区总体方案》正式公布后,上海市人民政府紧接着发布了《中国(上海)自由贸易试验区临港新片区管理办法》,为新片区顺利运行提供法治保障,证明了自贸试验区地方立法在实践中不断优化。

三、强化改革试点经验系统集成并复制推广

自贸试验区的制度创新包括政策措施创新与法律制度创新。应当及时将政策措施法治化并不断将法治化的改革试点经验体系化,努力使自贸试验区法治体系呈现完整性和科学性,并与政策体系区分开来,逐步为营造便利化、市场化、法治化、国际化、自由化的营商环境打下扎实基础。因此,建议尽快在"国务院自由贸易试验区工作部际联席会议办公室"框架下,成立"国务院自由贸易试验区法治咨询委员会",建立"法治咨询制度",对自贸试验区法治建构及制度创新成果开展法治专题研究和评估,坚持"立改废释并举"的方法论,用法律形式对各省市自贸试验区的"碎片化"改革试点经验加以合成和固化,在最大程度上和最大范围内提升为可复制、可推广的"法律法规或其他规范性文件",提振市场主体对自贸试验区制度创新的信心。2016 年 10 月,商务部发布《外商投资企业设立及变更备案管理暂行办法》(商务部令 2018 年第 6 号),便是将自贸试验区外商投资准入前国民待遇加负面清单管理模式的改革试点经验,以法定形式在全国成功复制推广的典型案例。

---

① 丁伟:《〈中国(上海)自由贸易试验区条例〉立法透析》,载《政法论坛》2015 年第 1 期。

第四章 中国特色自由贸易港"特别授权法模式"与"国家层面统一立法的基本法模式"论

  2018 年 10 月,习近平总书记对自贸试验区建设作出重要指示,"面向未来,要在深入总结评估的基础上,继续解放思想、积极探索,加强统筹谋划和改革创新,不断提高自由贸易试验区发展水平,形成更多可复制可推广的制度创新成果,把自由贸易试验区建设成为新时代改革开放的新高地,为实现'两个一百年'奋斗目标、实现中华民族伟大复兴的中国梦贡献更大力量。"[①]2017 年 10 月,习近平总书记在中国共产党第十九次全国代表大会上的报告指出,"赋予自由贸易试验区更大改革自主权,探索建设自由贸易港。"[②]2018 年 3 月,李克强总理在《政府工作报告》中提出,"全面复制推广自贸区经验,探索建设自由贸易港,打造改革开放新高地。"比较发现,中国特色自由贸易港作为"新型特殊经济功能区"的区域定位与中国自贸试验区作为"改革开放新高地"的功能定位存在较大差异,尽管二者都必须发挥法治对改革的适度有序引领、推动、规范、保障作用,但是,中国特色自由贸易港建设是"制度先行",以完善的制度对接国际最高标准的贸易和投资规则,相较于"创新先行"的中国自贸试验区,其开放的领域更多,对法律体制的稳定性和权威性也提出了更高要求。[③]"三层次联动推进模式"局部的、临时性的调整方式势必无法满足中国特色自由贸易港建设的法治保障需求。因此,必须在优化"三层次联动

---

  ① 习近平:《继续解放思想积极探索 加强统筹谋划改革创新 把自由贸易试验区建设成为新时代改革开放新高地》,载《人民日报》2018 年 10 月 25 日。
  ② 习近平:《决胜全面建成小康社会 夺取新时代中国特色社会主义伟大胜利——在中国共产党第十九次全国代表大会上的报告》,人民出版社 2017 年版,第 35 页。
  ③ 胡加祥:《我国自由贸易港建设的法治创新及其意义》,载《东方法学》2018 年第 4 期。

推进模式"基础上,汲取借鉴国外先进自贸区(港)法治保障经验,构建"特别授权法模式"和"国家层面统一立法的基本法模式"。

第一节 构建中国特色自由贸易港"特别授权法模式"

党中央决定由全国人大针对海南进行特别授权立法,将开启法治对全面深化改革开放的适度有序引领、推动、规范、保障作用。比较考察三种"中央授权及法治保障模式",由于中国自贸试验区"三层次联动推进模式"存在着会导致"四化"难题的固有缺陷,构建中国特色自由贸易港"国家层面统一立法的基本法模式"时机尚未成熟,因此"特别授权法模式"是确保法治适度有序引领海南自由贸易港建设的最优模式选择。构建海南自由贸易港"最核心政策和制度体系"关涉市场准入、投资准入、海关监管、贸易便利、财税、金融等众多属于国家立法权的事项和众多国家部委事权的内容,地方立法权和经济特区立法权①都无法规制,因此亟需坚持"事权法治制度环境一体化"的方略和路径,遵循"事权分配—法治保障—制度创新—营商环境"的关系逻辑,厘定海南自由贸易港建设中的事权与立法权关系。建议全国人大从全球共性制度、法治环境制度与特色产业制度三个角度对海南进行特别授权立法修法,为构建海南自由贸易港"最核心政策和制度体系"提供坚实的法治保障。

一、中国特色自由贸易港特别授权调法选题的缘起

加快创建中国特色自由贸易港,是一项事关新时代全面深化改革开放、全面依法治国和积极应对美国战略竞争的重大战略课题。习近平总书记站在中国特色社会主义进入新时代的大背景下,亲自布局海南经济特区改革开放新使命,建设自由贸易试验区和中国特色自由贸易港,要求分步骤、分阶段建立自由贸易港政策和制度体系。② 习近平总书记在 2019 年 2 月主持召开中央全面依法治国委员

---

① 《中华人民共和国立法法》第 74 条:"经济特区所在地的省、市的人民代表大会及其常务委员会根据全国人民代表大会的授权决定,制定法规,在经济特区范围内实施。"

② 《在庆祝海南建省办经济特区 30 周年大会上的讲话》(2018 年 4 月 13 日)与"中央 12 号文件"(中发〔2018〕12 号)构成了海南全面深化改革开放、建设全岛自贸试验区和探索建设中国特色自由贸易港的纲领性文件。

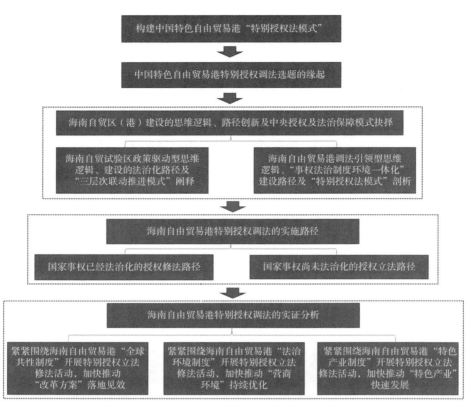

图 5

会第二次会议并发表重要讲话时强调，"改革开放 40 年的经验告诉我们，做好改革发展稳定各项工作离不开法治，改革开放越深入越要强调法治"，并指出"对改革开放先行先试地区相关立法授权工作要及早作出安排"。① 这表明党中央正式作出对海南探索建设中国特色自由贸易港进行立法授权的决定。② 2019 年 3 月，十三届全国人大二次会议正式将"海南自由贸易港法"提上国家立法日程，③

① 习近平：《完善法治建设规划提高立法工作质量效率　为推进改革发展稳定工作营造良好法治环境》，载《人民日报》2019 年 2 月 26 日。

② 参见中央全面依法治国委员会第二次会议审议通过的《关于全面推进海南法治建设、支持海南全面深化改革开放的意见》。

③ 在全国人大及其常委会的大力指导和支持下，海南代表团提交的关于制定海南自由贸易港法的议案被受理为大会二号议案，同时提出的将启动"海南自由贸易港法"立法调研、起草工作写入工作报告、列入全国人大常委会今年工作任务的建议也被大会所采纳。为了表述的便利，本书统一使用"海南自由贸易港法"这一名称。

这说明海南自由贸易港特别授权立法开始驶入"事权法治制度环境一体化"①的轨道,将为海南分步骤、分阶段建立自由贸易港政策和制度体系以及营造国际一流(稳定、公平、透明、可预期)营商环境②提供坚实的法治保障,充分彰显了党中央"凡属重大改革都要于法有据"的治国理念以及协同推进全面深化改革和全面依法治国的战略思想。党中央决定由全国人大对海南自由贸易港进行立法授权,这必将成为"中国特色(中央)特别授权调法"③史上的经典实例,也将成为海南自由贸易港彰显中国特色的最大亮点之一。

由于实然意义上的中国自贸试验区"三层次联动推进模式"④存在"四化"⑤固有缺陷,而应然意义上的国外自贸区(港)"国家层面统一立法的基本

① 自 2013 年上海自贸试验区建设以来,中国自贸试验区法治建构及制度创新实践及成效充分表明,由于中国"中央规划—地方探索"的对外开放模式下事权分配(赋权)、法治保障(调法)、制度创新(建制)、营商环境(营商)四者时常错位或不协调,全国 18 个自贸试验区法治建构及制度创新遭遇"四化"(行政化、地方化、空洞化、碎片化)共性法治难题,致使自贸试验区深度发展遭遇"有效赋权不足"(事权/改革自主权/管理权限受限)、"法治保障不力"(地方自主立法不足)、"制度创新不够"(改革创新系统集成效应不强,制度创新成果复制推广不易)、"营商环境不优"(企业获得感和市场活力不强)等四大共性突出难题,难以担当起"新时代全面深化改革开放新高地"的历史使命。因此,为破解海南自由贸易港立法授权难题,必须统筹协调自由贸易港建设中的事权、法治、制度、环境等事项,采取"事权法治制度环境一体化"的方略和路径,努力创建中国特色自由贸易港"事权分配(赋权)、法治保障(调法)、制度创新(建制)、营商环境(营商)四位一体高度统一"的"海南模式"。

② 2019 年 5 月,中央依法治国办公室在海口举行全面推进海南法治建设工作座谈会时强调,"海南要建设中国特色自由贸易港,必须打造国际一流的法治环境,对标国际最高标准推动法治建设,加快形成世界领先的法治化、国际化、便利化营商环境和公平开放统一的市场环境。"2019 年 8 月公布的《中共中央 国务院关于支持深圳建设中国特色社会主义先行示范区的意见》在"(二)战略定位"中强调:"法治城市示范。全面提升法治建设水平,用法治规范政府和市场边界,营造稳定公平透明、可预期的国际一流法治化营商环境。"因此本书认为,"国际一流"就是指"稳定、公平、透明、可预期",而营商环境的关键核心是法治或法治化。

③ 本书所要论证和阐述的"海南自由贸易港特别授权调法"主题涉及面广,应当包括海南自由贸易港特别授权立法、修法、法律豁免等一系列法律调整活动,是一项重大且复杂的系统性法治工程。

④ 对标国际并对接国情,本书认为中国特色自贸区(港)建设的三种"中央授权及法治保障模式":一是"三层次联动推进模式"("中央授权及法治保障模式 I");二是"特别授权法模式"("中央授权及法治保障模式 II");三是"国家层面统一立法的基本法模式"("中央授权及法治保障模式 III")。本书所指的中国自贸试验区"三层次联动推进模式"是从上海自贸试验区"国家授权、部委支持、地方立法/政策文件保障的三层次联动推进"的法治建构及制度创新实践中加以提炼的。有关"三层次联动推进模式"的详细阐释,参见陈利强:《中国自由贸易试验区法治建构论》,载《国际贸易问题》2017 年第 1 期。

⑤ 陈利强:《破解自贸区法治建设中的"四化"问题的建议》,载中国法学会《要报》2017 年第 2 期。

法模式"①在短期内不具有可行性,因此在优化海南自贸试验区"三层次联动推进模式"的同时,构建具有过渡性质的中国特色自由贸易港"特别授权法模式"②势在必行,亟待破题。这是对海南发展定位、行使国家立法权、破解自贸试验区"四化"难题、对接国际标准、实现自贸试验区(PFTZ)与自由贸易区(FTA)"双自联动"、③营造国际一流营商环境等因素进行综合考量以及对海南自由贸易港特别授权调法进行实证分析之后的必然选择。因此,加快研制"海南自由贸易港法"并开展相应的系统性修法活动,积极构建中国特色自由贸易港"特别授权法模式",是分步骤、分阶段建立海南自由贸易港政策和制度体系的必由之路。由于现有法治保障/法治建构理论和路径的局限和不足,所以必须创立主体性、原创性法治保障/法治建构理论和路径。概言之,如何创建"事权法治制度环境一体化"的海南自由贸易港,即如何在中国特色特别授权调法的理论保障和路径创新下,加快构建海南自由贸易港"最核心政策和制度体系"("最基本制度框架和监管模式")④及国际一流营商环境,已经成为一项亟待破解的重大事权法治制度环境课题,因为这不仅关涉中国特色

---

① 国外自贸区(港)"国家层面统一立法的基本法模式"的最典型代表是对外贸易区制度的"美国模式"和自由贸易区制度的"新加坡模式"。

② 中国有关"特别授权法"的表述,通说认为《香港特别行政区基本法》是一部授权法,参见国务院发展研究中心港澳研究所:《香港基本法读本》,商务印书馆 2009 年版,第 40—42 页。海南省是中国最大的"经济特区",海南全面深化改革开放是国家的重大战略,承载国家特别战略使命,海南自由贸易港的区域定位是全球开放水平最高的"新型特殊经济功能区",因此应当借鉴《中华人民共和国香港特别行政区基本法》和《中华人民共和国澳门特别行政区基本法》的特别授权立法原理和经验,通过国家立法赋予海南省充分的改革自主权(国家部委管理权限)。本书所要论证和阐述的"海南自由贸易港特别授权调法"主题,实际上就是对中国特色自由贸易港"特别授权法模式"的个案解读及实证阐释。

③ PFTZ 是指作为单边贸易投资自由化载体的中国"自由贸易试验区"(Pilot Free Trade Zone,PFTZ),FTA 是指作为双边、区域、多边贸易投资自由化载体的中外"自由贸易区"(Free Trade Area,FTA)。

④ "中央 12 号文件"(中发〔2018〕12 号)将习近平总书记在"4·13"重要讲话中提出的"支持海南逐步探索、稳步推进中国特色自由贸易港建设,分步骤、分阶段建立自由贸易港政策和制度体系"这一"建设思路"或"发展目标"具体化。因此,本书从这一"建设思路"或"发展目标"出发,对标国际、立足国情,在国内率先提出了建立海南自由贸易港"最核心政策和制度体系"("最基本制度框架和监管模式")的观点。中国共产党海南省第七届委员会第六次全体会议于 2019 年 4 月通过的《中共海南省委关于高标准高质量建设全岛自由贸易试验区 为建设中国特色自由贸易港打下坚实基础的意见》(以下简称"中共海南省委《意见》")也提出了"为探索实施自由贸易港有关核心政策打下基础"的观点。

自由贸易港建设中的法治与改革开放关系命题(即如何发挥法治对全面深化改革开放的适度有序引领、推动、规范、保障作用),而且关涉新时代中国改革开放法治建构主义道路问题。

二、海南自贸区(港)建设的思维逻辑、路径创新及中央授权及法治保障模式抉择

纵观中国与国外自贸区(港)建设实践,两者在思维逻辑方面存在重大差异:国外一般经验是"法治思维逻辑",即先中央(联邦)立法,后地方(州)设区;而中国具体实践是"行政思维逻辑",即先中央批准设区,后地方(省或直辖市)立法。[①] 这种思维逻辑上的重大差异直接决定了中外自贸区(港)建设路径及中央授权及法治保障模式的区别,直接反映了中外自贸区(港)建设中改革与法治/法治与改革关系命题(主要表现为事权与立法权关系命题)处理方式的不同。无论从全国其他 17 个自贸试验区[②]创建的实证经验角度考察,还是从海南自贸区(港)建设中如何协调处理改革与法治/法治与改革关系命题的实然或应然做法角度研判,海南自贸区(港)建设中存在两种不同的思维逻辑:"政策驱动型思维逻辑"(是指"行政思维逻辑")与"调法引领型思维逻辑"(指向"法治思维逻辑")以及各自相应的建设路径及中央授权及法治保障模式。究其成因,主要是海南自贸区(港)建设中行政思维中的事权(改革自主权/管理权限)与法治思维中的立法权仍处于双轨制运行状态。这两种不同的思维逻辑、建设路径及中央授权及法治保障模式对海南自贸区(港)全面深入推进制度创新的作用和成效是不同的。

(一)海南自贸试验区政策驱动型思维逻辑、建设的法治化路径及"三层次联动推进模式"阐释

海南自贸试验区"政策驱动型思维逻辑"的实践成效主要体现在如何协

---

① 上海自贸试验区准入前国民待遇加负面清单管理制度的产生主要是基于中央授权修法,即暂停或修改三资企业法等部分条款。具体参见陈利强:《中国自由贸易试验区法治建构论》,载《国际贸易问题》2017 第 1 期。

② 截至目前,除海南之外,中国已有 17 个在建的自贸试验区,中国"1(上海)+3(广东、天津、福建)+7(辽宁、浙江、河南、湖北、重庆、四川、陕西)+1(海南)+6(山东、江苏、广西、河北、云南、黑龙江)"的自贸试验区国家战略布局基本完成。

调处理自贸试验区建设中的改革与法治/法治与改革关系命题（主要表现为事权与立法权关系命题）方面，直观地表现在自贸试验区建设的法治化路径及"国家授权、部委支持、地方立法/政策文件保障的三层次联动推进"的法治建构及制度创新实践方面。

1. 海南自贸试验区政策驱动型思维逻辑的改革实践

习近平总书记"4·13"重要讲话和"中央12号文件"（中发〔2018〕12号）公布之后，中共海南省委立即针对深入学习贯彻两份纲领性文件做出了重要决定，①充分展示了海南省作为海南自贸区（港）建设的责任主体的决心和信心。2018年9月，国务院发布《国务院关于印发中国（海南）自由贸易试验区总体方案的通知》（国发〔2018〕34号，以下简称"《海南自贸试验区总体方案》"），将两份纲领性文件中的改革创新任务和要求具体化、项目化，为高标准高质量创建全岛自贸试验区指明了具体方向并提供了具有一定可操作性的改革方案。2018年12月，海南省委经济工作会详细阐述和明确部署了重点推动的十二个方面制度创新。② 2019年1月，在省六届人大二次会议闭幕会上，海南省委提出了推进全面深化改革开放政策落实年，重点抓好"理论武装、开放为先、解放思想、新发展理念、绿水青山就是金山银山理念、以人民为中心的发展思想、敢于斗争精神、钉钉子精神、聚四方之才、坚持和加强党的全面领导"等"十个落实"。2019年4月，《中共海南省委关于高标准高质量建设全岛自由贸易试验区　为建设中国特色自由贸易港打下坚实基础的意见（讨论稿）》指出，"中央推进海南全面深化改革开放领导小组已经启动了中国特色自贸港方案的起草研究，国研中心、商务部正在积极开展有关研究。" 2019年4月，中共中央政治局常委、国务院副总理、推进海南全面深化改革开放领导小组组长韩正在主持召开推进海南全面深化改革开放领导小组全体会议并讲话时指出，"要结合海南发展定位，发挥独特优势，大胆试、大胆闯、自主改，在自贸试验区建设上实现新作为。要深入开展中国特色自由贸易港政

---

① 中国共产党海南省第七届委员会第四次全体会议于2018年5月13日通过了《中共海南省委关于深入学习贯彻习近平总书记在庆祝海南建省办经济特区30周年大会上的重要讲话精神和〈中共中央　国务院关于支持海南全面深化改革开放的指导意见〉的决定》（以下简称"中共海南省委《决定》"）。

② 具体参见中共海南省委《意见》第11页"名词解释"1。

策和制度体系研究,抓紧提出自由贸易港总体方案。"2019年4月,在海南自贸试验区制度创新座谈会上,海南省委号召全省各行各业深入学习贯彻习近平总书记"4·13"重要讲话和"中央12号文件"(中发〔2018〕12号)精神,找准重点领域,明确具体要求,以全面制度创新推进全面深化改革开放。① 2019年5月,海南省人民政府印发了《海南省人民政府推进制度创新十一条措施》和《制度创新成果考核评估办法》,为推进省政府系统制度创新建章立制。深入研究上述一系列政策文件(改革方案)或领导讲话的主要内容、前后关联和具体实践之后,本书得出以下两大结论:一是对建设全岛自贸试验区与建设中国特色自由贸易港的不同政策目标进行界分,②并以高起点高水平制度创新推进高标准高质量自贸试验区建设,为中国特色自由贸易港建设打下坚实基础。二是从两份纲领性文件到中共海南省委《决定》、《海南自贸试验区总体方案》和政策落实年的"十个落实",再到中共海南省委《意见》和"海南自由贸易港总体方案"等,海南自贸试验区建设中的主导性思维逻辑是"政策驱动型思维逻辑",即"政策驱动改革创新"。

2. 海南自贸试验区建设的法治化路径及"三层次联动推进模式"下的制度创新成效

本书对海南省陆续发布的前四批共32项海南自贸试验区制度创新案例或成果(经验或做法)开展实证研究,③认为其主要跨涉"商事登记改革""金融制度创新""特色产业发展""政府管理创新""民生保障改善"等五个领域,多项制度创新案例或成果充分彰显了海南特色,属于全国首创。

---

① 刘赐贵:《以全面制度创新推进全面深化改革开放》,2019年4月26日,资料来源:http://www.hainan.gov.cn/hainan/newldhd/201904/3025c6652197~3ca83d5a91ad084d911.shtml。

② 党中央将自贸试验区定位为"全面深化改革开放试验田",要求将其建成"新时代全面深化改革开放的新高地",而将自由贸易港视为"当今世界最高水平的开放形态",即"全球开放水平最高的特殊经济功能区"。因此,海南自贸试验区与中国特色自由贸易港的功能定位与政策目标是不同的。在海南全岛建设自贸试验区,赋予其现行自贸试验区试点政策,其目标是形成制度创新成果并加以复制推广;在海南建设自由贸易港,探索实行体现中国特色、符合中国国情和海南发展定位的自由贸易港核心政策,其目标是分步骤、分阶段建立海南自由贸易港"最核心政策和制度体系",营造国际一流营商环境。

③ 按照海南自贸试验区制度创新案例要充分体现"首创性、已实施、效果好、可复制"的标准,海南省分别于2019年2月、4月、5月、7月发布了8项、5项、12项、7项制度创新案例。在第四批制度创新成果中,除了7项优化营商环境的案例之外,还有10项社会治理领域的案例。

表1 海南自贸区（港）制度创新案例（成果）与自贸试验区"三层次联动推进模式"和自由贸易港"特别授权法模式"关系的实证研究图示

领域	案例/成果	内容	与自贸试验区"三层次联动推进模式"（国家授权—部委支持—地方立法/政策文件保障）关系	与自由贸易港"特别授权法模式"（海南自由贸易港最核心制度体系"三大板块"）关系
			地方立法/政策文件保障	
商事登记改革	商事登记"全省通办"制度（第一批）	率先推行商事登记"全省通办"制度，即商事主体通过全省统一的登记平台（海南e登记）自主申报登记，由登记平台在全省自动审核通过；特别情况需要人工核验，省人民政府市场监督管理部门作为唯一登记机关，统一核发营业执照；市，县（区），自治县市场监督管理部门不再设现场受理商事登记业务，但保留登记窗口，为申请人提供登记咨询，引导、协助办理等服务，便利群众办事；压缩企业开办时间，即到即办，实现工商注册登记、印章刻制、申领企业普通发票、企业社会保险登记等流程3个工作日内办结。	地方立法/政策文件保障：地方性法规：《中国（海南）自由贸易试验区商事登记管理条例》；地方规范性文件/中国特色"红头文件"：《中共海南省委办公厅 海南省人民政府办公厅关于印发〈海南省优化营商环境行动计划（2018—2019年）〉的通知》	全球共性制度（市场准入、投资准入、贸易便利）
	简化简易商事主体注销公告程序（第一批）	将简易注销登记公告时间由原来的45日大幅压缩至7日，这是在全国率先推出的制度创新；公告方式也由报纸公告改为更加简便的公示系统公告。	地方立法/政策文件保障：地方性法规：《中国（海南）自由贸易试验区商事登记管理条例》；地方规范性文件/中国特色"红头文件"：《中共海南省委办公厅 海南省人民政府办公厅关于印发〈海南省优化营商环境行动计划（2018—2019年）〉的通知》	全球共性制度（贸易便利）

续表

海南自贸区（港）制度创新案例（成果）与自贸试验区"三层次联动推进模式"和自由贸易港"特别授权法模式"关系的实证研究图示

领域	案例/成果	内容	与自贸试验区"三层次联动推进模式"（国家授权/一部委文件/政策文件保障）关系		与自由贸易港"特别授权法模式"（海南自由贸易港最核心政策体系"三大板块"和制度体系）关系
			部委立法/政策文件保障	地方立法/政策文件保障	法治环境制度（事中事后监管制度）
	商事主体信用修复制度（第一批）	在全国率先推行信用修复制度，鼓励商事主体通过履行法定义务、主动纠正失信行为等方式修复的重要条件：被列入经营异常名录满3年、未按照规定履行相关义务、多被列入严重违法失信名单的商事主体被移出相关企业经营异常名录满3年未再履行公示义务和拟申请修复信企业名单之日起满3年未再发生列入情形，可以通过公示系统向社会公示并履行公示义务和拟申请严重违法失信企业名单等信息，信用修复公告期为30日。	部委规范性文件《中国特色"红头文件"：《国家发展改革委人民银行关于加强和规范守信联合激励对象名单失信联合惩戒对象名单管理工作的指导意见》	地方性法规：《中国（海南）自由贸易试验区商事登记管理条例》 地方规范性文件《中国特色"红头文件"：《中共海南省委办公厅　海南省人民政府办公厅关于印发〈海南省优化营商环境行动计划（2018—2019年）〉的通知》	

续表

海南自贸区(港)制度创新案例(成果)与自贸试验区“三层次联动推进模式”和自由贸易港“特别授权法模式”关系的实证研究图示

领域	案例/成果	内容	与自贸试验区“三层次联动推进模式”(国家授权—部委支持—地方立法/政策文件保障)关系		与自由贸易港“特别授权法模式”(海南自由贸易港最核心政策和制度体系“三大板块”)关系
	减免商事主体公示负面信息(第一批)	相关部门应当按照有关规定通过信用信息公示系统公示商事主体的登记、行政许可、行政处罚等监管信息;商事主体应当通过公示系统依法公示其出资、行政许可、股权变更等信息;在商事主体公示的信息事项中,免除了商事主体公示其受到行政处罚信息的义务。	地方立法/政策文件保障	地方性法规:《中国(海南)自由贸易试验区商事登记管理条例》	全球共性制度(市场准入)
			地方立法/政策文件保障	地方规范性文件/中国特色“红头文件”:《中共海南省委办公厅　海南省人民政府办公厅关于印发〈海南省优化营商环境行动计划(2018—2019年)〉的通知》	

续表

海南自贸区（港）制度创新案例（成果）与自由贸易试验区"三层次联动推进模式"和自由贸易港"特别授权法模式"关系的实证研究图示

领域	案例/成果	内容	与自贸试验区"三层次联动推进模式"（国家授权+一部委一地方立法；政策文件保障）关系		与自由贸易港"特别授权法模式"（海南自由贸易港最核心政策体系"三大板块"）关系
				地方立法、政策文件	全球共性制度（市场准入）
施工图审市场化和"多审合一"（第一批）		将图审机构向市场完全开放，将原来由气象、人防、消防等部门分别进行的施工图设计文件审查工作，全部交由已完全市场化的施工图审机构进行，企业由原来需跑多个部门变为向一家市场化的图审机构即可解决问题，时间缩至3—5个工作日，极大地提高了审批效率；在全国率先将"施工许可"调整为"施工备案"，由申请人对施工条件进行审查，原施工许可证件部门不再对施工条件进行审查，直接予以施工备案，将建设项目"一口受理，将"多头申请，限时办结"的验收模式，互为前置"的验收模式变为"一口受理、联合验收、限时办结"新验收模式，进一步整合优化建设工程项目验收流程，切实提高简项目竣工验收效率和便利化程度。	地方性法规：《中国（海南）自由贸易试验区商事登记管理条例》		全球共性制度（市场准入）
				地方规范性文件/中国特色"红头文件"：《海南省人民政府办公厅关于印发海南省全面推开"证照分离"改革全面实施方案的通知》《中共海南省委办公厅、海南省人民政府办公厅印发〈关于深入推进审批服务便民化的实施意见〉的通知》《中共海南省委办公厅、海南省人民政府办公厅关于印发〈海南省优化营商环境行动计划（2018—2019年）〉的通知》	

113

海南自贸区（港）制度创新案例（成果）与自贸试验区"三层次联动推进模式"和自由贸易港"特别授权法模式"关系的实证研究图示

领域	案例/成果	内容	与自贸试验区"三层次联动推进模式"持—地方立法（政策）关系		与自由贸易港"特别授权法模式"（海南自由贸易港最核心政策制度体系"三大板块"）关系
			地方立法/政策文件保障	部委支持	
	社团法人等三类法定机构在省级层面实施（第二批）	在省级层面设立国际旅游消费中心城市管理局、省大数据管理局、省博鳌乐城国际医疗旅游先行区管理局，并根据不同任务和改革试点需要，分别采取社团法人、事业单位法人、企业法人三种登记形式，在总体保持法定机构基本属性的条件下，探索不同的组织形式和运作机制。将专业性、技术性或社会参与性较强的公共服务和管理职能能交由法定机构承担。重点探索"政府主导、各方参与"的经济运行管理新模式，"寓管理于促进之中"的经济公共服务与经济发展新方式，以服务养服务，以效率求质量"的经济资源配置新机制。	地方政府规章：《海南博鳌乐城国际医疗旅游先行区管理区管理局设立和运行规定》《海南国际经济发展局设立和运行规定》		全球共性制度（"一线放开，二线管住"，法治环境（事中事后监管））
金融制度创新	全国首单知识产权证券化（第一批）	一是确认发行主体。首先，通过多轮筛选、甄别，在权衡知识产权数量、公司资产规模、利润水平、行业领先度等因素后，最终选取标的企业。其次，标的公司与专业方主生稳定的现金流。二是确认基础资产。为了对基础资产预期未来产生稳定的现金流量、确定发行规模及把严格关。同时，将知识产权这种无形资产从企业收入中剥离出来，并引入担保主体。三是引入担保主体，为差额补足人，作为外部强有力的主体为其增信，从而提高知识产权这种资产的可信度。后续发行资产支持证券，可由担保机构或成立知识产权权融资担保基金，予以增信。	地方规范性文件/中国特色"红头文件"：《海南省立法规划（2018—2022）》《海南省公共信息资源管理办法》	部委规范性文件/中国特色"红头文件"：《国家市场监督管理总局、国家知识产权局关于支持中国（海南）自由贸易试验区建设的若干意见》	全球共性制度（金融创新，贸易便利）

续表

海南自贸区(港)制度创新案例(成果)与自贸试验区"三层次联动推进模式"和自由贸易港"特别授权法模式"关系的实证研究图示

领域	案例/成果	内容	与自贸试验区"三层次联动推进模式"(国家授权—部委支持—地方立法、政策文件)关系		与自由贸易港"特别授权法模式"(海南自由贸易港最核心政策和制度体系"三大板块")关系
			地方立法/政策文件保障	部委支持	
	天然橡胶价格(收入)保险(第一批)	借鉴"保险+期货"模式经验的基础上创新和发展,使保险收入与割胶量相挂钩,推出了可在全省实施的天然橡胶价格(收入)保险,并将其设计成两种产品模式,即民营营保险(收入)保险和国营营海胶集团收入保险。	地方规范性文件/中国特色"红头文件":《2018年海南省农业保险实施方案》《海南省天然橡胶产业脱贫工程保险试行方案(2018年—2020年)》《关于加快推进2019年天然橡胶价格(收入)保险有关工作的通知》		全球共性制度(金融创新便利)
	设立国家国际热带农产品交易中心(第一批)	去年12月18日在海口成立的海南国际热带农产品交易中心,为国内外投资者提供了热带农产品"互联网+热带农产品"线上线下交易平台,进一步提升海南热带农产品在全国内外的知名度、瞄准定价权,把握话语权,对世界热带农产品种植端、贸易端、终端消费三者共赢起到很大的作用。		部委规范性文件/中国特色"红头文件":《农业农村部贯彻落实〈中共中央国务院关于支持海南全面深化改革开放的指导意见〉实施方案》	全球共性制度(贸易便利)、特色产业制度(国际旅游)

续表

领域	案例/成果	内容	与自贸试验区"三层次联动推进模式"（国家授权—部委支持—地方立法/政策文件保障）关系	与自由贸易港"特别授权法模式"（海南自由贸易港最核心政策体系"三大板块"和制度体系）关系
	全国首单沪琼自由贸易账户联动业务（第二批）	2019年1月1日，海南自由贸易账户（FT账户）体系正式上线，可为企业提供跨境收支、跨境贸易融资、基于离岸汇率的本外币兑换以及贷款投放等服务。目前，全省共有5家银行173个网点开办FT账户业务。中国银行海南省分行作为首批上线试点行，于2019年1月29日联动上海中行、海外中行在FTU分账核算项下成功办理了全省首单自由贸易试验区联账户代付项下融资性风险参与业务，上海两地FT账户业务的合作联动及资金的有效互通运用。该业务是海南FT项下首笔融资性风险参与业务，实现FT账户下业务叙做模式创新，为进一步扩大两地自由贸易试验区合作，继续探索自由贸易账户功能拓展创新奠定基础，有助于自由贸易试验区银行业扩大优质资产规模，以此参与海外市场的竞争，提升国际化水平。	无	全球共性制度（贸易便利、金融创新）

海南自贸区（港）制度创新案例（成果）与自贸试验区"三层次联动推进模式"和自由贸易港"特别授权法模式"关系的实证研究图示

续表

海南自贸区（港）制度创新案例（成果）与自贸试验区"三层次联动推进模式"和自由贸易港"特别授权法模式"关系的实证研究图示				
领域	案例/成果	内容	与自贸试验区"三层次联动推进模式"（国家授权—地方立法/政策文件保障）关系	与自由贸易港"特别授权法模式"（海南自贸港最核心制度体系和制度"三大板块"）关系
特色产业发展	共享医院新模式——博鳌超级医院（第一批）	博鳌超级医院创新运营管理模式，构建了"1+X"，即"一个共享医院（平台）+若干个专科医院建立多个专科临床会诊平台，与美国、加拿大、澳大利亚等国家及我国香港、台湾、澳门等地区的知名教授建立了合作共享平台。在技术、药品、医疗器械创新应用方面吸引了国内排名前三的临床专科和一批优秀的医疗机构进驻。	**国家授权**：行政法规:《国务院关于在海南博鳌乐城行区暂停实施〈中华人民共和国药品管理法实施条例〉有关规定的决定》《国务院关于同意在海南博鳌乐城国际医疗旅游先行区暂停实施《医疗器械监督管理条例》有关规定的决定》 **地方立法**：地方性法规:《中国（海南）自由贸易试验区博鳌乐城国际医疗旅游先行区管理局设立和运行规定》 **政策文件保障**：地方政府规章:《海南博鳌乐城国际医疗旅游先行区管理局极简审批规定》	特色产业制度（健康医疗市场）

海南自贸区（港）制度创新案例（成果）与自贸试验区"三层次联动推进模式"和自由贸易港"特别授权法法模式"关系的实证研究图示

领域	案例/成果	内容	与自贸试验区"三层次联动推进模式"（国家授权—部委支持—地方立法/政策文件保障）关系	与自由贸易港"特别授权法法模式"（海南自由贸易港最核心制度"三大板块"和制度体系"三大板块"）关系
			地方规范性文件/中国特色"红头文件"：《中共海南省委办公厅 海南省人民政府办公厅印发〈关于深化审评审批制度改革鼓励药品医疗器械创新的实施意见〉的通知》《海南省人民政府关于印发海南省健康产业发展规划（2019—2025年）的通知》	
	全国率先实施境外游艇入境关税保证保险制度（第二批）	海口海关在全国率先将关税保证保险制度应用于境外游艇产业，助力海南发展游艇所有人委托的游艇服务企业或其他海关注册登记的经海关作为投保人，承担税款缴纳义务；经海关总署和银保监会批准，在海南省开展关税保证保险业务试点的保险公司作为保险人，为投保企业提供担保服务；海关以被保险人，凭保险单为境外进境游艇办理入境手续。这项制度的实施，大幅降低境外游艇入境通过关成本，自2019年1月实施以来，已有7艘境外游艇通过关税保证保险的方式入境。	部委支持 部委规范性文件/中国特色"红头文件"：《海关总署 银保监会公告2018年第155号——关于开展关税保证保险通关业务试点的公告》	全球共性制度（海关监管、金融创新、财税政策），特色产业制度（国际旅游）

续表

海南自贸区(港)制度创新案例(成果)与自贸试验区"三层次联动推进模式"和自由贸易港"特别授权法模式"关系的实证研究图示

领域	案例/成果	内容	与自贸试验区"三层次联动推进模式"(国家授权—地方立法—政策/文件保障)关系		与自由贸易港"特别授权法模式"(海南自由贸易港最核心政策体系"三大板块")关系
			国家授权	地方立法/政策文件保障	
	人才租赁住房不动产投资信托基金(RE-ITs)产品成功发行(第三批)	为维护房地产市场稳定,海南通过政府引导与社会资本共同出资设立不动产投资信托基金(简称"REITs"),适时收购中小房地产企业存量房产,优化房地产结构,以市场化手段促进租赁住房可持续发展,防止房地产金融风险向财政转换。	无		全球共性制度(金融创新)
	优化创新服务贸易数据统计方式(第三批)	海南省以服务贸易十二类行业工作数据为基础,应用大数据方法分析,获得服务贸易总体发展、行业分布、国别分析,重点行业运行情况。同时,对异常数据进一步进行分析,获得有用的政府决策动力的行业分析,以及具有发展潜力的行业,把握行业动态。随着服务贸易行业的成熟,服务贸易统计报告办由年季报制改为月报制,取得了良好成果。	国务院规范性文件/"红头文件":《国务院关于同意深化服务贸易创新发展试点的批复》	地方规范性文件/"红头文件":《海南省人民政府关于印发海南省服务贸易创新发展试点工作方案的通知》	全球共性制度(贸易便利)
	海南卫星遥感信息全产业链招商式孵化(第三批)	为推进军民融合发展,服务国家重大战略,服务卫星遥感信息产业园改变传统、前期规划,中期建设,后期招商的长周期模式,采用"边招商、边建设、边运营"的模式,采取精准招商与个性化孵化相结合方式,卫星遥感信息全产业,累计投资超过1亿元,园区已集聚75家企业,产业链基本形成。	无		全球共性制度(投资准入)

119

续表

海南自贸区（港）制度创新案例（成果）与自贸试验区"三层次联动推进模式"和自由贸易港"特别授权法模式"关系的实证研究图示

领域	案例/成果	内容	与自贸试验区"三层次联动推进模式"（国家授权－部委支持－地方立法/政策文件保障）关系	与自由贸易港"特别授权法模式"（海南自由贸易港最核心政策体系"三大板块"）关系
	通信基站建设管理"放管服"改革（第三批）	通信基站是光网的核心设施，现行的通信基站行业管理存在审批数量大、人工上报错误率高，审批周期长、"违建"数量多、基站有效监管难等突出问题。为有效解决这些问题，我省在全国率先将通信基站建设事前审批改为：一次性告知承诺和不见面审批，建成基站在线监管系统，准确地进入全省无线电台管理效率，强化事中事后监管。这一做法属全国首创，极大提高报建效率，海南光网建设整体水平从2015年的全国倒数第二位，提高到2018年的第十位，为全省光网的"寻育补弱"，稳定运行提供了可靠的技术支撑，做到了全覆盖、无死角监管，实现了政企双赢。	无	法治环境制度（事中事后监管制度）
	大数据集成创设旅游消费价格指数指标体系（第四批）	中国·海南旅游消费价格指数是反映我省不同时期与旅游活动有关的商品、服务价格水平变动方向、趋势、程度的重要指标，以周报、月报和年报的形式通过政府网站等媒体向社会定期公布。习近平总书记"4·13"讲话和中央12号文件明确提出：海南要建设国际旅游消费中心，中国·海南旅游消费价格指数正是我省运用大数据助推海南自由贸易试验区（自由贸易港）建设推出的大胆探索，填补了我省乃至全国旅游消费管理国际化、标准体系建设上的空白，对我省大力推进旅游消费国际化、系统提升旅游设施和旅游要素的国际化、标准化、信息化水平，具有十分重要的现实意义。	无	特色产业制度（国际旅游）

续表

领域	案例/成果	内容	与自贸试验区"三层次联动推进模式"（国家授权/地方立法/政策文件保障）关系		与自由贸易港"特别授权法模式"（海南自由贸易港最核心政策体系和制度"三大板块"）关系
			部委支持	地方立法政策文件保障	
政府管理创新	全国首创设立"候鸟"人才工作站（第二批）	不断创新服务"候鸟"人才模式,拓展服务范围,探索全省一体化、标准化服务,网络化服务外,还依托海南独有的特色高等院校、科研院所、医疗卫生机构、产业园区、城市社区、乡镇街道、物业小区等40多个各类"候鸟"人才服务平台;创新建设"候鸟"人才服务网"线上服务端点;创新建设"候鸟"人才就业工作指引,提供"候鸟"人才就业平台,提供"候鸟"人才就业工作指引,在线咨询、网上对接等服务。	部委规范性文件/中国特色"红头文件"：《人力资源社会保障部关于印发〈支持海南人力资源和社会保障事业全面深化改革开放的实施意见〉的通知》	地方政府规章：《免签证来琼旅游外国人服务和管理办法》 地方规范性文件/中国特色"红头文件"：《海南省人民政府关于成立中国特色自由贸易港海南省研究院的批复》《海南省人民政府关于印发海南省人口发展规划（2030年）的通知》	全球共性制度（自然人移动）

海南自贸区（港）制度创新案例（成果）与自贸试验区"三层次联动推进模式"和自由贸易港"特别授权法模式"关系的实证研究图示

续表

领域	案例/成果	内容	与自贸试验区"三层次联动推进模式"关系		与自由贸易港"特别授权法模式"（海南自由贸易港最核心政策和制度体系"三大板块"）关系
			国家授权式（国家授权式—一部委支持—地方立法/政策文件保障）关系	地方立法/政策文件保障	法治环境制度（政府职能转变）
应用建筑信息模型化(BIM)技术开展电子招投标（第三批）		建筑信息模型化（简称"BIM"）技术是建筑业的一场信息革命。目前，国内在施工、运行等后端环节 BIM 应用已相对成熟，但在对控制造价、精细化管理、缩短工期最重要的招投标环节却是空白，BIM 技术应用的意义尚未完全释放。针对这一情况，海南率先在全国实现 BIM 技术在招投标领域应用，成为我国建筑业信息化发展的先行者。2018 年 5 月 16 日，全国首个应用 BIM 技术的电子招投标项目——万宁市文化体育广场体育馆、游泳馆项目，在海南省人民政府政务服务中心顺利完成招投标工作。该项目招标控制价 3.16 亿元，总建筑面积 56496.48m³，建筑造型新颖，结构复杂，通过 BIM 技术在招投标阶段的应用，实现了从技术、造价、管理多维度优选选施工单位，确保重大项目高质实施。		地方立法/政策文件保障	地方规范性文件/中国特色"红头文件"：《海南省工程工程建筑和市政工程量清单招标投标评标办法》

海南自贸区（港）制度创新案例（成果）与自贸试验区"三层次联动推进模式"和自由贸易港"特别授权法模式"关系的实证研究图示

领域	案例/成果	内容	与自贸试验区"三层次联动推进模式"（国家授权—部委支持—地方立法·政策文件保障）关系	与自由贸易港"特别授权法模式"（海南自由贸易港最核心政策体系"三大板块"和制度设计）关系
			地方立法·政策文件保障	法治环境制度（政府职能转变）
	基于网上督查的"多督合一"（第三批）	规范督查工作，切实减轻基层负担，2019 年我省在全国率先实现省级层面及其部门及督查部门的统一部署，并延伸至市县、乡镇，建立全省督查一体化。网上督查事项 452 个，实现全省网上督查"一张网"，通过对历史数据的自动查重，发现重复督查事项 109 个，减少重复督查事项 28 个。通过"多督校验""自动查重"功能，建立查重督查室，严格控制总量顺饮。目前网上督查任务 699 个，形成省审查主体，共下达督查任务落实的工作落实单位 140 个，下达督查任务落实审查主体，760 名督查干部涵盖 748 承办处各办处四层级督查体系，分管领导，督查部门，建立了"横到边纵到底，线上线下联动"的大督查格局。	地方规范性文件《中国特色"红头文件"：《海南省人民政府关于印发〈海南省加快推进全省一体化在线政务服务平台建设实施方案〉和〈海南省审批服务综合窗口受理制改革实施方案〉的通知》	

123

续表

海南自贸区(港)制度创新案例(成果)与自贸试验区"三层次联动推进模式"和自由贸易港"特别授权法模式"关系的实证研究图示

领域	案例/成果	内容	与自贸试验区"三层次联动推进模式"(国家授权立法—地方立法—政策文件保障)关系		与自由贸易港"特别授权法模式"(海南自由贸易港最核心政策制度和制度体系"三大板块")关系
			地方立法/政策文件保障		
领事业务"一网通办"(第三批)		海南利用多年领事业务系统全国领先的优势积累,以"信息共享"为突破口,打破"信息孤岛",实现与国家部委层面跨平台、跨地区,用户对外办、外办对外交部的数据实现全面对接,进度实时查询。省级层面实现三个省政务系统信息共享,把APEC商务旅行卡、外国人来华邀请和领事认证三个业务系统整合为一个平台,纳入全省"一张审批网"。在全国率先推出多次在全国领事业务交流会议上发言并受邀到外交部领事司表彰,为全国践行"外交为民"理念贡献海南范例。领事业务"一网通办"实施以来,有效提高了领事业务办理时效和便捷度。在承诺时限内,三项领事业务提前办结率100%,实现全流程互联网办"不见面"审批,特别是APEC商务旅行卡和外国人来华邀请两项业务,"不见面"办理达到100%。	地方规范性文件/"红头文件":《中国特色《海南省人民政府关于印发〈海南省加快推进全省一体化在线政务服务平台建设实施方案〉和〈海南省省级政务服务综合窗口受理审批服务改革实施方案〉的通知》		全球共性制度(信息自由)

续表

海南自贸区(港)制度创新案例(成果)与自贸试验区"三层次联动推进模式"和自由贸易港"特别授权法模式"关系的实证研究图示

领域	案例/成果	内容	与自贸试验区"三层次联动推进模式"(国家授权/政策文件保障)关系	与自由贸易港"特别授权法模式"(海南自由贸易港最核心政策体系"三和制度块"大板块)关系
	设立重大项目检察工作站,"面对面"提供精准法律服务(第三批)	为有力保障重大项目顺利推进,保障人民群众合法权益,守护国家利益,守护人民利益,海南省人民检察院在全国首创设立派驻重大项目检察工作站,切实为重大项目建设提供及时、高效、优质的法律服务,为加快推进海南自贸试验区和中国特色自贸港建设贡献力量。目前,依托海南省政府批准的每年度重点项目投资计划,选择投资带动效应大、民生民利影响深、社会关注热度高的重大项目,共设立了28个检察工作站,围绕"零距离对接、零距离服务、面对面服务,保障重大项目建设中的法律诉求诉求及时得到回应"等专项工作模式,面向项目固定时间+应急快速响应,实现及时响应,快速解决,确保重大项目建设如期、高质量推进。	无	法治环境制度(多元化纠纷解决机制)

125

海南自贸区（港）制度创新案例（成果）与自贸试验区"三层次联动推进模式"和自由贸易港"特别授权法模式"关系的实证研究图示

领域	案例/成果	内容	与自贸试验区"三层次联动推进模式"关系		与自由贸易港"特别授权法模式"（海南自由贸易港最核心政策和制度体系"三大板块"）关系
	建筑工程施工许可告知承诺制（第四批）	推进施工许可审批制度改革，既是优化营商环境的重要举措，也是落实《中国（海南）自由贸易试验区总体方案》的具体措施。海南创新审批模式，通过在全省范围实行建筑工程施工许可告知承诺制审批，实现施工许可证1个工作日发放，实施效果走在全国前列。进一步压缩了审批时限，提高了审批效率，打造了建筑工程建设审批"高速公路"。截止7月22日，全省已经有87个项目通过"告知承诺制"取得施工许可证。全省首张"建筑工程许可证告知承诺制"施工许可证，申请人从提交材料，到签订承诺书、领取施工许可证，前后仅耗时4小时，有效提升了政策红利获得感。此外，还有效加强了事中事后监管，施工许可承诺的，经核查不符应采取相应监管措施；在核查虚假承诺的，施工许可承诺期内发生质量安全事故的，将建设单位直接列入诚信"黑名单"，并对其违法违规行为予以顶格处罚。	国家授权：国务院规范性文件/中国特色"红头文件"：《国务院办公厅关于全面开展工程建设项目审批制度改革的实施意见》	地方立法·政策文件保障：地方性法规：《中国（海南）自由贸易试验区重点园区极简审批条例》 地方规范性文件/中国特色"红头文件"：《关于试行建筑工程施工许可的通知》《中国（海南）自由贸易港关于印发〈海南省工程建设项目审批制度改革实施方案〉和〈海南省建设工程竣工联合验收实施方案〉的通知》	法治环境制度（事中事后监管制度）

续表

海南自贸区(港)"制度创新案例(成果)"与自贸试验区"三层次联动推进模式"和自由贸易港"特别授权法模式"关系的实证研究图示				
领域	案例/成果	内容	与自贸试验区"三层次联动推进模式"(国家授权/地方立法/政策文件保障)关系	与自由贸易港"特别授权法模式"(海南自由贸易港最核心制度体系"三大板块")关系
无税不申报(简四批)		为全力支持和服务海南自由贸易区(自由贸易港)建设,进一步推进办税便利化改革,切实减轻纳税人和基层税务人员负担,省税务局创新税收征收模式,从2019年7月1日起在海口试点推广"无税不申报"制度,对增值税、土地增值税、消费税及其附加税费、文化事业建设费、印花税、个人所得税(企业所得税除外)种实行零申报(企业所得税、个人所得税)种按次申报纳税人申报税款的自主性,主要强调纳税人的减法措施、简政放权、放管结合,什什全国率东,实现在风险可控的前提下明确已做票种核定纳税人,实现海口市无票种核定小规模单位还责还权于纳税人,该制度惠及海口市无票种核定小规模纳税人约54%,全部单位纳税人约59000户(占海口市全部小规模单位纳税人约45%),每年将会减少无票种申报小规模单位纳税人零申报约60万户次,减免了企业运行成本,有效促进了海口市市营商环境优化提升。	地方立法/政策文件保障	地方规范性文件/红头文件/《国家税务总局海口市税务局关于推行无税不申报办法的公告》 全球共性制度(财税政策)

续表

表题：海南自贸区（港）制度创新案例（成果）与自贸试验区"三层次联动推进模式"和自由贸易港"特别授权法模式"关系的实证研究图示

领域	案例/成果	内容	与自贸试验区"三层次联动推进模式"（国家授权+地方立法/政策文件保障）关系	与自由贸易港"特别授权法模式"（海南自由贸易港最核心政策和制度体系"三大板块"）关系
	优质农产品出口动态认证+免证书免备案（第四批）	海口海关探索创新农产品出口监管模式，全国率先对省农业行政主管部门动态认证的优质农产品出口免于出具检验检疫证书和备案考核，进一步优化了现有口岸监管体系，简化了出口流程和提交材料，将备案由7个工作日压缩至7个工作日内，有效减轻企业的办理时间和运行成本，推动海南农业高效农业带带高效农业加快发展。2019年3月31日，海南省农村厅推荐首批经认证的优质农产品表单，海口海关已为表单内出口笋壳鱼免于出境动物养殖场注册登记，并对其9批次出口新加坡的笋壳鱼（共计4655公斤，价值84978美元）免于出具检验检疫证书。	无	全球共性制度（海关监管），特色产业制度（热带高效农业）
	打造全省不动产统一登记工作新体系（第四批）	为进一步深化"放管服"改革，严格落实海南省优化营商环境有关要求，通过改进工作作风，提供优质服务，提高办事效能，缩短办理时限，提高政府部门先以省名义出台《海南省级不动产统一登记办事指南》，搭建起全国率先以省名义出台《海南省级不动产统一登记类型框架，将登记类型由原有的52种，扩展到57种，全部去除全省法律、行政法规规定的其他材料"的党政条款，将受理材料标准化明确，实现全省统一办理时限，一套材料标准办理登记，规范了政府服务行为，解决了各市县登记审查标准不统一等问题，提高了办事效率，为企业和群众提供了优质、高效、满意的服务。	地方立法/政策文件保障；地方规范性文件"红头文件"：《海南省不动产统一登记办事指南》	全球共性制度（政府职能转变）

续表

海南自贸区（港）制度创新案例（成果）与自贸港"特别授权法模式"和自由贸易港"特别授权法模式"关系的实证研究图示					
领域	案例/成果	内容	与自贸试验区"三层次联动推进模式"（国家授权—部委支持—地方立法）关系	地方立法/政策文件保障	与自由贸易港"特别授权法模式"（海南自由贸易港最核心制度和制度体系"三大板块"）关系
"一站式"公共服务平台——椰城市民云"（第四批）		"互联网+政务服务"是深化"放管服"改革的关键举措,但在实践过程中,中国国内普遍出现了政务 App 建设一哄而上、数量过多,各自独立、"数据烟囱"等问题,群众要办理不同的业务,需下载注册不同的政务 App,导致虽然减少了线下"跑腿",但线上"跑腿""时间却在增多。因此,海口市加强对政务 App 数量的"瘦身",统筹打造一站式"线上公共服务平台——椰城市民云,将城市多类服务统一纳入平台,一站式"满足市民多样化需求,实现一个 App 生活在海口,旅游在海口,办事在海口,有效提升了政务服务便利度。截至 2019 年 6 月中旬,椰城市民云注册用户已突破 103 万,约占海口市常住人口的 45%。用户（使用椰城市民云 App,实现了申请受理,材料提交,进度查询过海模式为前,有效提高了办事效率。以琼州海峡预约网上提交,2019 年春季运期同通过传统海峡预约网约车运模式为前,将预约的司机随到到排的过海流程变为网约车运模式,将预约的司机至少提前 1 小时过海,显著缓解了出行高峰需要变更营业性,再比如办理排的过海交通运港务局约车运中心,最后回政务中心去政务中心去掉营业性证申,传统模式许可,传统模式办证业性质,最后把证办下来,然后现在只需要打开椰城市民云 App 就能把证办下来,出证时间大大缩短。	地方立法/政策文件保障	地方规范性文件/中国特色"红头文件"：《海口市人民政府关于 App 建设相关问题的通知》《椰城市民云建设方案》《海口市政务信息整合共享工作方案》《海口市推进智慧城市建设三年行动计划》《海南省人民政府关于印发〈海南省加快推进全省一体化在线政务服务平台建设实施方案〉和〈海南省审批服务"一窗受理集成服务"改革实施方案〉的通知》	法治环境制度（政府职能转变）

129

海南自贸区（港）制度创新案例（成果）与自贸试验区"三层次联动推进模式"和自由贸易港"特别授权法模式"关系的实证研究图示

领域	案例/成果	内容	与自贸试验区"三层次联动推进模式"（国家授权—部委支持—地方立法/政策文件保障）关系	与自由贸易港"特别授权法模式"（海南自由贸易港最核心政策体系"三大板块"和制度自由）关系
	建立全天候进出岛人流、物流、资金流监管系统（第四批）	着眼于自贸港建设"管得住，才能放得开"的基本要求，以大数据监管为基础，着力建设全天候、实时性的人流、物流、资金流进出岛信息管理系统，通过全面即时采集和共享进出岛的人员、货物、资金等信息，每一分钱，每一个人、每一件物品的"每一……"运用大数据分析和感知社会态势，跨地域、跨层级、提高施政效率，建立跨地域、跨部门，辅助科学决策。在此基础上，建立跨层级、跨地域、跨部门的协同管理和服务机制，跨信息业务的协同管理和服务系统。管理系统自运行以来，确保了59国免签人员正常往来。预警人数12万人，抓获在逃人员1896名，确保了59国免签人员正常往来。物流进出岛与信息管理系统自2018年10月上线运行以来，核查进出岛装载货物与申报货物不相符的事件823起，发现1起普货中藏匿易燃易爆危险品的违法事件。	无	全球共性制度（信息自由）

续表

海南自由贸易区（港）制度创新案例（成果）与自由贸易试验区"三层次联动推进模式"和自由贸易港"特别授权法模式"关系的实证研究图示

领域	案例/成果	内容	与自贸试验区"三层次联动推进模式"（国家授权式—地方立法/政策文件保障）关系		与自由贸易港"特别授权法模式"（海南自由贸易港最核心政策和制度体系"三大板块"）关系
			地方立法/政策文件保障	法治环境制度（政府职能转变）	
民生保障改善	以市场为导向开创消费扶贫新模式（第三批）	打赢打好脱贫攻坚战是海南建设全岛自贸试验区的基础工程。海南省以消费扶贫为重要切入点，积极探索促进贫困户持续增收的长效机制，推动扶贫工作从输血式扶贫、造血式扶贫，从不可持续扶贫转为可持续扶贫，形成"人人参与消费扶贫，人人支持消费扶贫，人人宣传消费扶贫"的良好氛围，带动脱贫攻坚成效显著。自2018年3月至2019年10月全省启动消费扶贫活动以来，海南消费爱心扶贫坚攻坚取得显著成效，载至2019年3月底，全省贫困户数8.24万户次。海南爱心扶贫网自2018年上线以来，网上注册人数9.7万人，在售商品数433个（今年一季度新上架产品126个），销售产品14.09万件，销售总额3269.72万元，受益贫困户范围覆盖海南18个市县，2019年扶得中央网信办"因爱同行"2018网络公益项目大奖。	地方规范性文件/中国特色"红头文件"：《关于在省级领导干部中开展"以购助捐"消费扶贫活动的方案》《消费有情爱心无价——海南消费扶爱心倡议书》《爱心扶贫大集市"百场百家活动方案》		

海南自贸区（港）制度创新案例（成果）与自贸试验区"三层次联动推进模式"和自由贸易港"特别授权法模式"关系的实证研究图示

领域	案例/成果	内容	与自贸试验区"三层次联动推进模式"关系		与自由贸易港"特别授权法模式"（海南最核心政策制度体系"三大板块"）关系	
			国家授权—部委支持—地方立法/政策文件保障 关系		"特别授权法模式"（海南最核心政策制度体系"三大板块"）关系	
设置高等教育"冬季小学期"，搭建柔性人才引才及培养新平台（第三批）		海南具有得天独厚的生态环境和气候优势，每年冬季包括院士在内的国内外一流专家学者纷纷到海南度假。为积极挖掘这一独特的"候鸟"智力资源，海南全省统一实施高等教育"冬季小学期"新模式，把冬季集聚在海南的国内外一流专家学者，转换为支持高等教育发展的人才优势和智力支持，有效提升了高等教育科研专业水平及培养质量。目前，全省所有本科高校均开设了"冬季小学期"，受益学生超过10万人次，形成了"冬季小学期"联合科研项目100多项，全省高校开展开进国内外一流校与国内外知名高校、研究机构、行业企业等开展深度合作。"冬季小学期"已经成为推动海南高校与国内外知名高校、行业企业、研究机构国际化人才、柔性引进国内外高素质人才，提升高等教育服务自贸试验区（自贸港）建设的能力具有重要桥梁，对于培养高素质人才，提升高等教育重要意义。	地方立法/政策文件保障		地方规范性文件/红头文件：《关于建设海南省特色高水平本科教育的实施意见》 全球共性制度（自然人移动）	

续表

领域	案例/成果	内容	与自贸试验区"三层次联动推进模式"（国家授权—地方立法/政策文件保障）关系			与自由贸易港"特别授权法模式"（海南自由贸易港最核心政策体系"三大板块"和制度体系）关系
			国家授权	部委支持	地方立法/政策文件保障	法治环境制度（政府职能转变）
乡村振兴工作队全省省镇村全覆盖（第三批）		实施乡村振兴战略是党的十九大作出的重大决策部署。选派乡村振兴工作队，是实施乡村振兴战略、打好精准脱贫攻坚战的有力抓手，是当前在海南农村执政基础政策的重要举措。为推动500多万农民成为海南自贸试验区（自贸港）建设的生力军，巩固提升脱贫成效，解决城乡二元分割，实现融合发展，省委向全省所有行政村和行政村派出8083名干部，组成2757支乡村振兴工作队，向全省196个乡镇、2561个行政村分别派驻乡村振兴工作队。与其他省份分别派驻重点镇乡村振兴工作队不同，海南乡村振兴工作队实行"一乡镇一队、一行政村一队"，是全国唯一个实现所有乡镇全覆盖的省份。通过派驻乡村振兴工作队，不仅加强所有村改善了党对"三农"工作的领导，夯实了农村基础，还为海南全面深化改革开放培养了人才，淬炼了队伍。	国务院规范性文件/中国特色"红头文件"：《中共中央、国务院关于实施乡村振兴战略的意见》	部委规范性文件/中国特色"红头文件"：《中共科学技术部党组关于创新驱动乡村振兴发展的意见》	地方规章等文件/中国特色"红头文件"：《中共海南省委海南省人民政府关于乡村振兴战略的实施意见》《海南省乡村振兴规划（2018—2022年）》	《中共海南省委关于全岛自由贸易试验区　为建设中国特色自由贸易港高质量建设　打下坚实基础的意见》

133

海南自贸区（港）制度创新案例（成果）与自贸试验区"三层次联动推进模式"和自由贸易港"特别授权法模式"关系的实证研究图示

领域	案例/成果	内容	与自贸试验区"三层次联动推进模式"（国家授权—部委支持—地方立法/政策文件保障）关系	与自由贸易港"特别授权法模式"（海南自由贸易港最核心政策体系和制度三大板块）关系
	利用视讯手段双扶志智脱贫，开辟致富新通道（第三批）	海南开办脱贫致富电视夜校，利用电视教学和96101 7电话热线咨询的方式，把扶贫同扶志、扶智结合起来，把救急纾困和内生脱贫结合起来，提升贫困群众发展生产和务工经商的基本技能，引导贫困群众兑服"等、靠、要"思想，激发脱贫致富内生动力，逐步消除精神贫困，实现可持续稳固脱贫。目前，全省负责签到的5500多名驻村第一书记、全省签到率达99.86%，市县管理人员100%签到，贫困户主要劳动力参学率达96.14%，全面完成各项教育任务。中央电视台对我省脱贫致富电视夜校的经验做法进行了集中宣传报道。人民日报对海南脱贫致富电视夜校做法进行了充分肯定。国务院扶贫开发领导小组授2018年，我省脱贫攻坚奖中宣传报道。子"全国脱贫攻坚奖组织创新奖"。	无	法治环境制度（政府职能转变）

对海南自贸试验区 32 项制度创新案例或成果进行逐项实证分析,发现在"政策驱动改革创新"的思维逻辑下,海南自贸试验区法治化建设路径及"三层次联动推进模式"下的制度创新成效较为显著,主要具有以下几个特点:一是从法治化路径对制度创新成效的作用大小判断,海南自贸试验区"三层次联动推进模式"下的主导性法治化路径是"地方立法保障",即海南省地方性法规与地方政府规章。其中,作为海南省人大地方性法规的《中国(海南)自由贸易试验区商事登记管理条例》与《中国(海南)自由贸易试验区重点园区极简审批条例》共创立了 7 项制度创新案例或成果,成效特别明显。但是,共有 12 个地方立法,对现有 32 项制度创新案例或成果的成效是不明确的,尚待进一步确认。二是"国家授权修法"与"部委规章/规范性文件授权"两种路径共催生了 4 项制度创新案例或成果,均是符合海南省情、走在全国前列的原创性经验或做法,这说明国务院及国家部委对海南自贸试验区建设的授权支持力度比较大,但实际成效并非特别显著。三是其他地方规范性文件(或称中国特色地方政策文件/"红头文件")为 20 项制度创新案例或成果提供了依据,发挥了重要的政策保障作用。一直以来,学界对其他地方规范性文件的法律属性和位阶尚存争议,因此这种"政策文件"路径层级不高,而且其稳定性、公开性、公平性、透明度、可预期性等价值取向有待进一步研究和考证。四是现行的法治化建设路径及"三层次联动推进模式"下的四种制度创新案例或成果[1]仍存在"四化"的先天不足,"碎片化"等现象比较突出。许多部委规章/规范性文件授权和地方立法保障对制度创新案例或成果的实效并不确定。虽然 32 项制度创新案例或成果集中在五个领域,但散落在不同方面,规则化和体系化不强。部分制度创新案例或成果聚焦政府职能转变和营商环境优化,但偏于低端,与对接国际标准的制度创新要求还有差距。

从全国 18 个自贸试验区制度创新实践及改革试点经验复制推广角度看,

---

[1]　根据上文的实证研究结果,海南自贸试验区"政策驱动型思维逻辑"下法治化建设路径及"三层次联动推进模式"催生了四种制度创新案例或成果,即"地方立法保障"路径指引下的制度创新案例或成果、"国家授权修法"路径指引下的制度创新案例或成果、"部委规章/规范性文件授权"路径指引下的制度创新案例或成果与"政策文件保障"路径指引下的制度创新案例或成果。

"政策驱动型思维逻辑"下法治化建设路径及"三层次联动推进模式"对自贸试验区制度创新及"三化"(市场化、法治化、国际化)营商环境建设的成效是有局限的。截止2019年7月,商务部宣称自贸试验区202项制度创新成果被复制推广,其中超七成涉及便利化举措。究其主要原因,是作为"全面深化改革开放试验田"的自贸试验区建设牵涉国家事权及中央专属立法权与地方事权之间错综复杂的分配问题,导致制度创新成果呈现不成体系的空洞化和碎片化格局,对营造国际一流营商环境的实际成效并不大。更为重要的是,自贸试验区建设中行政思维中的事权(改革自主权/管理权限)与法治思维中的立法权仍处于双轨制运行状态。因此,从海南自贸试验区过渡到中国特色自由贸易港的"四个阶段的制度创新目标"长远角度看,海南自贸试验区"政策驱动型思维逻辑"下法治化建设路径及"三层次联动推进模式"难以为打造海南自由贸易港"最核心政策和制度体系"及国际一流营商环境提供坚实有效的政策和法治保障。

（二）海南自由贸易港调法引领型思维逻辑、"事权法治制度环境一体化"建设路径及"特别授权法模式"剖析

海南探索建设中国特色自由贸易港,已经超越传统法学范畴的法治保障逻辑(即立法、执法、司法、守法与法律监督等),涉及包括国家事权及中央专属立法权与地方事权划分、地方立法权、经济特区立法权与国家立法权行使等复杂的事权分配及其法治化问题。因此,在将海南自由贸易港建成"全球开放水平最高的特殊经济功能区"的征程中,即分步骤、分阶段构建海南自由贸易港"最核心政策和制度体系"及国际一流营商环境过程中,必须主动创造自主性法治保障/法治建构理论,努力转换思维逻辑,大力创新建设路径和中央授权及法治保障模式,积极构建中国特色自贸区（港）"事权法治制度环境一体化"(即"赋权、调法、建制、营商四位一体高度统一")的"海南模式",加快推动制度创新成果"去三化"(去低端化、去空洞化、去碎片化)并向市场化、法治化、国际化、体系化、现代化[1]方向迈进。

---

[1] 《中共中央 国务院关于支持海南全面深化改革开放的指导意见》(中发〔2018〕12号)在"(四)发展目标"中提出,"到本世纪中叶,形成高度市场化、国际化、法治化、现代化的制度体系,成为综合竞争力和文化影响力领先的地区。"因此,要实现这一阶段的制度创新目标,必须立足国情省情,借鉴国际经验,创新路径及模式。

1. 海南自由贸易港调法引领型思维逻辑的必然选择

"调法引领型思维逻辑"是指党中央高瞻远瞩,对海南自由贸易港建设进行特别授权立法修法,为分步骤、分阶段建立海南自由贸易港"最核心政策和制度体系"及营造国际一流营商环境开展法治保障及制度创新顶层设计,开启法治适度有序引领、推动、规范、保障改革的新局面。因此,海南自由贸易港特别授权调法是一项重大且复杂的系统性法治工程。中共海南省委《意见》①专门提及了三种立法权,即地方立法权、经济特区立法权与国家立法权,同时提出了如何实施特别授权调法的思路和要求。本书认为党中央对海南自由贸易港建设进行特别授权调法的主要说理如下:一是实现对自贸试验区建设的思维逻辑、法治化路径及中央授权及法治保障模式适度超越和合理转换的客观需要,以及对改革与法治/法治与改革关系命题(主要表现为事权与立法权关系,尤其是国家事权及中央专属立法权与地方事权划分②)等重大问题作出积极回应的现实需要。就中国特色自贸区(港)制度创新这一核心任务而言,海南自由贸易港比自贸试验区要求更高、任务更重,因为前者要求形成"最核心政策和制度体系"("最基本制度框架和监管模式")。因此,必须为海南自由贸易港建设进行法治保障及制度创新顶层设计,③努力避免中国自贸试验区所遇到的"四化"共性法治难题和"四不"共性突出难题。二是深入贯彻"凡属重大改革都要于法有据"的治国理念,保障"中央 12 号文件"(中发〔2018〕12 号)、《海南自贸试验区总体方案》等政策文件(改革

---

①　中共海南省委《意见》在"打造公正透明高效的法治环境"中提出,"用好用足地方立法权和经济特区立法权;梳理现有法律法规,对不适应自由贸易试验区建设属中央事权的按一揽子、一事一议提请全国人大、国务院调整;积极主动配合全国人大研究制定海南自由贸易港法。"

②　上海市人大常委会法工委主任丁伟教授在负责研制《中国(上海)自由贸易试验区条例》过程中,在国内率先提出了"国家事权及中央专属立法权与地方事权"概念,这对中国特色自贸区(港)法治建构路径及模式创新研究具有十分重要的理论价值和现实意义。

③　2019 年 5 月 10 日,中央依法治国办公室在海口举行全面推进海南法治建设工作座谈会时强调,要深入学习贯彻习近平总书记全面依法治国新理念新思想新战略和重要讲话精神,全面推进海南法治建设,为海南全面深化改革开放提供良好法治保障和服务,打造国际一流营商环境。会议传达了中央全面依法治国委员会第二次会议审议通过的《关于全面推进海南法治建设　支持海南全面深化改革开放的意见》精神。这是中央层面出台的首个支持地方法治建设的文件,表明党中央已经着手开展海南建设中国特色自由贸易港的法治保障及制度创新顶层设计工作。

方案）落地实施见效的法治保障重大需求得以满足。① 从当前海南自贸区（港）事权与立法权关系实践角度看，不管是地方立法权还是经济特区立法权，都无法完全满足上述政策文件（改革方案）中的"立改废释"等法治保障重大需求，②如《立法法》第八条规定属于国家事权及中央专属立法权的国家主权、犯罪和刑罚、税收、民事、财政、海关、金融、外贸及诉讼和仲裁制度等 11 项基本事项，都只能由国家进行立法，地方无权规制。三是只有接轨"先中央（联邦）立法、后地方（州）设区"的国际惯例，出台既符合国情又具有海南特色的自由贸易港法，提供最高水准的法治保障，构建国际一流营商环境法治和制度体系，才能逐步实现将海南自由贸易港打造成为全球最高水平开放形态的战略目标。总而言之，"调法引领型思维逻辑"是海南自由贸易港建设的必然选择。

2. 海南自由贸易港"事权法治制度环境一体化"建设路径及"特别授权法模式"下的制度创新方向

在"调法引领型思维逻辑"下，超越传统的法治化路径，坚持"事权法治制度环境一体化"的建设路径，③在推动海南自贸试验区向自由贸易港转型发展进程中协调处理好事权与立法权关系命题，促使行政思维中的事权（改

---

① "中央 12 号文件"（中发〔2018〕12 号）已经明确要求对海南自贸区（港）建设进行特别授权立法修法，在"（三十）强化政策保障"中强调，"本意见提出的各项改革政策措施，凡涉及调整现行法律或行政法规的，经全国人大或国务院统一授权后实施。中央有关部门根据海南省建设自由贸易试验区、探索实行符合海南发展定位的自由贸易港政策需要，及时向海南省下放相关管理权限，给予充分的改革自主权。"《海南自贸试验区总体方案》在"（二十七）强化法制保障"中提出，"本方案提出的各项改革政策措施，凡涉及调整现行法律或行政法规的，经全国人大及其常委会或国务院统一授权后实施。各有关部门要支持自贸试验区在各领域深化改革开放试点、加大压力测试、加强监管、防控风险，做好与相关法律法规立改废释的衔接，及时解决试点过程中的制度保障问题。"在"（二十九）加强组织实施"中提出，"各有关部门要根据海南建设自贸试验区需要，及时向海南省下放相关管理权限，给予充分的改革自主权，同时加强指导和服务，共同推进相关体制机制创新。"

② 赵爱玲：《建设自由贸易港 助力全面开放新格局》，载《中国对外贸易》2017 年第 11 期。

③ 六年来的中国自贸试验区改革创新经验充分证明，只有坚持"事权法治制度环境一体化"的方略和路径，即坚持"事权分配（赋权）、法治保障（调法）、制度创新（建制）、营商环境（营商）四位一体高度统一"，才能积极突破"有效赋权不足""法治保障不力""制度创新不够""营商环境不优"等四大共性突出难题。

革自主权/管理权限)与法治思维中的立法权从自贸试验区建设中的"双轨制运行"转向自由贸易港建设中的"合规运行",有效发挥"法治对全面深化改革开放的适度有序引领、推动、规范、保障作用"并构建相应的"政策法律化机制或模式",推动特别授权立法修法和保障政策文件(改革方案)落地实施,开启调法引领改革开放的新时代。为此,应当按照"赋权、调法、建制、营商四位一体高度统一"的中国特色法治保障/法治建构理论逻辑,不断创新中央特别授权调法实施路径,加快推进中央特别授权立法修法实践,从分别推动"特色产业发展""改革方案落地""营商环境优化"三个角度,积极打造作为"新型特殊经济功能区"的口国特色自由贸易港"三位一体政策和制度体系"或"制度创新的三大板块"("特色产业制度""全球共性制度""法治环境制度")①,为构建海南自由贸易港"最核心政策和制度体系"及国际一流营商环境指明制度创新方向及领域。具体而言,应当以两份纲领性文件和《海南自贸试验区总体方案》等政策文件(改革方案)为根本依据,遵循"制度创新的三大板块"—"海南自由贸易港总体方案"—中央授权全国人大立法—全国人大及其常委会或国务院授权修法—"最核心政策和制度体系"—国际一流(稳定、公平、透明、可预期)营商环境的总体思路,以海南自贸试验区"商事登记改革""金融制度创新""特色产业发展""政府管理创新"和"民生保障改善"等五个领域相关的 32 项制度创新案例或成果和海南省委提出的 12 个方面重点制度创新为制度基础,加快研制作为特别授权法的"海南自由贸易港法",同时对标国际最高标准,开展相应的系统性特别授权修法活动等,加快形成具有国际领先水平的市场化、法治化、国际化营商环境和公平开放统一的市场环境。

---

① 纵观全球自贸区(港)建设经验,本书结合海南特色产业发展实践,在已有 32 项制度创新案例或成果的基础上,按照"中央 12 号文件"提出的"四个阶段的制度创新目标",在国内率先提出了"制度创新的三大板块"的观点,即"特色产业制度"(国际旅游、健康医疗、邮轮母港、生态环保等)、"全球共性制度"(区域性质(境内关外)、海关监管、贸易便利、投资准入、市场准入、财税政策、金融创新、信息自由、自然人移动等)与"法治环境制度"(事中事后监管、多元化纠纷解决等),逐步打造海南自由贸易港"最核心政策和制度体系"("最基本制度框架和监管模式")。

三、海南自由贸易港特别授权调法的实施路径与实证分析

海南自由贸易港特别授权调法关涉事权与立法权如何匹配、中央调法与地方调法①如何协调、立法与修法如何协同、上位法与下位法如何一致、一般法与特别法如何规定、法律豁免和"法法衔接"②如何解决等一系列重大法治问题和难题。如何实现特别授权立法修法协调并举，推进授权立法与授权修法双轮驱动、相互促进，至关重要。从如下"中国中央对地方（特殊经济功能区／中国自贸试验区）的授权谱系"图示看，至今为止，除了对经济特区授权立法和中国自贸试验区授权修法之外，中国没有针对地方特殊经济功能区开展特别授权立法修法的实践经验。③ 因此，鉴于为海南自由贸易港建设提供坚实法治保障的重要性、紧迫性和复杂性，本书认为必须坚持中国特色自贸区（港）"事权法治制度环境一体化"的方略和路径（即"赋权、调法、建制、营商四位一体高度统一"的理论逻辑），主动参照特别行政区基本法的特别授权立法原理，积极借鉴国外特别授权立法的有益经验，④汲取海南国际旅游岛建设面临的诸多国家事权无法落地的经验教训，⑤有效利用三种中国特色授权立

---

① 为积极主动配合全国人大研究制定"海南自由贸易港法"，2019 年 6 月，海南省第六届人民代表大会常务委员会第十一次会议通过《海南省人民代表大会常务委员会关于废止〈海南经济特区农垦国有农场条例〉等十四件地方性法规的决定》（海南省人民代表大会常务委员会第 27 号公告）。

② 莫纪宏：《人大立法中的"法法衔接"问题研究》，载《人大研究》2019 年第 5 期。

③ 2019 年 8 月公布的《中共中央 国务院关于支持深圳建设中国特色社会主义先行示范区的意见》在"（十八）强化法治政策保障"中强调："在中央改革顶层设计和战略部署下，支持深圳实施综合授权改革试点，以清单式批量申请授权方式，在要素市场化配置、营商环境优化、城市空间统筹利用等重点领域深化改革、先行先试。"有关"综合授权改革"和"清单式批量申请授权"等属于最新表述，但尚未真正开始实践。

④ 考察国外有关特别授权立法实践，可资借鉴的法治有益经验并不多。本书认为比较具有代表性的"特别授权法"实例：一是美国国会于 1933 年制定的《田纳西河流域管理局法》（Tennessee Valley Authority）（TVA），即 TVA 授权法。该授权罗斯福总统成立大萧条时代规划专责解决田纳西河谷一切问题的机构，获得很大的成功。二是阿联酋联邦特别授权立法的"迪拜模式"。制定阿联酋联邦《2004 年联邦第 8 号法律》，授予各酋长国规制国家事权的立法权。制定阿联酋联邦《2004 年第 35 号法令》，设立迪拜国际金融中心。参见贺小勇：《迪拜自由区的"创法路径"与借鉴意义》，载《检察风云》2019 年第 4 期。

⑤ 以离岛免税政策为例，建设国际购物中心是国际旅游岛发展的主攻方向之一，但至今尚未实现实质性破题，免税额度、免税区域、免税人群等仍然受限。

法做法或模式,①不断创新中国特色(中央)特别授权调法路径和方法,尽快厘定海南自由贸易港特别授权调法所涉事权与立法权关系,让事权(改革自主权/管理权限)下放或放开真正落到实处。与此同时,加快形成一个系统集成、而不是碎片化的"政策法律化"机制或模式,特别授权海南省自己决策,向各有关部门报备即可,否则如果每项政策的实施都需要中央逐一授权批准,则耗时长、成效低。②

表 2　中国中央对地方(特殊经济功能区/中国自贸试验区)的授权谱系

地方区域类型		授权的性质类型	
特殊经济功能区	经济特区	法律性授权 (全国人大及其常委会、《立法法》等授予经济特区立法权)	政策性授权 (1988 年《国务院关于授权省、自治区、直辖市、经济特区和计划单列市人民政府审批外资企业的通知》(已失效))
	开发区	中央无授权,地方授权 (省、直辖市的"开发区条例"等)	
	海关特殊监管区域(出口加工区、保税物流园区、跨境工业区、保税港区、综合保税区)	碎片化授权,无概括式授权 (海关总署围绕不同类型的海关特殊监管区域先后出台了《保税区海关监管办法》《中华人民共和国海关对出口加工区监管的暂行办法》《中华人民共和国海关保税港区管理暂行办法》等)	
	中国特色自由贸易港(新型特殊经济功能区)	特别授权立法	特别授权修法
中国自贸试验区(非特殊经济功能区)		授权修法,目前无授权立法 (《全国人大常委会关于授权国务院在中国(上海)自由贸易试验区暂时调整有关法律规定的行政审批的决定》《国务院关于在中国(上海)自由贸易试验区内暂时调整有关行政法规和国务院文件规定的行政审批或者准入特别管理措施的决定》等)	

---

①　至今为止,中国共有三种授权立法做法或模式:一是全国人大和全国人大常委会将立法权授予国务院行使。二是全国人大将自己的立法权授予全国人大常委会行使。三是全国人大和全国人大常委会向地方人大授权。具体参见王禹:《港澳基本法中有关授权的概念辨析》,载《政治与法律》2012 年第 9 期。

②　中国(海南)改革发展研究院:《海南自贸试验区要强化改革统筹谋划和系统集成》,载《海南日报》2018 年 11 月 21 日。

（一）海南自由贸易港特别授权调法的实施路径

本书立足于上海与浙江自贸试验区"三层次联动推进模式"实践中的事权与立法权关系逻辑，牢牢抓住"国家事权是否法治化"这一关键标准，首先提炼上海与浙江自贸试验区法治保障/法治建构典型成功经验，[①]将其上升为中国特色自由贸易港特别授权调法（立法修法）的实施路径；然后以两份纲领性文件和《海南自贸试验区总体方案》等政策文件为根本依据，研究提出海南自由贸易港特别授权调法的实施路径。

1. 国家事权已经法治化的授权修法路径

国家事权已经法治化的授权修法路径是指由全国人民代表大会及其常务委员会行使国家立法权，采取授权修法做法，授权国务院为"已经法治化的国家事权"进行修法，主要包括两项内容：一是"授权暂停"，即暂停条款；二是"授权修改"，即修改条款。[②] 具体而言，国家事权已经法治化的授权修法的"上海路径"是指全国人大常委会和国务院"双授权"，即由全国人大常委会授权国务院，再由国务院授权上海自贸试验区，暂停或修改"三资企业法"等部分条款，为《中国（上海）自由贸易试验区总体方案》落地实施修法，外商投资企业准入前国民待遇加负面清单管理制度由此产生并不断发展。[③] "上海路径"严格遵循"双授权"—修法—准入前国民待遇加负面清单制度—审批制改

---

① 按照"国家事权是否法治化"的客观标准，上海与浙江自贸试验区在实践中厘定国家事权与立法权关系，形成了国家事权（主要是指国家部委管理权限）下放或放开及其与立法权关系的"沪浙路径"：一是国家事权已经法治化的授权修法路径（"上海路径"）；二是国家事权尚未法治化的授权立法路径（"浙江路径"）。有学者将授权修法的"上海路径"表述为"授权型调法模式"。参见范进学：《授权与解释：中国（上海）自由贸易试验区调法模式之分析》，载《东方法学》2014 年第 2 期。

② 此种做法的依据是《立法法》第 13 条规定："全国人民代表大会及其常务委员会可以根据改革发展的需要，决定就行政管理等领域的特定事项授权在一定期限内在部分地方暂时调整或者暂时停止适用法律的部分规定。"参见中国人大网：《授权国务院在中国（上海）自由贸易试验区等国务院决定的试验区内暂时停止实施有关法律规定目录》，2019 年 8 月 21 日，资料来源：http://www.npc.gov.cn/wxzl/gongbao/2014-01/15/content_1823671.htm。

③ 2013 年 8 月，全国人大常委会通过了《全国人民代表大会常务委员会关于授权国务院在中国（上海）自由贸易试验区暂时调整有关法律规定的行政审批的决定》，授权暂停实施三资企业法中有关外资准入的行政审批规定，将其改为备案管理。待上海自贸试验区三年的先行先试证明行之有效后，2016 年 9 月，全国人大常委会通过了《全国人民代表大会常务委员会关于修改〈中华人民共和国外资企业法〉等四部法律的决定》，最终以国家正式修法的方式确立外商投资企业实行准入前国民待遇加负面清单管理制度，将其推广至全国统一适用。

为备案制的实践逻辑,完美演绎了"赋权、调法、建制、营商四位一体高度统一"的理论逻辑,创造了中国特色自贸区(港)法治保障与改革创新"双轮驱动"的经典的"上海经验"。海南在探索建设中国特色自由贸易港进程中,必须主动借鉴国家事权已经法治化的授权修法的"上海路径",积极配合全国人大研究制定"海南自由贸易港法",尽力争取中央特别授权并开展大规模修法活动,努力推动最大限度下放投资贸易便利化、金融、监管、法治等领域的"已经法治化的国家事权"(主要涉及"全球共性制度"与"法治环境制度"),赋予海南自由贸易港"充分的改革自主权"。

2. 国家事权尚未法治化的授权立法路径

国家事权尚未法治化的授权立法路径是指国务院或国家部委采取授权立法做法,将国家事权下放至省或地级市,然后省或地级市为"尚未法治化的国家事权"开展地方立法。具体而言,国家事权尚未法治化的授权立法的"浙江路径"是指商务部在《中国(浙江)自由贸易试验区总体方案》中决定将国际航行船舶保税加油许可权下放至舟山市人民政府;舟山市人民政府然后研制了《中国(浙江)自由贸易试验区国际航行船舶保税油经营管理暂行办法》(舟政发〔2017〕32号);浙江自贸试验区管委会最后制定了《中国(浙江)自由贸易试验区国际航行船舶保税燃料油供应业务操作规范》,实现首个与国际接轨的制度创新。"浙江路径"严格遵循国家部委授权—地级市人民政府立法—国际航行船舶保税油经营管理制度—全国首个国际航行船舶保税燃料油供应业务操作规范的实践逻辑,充分演绎了"赋权、调法、建制、营商四位一体高度统一"的理论逻辑,创造了中国特色自贸区(港)改革创新与法治保障"双轮驱动"的经典的"浙江经验"。海南在探索建设中国特色自由贸易港进程中,必须主动借鉴国家事权尚未法治化的授权立法的"浙江路径",尽力争取中央特别授权并开展相应的立法活动,积极配合全国人大研究制定"海南自由贸易港法",努力将"尚未法治化的国家事权"(主要涉及"特色产业制度")真正下放到海南自由贸易港,不断健全海南自由贸易港"最核心政策和制度体系"。

(二)海南自由贸易港特别授权调法的实证分析

海南探索建设中国特色自由贸易港,将牵涉众多改革开放领域、国家与地方事权(管理权限)划分以及国家与地方法律法规规章等调整。因此,应当坚持"事权法治制度环境一体化"的总路径、"为改革调法"的核心理念、"边立边

表3

海南自贸区（港）制度创新案例/成果（2019年2月第一批，2019年4月第二批，2019年5月第三批，2019年7月第四批）实证研究图示

领域	成果	内容	自贸试验区12个方面制度创新归属	国家授权—部委支持—地方立法/政策文件保障	依据	事权与立法权关系	海南自由贸易港三大领域	价值取向
商事登记改革	商事登记"全省通办"制度（第一批）	率先推行商事登记"全省通办"制度，即商事主体通过全省统一的登记平台（海南e登记）自主申报登记，由登记平台自动审核通过；特别情况需要人工核验的，由登记平台在全省随机选派的注册官进行核验。省人民政府市场监督管理部门为唯一登记机关，统一核发营业执照；市、县（区）、自治县市场监督管理部门不再现场受理商事主体登记业务，但保留登记咨询、引导、协助办理等服务，便利群众办事；压缩企业开办时间，即办即办、实现工商注册登记、印章刻制、申领普通发票、企业社会保险登记等流程3个工作日内办结。	一是加强自由贸易区和中国特色自由贸易港的有效管理体制；二是创新园区管理体制	地方立法/政策文件保障	地方性法规：《中国（海南）自由贸易试验区商事登记管理条例》 地方规范性文件/中国特色"红头文件"：《中共海南省委办公厅 海南省人民政府办公厅关于印发〈海南省优化营商环境行动计划(2018—2019年)〉的通知》	事权尚未法治化、立法化，立法	全球共性制度（市场准入、投资、贸易便利）	便利化

续表

海南自贸区（港）制度创新案例/成果（2019年2月第一批，2019年4月第二批，2019年5月第三批，2019年7月第四批）实证研究图示

领域	成果	内容	自贸试验区12个方面制度创新归属	国家授权—部委支持—地方立法/政策文件保障	依据	事权与立法权关系	海南自由贸易港三大领域	价值取向
	简化简易商事主体注销公告程序（第一批）	将简易注销登记公告时间由原来的45日大幅压缩至7日，这是在全国率先推出的制度创新；公告方式也由报纸公告改为更加简便的公示系统公告。	创新园区管理体制	地方立法/政策文件保障	地方性法规：《中国（海南）自由贸易试验区商事登记管理条例》 地方规范性文件"中国特色"红"头文件"：《中共海南省委办公厅 海南省人民政府办公厅关于印发《海南省优化营商环境行动计划（2018—2019年）》的通知》	事权尚未法治化、立法	全球共性（贸易便利）制度	便利化
	商事主体信用修复制度（第一批）	在全国率先推行信用修复制度，鼓励商事主体通过履行相关义务，主动纠正失信行为等方式修复信用，登记机关将信用修复情况作为商事主体从"严重违法失信企业名单"移出的重要条件；信用人经营异常名录满3年，未按照规定履行相关义务被列入严重违法失信企业名单；重违法失信被列入人严重违法失信企业名单之日起满3年未再发生严重违法失信情形，可以通过公示义务和拟申请移出公告其履行公示义务和严重违法失信企业名单等信息，信用修复公告期为30日。	创新园区管理体制	部委支持 地方立法/政策文件保障	部委规范性文件《中国特色"红"头文件"：《国家发展改革委、人民银行关于加强和规范守信联合激励和失信联合惩戒对象名单管理工作的指导意见》 地方性法规：《中国（海南）自由贸易试验区商事登记管理条例》 地方规范性文件"中国特色"红"头文件"：《中共海南省委办公厅 海南省人民政府办公厅关于印发《海南省优化营商环境行动计划（2018—2019年）》的通知》	事权尚未法治化、立法	法治环境制度（事中事后监管制度）	便利化 市场化

145

续表

领域	成果	内容	自贸试验区12个方面制度创新归属	国家授权—部委支持—地方立法/政策文件保障	依据	事权与立法权关系	海南自由贸易港三大领域	价值取向
	减免商事主体公示负面信息（第一批）	全国首创，由相关部门按照有关规定通过信用信息公示系统公示商事主体的登记、行政许可、行政处罚等监管信息；商事主体应当通过公示系统依法公示其出资、行政许可、股权变更等信息，在商事主体公示的信息事项中，免除了商事主体受到行政处罚信息的公示的义务。	一是创新管理体制；二是加强自由贸易试验区和中国特色自由贸易港的有效管理体制	地方立法、政策文件保障	地方性法规：《中国（海南）自由贸易试验区商事登记管理条例》 地方规范性文件/中国特色"红头文件"：《中共海南省委办公厅 海南省人民政府办公厅关于印发〈海南省优化营商环境行动计划（2018—2019年）〉的通知》	事权尚未法治化，立法	全球共性立法制度（市场准入）	便利化

海南自贸区（港）制度创新案例/成果（2019年2月第一批、2019年4月第二批、2019年5月第三批、2019年7月第四批）实证研究图示

续表

海南自贸区（港）制度创新案例／成果（2019年2月第一批，2019年4月第二批，2019年5月第三批，2019年7月第四批）实证研究图示

领域	成果	内容	自贸试验区12个方面制度创新归属	国家授权—部委支持—地方立法／政策文件保障	依据	事权与立法权关系	海南自由贸易港三大领域	价值取向
施工图审市场化和"多审合一"（第一批）	施工图审市场化和"多审合一"（第一批）	将图审机构向市场完全开放，将原来由气象、人防、消防等部门分别进行的图设计文件审查技术业务工作，全部交由已完全市场化的图审机构进行，企业由原来需跑多个部门变为到一家图审机构即可解决问题，时间缩至3—5个工作日，极大地提高了审批效率；在全国率先将"施工许可"调整为"施工备案"，由申请人对工程具备施工条件据实告知承诺，原施工许可证部门不再对施工条件进行审查，直接予以施工备案；实行建设项目联合验收，将"多头申请、互为前置"的验收模式变为"一口受理，并联合验收，限时办结"的新验收模式，进一步整合优化建设工程项目验收流程，切实提高项目竣工验收效率和便利化程度。	一是创新园区管理体制；二是深化园区"极简审批"改革中区管理体制	地方立法／政策文件保障	地方性法规：《中国（海南）自由贸易试验区商事登记管理条例》 地方规范性文件／中国特色"红头文件"，《海南省人民政府办公厅关于印发海南省全面推开"证照分离"改革实施方案的通知》《中共海南省委办公厅 海南省人民政府办公厅印发〈海南省推进审批服务便民化的实施意见〉的通知》《中共海南省委办公厅 海南省人民政府办公厅关于印发〈海南省优化营商环境行动计划（2018—2019年）〉的通知》	事权尚未法治化、立法	全球共性市场准制度（市场入）	便利化 市场化

续表

海南自贸区（港）制度创新案例成果（2019年2月第一批,2019年4月第二批,2019年5月第三批,2019年7月第四批）实证研究图示

领域	成果	内容	自贸试验区12个方面制度创新归属	国家授权—部委支持—地方立法/政策文件保障	依据	事权与立法权关系	海南自由贸易港三大领域	价值取向
社团法人等三类法定机构在省级层面实施（第二批）		在省级层面设立国际经济发展局,省大数据管理局,省博鳌乐城国际医疗旅游先行区管理局,并根据不同任务和改革试点需要,分别采取社团法人,事业单位法人,企业法人三种登记形式,在总体保持特法定机构基本属性的条件下,探索不同的组织形式和运作机制。将专业性,技术性或社会参与性较强的公共服务和管理职能交由法定机构承担。重点探索"政府主导,各方参与"的经济运行管理新模式,共同推进经济治理之中"以服务养服务,以效率求质量"的经济资源配置新机制。	一是创新园区管理体制;二是建立与自贸试验区和中国特色自由贸易港建设进程相适应的法律法规体系	地方立法/政策文件保障	地方政府规章:《海南博鳌乐城国际医疗旅游先行区管理局设立和运行规定》《海南国际经济发展局设立和运行规定》 地方规范性文件"中国特色"红头文件":《海南省六届人大常委会立法规划（2018—2022）》《海南省公共信息资源管理办法》	事权尚未法治化,立法	全球共制度性("一线放开,二线管住"),法治环境制度(事中事后监管制度)	市场化

148

续表

海南自贸区(港)制度创新案例成果(2019年2月第一批,2019年4月第二批,2019年5月第三批,2019年7月第四批)实证研究图示

领域	成果	内容	自贸试验区12个方面制度创新归属	国家授权—部委支持—地方立法/政策文件保障	依据	事权与立法权关系	海南自由贸易港三大领域	价值取向
金融制度创新	全国首单知识产权证券化(第一批)	一是确认发行主体。首先,通过多轮筛选,甄别,在权衡知识产权数量,公司资产规模,利润水平,行业领先度等因素后,最终选取领先的企业。其次,标的公司与券商,评级机构,会计机构,法律机构,银行,交易所等多方主体高度配合;二是确认基础资产。为了基础资产预期未来产生稳定的现金流,确定发行规模及提高行业资产的质量,对基础资产现况严格把关。同时,将知识产权产生的现金流从企业收入中剥离出来,并对现金流形成担保;三是引入担保主体。引入外部担保机构作为其增信,作为对无形资产对知识产权这种高端资本市场的认可度。后续发行资产支持证券,可由担保机构成立知识产权融资担保基金,予以增信。	一是创新对外经贸促进体制;二是加强自由贸易试验区中国特色自由贸易港的有效管理体制	部委支持	部委规范性文件/中国特色"红头文件":《国家市场监督管理总局,国家药品监督管理局,国家知识产权局关于支持中国(海南)自由贸易试验区建设的若干意见》	事权尚未法治化、立法化	全球共性制度创新(金融、贸易便利)	市场化

149

续表

领域	成果	内容	自贸试验区12个方面制度创新归属	国家授权—部委支持—地方立法/政策文件保障	依据	事权与立法权关系	海南自由港贸易港三大领域	价值取向
	天然橡胶（收入）价格（收入）保险（第一批）	借鉴"保险+期货"模式经验的基础上创新和发展，使保险收入与割胶量相挂钩，推出了可在全省实施的天然橡胶价格（收入）保险，即将其设计成两种产品模式，并将胶价格（收入）保险和国营省海南胶集团收入保险。	创新对外经贸促进体制	地方立法文件保障	地方规范性文件《中国特色"红头文件"》《2018年海南省农业保险工作实施方案》《海南省天然橡胶产业脱贫工程保险行动方案（2018年—2020年）》《关于加快推进2019年天然橡胶价格（收入）保险有关工作的通知》	事权尚未法治化，立法	全球共性制度创新（金融创新、贸易便利）	市场化
	设立国际热带农产品交易中心（第一批）	去年12月18日在海口成立的海南国际热带农产品交易中心，为国内外投资者提供了全国首家国际热带农产品"互联网+热带农产品"线上交易平台，进一步提升海南热带农产品在全国内外的知名度、定价权，把握话语权，对世界热带农产品种植端，贸易端、终端消费三者共赢起到很大的作用。	创新对外经贸促进体制	部委支持	部委规范性文件《中国特色"红头文件"》《中共中央农办关于全面深化改革开放的指导意见》《农业农村部关于支持海南全面深化改革开放的指导意见》《实施方案》	事权已法治化，修法	全球共性制度（贸易便利）、特色产业制度（国际旅游）	市场化、国际化

海南自贸区（港）制度创新案例成果（2019年2月第一批，2019年4月第二批，2019年5月第三批，2019年7月第四批）实证研究图示

领域	成果	内容	自贸试验区12个方面制度创新归属	国家授权一部委支持一地方立法/政策文件保障	依据	海南自由贸易港三大领域	事权与立法权关系	价值取向
金融	全国首单沪琼自由贸易账户联动业务(第二批)	2019年1月1日,海南自由贸易账户(FT账户)体系正式上线,可为企业提供跨境收支、跨境贸易融资及贷款投放的本外币兑换以及贷款投放等服务。目前,全省共有5家银行173个网点开办FT账户业务。中国银行海南省分行作为首批上线试点行,于2019年1月29日联动上海中行,海外中行在FTU分账核算单元项下成功办理了全省首单自由贸易试验区联行代付项下融资性风险参与业务,实现两地FT账户业务联动及资金的有效互通运用。该业务是海南FT项下首笔融资性风险参与业务创新,为进一步扩大两地FT账户下业务,继续探索海南FT账户功能拓展创新奠定基础,有助于自由贸易试验区银行业扩大优质资产规模,以此参与海外市场的竞争,提升国际化水平。	创新对外经贸促进体制	无	无	全球共性制度便利(贸易、金融创新)	事权尚未法治化、立法	市场化、国际化

全文表头：海南自贸区(港)制度创新案例/成果(2019年2月第一批,2019年4月第二批,2019年5月第三批,2019年7月第四批)实证研究图示

151

海南自贸区（港）制度创新案例/成果（2019年2月第一批，2019年4月第二批，2019年5月第三批，2019年7月第四批）实证研究图示

领域	成果	内容	自贸试验区12个方面制度创新归属	国家授权—部委支持—地方立法/政策文件保障	依据	事权与立法权关系	海南自由贸易港三大领域	价值取向
共享医院新模式——博鳌超级医院（第二批）		博鳌超级医院的创新运营管理模式，构建了"1+X"，即"一个共享平台（平台）+若干个专科临床医院"的全新共享医院模式，与各专科医院建立了合作共建平台，与美国、英国、加拿大、澳大利亚等国家及我国香港、台湾、澳门等地区的知名教授建立了合作共建平台。在技术、药品、医疗器械创新应用方面吸引了国内排名前三的临床专科和一批优秀的医疗机构进驻。	一是创新园区管理体制；二是深化"极简审批"项目改革；三是加强自由贸易试验区和中国特色自由贸易港的有效管理体制	国家授权 地方立法/政策文件保障	行政法规：《国务院关于在海南博鳌乐城国际医疗旅游先行区暂时调整实施〈中华人民共和国药品管理法实施条例〉有关规定的决定》《国务院关于在海南博鳌乐城国际医疗旅游先行区暂停实施〈医疗器械监督管理条例〉有关规定的决定》 地方性法规：《中国（海南）自由贸易试验区重点园区管理条例》 地方政府规章：《海南博鳌乐城国际医疗旅游先行区管理局设立和运行规定》 地方规范性文件"中国特色"红头文件：《中共海南省委办公厅 海南省人民政府办公厅发〈关于深化药品医疗器械审评审批制度改革的实施意见〉的通知》《海南省人民政府关于印发海南省健康产业发展规划（2019—2025年）的通知》	事权已经法治化、修法	特色产业制度（健康医疗市场）	便利化、国际化

续表

海南自贸区（港）制度创新案例/成果（2019 年 2 月第一批、2019 年 4 月第二批、2019 年 5 月第三批、2019 年 7 月第四批）实证研究图示

领域	成果	内容	自贸试验区12个方面制度创新归属	国家授权—部委支持—地方立法/政策文件保障	依据	事权与立法权关系	海南自由贸易港三大领域	价值取向
	全国率先实施境外游艇入境关税保证保险制度（第二批）	海口海关在全国率先将关税保证保险制度应用于境外游艇入境领域，助力海南发展境关税担保租赁产业；在海南、境外游艇所有人委托的游艇管容注册登记的企业或其他经海关注册登记的企业作为投保人，承担税款缴纳义务；经海关总署和银保监会批准，在海南省开展关税保证保险业务试点的保险公司作为保险人，为持有游艇的保险人提供担保服务；海关为核定游艇入境单为境外游艇入境游保险人，凭保险单办理境外游艇入境游艇的境人境手续。这项制度的实施，大幅降低境外游艇通过关税保证保险的方式入境。自 2019 年 1 月政策实施以来，已有 7 艘境外游艇通过关税保证保险的方式入境。	一是加强自由贸易试验区中国特色自由贸易港的有效管理体制；二是创新对外经贸促进体制	部委支持	部委规范性文件/中国特色"红头文件"：《海关总署关于开展关税保证保险业务试点的公告》	事权已经法治化、修法	全球共性制度（海关监管、金融创新、财税政策等）、特色产业制度（国际旅游）	便利化

续表

海南自贸区（港）制度创新案例/成果（2019 年 2 月第一批，2019 年 4 月第二批，2019 年 5 月第三批，2019 年 7 月第四批）实证研究图示

领域	成果	内容	自贸试验区 12 个方面制度创新归属	国家授权一部委支持—地方立法/政策文件保障	依据	事权与立法权关系	海南自由贸易港三大领域	价值取向
	人才租赁住房不动产投资信托基金（REITs）产品成功发行（第三批）	为维护房地产市场稳定，海南通过政府引导与社会共同出资设立不动产投资信托基金（简称"REITs"），适时收购中小房地产，优化房地产结构，以市场化手段促进租赁住房可持续发展，防止房地产风险向财政风险转换。	建立和完善房地产调控长效机制	无	无	事权尚未法治化，立法	全球共制度性（金融创新）	市场化
	优化创新服务贸易统计数据方式（第三批）	海南省以服务贸易十二类行业工作数据为基础，应用大数据挖掘，综合统计方法进行深度分析，获得服务贸易总体发展，行业运行分布、国别分布、重点行业运行情况。同时，对异常数据进一步进行分析，获得有用的政府解决政策信息，对服务贸易占比较高的行业、以及具有发展潜力的行业分析，把握行业动态。随着服务贸易方法的成熟，服务贸易统计报告亦由季报制改为月报制，取得了良好效果。	一是加强自由贸易试验区和中国特色自由贸易港的有效管理体制；二是园区管理体制	国家授权；地方立法/政策文件保障	国务院规范性文件/"红头文件"：《国务院关于同意深化服务贸易创新发展试点的批复》；地方规范性文件/"红头文件"：《海南省人民政府关于印发海南省服务贸易创新发展试点工作方案的通知》	事权尚未法治化，立法	全球共制度性（贸易便利）	便利化

续表

海南自贸区（港）制度创新案例/成果（2019年2月第一批,2019年4月第二批,2019年5月第三批,2019年7月第四批）实证研究图示

领域	成果	内容	自贸试验区12个方面制度创新归属	国家授权一部委支持一地方立法/政策文件保障	依据	事权与立法权关系	海南自由贸易港三大领域	价值取向
	海南卫星遥感信息全产业链式招商（第三批）	为推进军民融合发展,服务国家重大战略中科遥感服务产业园区建设,三亚中科遥感信息产业园改变传统"前期规划,中期建设,后期招商"的长周期用期模式,采用"边建设,边律商,边招商"模式。通过采取精准招商与个性化孵化相结合方式,园区已集聚75家企业,累计投资超过1亿元,卫星遥感信息全产业链基本形成。	一是创新园区管理体制;二是国家打造不尽,创造国家创新示范区	无	无	事权尚未法治化,立法。	全球共立性制度准（投资准入）	便利化、市场化

155

续表

海南自贸区(港)制度创新案例成果(2019年2月第一批,2019年4月第二批,2019年5月第三批,2019年7月第四批)实证研究图示

领域	成果	内容	自贸试验区12个方面制度创新归属	国家授权—部委支持—地方立法/政策文件保障	依据	事权与立法权关系	海南自由贸易港三大领域	价值取向
	通信基站建设管理"放管服"改革(第三批)	通信基站是光网的核心设施,现行的通信基站行业管理存在审批数量大、人工填报错误率高,审批周期长、"违建"数量多,基站有效监管难等突出问题。为有效解决这些问题,我省在事前审批率先将通信基站知承诺和审批改为一次性告知性审批,建成基站在线监管系统,实现基站相关技术参数等数据信息能够自动、及时、准确地进入全省无线电合管理数据库,强化全省中事后监管。这一做法,极大提高报建效率从2015年的全国倒数第二位,海南光网建设全国倒数第十位,为全省光网2018年"寻首补弱"提供了可靠的技术支撑,做到了全覆盖、无死角监管,实现了政企双赢。	加强自由贸易区和中国特色自由贸易港有效管理体制	无	无	事权尚未法治化、立法	法治环境制度(事中事后监管制度)	便利化、自由化

续表

领域	成果	内容	自贸试验区12个方面制度创新归属	国家授权—部委支持—地方立法/政策文件保障	依据	事权与立法权关系	海南自由贸易港三大领域	价值取向
	大数据集成创设旅游带消费价格指标体系（第四批）	中国·海南旅游消费价格指数是反映我省不同时期旅游与价格水平变动有关的商品、服务与价格的重要指标，以周报、月报和年报的形式通过政府网站等媒体向社会定期公布。习近平总书记"4·13"讲话和中央12号文件明确提出海南要建设国际旅游消费中心，中国·海南旅游消费价格指数正是我省运用大数据助力海南自由贸易试验区（自由贸易港）建设的大胆探索，填补了我省乃至全国旅游管理与服务指标体系建设上的空白，对我省大力推进旅游消费国际化，系统提升旅游设施和旅游要素的国际化、标准化、信息化水平，具有十分重要的现实意义。	一是加强自由贸易试验区和中国特色自由贸易港的有效管理体制；二是创新园区管理体制	无	无	事权尚未法治化，立法	特色产业制度（国际旅游）	国际化

海南自贸区（港）制度创新案例/成果（2019年2月第一批，2019年4月第二批，2019年5月第三批，2019年7月第四批）实证研究图示

157

续表

海南自贸区（港）制度创新案例/成果（2019年2月第一批,2019年4月第二批,2019年5月第三批,2019年7月第四批）实证研究图示

领域	成果	内容	自贸试验区12个方面制度创新归属	国家授权—部委支持—地方立法/政策文件保障	依据	事权与立法权关系	海南自由贸易港三大领域	价值取向
政府管理创新	全国首创设立"候鸟"人才工作站（第二批）	不断创新服务模式,拓展服务范围、标准化、网络化新机制,全国首创打造一海南独有的特色"候鸟"人才工作站这一为"候鸟"人才提供医疗康养服务外,还依托高等院校、科研院所,医疗卫生机构、产业园区,城市社区、乡镇街道、乡业小区,企业等载体,提供各类服务,目前已灵活建设40多个各类"候鸟"人才工作站点;创新建设"候鸟"人才服务网"线上服务平台,提供"候鸟"人才就业办事指引,在线咨询,网上对接等服务。	一是创新管理园区管理体制;二是建立全岛城乡融合、全岛同城发展新机制	部委支持	部委规范性文件/中国特色"红头文件":《人力资源社会保障部关于印发〈支持海南人力资源和社会保障事业全面深化改革开放的实施意见〉的通知》	事权尚未法治化,立法	全球共制度人性（自然移动）	便利化
				地方立法、政策文件保障	地方政府规章:《免签证来琼旅游外国人服务和管理办法》			
					地方规范性文件/中国特色"红头文件":《海南省人民政府关于成立中国自由贸易港研究院的批复》《海南省人民政府关于印发海南省人口发展规划（2030年）的通知》			

续表

领域	成果	内容	自贸试验区12个方面制度创新归属	国家授权—部委支持—地方立法/政策文件保障	依据	事权与立法权关系	海南自由贸易港三大领域	价值取向
	应用建筑信息模型化(BIM)技术开展电子招投标(第三批)	建筑信息模型化(简称"BIM")技术是建筑业的一场信息革命。目前,国内在施工、运行等后端环节BIM应用已相对成熟,但在对控制造价、精细化管理、缩短工期最重要的招投标环节却是空白,BIM技术应用的意义尚未在全国完全释放。针对这一情况,海南率先在全国实现BIM技术在招投标领域应用,探索BIM技术全生命周期覆盖,成为我国建筑业信息化发展的先行者。2018年5月16日,全国首个应用BIM技术的电子招投标项目——万宁市文化体育广场体育馆游泳项目,在海南省人民政府政务服务中心顺利完成招标投标工作。该项目招标控制价3.16亿元,总建筑面积56496.48m²,建筑造型新颖,结构施工复杂。通过应用BIM技术在招投标阶段的应用,实现了从技术、造价、管理多维度优选施工单位,确保重大项目高质量实施。	一是加强易自由贸易试验区中国特色自由贸易港的有效管理体制;二是创新园区管理体制	地方立法/政策文件保障	地方规范性文件"中国特色"红头文件:《海南省房屋建筑和市政工程工程量清单招投标评标小法》	事权尚未法治化,立法	法治环境制度(政府职能转变)	便利化

续表

海南自贸区（港）制度创新案例/成果（2019年2月第一批,2019年4月第二批,2019年5月第三批,2019年7月第四批）实证研究图示

领域	成果	内容	自贸试验区12个方面制度创新归属	国家授权—部委支持—地方立法/政策文件保障	依据	事权与立法权关系	海南自由贸易港三大领域	价值取向图示
	基于网上督查室的"多督合一"（第一至第三批）	规范督查工作，切实减轻基层负担，2019年我省在全国率先实现省级面向党委政府及其部门网上督查的统一部署，并延伸至市县、乡镇，建立全省督查"一张网"，实现全省网上督查一体化。网上督查室一体化部署的自动查运行以来，通过对历史数据的自动查重，发现重复督查事项452个，多头督查事项109个，减少重复督查事项28个。通过"多督合一"督查校验，建立督查"自动查重"功能，建立督查资源库，共享督查结果，严格控制总量频次。目前，网上督查室已接入使用单位140个，下达督查任务699个，入库人员748名，督查责任人承办处室至督查领导、督查部门、分管的四层级督导主体，形成主体、督查部门，承办处办了"横到边纵到底"的大督查体系，建立上线下联动的大督查格局。	一是加强自由贸易试验区和中国特色自由贸易港的有效管理体制；二是管理园区管理体制	地方立法/政策文件保障	地方规范性文件/中国特色"红头文件"：《海南省人民政府关于印发〈海南省加快推进全省一体化在线政务服务平台建设实施综合方案〉和〈海南省审批服务综合窗口受理制改革实施方案〉的通知》	事权尚未法治化、立法	法治环境（制度制度职能）（政府职能转变）	便利化

续表

领域	成果	内容	自贸试验区12个方面制度创新归属	国家授权—部委支持—地方立法/政策文件保障	依据	事权与立法权关系	海南自由贸易港三大领域	价值取向
	领事业务"一网通办"（第三批）	海南利用多年领事业务系统全国领先的优势积累，以"信息共享"为突破口，打破"信息孤岛"，实现与国家部委层面跨平台、跨地区、跨层级信息共享。与外交部相关业务系统功能全面对接，用户对外办、外办对外交部的数据实现一键上报，进度实时查询。省级层面实现三个业务系统与全省政务服务系统信息共享，把APEC商务旅行卡、外国人来华邀请和领事认证三个业务系统整合为一个平台，纳入全省"一张网"。在全国率先推出领事业务"一网通办"平台，领跑全国领事信息化建设，多次在全国践行并受到外交部领事交流会议上发言并"外交为民"理念会表彰，为海南践行范例。领事业务"一网通办"实施以来，有效提高了领事业务办理时效和便捷度。在承诺时限内，三项领事业务提前办结率100%。	一是加强自由贸易试验区和中国特色自由贸易港的有效管理体制；二是创新园区管理体制	地方立法/政策文件保障	地方规范性文件《中国特色"红头文件"：《海南省人民政府关于印发〈海南省加快推进全省一体化在线政务服务平台建设实施方案〉和〈海南省审批服务综合窗口受理制改革实施方案〉的通知》	事权尚未法治化、立法	全球共性制度自立（信息巾）	便利化、自由化

续表

海南自贸区（港）制度创新案例/成果（2019年2月第一批,2019年4月第二批,2019年5月第三批,2019年7月第四批）实证研究图示

领域	成果	内容	自贸试验区12个方面制度创新归属	国家授权—部委支持—地方立法/政策文件保障	依据	事权与立法权关系	海南自由贸易港三大领域	价值取向
	设立重大项目检察工作站,"面对面"提供精准法律服务（第三批）	实现全流程互联网"不见面"审批,特别是APEC商务旅行卡和外国人来华邀请两项业务,"不见面"办理达到100%。						
		为有力保障重大项目顺利推进,保障人民群众合法权益,守护国家利益,守护海南人民检察院在全国首创设立重大项目检察工作站,切实为重大项目建设提供及时、高效、优质的法律服务,为加快推进海南自贸试验区和中国特色自贸港建设贡献力量。目前,依托海南省政府批准的每年度重点项目投资计划,选择投资带动效应大、民生民利影响响大、社会关注热度高的重大项目,共设立了28个检察工作站,采取"每周固定时间+应急驻站"等专项工作模式、零距离速响应、面对面服务,保障重大项目建设中的法律诉求得到及时解决,应急快速解决,确保重大项目建设如期、高质量推进。	一是加强自由贸易试验区和中国特色自由贸易港的有效管理体制；二是创新园区管理体制	无	无	事权尚未法治化、立法	法治环境制度（多元化纠纷解决机制）	便利化

续表

领域	成果	内容	自贸试验区12个方面制度创新案例归属	国家授权—部委支持—地方立法—政策文件保障	依据	事权与立法权关系	海南自由贸易港三大领域	价值取向
建筑工程施工许可告知承诺制(第四批)	推进施工许可审批制度改革,既是优化营商环境的重要举措,也是落实《中国(海南)自由贸易试验区总体方案》的具体措施。海南创新建筑施工许可审批模式,率先在全省范围内实行建筑工程施工许可告知承诺审批,通过优化施工许可条件,加强事中事后监管,实现施工许可证1个工作日发放,进一步压缩了审批时限,提高了审批效率,实施效果走在全国前列,打造了建筑工程建设审批"高速公路"。截止7月22日,全省已经有87个项目通过"告知承诺制审批"取得建筑工程施工许可证。全省首张"建筑工程施工许可证"施工许可证,申请人从提交材料,到签订承诺书,领取施工许可证,前后仅耗时4小时,有效提升了事中事后监管。此外,还要提升了改革政策红利获得时,有效提升了事中事后监管,经核查虚假承诺条件,经核查不符合承诺条件的,施工许可	一是加强自贸试验区和中国特色自由贸易港的有效管理体制;二是创新园区管理体制;三是园区"极简审批"改革	国家授权 地方立法保障文件	国务院规范性文件/"红头文件":《国务院办公厅关于全面开展工程建设项目审批制度改革的实施意见》 地方性法规:《中国(海南)自由贸易试验区重点园区极简审批条例》 地方规范性文件/"红头文件":《关于试行建筑工程施工许可告知承诺制的通知》《海南省人民政府关于印发〈海南省工程建设项目审批制度改革实施方案〉和〈海南省建设工程竣工联合验收实施方案〉的通知》	事权尚未法化、立法确认	法治环境制度(事中事后监管制度)	便利化

续表

海南自贸区（港）制度创新案例/成果（2019年2月第一批，2019年4月第二批，2019年5月第三批，2019年7月第四批）实证研究图示

领域	成果	内容	自贸试验区12个方面制度创新归属	国家授权—部委政策支持—地方立法/政策文件保障	依据	事权与立法权关系	海南自由贸易港三大领域	价值取向
	无税不申报（第四批）	可部门应采取相应监管措施；在核查期内发生质量安全事故的，将建设名单列入质量安全诚信"黑名单"，并对其违法违规行为予以顶格处罚。						
		为全力支持和服务海南自由贸易港（自贸港）建设，进一步推进办税便利化改革，切实减轻纳税人和基层税务人员负担，从2019年7月1日起在海口试点推广"无税不申报"制度，对增值税、消费税、文化事业建设费、印花税、土地增值税相关税（费）种实行得零申报（企业所得税、个人所得税除外），主要强调纳税人申报税款的自主性，具体包括推行税（费）种按次申报机制，加强放权、简政放权，放管结合，促进纳税人自主申报，正确履行申报纳税义务。并在全	加强自由贸易试验区和中国特色自由贸易港有效管理体制	地方立法/政策文件保障	地方规范性文件/中国特色"红头文件"：《国家税务总局海口市税务局关于推行无税不申报办法的公告》	事权尚未法治化，立法	全球共性制度（财税政策）	便利化

续表

海南自贸区（港）制度创新案例/成果（2019年2月第一批、2019年4月第二批、2019年5月第三批、2019年7月第四批）实证研究图示

领域	成果	内容	自贸试验区12个方面制度创新归属	国家授权一部委支持一地方立法/政策文件保障	依据	事权与立法权关系	海南自由贸易港三大领域	价值取向
		国率先明确已做票种核定的纳税人不适用,实现在风险可控的前提下还责发权于纳税人,该制度惠及海口市无票种核定小规模单位纳税约59000户（占海口市全部小规模单位纳税人约54%、全部单位纳税人约45%），每年将会减少无票种申报约60万户次,减免了企业零运行成本,有效促进了海口市营商环境优化提升。						
	优质农产品出口动态书免证书备案（第四批）	海口海关探索创新农产品出口监管模式,全国率先对经营农业行政主管部门动态认证具备检验检疫证书和提交材料,进一步优化了现有口岸监管体系,简化口岸出口流程和提程和提交复核,将备案考核的20个工作日压缩至7个工作日内,有效减轻企业办理时间和成本,推动海南省热带高效农业加快发展。2019年3月31	一是加强自由贸易试验区和中国特色自由贸易港的有效管理体制;二是深化园区项目"极简审批"改革;三是创新对外经贸促进体制	无	无	事权尚未法治化、立法	全球共性制度（海关监管）、特色产业制度（热带农业）	便利化

165

续表

领域	成果	内容	自贸试验区12个方面制度创新归属	国家授权区支持—地方立法/政策文件保障	依据	事权与立法权关系	海南自由贸易港三大领域	价值取向
		日，海南省农业农村厅推荐首批经认证的优质农产品表单，海口海关已为表单内出口笋壳鱼养殖场注册登记，并对其9批次出口笋壳鱼新加坡的笋壳鱼（共计4655公斤，价值84978美元）免予出具检验检疫证书。						
	打造全省统一不动产登记工作新体系（第四批）	为进一步深化"放管服"改革，严格落实海南省优化营商环境有关要求，通过改进工作作风、提供优质服务，提高办事效能，缩短办理时限，解决群众、企业"中梗阻"问题，我省在全国率先以省级名义出台《海南省不动产统一登记办事指南》，搭建起全登记类型框架，将登记类型由原有的52种，扩展到57种，全部去除"法律、行政法规规定的其他材料"的兜底条款，将受理材料精简化、明确化，实现全省统一办理时限一办理材料一套材料		地方立法/政策文件保障	地方规范性文件/中国特色"红头文件"：《海南省不动产统一登记办事指南》	事权尚未法治化、立法	全球共性制度（政府职能转变）	便利化

一是加强自由贸易试验区和中国特色自由贸易港的有效管理体制；二是建立完善房地产调控和完善长效机制

续表

海南自贸区(港)制度创新案例/成果(2019年2月第一批,2019年4月第二批,2019年5月第三批,2019年7月第四批)实证研究图示

领域	成果	内容	自贸试验区12个方面制度创新归属	国家授权—部委政策支持—地方立法/政策文件保障	依据	事权与立法权关系	海南自由贸易港三大领域	价值取向
		标准办理登记,规范了政府服务行为,解决了各市县登记审查标准不统一等问题,提高了办事效率,为企业和群众提供了优质、高效、满意的服务。						
	"一站式"公共服务平台——椰城市民云(第四批)	"互联网+政务服务"是深化"放管服"改革的关键举措,但在实践过程中,中国内普遍出现了政务APP建设"一拥而上,数量过多,各自独立,"数据烟囱"等问题,群众要办理不同的业务,需下载注册不同的政务APP,早晚却需"跑腿"时间却同时却在增多。因此,海口市加强对政务APP数量的瘦身,统筹打造"一站式"线上公共服务平台——椰城市民云,将城市多类服务统一纳入新"一站式",实现一个APP生活在海口,满足市民多样化需求,实现一个APP生活在海口,办事在海口,旅游在海口,有效提升了政务服务便利化程度。截至	一是加强自由贸易区和中国特色自由贸易港的有效管理体制;二是创新园区管理体制	地方立法/政策文件保障	地方规范性文件:《中国特色"红头文件":《海口市民云关于政务APP建设相关问题的通知》《椰城市民云政务信息整合共享工作方案》《海南省人民政府关于推进智慧城市建设三年行动计划》《海南省加快推进全省一体化在线政务服务平台建设实施方案》和《海南省审批服务综合窗口受理改革实施方案》的通知》	事权尚未法治化、立法	法治环境制度(政府职能转变)	便利化

续表

海南自贸区（港）制度创新案例/成果（2019 年 2 月第一批，2019 年 4 月第二批，2019 年 5 月第三批，2019 年 7 月第四批）实证研究图示

领域	成果		自贸试验区12个方面制度创新归属	国家授权—部委支持—地方立法/政策文件保障	依据	事权与立法权关系	海南自由贸易港三大领域	价值取向
	内容	2019 年 6 月中旬，椰城市民云注册用户已突破 103 万，约占海口市常住人口的 45%。用户使用椰城市民云 APP，实现了申请受理、材料提交，进度查询全程网上办，有效提高了办事效率。以琼州海峡预约过海流程变为例，将传统预约随排的过海模式变为网上预约，2019 年春运期间通过预约的司机比非预约司机至少提前 1 小时过海，显著缓解了出行高峰的港口拥堵。再比如办理海运网约车运输证许可，传统的交通港航要先去政务中心的办事流程需要窗口提交申请，然后到海港局窗口变更营业性质，最后回政务中心去取证。而现在只需要打开椰城市民云 APP 就能把证办下来，出证时间同大大缩短。						

续表

领域	成果	内容	自贸试验区12个方面制度创新归属	国家授权—部委支持—地方立法/政策文件保障	依据	事权与立法权关系	海南自由贸易港三大领域	价值取向
	建立全天候进出岛人流、物流、资金流监管系统(第四批)	着眼于自贸港建设"管得住,才能放得开"的基本要求,着力建设全天候、实时性的人流、物流、资金流进出岛信息管理系统,通过全面即时采集和共享进出岛的人员、货物、资金等信息,精准识别和管控进出岛的"每一个人、每一件物品、每一分钱",运用大数据分析感知社会态势,辅助科学决策。在此基础上,建立跨层级、跨地域、跨系统、跨部门、跨业务的协同管理和服务机制,提高管理和服务效率。人流进出岛信息管理系统自运行以来,预警人数1896名,确保了59国免签人员正常任免。物流进出岛信息管理系统自2018年10月上线运行以来,核查出装载货物与申报货物不相符的事件823起,发现1起任普货中藏匿易燃易爆危险品的违法事件。	一是加强自由贸易试验区和中国特色自由贸易港的有效管理体制;二是园区创新管理体制	无	无	事权尚未法治化、立法	全球共制性立(信息山)	便利化、自由化

海南自贸区(港)制度创新案例/成果(2019年2月第一批,2019年4月第二批,2019年5月第三批,2019年7月第四批)实证研究图示

169

续表

领域	成果	内容	自贸试验区12个方面制度创新归属	国家授权—部委支持—地方立法/政策文件保障	依据	事权与立法权关系	海南自由贸易港三大领域	价值取向
民生保障改善	以市场为导向开创消费扶贫新模式（第三批）	打赢打好脱贫攻坚战是海南建设全岛自贸试验区的基础工程。海南省以消费扶贫为重要切入点，积极探索促进贫困户持续增收的长效机制，推动输血式扶贫从单向受益扶贫转为双向受益持续扶贫，从不可持续扶贫转为可持续扶贫，形成"人人参与消费扶贫，人人支持消费扶贫"的良好氛围，带动脱贫攻坚取得显著成效。自2018年10月全省启动消费扶贫活动以来，贫困户增收显著，截至2019年3月底，全省消费扶贫销售总额累计达到7011.32万元。海南爱心扶贫网自2018年上线以来，网上注册人数9.7万人，在售商品数433个（今年一季度新上架产品126个），销售产品14.09万件，销售总额3369.72万元，受益贫困户范围覆盖海南18个市县，2019年获得中央网信办"因爱同行"2018网络公益年度项目大奖。	一是加强自由贸易区和中国特色自由贸易港的有效管理体制；二是创新园区管理体制	地方立法/政策文件保障	地方规范性文件《中国特色"红头文件"：以购代捐》中开展"以购代捐"消费扶贫行动方案》《消费有情 爱心无价——海南消费扶贫爱心行动倡议书》《"爱心扶贫大集市"百场百家活动方案》	事权尚未法治化、立法	法治环境制度（政府职能转变）	便利化 市场化

续表

领域	成果	内容	自贸试验区12个方面制度创新归属	国家授权—部委支持—地方立法/政策文件保障	依据	事权与立法权关系	海南自由贸易港三大领域	价值取向
民生保障改善	设置高等教育"冬季小学期"，搭建柔性引才及人才培养新平台（第三批）	海南具有得天独厚的生态环境和气候优势，每年冬季包括院士在内到国内外一流专家学者纷纷到海南度假。为积极挖掘这一独特的"智力资源"，海南全省统一实施高等教育"冬季小学期"新模式，把冬季集聚在海南的国内外一流专家学者，转换为支持海南高等教育发展的人才优势和智力支持，有效提升了高等教育学科专业水平及高校人才培养质量。目前，全省所有本科高校均开设了"冬季小学期"，受益学生超过10万人次，形成联合科研项目100多项。海南高校与国内外知名高校、研究机构、行业企业等开展深度合作的重要桥梁，对于培养高素质国际化人才、提升高等教育服务自贸试验区（自贸港）建设的能力具有重要意义。	一是创新管理体制；二是建立城乡融合、企业城乡同城发展新机制	地方立法—政策文件保障	地方规范性文件/中国特色"红头文件"：《关于建设海南省特色高水平本科教育的实施意见》	事权尚未法治化、立法	全球共制度性（自然人移动）	便利化

海南自贸区（港）制度创新案例/成果（2019年2月第一批，2019年4月第二批，2019年5月第三批，2019年7月第四批）实证研究图示

续表

海南自贸区（港）制度创新案例/成果（2019 年 2 月第一批、2019 年 4 月第二批、2019 年 5 月第三批、2019 年 7 月第四批）实证研究图示

领域	成果	内容	自贸试验区12个方面制度创新案例归属	国家授权—部委支持—地方立法/政策文件保障	依据	事权与立法权关系	海南自由贸易港三大领域	价值取向
乡村振兴	乡村振兴全工作队全省镇村全覆盖（第三批）	实施乡村振兴战略是党的十九大作出的重大决策部署。选派乡村振兴工作队，是实施乡村振兴战略、打好精准脱贫攻坚战的有力抓手，是巩固完兑农村执政的基础的重要举措。为带动500多万农民成为海南自贸试验区（自贸港）建设的生力军，巩固提升脱贫成效，解决城乡二元分割，实现融合发展，省委向全省所有乡镇和行政村派出8083名干部，组成2757支乡村振兴工作队，向全省196个乡镇、2561个行政村分别派驻乡村振兴工作队。与其他省份派驻重点镇村乡村振兴工作队不同，海南乡村振兴工作队实行"一乡镇一队、一行政村一队"，是全国唯一实现所有行政村全覆盖的省份。通过派驻乡村振兴工作队，不仅加强乡村领导和改善了党对"三农"工作的领导，夯实了农村基础，还为海南全面深化改革开放培养了人才，淬炼了队伍。	一是加强自由贸易试验区和中国特色自由贸易港的有效管理体制；二是创新园区管理体制；三是城乡融合、全岛发展，建立同城同质新机制；四是全面加强党的领导	国家授权 部委支持 地方立法文件保障	国务院规范性文件/中国特色"红头文件"：《中共中央、国务院关于实施乡村振兴战略的意见》 部委规范性文件/中国特色"红头文件"：《中共科学技术部党组关于创新驱动乡村振兴发展的意见》 地方规范性文件/中国特色"红头文件"：《中共海南省委乡村振兴战略的实施意见》《海南省人民政府关于实施乡村振兴战略规划（2018—2022年）》《中共海南省委关于高质量建设全岛自由贸易试验区为建设中国特色自由贸易港打下坚实基础的意见》	事权尚未法化，立法	法治环境制度（政府职能转变）	便利化

续表

海南自贸区(港)制度创新案例/成果(2019年2月第一批,2019年4月第二批,2019年5月第三批,2019年7月第四批)实证研究图示

领域	成果	内容	国家授权—部委支持—地方立法/政策文件保障	自贸试验区12个方面制度创新归属	依据	事权与立法权关系	海南自由贸易港三大领域(政府职能转变)	价值取向
利用视讯手段开展双扶志智,开辟脱贫致富新通道(第三批)		海南开办脱贫致富电视夜校,利用电视电话线961017电话热线咨询的方式,把扶贫同扶志、扶智结合起来,把救急纾困和内生脱贫结合起来,提升贫困群众能发展生产和务工经商的基本技能,引导贫困群众"等、靠、要"思想,激发脱贫致富内生动力,逐步消除精神贫困,实现可持续稳固脱贫。目前,全省负责签到的5500多名驻村第一书记和村市县党支部书记,签到率达99.86%,党管电渠人员100%签到,贫困户主要劳动力参学率达96.14%,全面完成各项教育对我省导校给予充分肯定。国务院扶贫办对我省脱贫电视夜校给予充分肯定。中央电视台《新闻联播》、人民日报对海南脱贫致富电视夜校的经验做法进行了集中宣传报道。2018年,我省脱贫致富电视夜校被国务院扶贫开发领导小组织评为"全国脱贫攻坚组织创新奖"。	无	一是加强自由贸易试验区和中国特色自由贸易港的有效管理体制;二是创新园区管理体制	无	事权尚未法治化,立法	法治环境制度	便利化

破"或"边破边立"以及"立改废释并举"的方法论,在积极借鉴"上海经验"和"浙江经验"的基础上,统筹应用并不断创新"上海路径"和"浙江路径",全面厘定"海南自由贸易港法"研制中错综复杂的事权与立法权关系。以逐步实现海南自由贸易港货物、资金、运输、人员、信息等五大自由为目标,①紧紧围绕"管理体制、准入、监管、财税、金融、出入境、法治"等核心领域,有序开展系统性法治(立、改、废、释)工程,逐步建立海南自由贸易港法律规范体系;同时加速开展系统性制度创新工程,加快形成"全球共性制度""法治环境制度""特色产业制度"三位一体的"最核心政策和制度体系"。②

1. 紧紧围绕海南自由贸易港"全球共性制度"开展特别授权立法修法活动,加快推动"改革方案"落地见效

海南自由贸易港"最核心政策和制度体系"应当包含"区域性质(境内关外)、海关监管(分线管理)、贸易便利、投资准入、市场准入、财税政策、金融创新、信息自由、自然人移动"等全球自贸区(港)具有的"共性制度",其中大部分属于《立法法》第八条明确规定的国家事权事项,或称中央专属立法权/国家立法权的"权力清单",即涉及国家主权、犯罪和刑罚、税收、民事、财政、海关、金融、外贸及诉讼和仲裁制度等11项基本事项,属于全国人大及其常委会国家立法权保留范围,海南地方立法权和经济特区立法权都无权进行调整,③因此必须由作为中央特别授权法的"海南自由贸易港法"加以规制或通过中央特别授权调法加以调整。对标国际先进并结合中国国情和海南省情,本书

---

① 时任中央政治局常委、国务院副总理汪洋在《推动形成全面开放新格局》(人民日报2017年11月10日)撰文指出,"自由港是设在一国(地区)境内关外、货物资金人员进出自由、绝大多数商品免征关税的特定区域,是目前全球开放水平最高的特殊经济功能区。香港、新加坡、鹿特丹、迪拜都是比较典型的自由港。我国海岸线长,离岛资源丰富。探索建设中国特色的自由贸易港,打造开放层次更高、营商环境更优、辐射作用更强的开放新高地,对于促进开放型经济创新发展具有重要意义。"

② 具体而言,第一步要以海南自贸试验区制度创新成果和方向为基点、"中央12号文件"提出的"四个阶段的制度创新目标"为依据,海南自由贸易港"制度创新的三大板块"为核心,研究应然意义上的海南自由贸易港"最核心政策和制度体系",尽快出台"海南自由贸易港总体方案";第二步要以加快研制实然意义上的、作为中央特别授权法的"海南自由贸易港法"为统领,同步推进相应的系统性特别授权立法修法实践,尽早形成"海南自由贸易港"基本法律框架;第三步要研制与"海南自由贸易港法"基本法相配套的下位法律法规体系。

③ 王崇敏、曹晓路:《海南中国特色自由贸易港建设的法治创新与立法保障》,载《江汉大学学报(社会科学版)》2019年第2期。

提出如下具体建议:一是建立境内关外及分线管理制度,推进"关外"法定化,落实"海关治外法权"。改革海关税制(duties),即缓税、免税、减税、退税;调整海关费用(taxes);简化入境手续(entry procedures)。通过法定化方式构建"一线放开、二线(安全高效)管住、区内自由不干预"的监管模式,推动监管便利化,确保"货物、资金、运输、人员、信息"进出自由。[①] 建议授权在一定期限内在海南自由贸易港暂时调整或者暂时停止适用《中华人民共和国对外贸易法》(2016 修正)、《中华人民共和国海关法》(2017 修正)、《中华人民共和国进出口商品检验法》(2018 第二次修正)等法律的部分规定;同时授权修改《中华人民共和国进出口关税条例》(2017 修订)、《中华人民共和国知识产权海关保护条例》(2018 修正)、《中华人民共和国进出口商品检验法实施条例》(2019 修正)等行政法规的部分规定。二是大幅放宽外资市场准入,对外资全面实行准入前国民待遇加负面清单管理制度。建议授权在一定期限内在海南自由贸易港暂时调整或者暂时停止适用《中华人民共和国中外合资经营企业法》(2016 修正)、《中华人民共和国外资企业法》(2016 修正)、《中华人民共和国中外合作经营企业法》(2016 修正)、《中华人民共和国中小企业促进法》(2017 修订)、《中华人民共和国对外贸易法》(2016 修正)[②]等法律的部分规定;同时授权修改《中华人民共和国外资企业法实施细则》(2014 修订)、《国务院关于扩大对外开放积极利用外资若干措施的通知》等行政法规和规范性文件的部分规定。三是创新财税政策,以最大限度实现"零关税、低税率、简税制"目标。建议授权在一定期限内在海南自由贸易港暂时调整或者暂时停

---

① 2018 年 8 月公布的《中国(上海)自由贸易试验区临港新片区总体方案》在"(五)实施高标准的贸易自由化"中强调:"在新片区内设立物理围网区域,建立洋山特殊综合保税区,作为对标国际公认、竞争力最强自由贸易园区的重要载体,在全面实施综合保税区政策的基础上,取消不必要的贸易监管、许可和程序要求,实施更高水平的贸易自由化便利化政策和制度。对境外抵离物理围网区域的货物,探索实施以安全监管为主、体现更高水平贸易自由化便利化的监管模式,提高口岸监管服务效率,增强国际中转集拼枢纽功能。支持新片区发展具有国际竞争力的重点产业,根据企业的业务特点,积极探索相适应的海关监管制度。相关监管政策制度由海关总署牵头另行制定。"从文字表述研判,上海自贸试验区临港新片区将会构建境内关外及分线管理制度。

② 《中华人民共和国对外贸易法》(2016 修正)第 28 条:"国务院对外贸易主管部门会同国务院其他有关部门,依照本法第二十六条、第二十七条和其他有关法律、行政法规的规定,制定、调整并公布国际服务贸易市场准入目录。"

止适用《中华人民共和国税收征收管理法》（2015 修正）①、《中华人民共和国企业所得税法》（2018 修正）、《中华人民共和国个人所得税法》（2018 修正）②等法律的部分规定；同时授权修改《中华人民共和国税收征收管理法实施细则》（2016 修订）、《中华人民共和国增值税暂行条例》（2017 修订）等行政法规的部分规定。四是推进金融制度创新，加快金融开放创新。建议授权在一定期限内在海南自由贸易港暂时调整或者暂时停止适用《中华人民共和国商业银行法》（2015 修正）③、《中华人民共和国社会保险法》（2018 修正）等法律的部分规定；同时授权修改《中华人民共和国外资银行管理条例》（2014 第二次修订）等行政法规的部分规定。五是建立信息自由制度，加强信息安全、自由、快速化传播。建议授权在一定期限内在海南自由贸易港暂时调整或者暂时停止适用《中华人民共和国网络安全法》④等法律的部分规定；同时授权修改《互联网信息服务管理办法》（2011 修订）等行政法规的部分规定。六是建立自然人移动制度，实现自然人居住、就业和进出境自由。建议授权在一定期限内在海南自由贸易港暂时调整或者暂时停止适用《中华人民共和国出境入境管理法》⑤、《中华人民共和国护照法》、《中华人民共和国户口登记条例》等法律的部分规定；同时授权修改《中华人民共和国外国人入境出境管理条例》等行政法规的部分规定。

2. 紧紧围绕海南自由贸易港"法治环境制度"开展特别授权立法修法活动，加快推动"营商环境"持续优化

海南自由贸易港"最核心政策和制度体系"应当包含"事中事后监管制度、

---

① 《中华人民共和国税收征收管理法》（2015 修正）第 35 条第二款："税务机关核定应纳税额的具体程序和方法由国务院税务主管部门规定。"

② 《中华人民共和国个人所得税法》（2018 修正）第 4 条："下列各项个人所得，免征个人所得税：（一）……（十）国务院规定的其他免税所得。前款第十项免税规定，由国务院报全国人民代表大会常务委员会备案。"

③ 《中华人民共和国商业银行法》（2015 修正）第 65 条："接管由国务院银行业监督管理机构决定，并组织实施……接管决定由国务院银行业监督管理机构予以公告。"第 67 条："接管期限届满，国务院银行业监督管理机构可以决定延期，但接管期限最长不得超过二年。"

④ 《中华人民共和国网络安全法》第 15 条："国家建立和完善网络安全标准体系。国务院标准化行政主管部门和国务院其他有关部门根据各自的职责，组织制定并适时修订有关网络安全管理以及网络产品、服务和运行安全的国家标准、行业标准。"

⑤ 《中华人民共和国出境入境管理法》第 7 条第一款："经国务院批准，公安部、外交部根据出境入境管理的需要，可以对留存出境入境人员的指纹等人体生物识别信息作出规定。"

多元化纠纷解决机制"①等国际一流法治环境或法治化营商环境②等相关事项。一是建立事中事后监管制度。建议授权对《国务院对确需保留的行政审批项目设定行政许可的决定》(2016 修正)等行政法规和《国务院关于取消和下放一批行政许可事项的决定》《国务院关于"先照后证"改革后加强事中事后监管的意见》等国务院规范性文件进行相应调整。二是建立集诉讼、仲裁、调解于一体的多元化纠纷解决机制,构建国际一流(稳定、公平、透明、可预期)法治环境或法治化营商环境。根据《立法法》第八条明确规定,"诉讼和仲裁制度"属于国家事权(中央专属立法权/国家立法权)事项。建议授权对《中华人民共和国刑法》(2017 修正)等基本法律的部分规定和《中华人民共和国仲裁法》(2017 修正)、《中华人民共和国人民调解法》等法律的部分规定进行相应调整。

3. 紧紧围绕海南自由贸易港"特色产业制度"开展特别授权立法修法活动,加快推动"特色产业"快速发展

海南自由贸易港"最核心政策和制度体系"应当包含"国际旅游消费、健康医疗市场、邮轮母港建设、生态环境保护"等具有海南地方特色的事项。因此,必须加快建立与国际旅游消费、健康医疗市场、邮轮母港建设、生态环境保护等产业发展相适应的投资准入(极简版负面清单)、金融服务及人才管理等"特色产业制度"。建议对《中华人民共和国港口法》(2018 修正)、《中华人民共和国航道法》(2016 修正)、《中华人民共和国海岛保护法》、《中华人民共和国海洋环境保护法》(2017 修正)等法律和《国务院关于推进海南国际旅游岛建设发展的若干意见》等国务院规范性文件进行调整,同时努力将《海南自贸试验区总体方案》等国务院规范性文件转化为作为"地方立法保障"的地方性法规与地方政府规章。

四、尚待进一步研究的重大问题

海南自由贸易港特别授权调法的最终目标是确立以"海南自由贸易港法"

---

① 《中共中央 国务院关于支持海南全面深化改革开放的指导意见》(中发〔2018〕12 号)在"(三十)强化政策保障"中强调:"支持建立国际经济贸易仲裁机构和国际争端调解机构等多元纠纷解决机构。"

② 2019 年 8 月公布的《中共中央 国务院关于支持深圳建设中国特色社会主义先行示范区的意见》在"(二)战略定位"中提出:"——法治城市示范。全面提升法治建设水平,用法治规范政府和市场边界,营造稳定公平透明、可预期的国际一流法治化营商环境。"

为基本法的法治体系（法律法规体系），对构建海南自由贸易港"最核心政策和制度体系"和国际一流营商环境发挥坚实有效的法治保障功效和作用，不断推出高质量制度创新案例或成果，实现法治保障下的海南自由贸易港货物、资金、运输、人员、信息高度自由化。本书综合海南自贸区（港）改革创新与法治保障"双轮驱动"的不确定性等各方面因素，重点探讨海南自由贸易港特别授权调法（立法修法）的动因和方法论，尚需对这一宏大且复杂的战略法治课题所涉重大事权法治制度环境问题做进一步深入研究，其中厘定事权与立法权交错关系、构建"特别授权法模式"是重中之重。此外，值得研究的重大问题包括：一是管理体制。管理体制包括管理机构与运行机制，是海南自由贸易港建设成败的重要因素，如何既接轨国际又独具中国特色以及是否法定化和如何法定化，值得深入研究。二是"治外法权"（exterritoriality）。除了立法修法之外，特别授权调法还包括法律豁免/不适用、特别法优于一般法原则等"治外法权"因素以及与WTO体制一致性问题，研制"海南自由贸易港法"时，必须加以综合考量，需要进行深入研究。这些问题有待未来构建中国特色自由贸易港"国家层面统一立法的基本法模式"加以解决。

第二节　构建中国特色自由贸易港"国家层面统一立法的基本法模式"

探索构建中国特色自由贸易港"基本法模式"应当紧紧围绕为何构建"基本法模式"、如何构建"基本法模式"以及如何实现构建"基本法模式"这三大哲学提问展开。从"事权分配（赋权）—法治保障（调法）—制度创新（建制）—营商环境（营商）"四个维度进行分析，构建中国特色自由贸易港"基本法模式"十分必要。同时，考察当前国际上最具代表性的、采取国家层面统一立法的三个国家自贸区（港）的立法实践情况，并提炼其法治有益经验，结合《京都公约》等国际条约的相关规定以及中国特色自贸区（港）"三层次联动推进模式"和"特别授权法模式"的理论研究和实践探索成果，能为明确中国特色自由贸易港"基本法模式"的构成要件和制度内涵提供国际化与本土化相结合的经验借鉴。在此基础上，紧紧围绕立法原则、法律效力、管理体制、法律地位（"治外法权"）以及政策和制度体系（核心领域）五个方面的立法框架内

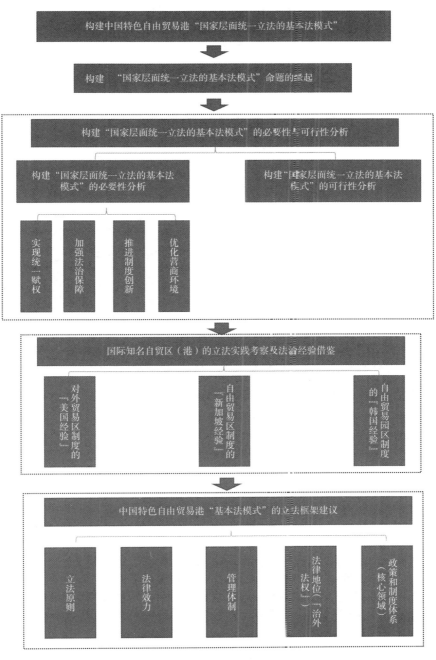

图 6

容,对中国特色自由贸易港"基本法模式"的构建开展深入探究具有重要意义,将为建立以"中华人民共和国自由贸易港法"为核心的法治体系(法律法规体系),进而构建接轨国际并符合国情的自由贸易港政策和制度体系奠定坚实基础。

一、构建"国家层面统一立法的基本法模式"命题的缘起

2017 年时任中央政治局常委、国务院副总理汪洋撰文阐述了"建设中国特色的自由贸易港"这一重大战略并指明建设方向,认为"自由港是设在一国(地区)境内关外、货物资金人员进出自由、绝大多数商品免征关税的特定区域,是目前全球开放水平最高的特殊经济功能区。香港、新加坡、鹿特丹、迪拜都是比较典型的自由港"。① 对于这样一项事关新形势下全面深化改革和扩大开放的重大战略,法治保障意义重大且非常紧迫。中国特色自由贸易港建设涉及三种"中央授权及法治保障模式":一是实然意义的"三层次联动推进模式"②;二是具有过渡性质的"特别授权法模式"③;三是应然意义的"国家层面统一立法的基本法模式"④。"三层次联动推进模式"采取"国家授权—部委支持—地方立法/政策文件保障"⑤的推进方式,在实践中产生了两种"地方路径":一是国家事权已经法治化的授权修法的"上海路径"。二是国家事权尚未法治化的授权立法的"浙江路径"。该种模式的最大特点在于,其"因地调整"或"因事调整"的"授权决定"("逐项授权")的针对性很强,解决了"凡属重大改革都要于法有据"这一政治课题。"特别授权法模式"的关键在于,从未来中国特色自由贸易港各自的发展定位和区位优势出发,在系统梳理其"制度创新的三大板块",即"全球共性制度"、"法治环境制度"和"特色产业制度"的基础上,采取中央授权全国人大立法的方式,针对单一自由贸易港制定出台"XX 自由贸易港法",⑥进而依托"三层次联动推进模式"的两种"地方

---

① 汪洋:《推动形成全面开放新格局》,载《人民日报》2017 年 11 月 10 日。
② 陈利强:《中国自由贸易试验区法治建构论》,载《国际贸易问题》2017 年第 1 期。
③ 陈利强:《破解自贸区法治建设中"四化"问题的建议》,载中国法学会《要报》2017 年第 2 期。
④ 陈利强:《自由贸易试验区的"中国模式"论纲》,2016 年浙江大学博士后研究工作报告。
⑤ 陈利强:《中国自由贸易试验区法治建构论》,载《国际贸易问题》2017 年第 1 期。
⑥ 如正在研制的"海南自由贸易港法"。

路径",开展系统性的立法修法活动。该种模式的最大特点在于,赋予了自由贸易港更大的改革自主权,同时破解了"三层次联动推进模式"在实践中一事一议、自下而上请示、自上而下批复所导致的上下脱节的时差问题。① 而"国家层面统一立法的基本法模式"是指未来以全国人大制定出台"中华人民共和国自由贸易港法"为核心所构成的法治体系(法律法规体系)。该种模式旨在统一规范和调整全国范围内的自由贸易港建设事项,与"三层次联动推进模式""特别授权法模式"在中央授权调法的范围、方式、程度等方面存在本质差异。

　　党的十九大报告提出探索建设自由贸易港战略以来,上海、浙江、四川、辽宁等沿海内陆十余个省份纷纷申办自由贸易港。② 2018 年 4 月,习近平总书记在庆祝海南建省办经济特区 30 周年大会上讲话指出,"支持海南全岛建设自由贸易试验区,支持海南逐步探索、稳步推进中国特色自由贸易港建设。"③可以预见,中国各省市自贸试验区将在不断创新发展的基础上,逐步向中国特色自由贸易港转型升级。④ 在这一过程中,要想实现中国特色自由贸易港的规范有序建设,离不开国家层面统一立法的保障。同时,纵观国际知名自贸区(港)制度构建实践,其共性经验在于,都在国家层面出台了规范并保障自贸区(港)建设的统一法律。可见,在吸收中国特色自贸区(港)"三层次联动推进模式"与"特别授权法模式"立法成果的基础上,总结并借鉴国际自贸区(港)制度构建的成功经验,探索打造"国家层面统一立法的基本法模式",是中国特色自由贸易港法治建构的必然趋势。此外,2019 年 9 月,习近平总书记主持召开中央全面深化改革委员会第十次会议时强调,"现在要把着力点放到加强系统集成、协同高效上来,巩固和深化这些年来我们在解决体制性障碍、机制性梗阻、政策性创新方面取得的改革成果,推动各方面制度更加成熟更加定型。"⑤因此,围绕"系

---

　　① 龚柏华:《"一带一路"背景下上海自由贸易港构建的运治思维》,载《上海对外经贸大学学报》2018 年第 2 期。

　　② 王淑敏、谭文雯:《中国特色自由贸易港的港口立法问题探析》,载《大连海事大学学报》(社会科学版)2018 年第 4 期。

　　③ 习近平:《在庆祝海南建省办经济特区 30 周年大会上的讲话》,人民出版社 2018 年版,第 11 页。

　　④ 中国(上海)自由贸易试验区临港新片区与共建长三角中国特色自由贸易港。

　　⑤ 习近平:《加强改革系统集成协同高效　推动各方面制度更加成熟更加定型》,载《人民日报》2019 年 9 月 10 日。

统集成、协同高效"这一战略目标,有必要在遵循"事权分配(赋权)—法治保障(调法)—制度创新(建制)—营商环境(营商)"的关系逻辑的基础上,始终坚持"事权法治制度环境一体化"的方略和路径,高度聚焦"基本法模式"学术命题,深入探究中国特色自由贸易港"基本法模式"构建课题,进而为探索从具有过渡性质的"特别授权法模式"转向"国家层面统一立法的基本法模式",在国家层面制定出台"中华人民共和国自由贸易港法",并为未来以此为核心建立系统完备的中国特色自由贸易港法治体系(法律法规体系),最终构建接轨国际并符合国情的自由贸易港政策和制度体系提供理论支撑和制度保障。

二、构建"国家层面统一立法的基本法模式"的必要性与可行性分析

在全面解答如何构建中国特色自由贸易港"基本法模式"这一哲学提问之前,必须紧紧依托中国特色自贸区(港)"事权法治制度环境一体化"的方略和路径,充分借鉴国内外自贸区(港)法治建构的理论成果和实践经验,对构建"国家层面统一立法的基本法模式"的必要性和可行性进行深入分析。

(一)构建"国家层面统一立法的基本法模式"的必要性分析

随着中国深层次改革与高水平开放的不断推进,未来全国范围内自由贸易港的建设或将成为常态。这一过程,离不开法治建构模式的创新和优化。同时,中国特色自由贸易港的法治建构必须遵循"事权分配(赋权)—法治保障(调法)—制度创新(建制)—营商环境(营商)"的关系逻辑,始终坚持"事权法治制度环境一体化"的方略和路径。因此,构建"赋权、调法、建制、营商四位一体分析框架",从实现统一赋权、加强法治保障、推进制度创新以及优化营商环境四个方面入手,分析中国特色自由贸易港"国家层面统一立法的基本法模式"构建的必要性,具有较强的合理性。

1. 实现统一赋权

中国特色自由贸易港贸易便利、投资准入、市场准入、财税政策、金融创新、信息自由、自然人移动、事中事后监管等核心制度创新大部分属于《立法法》第八条明确规定的国家事权事项,即涉及国家主权、犯罪和刑罚、税收、民事、财政、海关、金融、外贸及诉讼和仲裁制度等11项基本事项,属于国家事权及中央专属立法权(全国人大及其常委会国家立法权)保留范围,地方立法权

或经济特区立法权都无权进行调整。① 同时,由于作为中央特别授权法的"XX 自由贸易港法"只能针对单一自由贸易港的事权和立法权需求进行分别立法,无法对全国范围内所有的自由贸易港开展统一赋权,而在国家层面制定出台适用于全国所有自由贸易港的统一法律,既能避免全国人大针对同一事项重复授权所产生的高额成本,又能为中国特色自由贸易港提供充分的改革自主权。因此,构建"国家层面统一立法的基本法模式"将是未来中国特色自由贸易港发展到一定阶段的必然选择。

2. 加强法治保障

中国特色自由贸易港作为"新型特殊经济功能区"的区域定位②与中国自贸试验区"改革开放新高地"的功能定位③存在较大差异,其设立和运营具有长期性与稳定性,对其基本法律问题加以规范是必然趋势。其中,尤为重要的是明确中国特色自由贸易港建设所涉重大事权法治制度环境问题,如管理体制、法律地位、区域性质和监管模式等。虽然差异化发展是中国特色自由贸易港建设的大势所趋,各地自由贸易港建设所需的事权和立法权各有侧重,但管理体制、法律地位、区域性质和监管模式等是其必须解决的共性事权法治制度环境问题,同时也是中国特色自由贸易港实现与国际接轨的根本性问题。但是,采取具有过渡性质的"特别授权法模式",由国家针对各个自由贸易港分别开展特别授权立法修法等,既无法对上述问题作出明确规定,也不利于国家法制的统一和稳定。因此,构建"国家层面统一立法的基本法模式",明确中国特色自由贸易港建设中基本的共性法律问题,对推进国家法制的统一和完善,加强中国特色自由贸易港的法治保障具有重要意义。

3. 推进制度创新

中国特色自由贸易港是一个自成体系的"新型特殊经济功能区",区内有工商、税务、外汇管理等多个部门在共同开展工作,并且还同时牵涉到中央与

---

① 王崇敏、曹晓路:《海南中国特色自由贸易港建设的法治创新与立法保障》,载《江汉大学学报(社会科学版)》2019 年第 1 期。

② 汪洋:《推动形成全面开放新格局》,载《人民日报》2017 年 11 月 10 日。

③ 习近平:《继续解放思想积极探索　加强统筹谋划改革创新　把自由贸易试验区建设成为新时代改革开放新高地》,载《人民日报》2018 年 10 月 25 日。

地方的利益关系。① 由于"特别授权法模式"无法同时站在全国所有自由贸易港的角度,对各部门的管理和运作作出统一安排,导致各部门间创新协同性偏弱,"信息孤岛""条块分割"的局面较难突破,进而造成制度创新碎片化,难以系统集成并复制推广。因此,唯有构建"国家层面统一立法的基本法模式",充分协调中国特色自由贸易港管理部门之间的关系,从国家立法层面打破"各自为政"的改革局面,才能有效推进制度创新的开展。

4. 优化营商环境

国家法治保障顶层设计的缺位往往会导致各地自由贸易港在建设过程中,仅着眼于自身发展,无法从宏观层面考虑中国特色自由贸易港的整体发展,容易造成不良竞争,扰乱资源的合理配置和区内经济的良好运行。② 这一现象不仅不利于自由贸易港营造国际一流(稳定、公平、透明、可预期)营商环境,而且会对国家宏观营商环境造成不利影响。因此,由国家在统筹考虑各地自由贸易港基础条件、功能定位及发展目标等差异的基础上,进行统一立法,对营造国际一流营商环境,推动中国特色自由贸易港形成良性竞争和可持续发展具有重大意义。

(二)构建"国家层面统一立法的基本法模式"的可行性分析

中国特色自由贸易港构建"国家层面统一立法的基本法模式"的可行性主要体现在以下两个方面:

一是中国自贸试验区"三层次联动推进模式"以及中国特色自由贸易港"特别授权法模式"的法治建构实践,将为构建"国家层面统一立法的基本法模式"提供本土化经验。"三层次联动推进模式"作为上海自贸试验区开创性的法治保障模式,探索了重大改革于法有据、法律因地或因功能调整的理念,在中国立法史上具有重要价值。③ "特别授权法模式"作为介于"三层次联动推进模式"与"国家层面统一立法的基本法模式"之间的法治建构模式,也将为基本法的制定提供实践基础和宝贵经验。其中,保持与"特别授权法模式"的连续性,对"中华人民共和国自由贸易港法"的制定尤为重要。"特别授权

---

① 陈志龙等:《保税区改革与上海的战略选择》,经济科学出版社 2004 年版,第 179 页。

② 王淑敏、朱晓晗:《建设中国自由贸易港的立法必要性及可行性研究》,载《中国海商法研究》2018 年第 2 期。

③ 贺小勇:《上海自贸试验区法治建设评估与展望》,载《人民法治》2016 年第 12 期。

法模式"对厘定事权与立法权关系以及构建"最核心政策和制度体系"("最基本制度框架和监管模式")等问题的探索,将为"基本法模式"的构建提供坚实的理论支撑和实践指引。

二是《京都公约》①等国际条约的相关规定以及国际知名自贸区(港)"国家层面统一立法的基本法模式"实践,将为中国特色自由贸易港的法治建构提供可资借鉴的国际化经验。考察世界上种类繁多、名称各异的自贸区(港)后可以发现,发达国家往往采取"先立法、后设区"的做法;发展中国家或地区立法和设区顺序虽不完全相同,但都制定了自贸区(港)的专门法律,明确规定自贸区(港)的区域性质、法律地位与监管模式等。② 尽管发达国家与发展中国家采用差异化的立法体例,但两者大都是通过国家层面统一立法形式明确对自贸区(港)的基本政策,确立国家宏观管理行为。如美国于 1934 年颁布了《对外贸易区法》(Foreign Trade Zones Act),新加坡也于 1969 年同时颁布了《自由贸易区法》(Free Trade Zones Act)和《自由贸易区条例》(Free Trade Zones Regulations)。因此,借鉴国际自贸区(港)立法的成熟经验,将为中国特色自由贸易港"基本法模式"的构建奠定坚实基础。

三、国际知名自贸区(港)的立法实践考察及法治经验借鉴

2019 年 9 月,海南省委书记刘赐贵主持召开专题会议强调,"要对标当今世界最高水平开放形态,充分体现当今世界自贸港的成功经验,充分体现双边及多边贸易投资协定的成熟规则,充分体现国内扩大开放领域的最先进做法。"这"三个充分体现"为如何构建中国特色自由贸易港"基本法模式"这一哲学提问提供了破题思路。具体而言,一是考察当前国际上最具代表性的、采取国家层面统一立法的国家和地区,对其自贸区(港)制度的"国别经验"开展系统梳理,并进行共性的提炼和差异的比较,进而借鉴其法治有益经验。二是系统提炼并灵活运用当前中国从法治层面扩大对外开放的最先进做法,即国

---

① 在世界自贸区(港)广泛兴起的背景下,海关合作理事会(WCO)(世界海关组织的前身)于 1973 年 5 月形成了第一个涉及自贸区(港)的国际规范,即《京都公约》(《关于简化和协调海关业务制度的国际公约》)。在该公约中,自贸区(港)被称为"自由区"(Free Zone)。

② 肖林:《自贸区"国际水准"全对标(一)——中国(上海)自由贸易试验区之国际标杆研究》,载《国际金融报》2013 年 9 月 30 日。

家事权已经法治化的授权修法的"上海路径"和国家事权尚未法治化的授权立法的"浙江路径"。三是紧跟 FTA 发展趋势，吸纳其成熟的制度规则。2008年世界银行有关 FTZ 报告指出，"区不能且不应被视为一国更大贸易与投资改革努力的替代物。"① 因此，本书对中国特色自由贸易港"基本法模式"是否应当充分对标 FTA 制度规则，保持谨慎态度。同时，本书亦不完全认同有专家学者提出的在中国特色自贸区（港）试行"三零"（零关税、零壁垒、零补贴）政策与让海南自由贸易港成为"单独关税区"的主张。

（一）国际知名自贸区（港）的立法实践考察

为了充分体现国际众多自贸区（港）在制度层面的共性特征和个性差异，本书选取美国对外贸易区、新加坡自由贸易区、韩国自由贸易园区作为考察对象，对其立法实践进行全面深入研究，以期为中国特色自由贸易港"基本法模式"的构建提供系统全面的法治经验借鉴。

1. 对外贸易区制度的"美国经验"

对外贸易区制度的"美国经验"主要由立法体例、区域性质、管理体制以及特色制度四个方面内容构成。

（1）立法体例

美国对外贸易区已经形成了一个包括联邦法律、行政法规、规章以及方案（Zone Grantee Schedules）在内的四层次法律法规体系：一是联邦法律层面。1934 年《对外贸易区法》作为对外贸易区的基本法，是唯一由国会制定通过、总统签署实施的专门规范对外贸易区的联邦法律，在对外贸易区法律法规体系中效力位阶最高。② 二是行政法规层面。《联邦行政法规法典》（Code of Federal Regulations, CFR）第 15 卷"商业与对外贸易"（Commerce and Foreign Trade）第 400 部分与第 19 卷"关税"（Customs Duties）第 146 部分这两部行政法规，作为《对外贸易区法》的细化规定，在对外贸易区日常管理和经营活动中作用显著。③

---

① Akinci, Gokhan, Crittle, James, "Special Economic Zones: Performance, Lessons Learned, and Implications for Zone Development", World Bank Group, 2008.

② Marry Jane Bolle, "Brock R. Williams, U.S. Foreign-Trade Zones: Background and Issues for Congress", Congressional Research Service, 2013.

③ 李猛：《中国自贸区法律制度的构造及其完善》，载《上海对外经贸大学学报》2017 年第 2 期。

三是规章层面。由于对外贸易区委员会(Foreign Trade Zone Board,FTZB)需要与财政部、农业部、邮政署、公共卫生署等在内的其他联邦机构进行合作,因此所有这些机构制定的规章也适用于对外贸易区内的各种活动。四是方案层面。方案是指由对外贸易区受让人(Grantee)制定,并经对外贸易区委员会事先审查和批准的规则。其在维持和管理对外贸易区过程中发挥了重要作用。

（2）管理体制

美国对外贸易区的管理体制由两级构成:一是国家层面的宏观管理体制,由联邦政府和全国性的宏观决策、管理、监督和办事机构构成,具体包括美国对外贸易区委员会、美国海关总署及全国对外贸易区协会(National Association of Foreign-Trade Zones,NAFTZ)。其中,美国对外贸易区委员会是专门设立的主管政府部门。[1] 二是对外贸易区层面的微观管理体制,由各州和地方负责对外贸易区经营、承办和主管机构构成,具体包括对外贸易区受让人、经营人(Operators)及使用人(Users)。[2]

（3）区域性质

对外贸易区区域性质的实质是它究竟属于境内关内还是境内关外的问题,其中,"关"指"海关关境"。CFR 第 19 卷第 146.1[3] 以"关税法律"(Tariff Laws)所实施的范围来确定"海关关境",即关境之外"关税法律"不予适用。由于"关税法律"与"海关法律"(Customs Laws)二者的概念并不等同,[4]因此美国对外贸易区被视为境内关外的情况仅是指"关税法律"在区内不予适用,而非整套海关法律制度的不予适用。[5]

（4）特色制度

为了全面贯彻对外贸易区"效率"、"公平"以及"自由"的价值取向,美国制定了以下三项具有代表性的特色制度:一是体现"效率"的主区(General-

---

[1]　Susan Tiefenbrun, "U.S. Foreign Trade Zones of the United States, Free-Trade Zones of the World, and their Impact on the Economy", Journal of International Business and Law, 2013.

[2]　周阳:《美国海关法律制度研究》,法律出版社 2010 年 8 月版,第 221—225 页。

[3]　"Customs Territory" is the territory of the U.S. in which the general tariff laws of the U.S. apply.

[4]　海关法律体系的范围除关税法律制度外,一般还包含通关、保税加工与仓储、知识产权边境保护、海关特殊监管区域以及暂准进出境等多项法律制度。

[5]　朱秋沅:《中国自贸区海关法律地位及其知识产权边境保护问题的四点建议》,载《电子知识产权》2014 年第 2 期。

purpose Zones）与分区（Subzones）制度。① 二是体现"公平"的关税倒挂（Inverted Tariffs）制度。② 三是体现"自由"的可选址框架（Alternative Site Framework, ASF）制度。③

2. 自由贸易区制度的"新加坡经验"

自由贸易区制度的"新加坡经验"主要由立法体例、管理体制、优惠政策三个方面内容构成。

（1）立法体例

新加坡自由贸易区的立法主要包含两个层面的内容：一是专门针对自由贸易区的立法，包括法律和行政法规。具体而言，法律是1969年9月颁布的《自由贸易区法》。④ 该法由新加坡最高立法机关制定，作为自由贸易区运行和管理的核心法律，对自由贸易区的定位、管理体制、运作机制等进行了全面规定。⑤ 行政法规是1969年9月制定的《自由贸易区条例》。其对《自由贸易区法》的主要内容进行了深入细化，以管理区内市场主体的日常经营行为。⑥ 二是非专门针对自由贸易区的立法。除上述两部法律和行政法规，新加坡政府未再另行制定专法，而是主要由区内相关行政部门依照本国现行《海关法》《商品及税收服务法》《公司法》等法律法规，对市场主体开展必要的监管活动。⑦

（2）管理体制

新加坡自由贸易区的管理体制包含两个层面：一是国家层面的宏观管理

---

① Andrew J.McGilvray, "Enhancing the Foreign-Trade Zones Program for Small and Medium-Sized Manufacturers", Foreign-Trade Zones Board Staff Report, 2014.

② Mary Jane Bolle, "U. S. Foreign-Trade Zones：Current Issues", CRS Report for Congress, 1999.

③ 姜作利：《美国发展对外贸易区的经验与启示》，载《山东师范大学学报（人文社会科学版）》2014年第2期。

④ M.Ferguson, C.Steverango, "Maximizing the Potential of the Foreign Trade Zone Concept in Canada", McMaster Institute for Transportation and Logistics, 2013.

⑤ 董晨甦：《新加坡自由贸易区的发展》，载《港口经济》2014年第2期。

⑥ 李猛：《中国自贸区法律制度的构造及其完善》，载《上海对外经贸大学学报》2017年第2期。

⑦ 李猛：《中国自贸区法律制度的构造及其完善》，载《上海对外经贸大学学报》2017年第2期。

体制。新加坡并未在国家层面建立专门的管理机构,而是采取由财政部负责宏观规划,根据地区发展来判断是否需要设立自由贸易区,并依法指定某单位或者公司作为自由贸易区主营或者经营机构的管理方式。二是自由贸易区层面的微观管理体制。新加坡自由贸易区将行政管理与开发运营职能分离,区内由海关、民航局、港务局监管,专业管理公司运营。①

(3)优惠政策

新加坡自由贸易区的主要优惠政策充分体现了"信息化""法治化"以及"自由化"的特征。具体而言,包括以下三方面的内容:一是"单一窗口"服务体制;②二是税收优惠;③三是金融自由。④

3. 自由贸易园区制度的"韩国经验"

自由贸易园区制度的"韩国经验"主要由概念体系、立法体例、管理体制三个方面内容构成。

(1)概念体系

韩国自由贸易园区建设始于 1970 年设立的出口自由区,其后历经 30 多年的发展,逐渐形成了包括关税自由区、自由贸易区、外资企业投资专区、国际自由都市、自由经济区等在内的自由贸易园区体系。从形式上看是从单一自由贸易园区发展成为种类众多的自由贸易园区体系,但背后体现的是韩国将自由贸易园区功能进行专业细化的发展理念。具体而言,当初的出口自由区具备的是综合的功能,而现在的自由贸易园区体系中,自由贸易区主导贸易功能,关税自由区主导物流功能,外资企业投资专区则主导传统的制造业功能。⑤

(2)立法体例

韩国虽然开辟了多种自由贸易园区,但在设立每种自由贸易园区之前都

---

① 盛宝富、陈瑛:《深度剖析新加坡樟宜自由贸易区》,载《国际市场》2014 年第 1 期。

② 储昭根:《新加坡自由港的成功之道》,载《中国经济报告》2014 年第 7 期。

③ Anton Kleywegt, Mee Leng Goh, Guangyan Wu, Huiwer Zhang, "Competition between the Ports of Singapore and Malaysia",2019 年 9 月 29 日,资料来源:http://www.researchgate.net/publication/265114505。

④ 海南省外事侨务办公室调研组:《新加坡自贸港发展策略探析》,载《今日海南》2018 年第 5 期。

⑤ 陈志龙等:《保税区改革与上海的战略选择》,经济科学出版社 2004 年版,第 169 页。

出台了国家层面的专门立法，以保障其建设和管理活动的有序开展。① 例如，2000 年韩国制定了《关于自由贸易区的指定及运营的法律》，对自由贸易区的定位、管理体制、运作模式、优惠政策等进行了全面规定。除该法以外，其他有关法律如《外商投资促进法》《租税特例限制法》等法律完备，对自由贸易区形成了完整的法律支撑。②

（3）管理体制

韩国自由贸易园区形成了国家和园区两个层面的管理体制。以自由贸易区为例：一是国家层面的宏观管理体制。韩国自由贸易区设有专门的宏观管理机构，负责对全国各地的自由贸易区进行设区审批和协调管理等；③二是自由贸易区层面的微观管理体制。自由贸易区层面的管理机构是中央政府的派出机构，代表中央政府对自由贸易区进行管理和运营。④

（二）国际知名自贸区（港）的法治经验借鉴

通过对以上自贸区（港）立法实践的全方位考察和比较，对构建中国特色自由贸易港"基本法模式"，可以提炼并总结出以下三个方面的法治有益经验。第一，在立法体例方面，大都以国家层面统一的自贸区（港）基本法为核心，建立了完善的自贸区（港）法治体系（法律法规体系）。其中，自贸区（港）基本法主要承担框架性和方向性的指引功能，而由相关下位法律法规围绕基本法的立法宗旨和价值取向，对相关内容开展解释、细化和补充等工作。第二，在管理体制方面，大都构建了由国家层面的宏观管理体制和区（港）层面的微观管理体制所构成的双层管理体制。⑤ 具体而言，国家层面的宏观管理体制存在两种类型：一是"专管型体制"。政府设立专门的独立机构，负责自贸区（港）的事务管理，并对自贸区（港）进行监督和协调，如美国对外贸易区、

---

① Yi-Chih YANG，"A Comparative Analysis of Free Trade Zone Policies in Taiwan and Korea based on a Port Hinterland Perspective"，The Asian Journal of Shipping and Logistics，2009.

② 上海财经大学自由贸易区研究院、上海发展研究院：《全球 100 个自由贸易区概览（上）（下）》，上海财经大学出版社 2013 年版，第 673 页。

③ 上海财经大学自由贸易区研究院、上海发展研究院：《全球 100 个自由贸易区概览（上）（下）》，上海财经大学出版社 2013 年版，第 667—668 页。

④ 尹轶立、刘澄：《韩国自贸区的发展逻辑及启示》，载《技术经济与管理研究》2017 年第 7 期。

⑤ 燕秋梅：《自由贸易园区建设的国际经验及启示》，载《现代商业》2016 年第 33 期。

韩国自由贸易园区等;二是"代管型体制"。由最高行政长官直接负责自贸区(港)的宏观管理,或将宏观管理权限委托给特定政府职能部门,如新加坡自由贸易区等。① 区(港)层面的微观管理体制存在三种类型:一是"政府主导型管理体制"。该体制下管理职责由政府部门承担,如韩国自由贸易园区等。其优点在于,政府部门能够调动大量资源,有利于保障自贸区(港)开发建设工作的深度开展。二是"企业主导型管理体制"。该体制下开发建设和经营管理工作由政府授权的专业管理公司负责,如新加坡自由贸易区等。其优点在于,能有效发挥市场主体优势,使自贸区(港)的运营管理更加灵活、高效。三是"政企合一型管理体制"。该体制下管理职责由政府部门和专业管理公司共同承担,如美国对外贸易区等。其优点在于,能够同时发挥政府和专业管理公司的优势进行管理。② 第三,在政策和制度体系方面,3 个国家都依据其自贸区(港)法治体系(法律法规体系),进行依法改革,形成了各具特色、符合自身发展定位的政策和制度体系。其中,既有共性的制度安排,如境内关外区域性质的确定、高效便捷的海关监管以及税收优惠等内容,也有根据本国自贸区(港)战略定位、区位优势及发展目标等所进行的差异化制度设计,如美国"主区"与"分区"制度、新加坡"单一窗口"服务体制等内容。

四、中国特色自由贸易港"基本法模式"的立法框架建议

为了对如何实现构建中国特色自由贸易港"基本法模式"这一哲学提问作出全面回应,本书认为,应当站在《京都公约》等国际条约的相关规定以及中国特色自贸区(港)法治建构探索实践的基础上,借鉴上述 3 个国家自贸区(港)国家层面统一立法的法治有益经验,从立法原则、法律效力、管理体制、法律地位("治外法权")以及政策和制度体系(核心领域)五个方面入手,深入阐释中国特色自由贸易港"基本法模式"。

(一)立法原则

中国特色自由贸易港"基本法模式"的立法原则主要包括以下三个方面

---

① 孟庆友、徐士元:《国外自由贸易园区管理体制对我国的启示》,载《北京电子科技学院学报》2014 年第 1 期。

② 王丽英:《论中国自由贸易区行政管理体制——以中国(上海)自由贸易试验区为例》,载《时代法学》2017 年第 2 期。

的内容：一是从"内外关系"视角主动对接国际趋势原则。此前由美国主导的TPP 与 TTIP（"两洋战略"）的核心议题、中美 BIT 以及中美经贸谈判中的"结构性问题"均涉及中国国家层面的改革事项及其法治化问题。中国特色自由贸易港作为"新型特殊经济功能区"，致力于打造开放层次更高、营商环境更优、辐射作用更强的改革开放新高地。因此，国家统一立法必须主动对接国际发展趋势，不断开展"压力测试"，方能有效应对美国对华进行制度施压。二是从"央地关系"视角独立建构法治体系原则。中国特色自由贸易港建设必须区分政策体系与法治体系，从而使上位法制定的价值取向具体而明确，并与改革方向和目标相衔接。三是从"政企关系"视角始终坚持市场化导向原则。中国特色自由贸易港改革的核心是要进一步放松政府管制，推进市场化改革，打造法治的市场经济。因此，中国特色自由贸易港法治建构必须与改革方向和目标保持高度一致。

（二）法律效力

中国特色自由贸易港"基本法模式"下的核心法律为"中华人民共和国自由贸易港法"，其法律效力由两部分内容构成：一是法律/效力位阶。"中华人民共和国自由贸易港法"的法律/效力位阶必须高于国务院行政法规和部门规章及地方人大条例，并能够根据"新法优于旧法和特别法优于一般法"的法律适用原则，对现行法律规定中与自由贸易港政策和制度体系不相一致的规定进行变更。此外，能够对税收、财政、海关、金融等属于国家事权及中央专属立法权范围的事项进行统一规范。因此，建议将该法定位在全国人大制定的基本法律。唯有此，才能形成全国自由贸易港改革"一盘棋"，强力推进各项复杂的高端改革事项。[①] 二是域外效力。该法可以主张一定程度和范围的域外管辖权，因为这符合中国进一步融入经济全球化进程所引发涉外经贸利益关系错综复杂的格局，加快构建中国特色对外开放（涉外）法治体系。

（三）管理体制

实践经验充分证明，管理体制是国际自贸区（港）成功运行的关键因素。管理体制包括管理机构与运行机制，前者是管理体制的核心要素。当前，"一

---

① 李猛：《新时代我国自由贸易港建设中的政策创新及对策建议》，载《上海经济研究》2018 年第 5 期。

区多片"模式下的中国自贸试验区建设主要是在两个相对独立但又紧密相连的行政管理系统内进行,即国家层面的"国务院自由贸易试验区工作部际联席会议制度"与省级层面的"自贸试验区(推进)工作领导小组"。比照国际成功经验,这种独具中国特色的"双层管理体制"具有一定优势,但又有先天不足。① 因此,中国特色自由贸易港应借鉴国际经验,同时立足国情,妥善构建其管理体制:一是建议选择"专管型体制"作为宏观管理体制。由于中国特色自由贸易港事项会涉及多部门的利益,而"代管型体制"在管理的权威性上可能存在不足,难以有效协调各部门关系。因此,建议借鉴"美国经验",在国家层面设立专门的"中国特色自由贸易港建设委员会",由中央政治局常委担任负责人,其成员由多个国家部委部长组成。这种模式能较好地协调各部门的利益分配,营造一个"系统集成、协同高效"的改革环境。二是选择"政企合一型管理体制"作为微观管理体制。该种管理体制能同时发挥政府总体协调和专业管理公司市场化运作的优势,既有利于中国特色自由贸易港通过这一管理实践,逐步厘定政府与市场关系的边界,同时也符合国际自贸区(港)管理体制的发展趋势。具体而言,可以在中国特色自由贸易港内设立法定的"自由贸易港管理委员会",负责行政管理工作,同时设立企业化的管理公司,负责自由贸易港的经济管理活动。

(四)法律地位("治外法权")

"治外法权"是指一定的人和物虽处于一国领土之内,但在法律上被认为是处于该国之外,不受当地法律的管辖。当前,国际自贸区(港)可以划分为三种类型,即主权自贸区(港)、非主权自贸区(港)以及现代自贸区(港)。②

表 4　FTZ Concepts

	Sovereign	Non-Sovereign	Modern
Part of National Customs Area	No	No	No
Laws of the Land	Non-applicable	Applicable	Applicable

---

① 陈利强:《自由贸易试验区的"中国模式"论纲》,2016年浙江大学博士后研究工作报告。

② InterVISTAS Consulting Inc., "Feasibility of a British Columbia Foreign Trade Zone(FTZ)Program",2011.

	Sovereign	Non-Sovereign	Modern
Controls	Border	Fences/Guards/Bonds	Imformation Systems

　　三种类型的自贸区（港）都被认为不属于国家海关区域的一部分，但除主权自贸区（港）外，在另外两种类型的自贸区（港）内，如没有特殊规定，包括海关法在内的国内法律全都予以适用。可见，"海关治外法权"是自贸区（港）的最基本特征。因此，建议中国可以通过"中华人民共和国自由贸易港法"，将"治外法权"理论制度化。在明确规定海关法在自由贸易港内是否适用及其适用范围的基础上，逐步探索中国特色自由贸易港主权归属、法律豁免/不适用、特别法优于一般法原则、司法管辖以及争议解决等一系列法律地位问题。

（五）政策和制度体系（核心领域）

　　通过借鉴《京都公约》等国际条约的相关规定以及国际知名自贸区（港）政策和制度体系构建的法治经验，并吸收中国特色自贸区（港）"三层次联动推进模式"与"特别授权法模式"的理论研究和实践探索成果，本书认为，中国特色自由贸易港"基本法模式"的政策和制度体系（核心领域）应当主要包括"全球共性制度"、"法治环境制度"以及"产业发展制度"三个方面内容。

　　1. 全球共性制度

　　从国际知名自贸区（港）的立法实践看，"全球共性制度"主要包括境内关外、监管模式、贸易便利、投资准入、市场准入、财税政策、金融创新、信息自由、自然人移动等内容。

　　（1）境内关外①

　　境内关外是全球自贸区（港）的共性本质特征，如何理解并构建境内关

---

　　① 本书在考察全球自贸区（港）境内关外理论和实践基础上，研提以海关法是否适用及适用范围为核心，将"关外"分成以下四种类型：一是仅对于进口税费而言，处于关境之外（《京都公约》、美国、马来西亚等）；二是免进口税费，手续尽量简化，给予进出口最大限度自由（德国、荷兰、新加坡等）；三是可自由免税进入，无配额限制，不用申请许可证（印度、巴拿马等）；四是不受海关法管辖，处于海关管辖范围之外，免征海关税费（土耳其、智利等）。

外制度将直接影响到中国特色自由贸易港对外开放的广度和深度。[1] 从国境与关境的关系角度看,境内关外是法治而非地理概念,其是指地理上在一国国境之内,但法律上在海关关境之外。[2] 同时实践已经充分证明,境内关外存在三大定律:一是效益与关税区市场大小成反比;二是程度与功能成反比,即程度越高、功能越少;三是与其追求境内关外,不如追求"境内关外+内外贸一体化"。这三大定律说明,境内关外是一把双刃剑,程度越高,越方便与境外市场交流,但同时妨碍与境内市场交流。[3] 因此,中国特色自由贸易港不能仅仅着眼于对外开放,追求高程度的境内关外,而应该提高对外开放的质量和发展的内外联动性,推进对内对外高水平双向开放。本书认为,可以借鉴美国对外贸易区的设区理念,即降低国内企业的生产成本,提高其国际竞争力,通过适当的制度安排,建立符合国情的境内关外制度。从 2018 年8 月公布的《中国(上海)自由贸易试验区临港新片区总体方案》[4]的文字表述看,上海自贸试验区临港新片区将建立洋山特殊综合保税区,构建境内关外制度。

（2）监管模式

"一线放开、二线(安全高效)管住、区内自由/不干预"是自由贸易港监管模式最经典的概括和表述。一是"一线放开"。"一线"是指自由贸易港与国境外的通道口。可以实施负面清单监管制度,即负面清单之外的货物、物品、技术进出"一线"均不报关、不统计、不验证,只需传输电子单证,同时实施关

---

① 龚柏华:《上海自由贸易港"境内关外"概念和机制辨析》,载《海关与经贸研究》2018 年第 2 期。

② World Maritime News:"Brexit Sets Stage for UK Free Ports",2016 年 11 月 14 日,资料来源:https://worldmaritimenews.com/archives/206415/brexit-sets-stage-for-uk-free-ports/。

③ 王志明:《海关特殊监管区贸易监管体制改革探索》,载《学海》2014 年第 6 期。

④ 2018 年 8 月公布的《中国(上海)自由贸易试验区临港新片区总体方案》在"(五)实施高标准的贸易自由化"中强调:"在新片区内设立物理围网区域,建立洋山特殊综合保税区,作为对标国际公认、竞争力最强自由贸易园区的重要载体,在全面实施综合保税区政策的基础上,取消不必要的贸易监管、许可和程序要求,实施更高水平的贸易自由化便利化政策和制度。对境外抵离物理围网区域的货物,探索实施以安全监管为主、体现更高水平贸易自由化便利化的监管模式,提高口岸监管服务效率,增强国际中转集拼枢纽功能。支持新片区发展具有国际竞争力的重点产业,根据企业的业务特点,积极探索相适应的海关监管制度。相关监管政策制度由海关总署牵头另行制定。"

税及进出口环节税豁免政策。二是"二线（安全高效）管住"。"二线"是指自由贸易港与关境内的通道口。"二线管住"，即实施惯常的海关监管制度，同时积极实施"知情守法"、选择性征税、货物状态分类监管、"单一窗口"、"由企及物"等理念和制度。三是"区内自由／不干预"。"区内自由／不干预"的传统功能是指区内货物可以进行任何形式的储存、展览、组装、制造、加工、流动、买卖等，无需海关批准，只需备案，出区核销。而其现代功能则是指货物、资金、运输、人员、信息五大进出自由。由于各个国家（地区）的国情、现实需要和发展定位存在差异，因而海关监管的领域和程度也有所不同，中国特色自由贸易港应当借鉴国际知名自贸区（港）海关监管的先进理念和方式，同时立足战略发展需要，构建符合国情的监管模式。

（3）其他制度设计

从三种"国别经验"的立法实践看，中国特色自由贸易港的制度设计应当围绕货物、资金、运输、人员、信息五大自由展开，还将涉及贸易便利、投资准入、市场准入、财税政策、金融创新、信息自由以及自然人移动等制度。具体而言，一是贸易便利，重点包括贸易结算自由、贸易主体制度、航运物流体系等内容。二是投资准入，重点包括外资准入和鼓励政策等内容。三是市场准入，重点包括企业注册程序、企业注册资本以及企业管理等内容。四是财税政策，重点包括相对赋税程度和赋税方式等内容。五是金融创新，重点包括金融服务水平、资金进出自由、融资汇兑自由等内容。六是信息自由，重点包括网络自由和新闻自由等内容。七是自然人移动，重点包括居住自由、就业自由、进出境自由等内容。

2. 法治环境制度

中国特色自由贸易港的全面建设和深入发展离不开"事中事后监管制度"与"多元化纠纷解决机制"等国际一流法治环境或法治化营商环境①等相关事项的支撑和保障，因而，"中华人民共和国自由贸易港法"有必要对此加以明确和规范。

（1）事中事后监管制度

构建事中事后监管制度对于中国特色自由贸易港市场秩序的维护、安全

---

① 2019年8月公布的《中共中央　国务院关于支持深圳建设中国特色社会主义先行示范区的意见》在"（二）战略定位"中提出："——法治城市示范。全面提升法治建设水平，用法治规范政府和市场边界，营造稳定公平透明、可预期的国际一流法治化营商环境。"

风险的防范以及与国际惯例相接轨具有重要意义。当前,建立健全的事中事后监管制度在美国、日本等发达国家已经较为完善,形成了体系化的经验成果。① 同时,中国自贸试验区战略实施至今,也已探索形成了一系列可资借鉴的制度创新成果。② 因此,中国特色自由贸易港应当在系统集成国内自贸试验区制度创新成果的基础上,汲取借鉴国际先进法治经验,从监管体系、监管机制、监管手段等方面入手,构建并完善中国特色自由贸易港事中事后监管制度,实现法治化监管。

（2）多元化纠纷解决机制

中国特色自由贸易港的建设离不开国际一流法治环境或法治化营商环境的构建,系统建立集诉讼、仲裁、调解于一体的多元化纠纷解决机制是其长远发展的必然趋势。对此,各地自贸试验区已经开展了积极的实践探索,如重庆自贸试验区建立了诉讼、仲裁与调解一站式纠纷解决机制;福建自贸试验区、广东自贸试验区等也采取多项措施,构建多元化纠纷解决机制,不断提升自贸试验区法治服务保障水平,完善法治化营商环境。可见,从上述地方实践中提炼共性经验,结合国际发展趋势和惯例,构建符合中国国情的多元化纠纷解决机制具有较大的必要性和较强的可行性。

3. 产业发展制度

由于地理位置、发展定位以及战略导向的不同,未来中国特色自由贸易港的产业发展必然各具特色,因而难以在国家层面的基本法中对此作出统一安排。本书建议,借鉴国家事权已经法治化的授权修法的"上海路径"和国家事权尚未法治化的授权立法的"浙江路径"经验,在基本法中对产业发展所涉的相关事权和立法权进行一揽子授权,将事权和立法权下放至自由贸易港层面,由各自由贸易港根据自身实际开展立法修法等活动,以促进特色产业的发展。

---

① 庄锡强:《关于建立自由贸易试验区事中事后监管体系的研究》,载《发展研究》2016 年第 2 期。

② 丁友良:《比较视野下浙江自贸试验区事中事后监管体系建设研究》,载《浙江海洋大学学报（人文科学版）》2018 年第 4 期。

第五章　中国特色自贸区(港) 法治建构国际化论

　　中国特色自贸区(港)法治建构的国际化旨在回应两大哲学提问:"中国特色自贸区(港)法治建构为何要国际化?"与"中国特色自贸区(港)法治建构如何国际化?"。对于第一个提问,本书将从"三个新时代"和"三个新突围"背景下,美国要求中国实施基于"美式法治"的改革开放与中国"中央规划—地方探索"的对外开放模式(国家事权及中央专属立法权保留下的地方先行先试)之间的冲突入手,进行深入探索。通过系统梳理美国对华经贸关系中的主要"制度诉求"以及在此基础之上对中国制度问题进行精准回击的立法修法举措,阐明"中美战略竞争"对中国特色自贸区(港)法治建构国际化的深刻影响。对于第二个提问,本书将在"事权法治制度环境一体化"方略和路径的统领下,站在《京都公约》的规定以及国际知名自贸区(港)的实践经验基础上,从推进自贸试验区(PFTZ)向自由贸易港(FTZ)转型升级与实现中国特色自贸区(港)(FTZ)与自由贸易区(FTA)联动发展两方面入手,推动中国特色自贸区(港)法治建构路径及模式接轨国际,为营造国际一流营商环境奠定坚实的法治基础,进而在"三观营商环境"论①的全面指引下,遵循优化营商环境的"三位一体方法论"②,营造"五化统领"的国际一流(稳定、公平、透明、可预期)营商环境。

---

　　①　"三观营商环境"论,即"宏观营商环境"论:主要关注法治和制度体系完备程度(经典的"山核桃理论");"中观营商环境"论:主要关注行业法治化程度(经典的"山核桃理论");"微观营商环境"论:主要关注市场主体赋权水平(经典的"啄木鸟行动")。

　　②　优化营商环境的"三位一体方法论":一是目标论(法治环境论):打造稳定、公平、透明、可预期的营商环境,其中,法治环境是核心。二是过程论(改革创新论):形成"五化统领"(便利化、市场化、法治化、国际化、自由化)国际一流(稳定、公平、透明、可预期)的营商环境建设方向。三是工具论(评估模式论):即中国特色自贸区(港)应当根据我行营商环境评估的十项指标(开办企业、办理施工许可证、获得电力供应、登记财产、获得信贷、保护少数投资者、纳税、进行跨国界贸易、执行合同、办理破产),开展基于法治的"微观营商环境"评估,逐步构建"营商环境评估机制、指标体系和行动计划三位一体评估模式"。

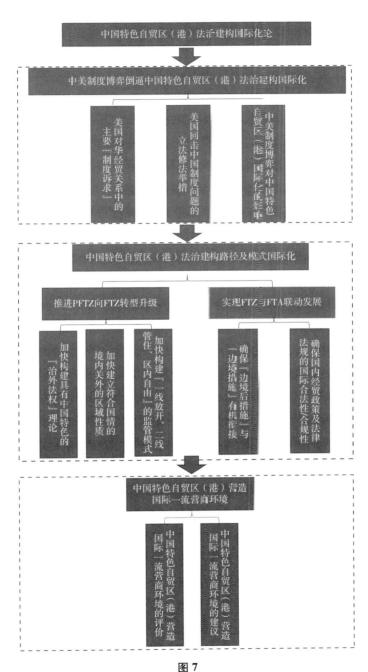

图 7

第一节　中美制度博弈倒逼中国特色
自贸区（港）法治建构国际化

中美已经进入"战略竞争新时代"：中国如何突围？2017年12月，《美国国家安全战略》（National Security Strategy of the U.S.A.）首次将中国定义为"战略竞争对手"（a strategic competitor）[①]，标志着中美关系正式进入"战略竞争新时代"。从2018年3月特朗普政府对华发起贸易战开始，美国加快调整对华政策，从关税、投资、网络、技术、人权到所谓的"中国经济侵略战略"、所谓的"中国贸易破坏性的经济模式"、军事等，按照"贸易+"的逻辑递进升级。中美经贸关系实质和内容已经发生重大变化，即从中方认为所谓的"互利共赢"变成美方认为的"不公平和不对等"，平等互利的经贸关系或经贸合作作为中美关系的"压舱石"作用正在减弱，经贸关系中的法律问题将日趋增多和复杂，中美经贸关系前景更具不确定性和挑战性。

当前，美国朝野、政府和国会、两党、建制派和总统派罕见形成广泛共识，推动对华政策历史性和战略性调整，已经进入"战略竞争新时代"的中美（经贸）关系将经受一系列重大考验。同时，已经进入"改革开放新时代"的中国国内改革面临一系列事权法治制度环境问题。在美国强大的"倒逼压力"和改革巨大的"回潮压力"共同作用下，中国继续推动"以开放促改革"面临更大压力和更多挑战。2001年"入世"以来中国特色涉外经贸法治建设、改革开放40周年中国特色自贸区（港）建设路径及法治保障、中国持续建设"法治化营商环境"三者的路径不尽相同，但逻辑完全一致。"战略竞争新时代"中美制度博弈将在"纵横事权调整、法治化路径创新和制度体系构建"三大方面对"改革开放新时代"中国特色自贸区（港）建设产生重要影响，同时促使中国持续优化营商环境进入"五化统领"（便利化、市场化、法治化、国际化、自由化）新时代。因此，跟踪研究美国对华全面施压的主要制度不满及改革诉求及其对中国特色自贸区（港）建设国际化的影响意义重大。

---

① "National Security Strategy of the United States of America"，December，2017，p.45.

一、美国对华经贸关系中的主要"制度诉求"

2018年3月,美国贸易代表办公室发布"对华301调查报告"[1],指出了中美经贸关系发展中的主要不满和诉求。本书将在全面考察美国对华经贸关系主要"制度诉求"的基础上,系统梳理中美两国在重点经贸领域的制度差异,为评估中美制度博弈对中国特色自贸区(港)法治建构路径及模式国际化的影响奠定坚实基础。

(一)"中国经济侵略战略"

当下"中美贸易战"正在按照"贸易+"的逻辑递进升级,即从关税、网络、技术、人权到所谓的"中国经济侵略战略"等。白宫国家贸易委员会主任纳瓦罗在2018年6月发表的《"中国经济侵略"如何"威胁"美国与世界的技术和知识产权》[2]报告中指出,"在很大程度上,中国令人瞩目的经济成就是建立在大量与全球规范不符的掠夺政策和侵略行为之上,也就是:经济'入侵'。就目前中国的经济体量和对市场经济干预的严重程度来看,美国,甚至全球经济都面临着严重威胁。"

(二)"中国贸易破坏性的经济模式"

当下中美已进入"经济模式之争"。美国驻WTO大使谢伊在2018年世界贸易组织总理事会上提交了《中国贸易破坏性的经济模式》,公开叫板中国,武断的认为中国的经济体制与WTO原则根本冲突,且这种模式会给WTO成员国带来巨大成本,并对它们构成严峻挑战。同时,谢伊还指出,中国的社会主义市场经济并不是市场经济。他认为,虽然中国政府允许市场发挥作用,但只是在一定程度上,一旦市场作用的结果与中国产业政策所设想的结果发生冲突,中国政府就开始干预市场,以确保中国产业政策设想的结果得以实现。

(三)"非市场导向的政策和做法"

美国认为,非市场导向的政策和做法导致的问题主要包括:严重的产能过

---

[1] "USTR Section 301 Investigation", https://ustr.gov/sites/default/files/Section% 20301% 20FINAL.PDF。

[2] White House Office of Trade and Manufacturing Policy: "How China's Economic Aggression Threatens the Technologies and Intellectual Property of the United States and the World", 2018年6月,资料来源:https://www.whitehouse.gov/wp-content/uploads/2018/06/FINAL-China-Technology-Report-6.18.18-PDF.pdf。

剩、使工人和企业面临不公平的竞争环境、阻碍创新技术的开发和应用以及阻碍国际贸易的正常运作（包括不受现行法规约束的经济部门）。美国提出，自2001年加入世贸组织以来，中国并没有朝向全面执行以市场为导向的政策和做法。事实恰恰相反，国家在经济中的作用不断增强。在这一问题上，美国不仅通过引用中国企业的相关表述来证明中国经济从根本上具有非市场属性，同时指出，中国正在实施的"十三五"规划本身，就是计划经济的标志。

（四）"知识产权盗窃和强迫技术转让"

通过初步研究美国贸易代表开展的"301条款"调查发现，美国认为中国大力推行的四项技术政策，对其知识产权保护造成了严重威胁：一是中国通过对外国企业所有权的限制、行政审查和颁发许可程序，强迫美国公司或向美国公司施加压力进行技术转让。二是中国对进入中国的外国公司取得知识产权和技术执照实施契约限制，但是对在两个中国企业之间的此种行为不实施同样限制。三是中国指示和协助在美国的投资和对美国公司的兼并收购，以带来大规模技术转让。四是中国从事和支持对美国电脑网络的网际侵入，旨在得到重要商业信息，使中国公司得以仿造产品。①

（五）产业补贴

美国认为，中国的产业政策设置了大量扭曲市场的补贴，并对有关国内产业提供其他形式的财政支持。这时常导致出现严重和持续的产能过剩。正如在钢铁、铝和太阳能领域，过剩产能不仅通过中国的直接出口损害了全球经济，而且还由于全球价格下降和供应过剩，使得最具竞争力的生产商也难以保持活力。具体而言，2018年5月由美国白宫发布的《贸易政策情况说明》指出，中国对销往美国市场的一系列产品进行了倾销及不公平的补贴，损害了美国的国内产业。

（六）国有企业

美国认为，与2001年中国加入世贸组织时一样，国有企业继续在中国经济中发挥着巨大作用；此外，中国几十年来通过任命核心管理人员和优先提供土地、能源和资本以及其他重要投入品等手段来控制这些企业；中国对国有企

---

① "President Donald J.Trump is Confronting China's Unfair Trade Policies", 2018年5月29日，资料来源：https://www.whitehouse.gov/briefings-statements/president-donald-j-trump-confronting-chinas-unfair-trade-policies/。

业的大力支持和保护,使得很多美国公司不可能在一个公平的环境下进行竞争,损害了美国的利益。

（七）"侵略性投资政策"

2018 年 8 月,美国总统特朗普在白宫会见国会议员与主管经济的内阁官员,讨论在国会审议多年终获通过的《外国投资风险审查现代化法》(Foreign Investment Risk Review Modernization Act)时,将焦点锁定为中国。该法的主要目的是保护美国科技研发领域的知识和关键技术不会被其他国家借由收购或投资美国公司而轻易获取,其第一目标是要处理某些对美国安全造成的巨大威胁,包括"侵略性投资政策",尤其是某些中国的政策。

（八）中国发展中国家地位问题

2019 年 7 月,白宫发表了《关于改革世界贸易组织发展中国家地位的备忘录》①,宣称将在世贸组织内推动变革,防止"自我宣称的发展中国家"利用 WTO 规则和谈判中的灵活性,同时,如果在 90 天为推动变革没有实质性进展,则美国将不再以 WTO 发展中国家对待某些国家,其中矛头直指中国。该《备忘录》指出,美国从未接受过中国对发展中国家地位的主张,而且大量的事实和有关经济活力的其他证据都表明,中国不应继续将自己定位为发展中国家。可见,如果 WTO 在有限的时间内无法有效推动变革,则美国将采取单边措施,彻底架空 WTO。

（九）"汇率操纵国"

2019 年 8 月,美国财政部发表声明:"在总统特朗普的支持下,财政部长姆努钦认定,中国是汇率操纵国。在这一认定下,财长姆努钦将与国际货币基金组织 IMF 一道,消除中国最新的行为导致的不公平竞争优势。"

二、美国回击中国制度问题的立法修法举措

笔者通过长期跟踪研究中美经贸关系的演变发现,美国持续推动"经贸政策法律化",剑指中国制度。

---

① "Memorandum on Reforming Developing-Country Status in the World Trade Organization", 2019 年 7 月 26 日,资料来源:https://www.whitehouse.gov/presidential-actions/memorandum-reforming-developing-country-status-world-trade-organization/。

（一）从军事、投资、高科技出口和文化领域对华开展全面打压

2018 年 8 月，特朗普总统签署了 2019 年度《国防授权法》（National Defense Authorization Act，NDAA）。该法将"大国战略竞争"视为美国面临的主要挑战，其中多处涉及中国。一是禁止联邦政府使用中国华为、大华、海康威视等企业的产品；二是禁止美国国防部从中国购买稀土磁铁；三是赋予美国外国投资委员会（Committee on Foreign Investment in the United States，CFIUS）更大权限；四是禁止五角大楼为孔子学院提供任何资助；五是在军事上对中国进行干预。

（二）从投资领域对华开展全面打压

美国制定《外国投资风险审查现代化法》，赋予美国外国投资委员会更大权限，使其在规范外国投资敏感科技，尤其是与军事相关的敏感科技方面，可以加强审议，处理中国某些"侵略性投资政策"对国家安全造成的巨大威胁。具体而言，该法意在扩大所谓投资审查的"国家安全"外延、矛头直接指向中国：一是扩大美国外国投资委员会管辖范围，包括在军事基地或其他敏感国家安全设施附近的某些合资企业、少数股权投资和房地产交易；二是更新美国外国投资委员会关于"关键技术"的定义，将新兴技术纳入其中，以维持美国相对于诸如中国等构成威胁的国家的技术优势；三是在美国外国投资委员会评估中增加新的国家安全因素等。

三、中美制度博弈对中国特色自贸区（港）国际化的影响

自 2017 年 12 月，在世界贸易组织第 11 次部长级会议期间，美国、欧盟和日本在阿根廷布宜诺斯艾利斯发表第一份联合声明以来，三方已经联合发布了 6 份与国际经贸规则相关的联合声明。联合声明的内容包括非市场导向的政策和做法、新补贴规则、新国企规则、强制技术转让等议题，虽然美欧日三国尚未形成全面共识，但其系统性越来越明显。从内容上看，联合声明的议题与美国对华经贸关系的主要"制度诉求"高度重合，由此可见，其所针对的第三国，毫无疑问便是中国。同时，从国际经贸规则谈判的角度看，联合声明也代表了未来 FTA 谈判的国际趋势，提出了中国特色自贸区（港）接轨国际经贸规则所必须面对的重要议题。因此，可以说，美国对华经贸关系中的"制度诉求"及采取的立法修法举措就是向中国特色自贸区（港）接轨国际高标准经贸

规则所提的要求和挑战，迫使中国特色自贸区（港）建设朝国际化方向发展。此外，究其本质，美国对华主要"制度诉求"以及美欧日三方联合声明的根本目的在于，要求中国厘定政府与市场关系的边界，实施基于"美式法治"的改革开放。因此，中国特色自贸区（港）建设的国际化实质上是法治建构路径及模式的国际化。

"战略竞争新时代"下中美经贸关系发展面临以下两方面的重大挑战和考验：第一，中美经贸谈判中美方所谓的"结构性改革"。具体而言，包括两部分内容：一是美方要求"公平和对等"（"to be fair and to be reciprocal"），即从市场准入的"互惠"（针对边境/准入措施，所指贸易政策）到市场竞争机制的"对等"（针对边境后/准入后措施，所指竞争政策），即"镜像规则"。二是中美已进入经济模式之争，是否会发展成为制度冲突、甚至全面对抗？第二，中美制度博弈实质是美国要求中国实行基于"美式法治"的改革开放，进行广泛的深层次经济改革，旨在改变中国在国内外管理国家经济活动的方式。对此，中国已经在两方面开展了积极探索：一是法治与全面深化改革方面：加快研制"海南自由贸易港法"；二是法治与全面扩大开放方面：制定、推动《中华人民共和国外商投资法》施行。

第二节　中国特色自贸区（港）法治
建构路径及模式国际化

当前，中国已在实施"双轨制自贸区国家战略"，即自由贸易区（FTA）国家战略与自贸试验区（PFTZ）国家战略。但实践证明，中国自贸试验区（PFTZ）已经变成"FTA 与 FTZ 的复合体"，即制度创新成果接轨国际的"压力测试平台"（国发〔2015〕69 号）和六类海关特殊监管区域的"转型升级方向"（国办发〔2015〕66 号）。因此，推进中国特色自贸区（港）法治建构路径及模式的国际化应从以下两方面入手：一是推进中国自贸试验区（PFTZ）向国际标准的自贸区（港）（FTZ）转型升级；二是实现中国特色自贸区（港）（FTZ）与自由贸易区（FTA）的联动发展。通过将中国特色自贸区（港）从"FTA 与 FTZ 的复合体"中分离出来，真正走向国际化，发挥各自应有的制度价值和载体作用。

一、推进中国自贸试验区向自由贸易港转型升级

中国自贸试验区（PFTZ）与国际知名自贸区（港）（FTZ）相比，最本质的差异在于二者法治建构路径的不同。纵观全球自贸区（港）建设成功经验，几乎无一例外地采取"先中央（联邦）立法、后地方（各州）设区"的建设路径，驱动力主要来自私人/市场主体，因此从本质上讲，都是法治（立法）驱动下的"制度模式"或"私人驱动型法治模式"，当今世界以美国进口贸易模式与新加坡转口贸易模式为经典代表。目前，中国特色自贸区（港）的建设路径是"中央规划—地方探索"模式下的行政推动，形成了"党政推进型改革模式"，即"对标国际、自主改革模式"。因此，中国自贸试验区应当积极构建"事权法治制度环境一体化"的方略和路径，催生"法治适度有序引领、推动、规范、保障改革开放"的对外开放新模式，实现中国自贸试验区（PFTZ）向自由贸易港（FTZ）转型升级和创新发展。

此外，对国际知名自贸区（港）的法治保障模式进行系统考察可以发现，其共性在于，大都通过建立符合各自国情的"治外法权"理论，明确自贸区（港）的法律地位，进而以完备的法律法规对自贸区（港）境内关外的区域性质、"一线放开、二线（安全高效）管住、区内自由/不干预"的监管模式等加以界定和建立。而中国自贸试验区"三层次联动推进模式"由于存在会导致"四化"难题的固有缺陷，显然难以对此作出统一规定。因此，中国特色自贸区（港）应当在考察《京都公约》等国际条约相关规定以及吸收借鉴国际知名自贸区（港）法治保障模式经验的基础上，通过构建"特别授权法模式"或"国家层面统一立法的基本法模式"，加快构建接轨国际且符合国情的"治外法权"理论、境内关外的区域性质及"一线放开、二线（安全高效）管住、区内自由/不干预"的监管模式。

（一）加快构建具有中国特色的"治外法权"理论

由于没有全球公认的自贸区（港）定义，世界各地自贸区（港）又各不相同，所以可以提炼自贸区（港）的国际标准或属性，但不存在国际通行的自贸区（港）经验与全球统一的自贸区（港）模式。但是纵观全球自贸区（港）的法律属性，绝大多数国家（地区）采用"治外法权"理论，即一定的人和物虽处于一国领土之内，但在法律上被认为是处于该国之外，不受当地法律的管辖，建

立境内关外的区域性质以及"一线放开、二线(安全高效)管住、区内自由/不干预"的监管模式。"治外法权"并非"领事裁判权"。境内关外的法理依据是"海关治外法权"。"海关治外法权"是自贸区(港)的最基本特征,即指自贸区(港)的人和物虽处于该国领土内,但在一般的海关监管法律上被认为是处于该国之外,不受一般的海关监管法律的管辖。围绕境内关外的区域性质,开展国家层面统一立法(如美国、新加坡等国家),逐步推进行政与海关监管双重法治体系的建构。这是国别(地区)采取"先立法、后设区"的主流做法。因此,探寻中国特色自贸区(港)法治建构路径及模式创新,必须在自贸区(港)"对标国际、自主改革模式"的基础上,对标国际标准,首先构建具有中国特色的"治外法权"理论,然后建立符合国情的境内关外的区域性质和"一线放开、二线(安全高效)管住、区内自由/不干预"的监管模式,最后逐步建构行政与海关监管双重法治体系。

(二)加快建立符合国情的境内关外的区域性质

在国际自贸区(港)广泛兴起的背景下,海关合作理事会(WCO)(世界海关组织的前身)于1973年5月形成了第一个涉及自贸区(港)的国际规范,即《京都公约》(《关于简化和协调海关业务制度的国际公约》)。在该公约中,自贸区(港)被称为"自由区"(Free Zone)。同时,该公约在1999年进行了修订。《京都公约》(1999年版)在其专项附约四第二章"自由区"中的定义条款规定:"'自由区'指缔约方境内的一部分,进入这一部分的任何货物,就进口税费而言,通常视为在关境之外。"①可见,《京都公约》(1999年版)明确将自贸区(港)属于境内关外的情况限定于"就进口税费而言"。此外,从国际知名自贸区(港)建设实践看,各国或地区自贸区(港)有关境内关外的规定也不尽相同。于2013年关闭的德国汉堡自由港是境内关外程度最高的自贸区(港)之一,其主要政策包括:自由港不在关税管辖区,不是海关的监管区域,装卸和存储货物不受海关限制;货物可以自由从水上进出该区,原材料可在区内加工,不需申报及征收关税。美国《对外贸易区海关与边防局条例》第一部分"总则"第146.1条"定义"指出:"'关境'是指美国一般关税法适用的区域。

---

① 海关总署国际合作司编译:《关于简化与协调海关制度的国际公约(京都公约)总附约和专项附约指南》,中国海关出版社2003年版,第522页。

'美国关境'包括州、哥伦比亚特区以及波多黎各。"同时,美国海关发布的2011年版《对外贸易区指南》第一章开篇第一句话就说明:"对外贸易区是处于 CBP 监管之下的安全区域,在关税支付的目的下,对外贸易区被视为处于美国关境之外。"①可见,美国对外贸易区被视为境内关外的情况仅限于"在关税支付的目的下"。对比德国汉堡自由港与美国对外贸易区在货物贸易领域的实际运行情况可以发现,美国对外贸易区内货物在销往美国市场时,能享受"选择性征税"的优惠,即企业对加工内销产品所进口的原材料可选择税率较低的方式进行缴税,既可以按原材料的进口税率缴税,也可以按产成品的税率缴税。而在德国汉堡自由港,由于原材料进区无需报关,因此加工后的产成品内销时海关只能按产成品征税,不利于对内贸易的开展。可见,境内关外是一把双刃剑,境内关外程度越高,越方便自贸区（港）与境外的货物交流,但也越妨碍自贸区（港）与境内市场的交流。② 中国特色自贸区（港）肩负着对内对外高水平双向开放的历史使命,其建设发展不仅要坚持不断扩大对外开放的基本国策,同时应持续高效地推进对内开放。因此,中国特色自贸区（港）在构建接轨国际的法治建构路径及模式过程中,必须立足中国国情,坚持"境内关外+内外贸一体化"的基本原则,明确自贸区（港）境内关外的区域性质及其程度。

（三）加快构建"一线放开、二线（安全高效）管住、区内自由/不干预"的监管模式

《京都公约》（1999年版）从定义中删除了1973年版《京都公约》在 F.1"有关自由区的附约"中规定的入区货物"免于实施惯常的海关监管制度"（即实施特殊海关监管制度）的表述。③ 可以认为,惯常监管的放开、特殊领域监管保留（如战略物资、毒品军火、知识产权等）以及执法权保留成为《京都公

---

① US CBP:"Foreign-Trade Zones Manual",2019年6月8日,资料来源:https://www.cbp.gov/sites/default/files/documents/FTZmanual2011.pdf.

② 王志明:《海关特殊监管区贸易监管体制改革探索》,载《学海》2014年第6期。

③ WCO Kyoto Convention 1973-International Convention on the simplification and harmonization of Customs procedures（Kyoto,May 18,1973）,Annex F.1 Concerning free zone,Definitions（a）the term "free zone" means a part of the territory of a State where any goods introduced are generally regarded, in so far as import duties and taxes are concerned, as being outside the customs territory and are not subject to the usual customs control.

约》模式下海关监管的主要做法。美国对外贸易区每关采取以境内关外、使用者知法守法为前提,进行适度监管的方式,海关监管的重点在货物进入国内市场的卡口上,货物入区备案,区内自由流转,出区核销,违者严厉处罚,吊销营业执照,处以巨额罚款,直至破产。① 欧盟海关无论是对境外入区,还是出区或进入国内市场及区内经营,其对自由区的监管具有常规性与广泛性。自由区的设立、营运,以及货物入区、操作、制造、展示、销毁、出区等都需要获得海关许可,且都被海关紧密监管,都有存储文件和其他证明文件的要求,都处于海关监管之下,并详细规定了在对外贸易区中的安全条件,保障和记录保存义务。成文法及其细化规定都明确授权海关监督、搜查、检查存储于区域中的所有物品、人员、场所。② 而中国自贸试验区则采取"先进区、后报关"的海关监管制度。由于各个国家的国情、现实需要和发展定位存在差异,因而在监管模式的设计上有所不同。中国特色自贸区(港)应当在立足中国国情的基础上,吸收借鉴国际知名自贸区(港)海关监管的成熟经验,探索实行"一线放开、二线(安全高效)管住、区内自由/不干预"的海关监管模式,由此保障开放政策得以全面贯彻实施,并有效防范各类风险。

二、实现中国特色自贸区(港)与自由贸易区联动发展

2014 年 12 月,习近平总书记在中共中央政治局第十九次集体学习时讲话指出:"加快实施自由贸易区战略是一项复杂的系统工程。要加强顶层设计、谋划大棋局,既要谋子更要谋势,逐步构筑起立足周边、辐射'一带一路'、面向全球的自由贸易区网络,积极同'一带一路'沿线国家和地区商建自由贸易区,使我国与沿线国家合作更加紧密、往来更加便利、利益更加融合。要努力扩大数量、更要讲质量,大胆探索、与时俱进,积极扩大服务业开放,加快新议题谈判。要坚持底线思维、注重防风险,做好风险评估,努力排除风险因素,加强先行先试、科学求证,加快建立健全综合监管体系,提高监管能力,筑牢安全网。要继续练好内功、办好自己事,加快市场化改革,营造法治化营商环境,加快经济结构调整,推动产业优化升级,支持企业做大做强,提高国际竞争力

① 李力:《世界自由贸易区研究》,改革出版社 1996 年版 第 341 页。
② 朱秋沅:《欧盟自由区海关制度分析及对中国自贸区建设的启示》,载《国际贸易》2014年第 5 期。

和抗风险能力。"①为此,有必要深入探索,实现中国特色自贸区(港)(FTZ)与自由贸易区(FTA)联动发展。

FTA 和 FTZ 的本质区别在于,前者主要规制"边境措施",后者主要规制"边境后措施",二者形成各司其职、有序衔接的"联动机制",即"FTA 规则体系"与"FTZ 规则体系"的有机对接,共同推动一国对外开放水平与市场化程度的提升。同时,2008 年世界银行有关 FTZ 报告指出,"区不能且不应被视为一国更大贸易与投资改革努力的替代物。"②可见,FTZ 与 FTA 两者不能相互替代,中国特色自贸区(港)(FTZ)国际化的最终目标应是服务于自由贸易区(FTA)的谈判和签署。这一目标的实现,要以构建中国特色自贸区(港)(FTZ)与自由贸易区(FTA)有效的"联动机制"作为保障。但是实践已经证明,中国自贸试验区(PFTZ)已经变成"FTA 与 FTZ 的复合体",即制度创新成果接轨国际的"压力测试平台"(国发〔2015〕69 号)和六类海关特殊监管区域的"转型升级方向"(国办发〔2015〕66 号),"联动机制"尚未形成且难以形成。因此,在中国自贸试验区(PFTZ)向国际标准的自贸区(港)(FTZ)转型升级和创新发展进程中,如何构建 FTA 与 FTZ 国家战略的"联动机制",成为推进中国特色自贸区(港)法治建构路径及模式国际化的重大理论和实践难题。本书认为,加快构建中国特色自贸区(港)(FTZ)与自由贸易区(FTA)的"联动机制",必须努力实现"两个确保":一是确保"边境后措施"与"边境措施"有机衔接。二是确保国内(主要指"涉外")经贸政策及法律法规的国际合法性/合规性。

(一)确保"边境后措施"与"边境措施"有机衔接

当前,国际经贸规则谈判的关注点,已经由关税、股比限制等准入的"边境措施"领域逐渐转向产业政策、知识产权政策、环境政策、投资政策等"边境后措施"领域。从美欧日三方联合声明、TTIP、CPTPP、美韩 FTA、日本—欧盟 FTA 的谈判内容看,"边境后措施"的内容均超过了"边境措施"。③ 而"边境后措施"主要由国内法加以规范和调整,理应由中国特色自贸区(港)进行试

---

① 《习近平谈治国理政》第二卷,外文出版社 2017 年版,第 101 页。

② World Bank Group, "Special Economic Zones: Performance, Lessons Learned, and Implications for Zone Development", 2008.

③ 叶辅靖:《进一步扩大开放要革新边境内措施》,载《经济参考报》2018 年 7 月 18 日。

点和探索。因此,在中国特色自贸区(港)内积极开展制度创新,不断推进"边境后措施"与自由贸易区(FTA)高标准"边境措施"要求的有机衔接,对于实现中国特色自贸区(港)(FTZ)与自由贸易区(FTA)之间的联动发展,进而促进中国特色自贸区(港)建设的国际化意义重大。

(二)确保国内(主要指"涉外")经贸政策及法律法规的国际合法性/合规性

履行中国加入 WTO 承诺,加强国内(主要指"涉外")经贸政策及法律法规合规工作,是建设开放型世界经济、支持多边贸易体制的实际行动,是推动形成全面开放新格局、参与全球治理体系变革的具体举措。进一步做好当前经贸政策及法律法规合规工作具有现实重要性和必要性。① 同时,无论是中美制度博弈还是 FTA 谈判,都要求中国厘定政府与市场关系的边界,实施基于法治的对外开放。而 WTO 规则是发展市场经济、厘定政府与市场关系边界的一把"标尺"。② 因此,确保国内(主要指"涉外")经贸政策及法律法规的国际合法性/合规性,成为中国特色自贸区(港)(FTZ)与自由贸易区(FTA)联动发展的前提和基础。

第三节　中国特色自贸区(港)营造国际一流营商环境

"战略竞争新时代"的中美博弈,归根结底是两国体制/制度/经济模式竞争以及营商环境优化竞争,其中,对标国际,打造国际一流营商环境是最终的落脚点。同时,打造"法治化营商环境"是中国深化"放管服"改革、加快自贸区(港)建设的首要任务和重中之重。最为经典的事例是,外资油品企业要求舟山公布"稳定、公开、透明、可持续的政策体系",即国家一流营商环境的"舟山之问"。但是,当前中国特色自贸区(港)改革创新成效不足,制度创新成果碎片化,企业获得感不强,如何发挥"法治引领营商环境优化的导向作用",中国将面临体制性挑战和改革压力。因此,中国特色自贸区(港)应当在法治建构路径及模式接轨国际的基础上,从营造国际一流营商环境的评价和建议入

---

① 王受文:《加强贸易政策合规　全面提升开放质量》,载《行政管理改革》2018 年第 9 期。
② 高虎城:《加强贸易政策合规　全面推进依法治国》,载《光明日报》2014 年 12 月 31 日。

手,展开深入探索。

一、中国特色自贸区(港)营造国际一流营商环境的评价

十八届三中全会提出,"到2020年,在重要领域和关键环节改革上取得决定性成果,形成系统完备、科学规范、运行有效的制度体系,使各方面制度更加成熟更加定型。"为此,国家和广东(深圳)、上海、海南、浙江等自贸区(港)分别提出了构建国际一流营商环境的目标举措:一是国家层面的主要举措。全国深化"放管服"改革转变政府职能;优化口岸营商环境促进跨境贸易便利化;聚焦企业关切进一步推动优化营商环境政策落实;全国深化"放管服"改革优化营商环境;优化营商环境改革举措复制推广借鉴;5批自贸试验区改革试点经验复制推广;"优化营商环境条例"研制;《中华人民共和国外商投资法》施行。二是广东自贸试验区共456项制度创新成果,复制推广33项。《支持深圳建设中国特色社会主义先行示范区的意见》提出"营造稳定公平透明、可预期的国际一流法治化营商环境";《深圳经济特区优化营商环境若干规定》提出"营造稳定、透明、可预期和公平竞争的营商环境";《前海落实法治建设行动方案(2019—2022)》将率先建成深化依法治国实践先行示范区。三是上海对标世行建立"优化营商环境法治保障共同体"。上海自贸区共向全国复制推广127项制度创新成果。新片区到2025年建立以投资贸易自由化为核心的制度体系;到2035年形成更加成熟定型的制度成果。四是《支持海南全面深化改革开放的指导意见》提出"四个阶段制度创新目标","到本世纪中叶,形成高度市场化、国际化、法治化、现代化的制度体系。"海南自贸区(港)共32项制度创新成果。正在研制"海南自由贸易港法",探索海南自由贸易港政策和制度体系。五是浙江开展"最多跑一次"改革与"破法试点"工作。浙江自贸试验区共83项制度创新成果,复制推广14项。出台《浙江自贸试验区营商环境特色指标体系》。

在系统梳理和深入分析上述构建国际一流营商环境的目标举措基础上,可以对"五化统领"建设路径和原则作出如下评价:一是商务部宣布202项制度创新成果复制推广,超七成涉及便利化。二是海南自贸区(港)与上海自贸试验区临港新片区将建成境内关外的特殊经济功能区,实行"货物、资金、运输、人员、信息"进出自由,因此,自由化是主攻方向。三是法治化是形成更加

成熟定型的制度成果及营商环境政策和制度体系的最重要路径和原则。

二、中国特色自贸区（港）营造国际一流营商环境的建议

当前，在"事权、法治、制度、环境四位一体分析框架"下，中国优化营商环境政策文件无法完全落地实施。这一问题产生的原因主要在于：一是相关政策文件本质上是"央地关系"框架下国家部委和地方政府分工清单，不具有实际可操作性和执行性。二是尚未按照"在法治下推进改革、在改革中完善法治"的要求，积极推进"破法改革"，将政策措施转变为法律制度。同时，以"五化"（便利化、市场化、法治化、国际化、自由化）为主导性路径打造国际一流营商环境成为一项重大的"四性"（基础性、战略性、全局性、系统性）工程。因此，中国特色自贸区（港）应当在"事权法治制度环境一体化"战略和路径的统领下，不断推进法治建构路径及模式的国际化，为营造国际一流营商环境奠定坚实的法治基础，进而在"三观营商环境"论的全面指引下，遵循优化营商环境的"三位一体方法论"，营造"五化统领"的国际一流营商环境。

（一）优化宏观与中观营商环境

"宏观营商环境"主要关注法治和制度体系的完备程度。本书认为，中国特色自贸区（港）应当在遵循"事权分配（赋权）—法治保障（调法）—制度创新（建制）—营商环境（营商）"的关系逻辑的基础上，始终坚持"事权法治制度环境一体化"的方略和路径，同时不断优化创新三种"中央授权及法治保障模式"，为构建接轨国际并符合国情的自贸区（港）法治和制度体系奠定坚实基础。

"中观营商环境"主要关注功能区/行业法治化程度。以当前海南自贸区（港）建设为例，本书认为，应当从以下三个方面入手，进行优化探索：一是事权、法治、制度、环境四位一体分析框架下海南博鳌乐城国际医疗旅游先行区发展、洋浦经济开发区发展、海口江东新区发展、三亚崖州湾科技城发展法治化。二是事权、法治、制度、环境四位一体分析框架下海南游艇自由行高度法治化。三是事权、法治、制度、环境四位一体分析框架下海南自贸试验区竞争政策试点高度法治化。

（二）政企协同推进制度创新

世界银行《营商环境报告》高度重视政府与市场之间基于法律和政策的

理解沟通。营商环境是好是坏，最直接的感知者在于市场人士，即中小企业、律师事务所、会计师事务所、建筑师事务所、报关公司等。推进营商环境工作时，政府与市场的沟通非常重要，即政府必须习惯于从市场的角度考虑问题。同时，从实践角度考察，中国特色自贸区（港）营造国际一流营商环境面临的主要难题在于，政府有效制度供给跟不上企业迫切制度需求。因此，中国特色自贸区（港）应当从"微观营商环境"入手，遵循中国特色高级应用法学"政企协同打造国际一流（高水平）营商环境"论，在考察借鉴国际知名自贸区（港）营商环境模式基础上，通过政企协同推进制度创新的方式，构建法治保障下的营商环境政策和制度体系。具体而言，可以从以下四个方面入手，逐步实现政企协同：一是转变政府职能。依次落实三项任务，强化制度供给与制度需求有效对接，加快提升"五化"（便利化、市场化、法治化、国际化、自由化）程度。首要任务是运用法治思维和法治方式，切实转变政府职能，坚持"事权法治制度环境一体化"的方略和路径，持续推动与产业发展相关的法治保障工程。核心任务是加快推进制度创新，切实加强有效制度供给。根本任务是不断降低体制性交易成本，切实营造产业发展所需的国际一流营商环境。二是强化四种意识，即政企协同推进制度创新的时代意识。[①] 三是落实两个方案，即"中国特色自贸区（港）法治保障和制度创新两个工作方案"。四是构建一个体系，即加快构建对标国际、对接中国特色的"中国特色自贸区（港）优化营商环境指标体系"。

（三）对标世行标准，构建自贸区（港）营商环境评估的"中国模式"

就营商环境的国际标准而言，世界银行《营商环境报告》的意义最为重大。从2003年开始，世界银行对全球100多个经济体的营商环境进行排序，并最终形成《营商环境报告》，该报告对各国吸引投资、经济和社会的改革和发展，均产生了极其广泛的影响。在没有其他机构做出更全面、更权威的评估报告之前，世界银行的排名无疑具有风向标的意义。同时，世界银行《营商环境报告》将中国纳入了营商环境评估的全球视野，而其中评估的量化排序则对中国提出了如何对标国际先进经验，努力提升世界排名，构建国际一流营商

---

① 一是制度创新的主体意识：政企共担制度创新的主体责任。二是制度创新的合作意识：政企共同协作推动制度创新。三是制度创新的竞争意识：政企共同应对区域和中外竞争。四是制度创新的规则意识：政企共同推进相互关系规则化。

环境的重大命题。因此,对标世行标准,精准定位自身差距,并在已有成功经验的基础上,坚持"事权法治制度环境一体化"的方略和路径,有效破解体制性障碍,构建自贸区(港)营商环境评估的"中国模式",对于最终建成国际一流营商环境具有重要意义。

　　世行的评估机制和指标体系,是一套普遍适用于实现高度市场化、法治化、国际化发展的经济体的法治规则体系。当前,中国特色自贸区(港)营造"五化统领"的稳定、公平、透明、可预期的营商环境,与世行标准的精髓和理念(即"基于法治的规则体系")是对接相通的。全面分析世行营商环境评估方法论,并在此基础上立足中国国情,创立营商环境评估的"中国模式",是一项绕不开的基础工作和重要参照。因此,中国特色自贸区(港)应当进一步构建"营商环境评估机制、指标体系和行动计划三位一体的评估模式",并始终以此作为优化营商工作的总抓手,始终坚持"事权法治制度环境一体化"的方略和路径,始终以制度创新为核心,始终以政策和制度体系为目标,倒逼中国特色自贸区(港)深层次改革、高水平开放和高质量发展,最终建成国际一流营商环境。作为对习近平总书记讲话以及中央推动营商环境优化改革的总体部署的回应,海南在《中国(海南)自由贸易试验区总体方案》中提出,为打造国际一流营商环境,借鉴国际先进经验,开展营商环境评价,将世界银行的营商环境十个指标全面纳入评价体系,成为首个将对接世行标准,开展优化营商环境指标体系及评估的目标纳入总体方案的自贸试验区,将为自贸区(港)营商环境评估"中国模式"的构建奠定坚实的基础。

附　　录

一、中国特色自贸区(港)授权调法

(一)法律

**全国人民代表大会常务委员会关于授权国务院在中国(上海)
自由贸易试验区暂时调整有关法律规定的行政审批的决定**

(2013 年 8 月 30 日第十二届全国人民代表
大会常务委员会第四次会议通过)

为加快政府职能转变,创新对外开放模式,进一步探索深化改革开放的经验,第十二届全国人民代表大会常务委员会第四次会议决定:授权国务院在上海外高桥保税区、上海外高桥保税物流园区、洋山保税港区和上海浦东机场综合保税区基础上设立的中国(上海)自由贸易试验区内,对国家规定实施准入特别管理措施之外的外商投资,暂时调整《中华人民共和国外资企业法》《中华人民共和国中外合资经营企业法》和《中华人民共和国中外合作经营企业法》规定的有关行政审批(目录附后)。上述行政审批的调整在三年内试行,对实践证明可行的,应当修改完善有关法律;对实践证明不宜调整的,恢复施行有关法律规定。

本决定自 2013 年 10 月 1 日起施行。

授权国务院在中国(上海)自由贸易试验区暂时调整有关法律规定的行政审批目录

序号:1　名称:外资企业设立审批　法律规定:《中华人民共和国外资企业法》第六条:"设立外资企业的申请,由国务院对外经济贸易主管部门或者国务院授权的机关审查批准。审查批准机关应当在接到申请之日起九十天内决定批准或者不批准。"内容:暂时停止实施该项行政审批,改为备案管理

序号:2　名称:外资企业分立、合并或者其他重要事项变更审批　法律规定:《中华人民共和国外资企业法》第十条:"外资企业分立、合并或者其他重要事项变更,应当报审查批准机关批准,并向工商行政管理机关办理变更登记手续。"内容:暂时停止实施该项行政审批,改为备案管理

序号:3　名称:外资企业经营期限审批　法律规定:《中华人民共和国外资企业法》第二十条:"外资企业的经营期限由外国投资者申报,由审查批准机关批准。期满需要延长的,应当在期满一百八十天以前向审查批准机关提出申请。审查批准机关应当在接到申请之日起三一天内决定批准或者不批准。"内容:暂时停止实施该项行政审批,改为备案管理

序号:4　名称:中外合资经营企业设立审批　法律规定:《中华人民共和国中外合资经营企业法》第三条:"合营各方签订的合营协议、合同、章程,应报国家对外经济贸易主管部门(以下称审查批准机关)审查批准。审查批准机关应在三个月内决定批准或不批准。合营企业经批准后,向国家工商行政管理主管部门登记,领取营业执照,开始营业。"内容:暂时停止实施该项行政审批,改为备案管理

序号:5　名称:中外合资经营企业延长合营期限审批　法律规定:《中华人民共和国中外合资经营企业法》第十三条:"合营企业的合营期限,按不同行业、不同情况,作不同的约定。有的行业的合营企业,应当约定合营期限;有的行业的合营企业,可以约定合营期限,也可以不约定合营期限。约定合营期限的合营企业,合营各方同意延长合营期限的,应在距合营期满六个月前向审查批准机关提出申请。审查批准机关应自接到申请之日起一个月内决定批准或不批准。"内容:暂时停止实施该项行政审批,改为备案管理

序号:6　名称:中外合资经营企业解散审批　法律规定:《中华人民共和

国中外合资经营企业法》第十四条:"合营企业如发生严重亏损、一方不履行合同和章程规定的义务、不可抗力等,经合营各方协商同意,报请审查批准机关批准,并向国家工商行政管理主管部门登记,可终止合同。如果因违反合同而造成损失的,应由违反合同的一方承担经济责任。"内容:暂时停止实施该项行政审批,改为备案管理

序号:7　名称:中外合作经营企业设立审批　法律规定:《中华人民共和国中外合作经营企业法》第五条:"申请设立合作企业,应当将中外合作者签订的协议、合同、章程等文件报国务院对外经济贸易主管部门或者国务院授权的部门和地方政府(以下简称审查批准机关)审查批准。审查批准机关应当自接到申请之日起四十五天内决定批准或者不批准。"内容:暂时停止实施该项行政审批,改为备案管理

序号:8　名称:中外合作经营企业协议、合同、章程重大变更审批　法律规定:《中华人民共和国中外合作经营企业法》第七条:"中外合作者在合作期限内协商同意对合作企业合同作重大变更的,应当报审查批准机关批准;变更内容涉及法定工商登记项目、税务登记项目的,应当向工商行政管理机关、税务机关办理变更登记手续。"内容:暂时停止实施该项行政审批,改为备案管理

序号:9　名称:中外合作经营企业转让合作企业合同权利、义务审批　法律规定:《中华人民共和国中外合作经营企业法》第十条:"中外合作者的一方转让其在合作企业合同中的全部或者部分权利、义务的,必须经他方同意,并报审查批准机关批准。"内容:暂时停止实施该项行政审批,改为备案管理

序号:10　名称:中外合作经营企业委托他人经营管理审批　法律规定:《中华人民共和国中外合作经营企业法》第十二条第二款:"合作企业成立后改为委托中外合作者以外的他人经营管理的,必须经董事会或者联合管理机构一致同意,报审查批准机关批准,并向工商行政管理机关办理变更登记手续。"内容:暂时停止实施该项行政审批,改为备案管理

序号:11　名称:中外合作经营企业延长合作期限审批　法律规定:《中华人民共和国中外合作经营企业法》第二十四条:"合作企业的合作期限由中外合作者协商并在合作企业合同中订明。中外合作者同意延长合作期限的,应当在距合作期满一百八十天前向审查批准机关提出申请。审查批准机关应当自接到申请之日起三十天内决定批准或者不批准。"内容:暂时停止实施该

项行政审批,改为备案管理

全国人民代表大会常务委员会关于授权国务院在中国(广东)自由贸易试验区、中国(天津)自由贸易试验区、中国(福建)自由贸易试验区以及中国(上海)自由贸易试验区扩展区域暂时调整有关法律规定的行政审批的决定

(2014 年 12 月 28 日第十二届全国人民代表
大会常务委员会第十二次会议通过)

为进一步深化改革、扩大开放,加快政府职能转变,第十二届全国人民代表大会常务委员会第十二次会议决定:授权国务院在中国(广东)自由贸易试验区、中国(天津)自由贸易试验区、中国(福建)自由贸易试验区以及中国(上海)自由贸易试验区扩展区域内(四至范围附后),暂时调整《中华人民共和国外资企业法》、《中华人民共和国中外合资经营企业法》、《中华人民共和国中外合作经营企业法》和《中华人民共和国台湾同胞投资保护法》规定的有关行政审批(目录附后)。但是,国家规定实施准入特别管理措施的除外。上述行政审批的调整在三年内试行,对实践证明可行的,修改完善有关法律;对实践证明不宜调整的,恢复施行有关法律规定。

本决定自 2015 年 3 月 1 日起施行。

中国(广东)自由贸易试验区、中国(天津)自由贸易试验区、中国(福建)自由贸易试验区以及中国(上海)自由贸易试验区扩展区域四至范围

一、中国(广东)自由贸易试验区四至范围

(一)广州南沙新区片区共 60 平方公里(含广州南沙保税港区 7.06 平方公里)

四至范围:海港区块 15 平方公里。海港区块一,龙穴岛作业区 13 平方公

里,东至虎门水道,南至南沙港三期南延线,西至龙穴南水道,北至南沙港一期北延线(其中南沙保税港区港口区和物流区面积5.7平方公里)。海港区块二,沙仔岛作业区2平方公里。明珠湾起步区区块9平方公里,东至环市大道,南至下横沥水道,西至灵山岛灵新大道及横沥岛凤凰大道,北至京珠高速,不包括蕉门河水道和上横沥水道水域。南沙枢纽区块10平方公里,东至龙穴南水道,南至深茂通道,西至灵新大道,北至三镇大道。庆盛枢纽区块8平方公里,东至小虎沥水道,南至广深港客运专线,西至京珠高速,北至沙湾水道。南沙湾区块5平方公里,东至虎门水道,南至蕉门水道,西至黄山鲁山界,北至虎门大桥,不包括大角山山体。蕉门河中心区区块3平方公里,东至金隆路,南至双山大道,西至凤凰大道,北至私言滘。万顷沙保税港加工制造业区块10平方公里,东至龙穴南水道,南至万顷沙十一涌,西至灵新公路,北至万顷沙八涌(其中南沙保税港区加工区面积1.36平方公里)。

(二)深圳前海蛇口片区共28.2平方公里

四至范围:前海区块15平方公里,东至月亮湾大道,南至妈湾大道,西至海滨岸线,北至双界河、宝安大道(其中深圳前海湾保税港区3.71平方公里,东至铲湾路,南以平南铁路、妈湾大道以及妈湾电厂北侧连线为界,西以妈湾港区码头岸线为界,北以妈湾大道、嘉实多南油厂北侧、兴海大道以及临海路连线为界)。蛇口工业区区块13.2平方公里,东至后海大道—金海路—爱榕路—招商路—水湾路,南至深圳湾,西至珠江口,北至东滨路、大南山山脚、赤湾六路以及赤湾二路。

(三)珠海横琴新区片区共28平方公里

四至范围:临澳区块6.09平方公里,东至契辛峡水道,南至大横琴山北麓,西至知音道,北至小横琴山南麓。休闲旅游区块10.99平方公里,东至契辛峡水道,南至南海,西至磨刀门水道,北至大横琴山。文创区块1.47平方公里,东至天羽道东河,南至横琴大道,西至艺文二道,北至港澳大道。科技研发区块1.78平方公里,东至艺文三道,南至大横琴山北麓,西至开新一道,北至港澳大道。高新技术区块7.67平方公里,东至开新二道,南至大横琴山北麓,西至磨刀门水道,北至胜洲八道。

二、中国(天津)自由贸易试验区四至范围

(一)天津港片区共30平方公里

四至范围:东至渤海湾,南至天津新港主航道,西至反"F"港池、西藏路,北至永定新河入海口。

（二）天津机场片区共 43.1 平方公里

四至范围：东至蓟汕高速，南至津滨快速路、民要路、津北公路，西至外环绿化带东侧，北至津汉快速路、东四道、杨北公路。

（三）滨海新区中心商务片区共 46.8 平方公里

四至范围：东至临海路、东堤路、新港二号路、天津新港主航道、新港船闸、海河、闸南路、规划路、石油新村路、大沽排水河、东环路，南至物流北路、物流北路西延长线，西至大沽排水河、河南路、海门大桥、河北路，北至大连东道、中央大道、新港三号路、海滨大道、天津港保税区北围网。

三、中国（福建）自由贸易试验区四至范围

（一）平潭片区共 43 平方公里

四至范围：港口经贸区块 16 平方公里，东至北眷路、金井三路，南至大山顶，西至海坛海峡，北至金井湾大道。高新技术产业区块 15 平方公里，东至中原六路，南至麒麟路，西至坛西大道，北至瓦瑶南路。旅游休闲区块 12 平方公里，东至坛南湾，南至山岐澳，西至寨山路，北至澳前北路。

（二）厦门片区共 43.78 平方公里

四至范围：两岸贸易中心核心区 19.37 平方公里，含象屿保税区 0.6 平方公里（已全区封关）、象屿保税物流园区 0.7 平方公里（已封关面积 0.26 平方公里）。北侧、西侧、东侧紧邻大海，南侧以疏港路、成功大道、枋钟路为界。东南国际航运中心海沧港区 24.41 平方公里，含厦门海沧保税港区 9.51 平方公里（已封关面积 5.55 平方公里）。东至厦门百海或，南侧紧邻大海，西至厦漳跨海大桥，北侧以角嵩路、南海路、南海三路和兴港路为界。

（三）福州片区共 31.26 平方公里

四至范围：福州经济技术开发区 22 平方公里，含福州保税区 0.6 平方公里（已全区封关）和福州出口加工区 1.14 平方公里（已封关面积 0.436 平方公里）。马江—快安片区东至红山油库，南至闽江沿岸，西至鼓山镇界，北至鼓山麓；长安片区东至闽江边，南至亭江镇东街山，西至罗长高速公路和山体，北至琯头镇界；南台岛区东至三环路，南至林浦路，西至前横南路，北面以闽江岸线为界；琅岐区东至环岛路，南至闽江码头进岛路，西至闽江边，北面以规划道路为界。福州保税港区 9.26 平方公里（已封关面积 2.34 平方公里）。A 区东至西港,南至新江公路,西至经七路,北至纬六路;B 区东至 14 号泊位,南至兴化湾,西至滩涂,北至兴林路。

四、中国（上海）自由贸易试验区扩展区域四至范围

（一）陆家嘴金融片区共 34.26 平方公里

四至范围:东至济阳路、浦东南路、龙阳路、锦绣路、罗山路,南至中环线,西至黄浦江,北至黄浦江。

（二）金桥开发片区共 20.48 平方公里

四至范围:东至外环绿带,南至锦绣东路,西至杨高路,北至巨峰路。

（三）张江高科技片区共 37.2 平方公里

四至范围:东至外环线、申江路,南至外环线,西至罗山路,北至龙东大道。

授权国务院在中国（广东）自由贸易试验区、中国（天津）自由贸易试验区、中国（福建）自由贸易试验区以及中国（上海）自由贸易试验区扩展区域暂时调整有关法律规定的行政审批目录

序号:1　名称:外资企业设立审批　法律规定:《中华人民共和国外资企业法》第六条:"设立外资企业的申请,由国务院对外经济贸易主管部门或者国务院授权的机关审查批准。审查批准机关应当在接到申请之日起九十天内决定批准或者不批准。"内容:暂时停止实施该项行政审批,改为备案管理

序号:2　名称:外资企业分立、合并或者其他重要事项变更审批　法律规定:《中华人民共和国外资企业法》第十条:"外资企业分立、合并或者其他重要事项变更,应当报审查批准机关批准,并向工商行政管理机关办理变更登记手续。"内容:暂时停止实施该项行政审批,改为备案管理

序号:3　名称:外资企业经营期限审批　法律规定:《中华人民共和国外资企业法》第二十条:"外资企业的经营期限由外国投资者申报,由审查批准机关批准。期满需要延长的,应当在期满一百八十天以前向审查批准机关提出申请。审查批准机关应当在接到申请之日起三十天内决定批准或者不批准。"内容:暂时停止实施该项行政审批,改为备案管理

序号:4　名称:中外合资经营企业设立审批　法律规定:《中华人民共和

国中外合资经营企业法》第三条："合营各方签订的合营协议、合同、章程,应报国家对外经济贸易主管部门(以下称审查批准机关)审查批准。审查批准机关应在三个月内决定批准或不批准。合营企业经批准后,向国家工商行政管理主管部门登记,领取营业执照,开始营业。"内容:暂时停止实施该项行政审批,改为备案管理

序号:5　名称:中外合资经营企业延长合营期限审批　法律规定:《中华人民共和国中外合资经营企业法》第十三条："合营企业的合营期限,按不同行业、不同情况,作不同的约定。有的行业的合营企业,应当约定合营期限;有的行业的合营企业,可以约定合营期限,也可以不约定合营期限。约定合营期限的合营企业,合营各方同意延长合营期限的,应在距合营期满六个月前向审查批准机关提出申请。审查批准机关应自接到申请之日起一个月内决定批准或不批准。"内容:暂时停止实施该项行政审批,改为备案管理

序号:6　名称:中外合资经营企业解散审批　法律规定:《中华人民共和国中外合资经营企业法》第十四条："合营企业如发生严重亏损、一方不履行合同和章程规定的义务、不可抗力等,经合营各方协商同意,报请审查批准机关批准,并向国家工商行政管理主管部门登记,可终止合同。如果因违反合同而造成损失的,应由违反合同的一方承担经济责任。"内容:暂时停止实施该项行政审批,改为备案管理

序号:7　名称:中外合作经营企业设立审批　法律规定:《中华人民共和国中外合作经营企业法》第五条："申请设立合作企业,应当将中外合作者签订的协议、合同、章程等文件报国务院对外经济贸易主管部门或者国务院授权的部门和地方政府(以下简称审查批准机关)审查批准。审查批准机关应当自接到申请之日起四十五天内决定批准或者不批准。"内容:暂时停止实施该项行政审批,改为备案管理

序号:8　名称:中外合作经营企业协议、合同、章程重大变更审批　法律规定:《中华人民共和国中外合作经营企业法》第七条："中外合作者在合作期限内协商同意对合作企业合同作重大变更的,应当报审查批准机关批准;变更内容涉及法定工商登记项目、税务登记项目的,应当向工商行政管理机关、税务机关办理变更登记手续。"内容:暂时停止实施该项行政审批,改为备案管理

序号:9　名称:中外合作经营企业转让合作企业合同权利、义务审批　法

律规定:《中华人民共和国中外合作经营企业法》第十条:"中外合作者的一方转让其在合作企业合同中的全部或者部分权利、义务的,必须经他方同意,并报审查批准机关批准。"内容:暂时停止实施该项行政审批,改为备案管理

序号:10　名称:中外合作经营企业委托他人经营管理审批　法律规定:《中华人民共和国中外合作经营企业法》第十二条第二款:"合作企业成立后改为委托中外合作者以外的他人经营管理的,必须经董事会或者联合管理机构一致同意,报审查批准机关批准,并向工商行政管理机关办理变更登记手续。"内容:暂时停止实施该项行政审批,改为备案管理

序号:11　名称:中外合作经营企业延长合作期限审批　法律规定:《中华人民共和国中外合作经营企业法》第二十四条:"合作企业的合作期限由中外合作者协商并在合作企业合同中订明。中外合作者同意延长合作期限的,应当在距合作期满一百八十天前向审查批准机关提出申请。审查批准机关应当自接到申请之日起三十天内决定批准或者不批准。"内容:暂时停止实施该项行政审批,改为备案管理

序号:12　名称:台湾同胞投资企业设立审批　法律规定:《中华人民共和国台湾同胞投资保护法》第八条第一款:"设立台湾同胞投资企业,应当向国务院规定的部门或者国务院规定的地方人民政府提出申请,接到申请的审批机关应当自接到全部申请文件之日起四十五日内决定批准或者不批准。"内容:暂时停止实施该项行政审批,改为备案管理

全国人民代表大会常务委员会关于授权国务院在自由贸易试验区暂时调整适用有关法律规定的决定

（2019 年 10 月 26 日第十三届全国人民代表
大会常务委员会第十四次会议通过）

为进一步优化营商环境,激发市场活力和社会创造力,加快政府职能转变,第十三届全国人民代表大会常务委员会第十四次会议决定:授权国务院在自由贸易试验区内,暂时调整适用《中华人民共和国对外贸易法》《中华人民共和国道路交通安全法》《中华人民共和国消防法》《中华人民共和国食品安全法》《中

华人民共和国海关法》《中华人民共和国种子法》的有关规定(目录附后)。上述调整在三年内试行。对实践证明可行的,国务院应当提出修改有关法律的意见;对实践证明不宜调整的,在试点期满后恢复施行有关法律规定。

本决定自 2019 年 12 月 1 日起施行。

授权国务院在自由贸易试验区暂时调整适用有关法律规定目录

序号	名称	法律规定	调整内容
1	对外贸易经营者备案登记	《中华人民共和国对外贸易法》 第九条　从事货物进出口或者技术进出口的对外贸易经营者,应当向国务院对外贸易主管部门或者其委托的机构办理备案登记;但是,法律、行政法规和国务院对外贸易主管部门规定不需要备案登记的除外。备案登记的具体办法由国务院对外贸易主管部门规定。 对外贸易经营者未按照规定办理备案登记的,海关不予办理进出口货物的报关验放手续。	直接取消审批(取消对外贸易经营者备案登记)
2	拖拉机驾驶培训学校、驾驶培训班资格认定	《中华人民共和国道路交通安全法》 第二十条第一款　机动车的驾驶培训实行社会化,由交通主管部门对驾驶培训学校、驾驶培训班实行资格管理,其中专门的拖拉机驾驶培训学校、驾驶培训班由农业(农业机械)主管部门实行资格管理。	直接取消审批
3	消防技术服务机构资质审批	《中华人民共和国消防法》 第三十四条　消防产品质量认证、消防设施检测、消防安全监测等消防技术服务机构和执业人员,应当依法获得相应的资质、资格;按照法律、行政法规、国家标准、行业标准和执业准则,接受委托提供消防技术服务,并对服务质量负责。	直接取消审批
4	食品经营许可(仅销售预包装食品)	《中华人民共和国食品安全法》 第三十五条　国家对食品生产经营实行许可制度。从事食品生产、食品销售、餐饮服务,应当依法取得许可。但是,销售食用农产品,不需要取得许可。 县级以上地方人民政府食品安全监督管理部门应当依照《中华人民共和国行政许可法》的规定,审核申请人提交的本法第三十三条第一款第一项至第四项规定要求的相关资料,必要时对申请人的生产经营场所进行现场核查;对符合规定条件的,准予许可;对不符合规定条件的,不予许可并书面说明理由。	审批改为备案

序号	名称	法律规定	调整内容
5	报关企业注册登记	《中华人民共和国海关法》 第十一条第一款进出口货物收发货人、报关企业办理报关手续，必须依法经海关注册登记。未依法经海关注册登记，不得从事报关业务。	审批改为备案
6	公众聚集场所投入使用、营业前消防安全检查	《中华人民共和国消防法》 第十五条 公众聚集场所在投入使用、营业前，建设单位或者使用单位应当向场所所在地的县级以上地方人民政府消防救援机构申请消防安全检查。 消防救援机构应当自受理申请之日起十个工作日内，根据消防技术标准和管理规定，对该场所进行消防安全检查。未经消防安全检查或者经检查不符合消防安全要求的，不得投入使用、营业。	实行告知承诺（当事人承诺符合消防安全标准并提供相关材料的，消防救援机构不再进行实质性审查，当场作出审批决定。）
7	林草种子（进出口）生产经营许可证核发	《中华人民共和国种子法》 第三十一条第一款 从事种子进出口业务的种子生产经营许可证，由省、自治区、直辖市人民政府农业、林业主管部门审核，国务院农业、林业主管部门核发。 第九十三条 草种、烟草种、中药材种、食用菌菌种的种质资源管理和选育、生产经营、管理等活动，参照本法执行。	优化审批服务（取消省级林草部门实施的审核）

（二）国务院规范性文件

国务院关于在中国（上海）自由贸易试验区内
暂时调整有关行政法规和国务院文件规定的
行政审批或者准入特别管理措施的决定

国发〔2013〕51号

各省、自治区、直辖市人民政府，国务院各部委、各直属机构：

为加快政府职能转变，创新对外开放模式，进一步探索深化改革开放的经验，根据《全国人民代表大会常务委员会关于授权国务院在中国（上海）自由贸易试验区暂时调整有关法律规定的行政审批的决定》和《中国（上海）自由贸易试验区总体方案》的规定，国务院决定在中国（上海）自由贸易试验区内暂时调整下列行政法规和国务院文件规定的行政审批或者准入特别管理措施：

一、改革外商投资管理模式，对国家规定实施准入特别管理措施之外的外商投资，暂时调整《中华人民共和国外资企业法实施细则》、《中华人民共和国中外合资经营企业法实施条例》、《中华人民共和国中外合作经营企业法实施细则》、《指导外商投资方向规定》、《外国企业或者个人在中国境内设立合伙企业管理办法》、《中外合资经营企业合营期限暂行规定》、《中外合资经营企业合营各方出资的若干规定》、《〈中外合资经营企业合营各方出资的若干规定〉的补充规定》、《国务院关于投资体制改革的决定》、《国务院关于进一步做好利用外资工作的若干意见》规定的有关行政审批。

二、扩大服务业开放，暂时调整《中华人民共和国船舶登记条例》、《中华人民共和国国际海运条例》、《征信业管理条例》、《营业性演出管理条例》、《娱乐场所管理条例》、《中华人民共和国中外合作办学条例》、《外商投资电信企业管理规定》、《国务院办公厅转发文化部等部门关于开展电子游戏经营场所专项治理意见的通知》规定的有关行政审批以及有关资质要求、股比限制、经营范围限制等准入特别管理措施。

国务院有关部门、上海市人民政府要根据法律、行政法规和国务院文件调整情况，及时对本部门、本市制定的规章和规范性文件作相应调整，建立与试点要求相适应的管理制度。

227

根据《全国人民代表大会常务委员会关于授权国务院在中国(上海)自由贸易试验区暂时调整有关法律规定的行政审批的决定》和试验区改革开放措施的试验情况,本决定内容适时进行调整。

附件:国务院决定在中国(上海)自由贸易试验区内暂时调整有关行政法规和国务院文件规定的行政审批或者准入特别管理措施目录

国务院

2013 年 12 月 21 日

(此件公开发布)

附件

国务院决定在中国(上海)自由贸易试验区内暂时调整有关行政法规和
国务院文件规定的行政审批或者准入特别管理措施目录

序号	名称	行政法规、国务院文件规定	内容
1	外商投资项目核准(国务院规定对国内投资项目保留核准的除外)	1.《指导外商投资方向规定》 　第十二条第一款的有关规定:根据现行审批权限,外商投资项目按照项目性质分别由发展计划部门和经贸部门审批、备案。 2.《外国企业或者个人在中国境内设立合伙企业管理办法》 　第十三条:外国企业或者个人在中国境内设立合伙企业涉及须经政府核准的投资项目的,依照国家有关规定办理投资项目核准手续。 3.《国务院关于投资体制改革的决定》(国发〔2004〕20 号) 　第二部分第二项的有关规定:对于外商投资项目,政府还要从市场准入、资本项目管理等方面进行核准。 4.《国务院关于进一步做好利用外资工作的若干意见》(国发〔2010〕9 号) 　第四部分第十六项的有关规定:《外商投资产业指导目录》中总投资(包括增资)3 亿美元以下的鼓励类、允许类项目,除《政府核准的投资项目目录》规定需由国务院有关部门核准之外,由地方政府有关部门核准。	在负面清单之外的领域,暂时停止实施该项行政审批,改为备案管理

序号	名称	行政法规、国务院文件规定	内容
2	外资企业设立审批	1.《中华人民共和国外资企业法实施细则》 　　第七条:设立外资企业的申请,由中华人民共和国对外贸易经济合作部(以下简称对外贸易经济合作部)审查批准后,发给批准证书。 　　设立外资企业的申请属于下列情形时,国务院授权省、自治区、直辖市和计划单列市、经济特区人民政府审查批准后,发给批准证书: 　　(一)投资总额在国务院规定的投资审批权限以内的; 　　(二)不需要国家调拨原材料,不影响能源、交通运输、外贸出口配额等全国综合平衡的。 　　省、自治区、直辖市和计划单列市、经济特区人民政府在国务院授权范围内批准设立外资企业,应当在批准后15天内报对外贸易经济合作部备案(对外贸易经济合作部和省、自治区、直辖市和计划单列市、经济特区人民政府,以下统称审批机关)。 　　第十六条:外资企业的章程经审批机关批准后生效,修改时同。 2.《指导外商投资方向规定》 　　第十二条第一款的有关规定:外商投资企业的合同、章程由外经贸部门审批、备案。其中,限制类限额以下的外商投资项目由省、自治区、直辖市及计划单列市人民政府的相应主管部门审批,同时报上级主管部门和行业主管部门备案,此类项目的审批权不得下放。属于服务贸易领域逐步开放的外商投资项目,按照国家有关规定审批。 3.《国务院关于进一步做好利用外资工作的若干意见》(国发〔2010〕9号) 　　第四部分第十六项的有关规定　服务业领域外商投资企业的设立(金融、电信服务除外)由地方政府按照有关规定进行审批。 4.《政府核准的投资项目目录(2013年本)》 　　第十二条第三款:外商投资企业的设立及变更事项,按现行有关规定由商务部和地方政府核准。	在负面清单之外的领域,暂时停止实施该项行政审批,改为备案管理
3	外资企业分立、合并或者其他原因导致资本发生重大变动审批	《中华人民共和国外资企业法实施细则》 　　第十七条:外资企业的分立、合并或者由于其他原因导致资本发生重大变动,须经审批机关批准,并应当聘请中国的注册会计师验证和出具验资报告;经审批机关批准后,向工商行政管理机关办理变更登记手续。	在负面清单之外的领域,暂时停止实施该项行政审批,改为备案管理

序号	名称	行政法规、国务院文件规定	内容
4	外资企业注册资本减少、增加、转让审批	《中华人民共和国外资企业法实施细则》 第二十一条:外资企业在经营期内不得减少其注册资本。但是,因投资总额和生产经营规模等发生变化,确需减少的,须经审批机关批准。 第二十二条:外资企业注册资本的增加、转让,须经审批机关批准,并向工商行政管理机关办理变更登记手续。	在负面清单之外的领域,暂时停止实施该项行政审批,改为备案管理
5	外资企业财产或者权益对外抵押、转让审批	《中华人民共和国外资企业法实施细则》 第二十三条:外资企业将其财产或者权益对外抵押、转让,须经审批机关批准并向工商行政管理机关备案。	在负面清单之外的领域,暂时停止实施该项行政审批,改为备案管理
6	外国投资者出资审批	《中华人民共和国外资企业法实施细则》 第二十五条第二款:经审批机关批准,外国投资者也可以用其从中国境内举办的其他外商投资企业获得的人民币利润出资。	在负面清单之外的领域,暂时停止实施该项行政审批,改为备案管理
7	外国投资者延期出资审批	《中华人民共和国外资企业法实施细则》 第三十一条第二款:外国投资者有正当理由要求延期出资的,应当经审批机关同意,并报工商行政管理机关备案。	在负面清单之外的领域,暂时停止实施该项行政审批,改为备案管理
8	外资企业经营期限审批	《中华人民共和国外资企业法实施细则》 第四十条:外资企业的土地使用年限,与经批准的该外资企业的经营期限相同。 第七十条:外资企业的经营期限,根据不同行业和企业的具体情况,由外国投资者在设立外资企业的申请书中拟订,经审批机关批准。 第七十一条第二款:外资企业经营期满需要延长经营期限的,应当在距经营期满180天前向审批机关报送延长经营期限的申请书。审批机关应当在收到申请书之日起30天内决定批准或者不批准。	在负面清单之外的领域,暂时停止实施该项行政审批,改为备案管理
9	外资企业终止核准	《中华人民共和国外资企业法实施细则》 第七十二条第二款:外资企业如存在前款第(二)、(三)、(四)项所列情形,应当自行提交终止申请书,报审批机关核准。审批机关作出核准的日期为企业的终止日期。 第七十三条:外资企业依照本实施细则第七十二条第(一)、(二)、(三)、(六)项的规定终止的,应当在终止之日起15天内对外公告并通知债权人,并在终止公告发出之日起15天内,提出清算程序、原则和清算委员会人选,报审批机关审核后进行清算。	在负面清单之外的领域,暂时停止实施该项行政审批,改为备案管理

序号	名称	行政法规、国务院文件规定	内容
10	中外合资经营企业设立审批	《中华人民共和国中外合资经营企业法实施条例》 第六条第一款、第二款、第三款： 　　在中国境内设立合营企业，必须经中华人民共和国对外贸易经济合作部（以下简称对外贸易经济合作部）审查批准。批准后，由对外贸易经济合作部发给批准证书。 　　凡具备下列条件的，国务院授权省、自治区、直辖市人民政府或者国务院有关部门审批： 　　（一）投资总额在国务院规定的投资审批权限以内，中国合营者的资金来源已经落实的； 　　（二）不需要国家增拨原材料，不影响燃料、动力、交通运输、外贸出口配额等方面的全国平衡的。 　　依照前款批准设立的合营企业，应当报对外贸易经济合作部备案。 　　第十四条：合营企业协议、合同和章程经审批机构批准后生效，其修改时同。	在负面清单之外的领域，暂时停止实施该项行政审批，改为备案管理
11	中外合资经营企业转让股权审批	《中华人民共和国中外合资经营企业法实施条例》 　　第二十条第一款：合营一方向第三者转让其全部或者部分股权的，须经合营他方同意，并报审批机构批准，向登记管理机构办理变更登记手续。	在负面清单之外的领域，暂时停止实施该项行政审批，改为备案管理
12	中外合资经营企业增加、减少注册资本审批	《中华人民共和国中外合资经营企业法实施条例》 　　第十九条：合营企业在合营期内不得减少其注册资本。因投资总额和生产经营规模等发生变化，确需减少的，须经审批机构批准。 　　第二十一条：合营企业注册资本的增加、减少，应当由董事会会议通过，并报审批机构批准，向登记管理机构办理变更登记手续。	在负面清单之外的领域，暂时停止实施该项行政审批，改为备案管理
13	中外合资经营企业出资方式审批	《中华人民共和国中外合资经营企业法实施条例》 　　第二十七条：外国合营者作为出资的机器设备或者其他物料、工业产权或者专有技术，应当报审批机构批准。	在负面清单之外的领域，暂时停止实施该项行政审批，改为备案管理
14	中外合资经营企业经营期限审批	《中外合资经营企业合营期限暂行规定》 　　第四条：合营各方在合营合同中不约定合营期限的合营企业，按照国家规定的审批权限和程序审批。除对外经济贸易部直接审批的外，其他审批机关应当在批准后30天内报对外经济贸易部备案。 　　第六条第一款：在本规定施行之前已经批准设立的合营企业，按照批准的合营合同约定的期限执行，但属本规定第三条规定以外的合营企业，合营各方一致同意将合营合同中合营期限条款修改为不约定合营期限的，合营各方应当申报理由，签订修改合营合同的协议，并提出申请，报原审批机关审查。	在负面清单之外的领域，暂时停止实施该项行政审批，改为备案管理

序号	名称	行政法规、国务院文件规定	内容
15	中外合资经营企业解散审批	1.《中华人民共和国中外合资经营企业法实施条例》 第九十条第二款：前款第（二）、（四）、（五）、（六）项情况发生的，由董事会提出解散申请书，报审批机构批准；第（三）项情况发生的，由履行合同的一方提出申请，报审批机构批准。 2.《中外合资经营企业合营各方出资的若干规定》 第七条第一款：合营一方未按照合营合同的规定如期缴付或者缴清其出资的，即构成违约。守约方应当催告违约方在一个月内缴付或者缴清出资。逾期仍未缴付或者缴清的，视同违约方放弃在合营合同中的一切权利，自动退出合营企业。守约方应当在逾期后一个月内，向原审批机关申请批准解散合营企业或申请批准另找合营者承担违约方在合营合同中的权利和义务。守约方可以依法要求违约方赔偿因未缴付或者缴清出资造成的经济损失。	在负面清单之外的领域，暂时停止实施该项行政审批，改为备案管理
16	中外合资经营、中外合作经营、外商独资经营企业出资审批	《〈中外合资经营企业合营各方出资的若干规定〉的补充规定》的全部条文	在负面清单之外的领域，暂时停止实施该项行政审批，改为备案管理
17	中外合作经营企业设立审批	《中华人民共和国中外合作经营企业法实施细则》 第六条：设立合作企业由对外贸易经济合作部或者国务院授权的部门和地方人民政府审查批准。 设立合作企业属于下列情形的，由国务院授权的部门或者地方人民政府审查批准： （一）投资总额在国务院规定由国务院授权的部门或者地方人民政府审批的投资限额以内的； （二）自筹资金，并且不需要国家平衡建设、生产条件的； （三）产品出口不需要领取国家有关主管部门发放的出口配额、许可证，或者虽需要领取，但在报送项目建议书前已征得国家有关主管部门同意的； （四）有法律、行政法规规定由国务院授权的部门或者地方人民政府审查批准的其他情形的。	在负面清单之外的领域，暂时停止实施该项行政审批，改为备案管理
18	中外合作经营企业协议、合同、章程重大变更审批	《中华人民共和国中外合作经营企业法实施细则》 第十一条：合作企业协议、合同、章程自审查批准机关颁发批准证书之日起生效。在合作期限内，合作企业协议、合同、章程有重大变更的，须经审查批准机关批准。	在负面清单之外的领域，暂时停止实施该项行政审批，改为备案管理

序号	名称	行政法规、国务院文件规定	内容
19	中外合作经营企业注册资本减少审批	《中华人民共和国中外合作经营企业法实施细则》 第十六条第二款：合作企业注册资本在合作期限内不得减少。但是，因投资总额和生产经营规模等变化，确需减少的，须经审查批准机关批准。	在负面清单之外的领域，暂时停止实施该项行政审批，改为备案管理
20	中外合作经营企业转让合作企业合同权利审批	《中华人民共和国中外合作经营企业法实施细则》 第二十三条第一款：合作各方之间相互转让或者合作一方向合作他方以外的他人转让属于其在合作企业合同中全部或者部分权利的，须经合作他方书面同意，并报审查批准机关批准。	在负面清单之外的领域，暂时停止实施该项行政审批，改为备案管理
21	中外合作经营企业委托经营管理合同审批	《中华人民共和国中外合作经营企业法实施细则》 第三十五条第二款：合作企业应当将董事会或者联合管理委员会的决议、签订的委托经营管理合同、连同被委托人的资信证明等文件，一并报送审查批准机关批准。审查批准机关应当自收到有关文件之日起30天内决定批准或者不批准。	在负面清单之外的领域，暂时停止实施该项行政审批，改为备案管理
22	外国合作者先行回收投资报审查批准机关审批	《中华人民共和国中外合作经营企业法实施细则》 第四十五条第一款：外国合作者依照本实施细则第四十四条第二项和第三项的规定提出先行回收投资的申请，应当具体说明先行回收投资的总额、期限和方式，经财政税务机关审查同意后，报审查批准机关审批。	在负面清单之外的领域，暂时停止实施该项行政审批，改为备案管理
23	中外合作经营企业延长合作期限审批	《中华人民共和国中外合作经营企业法实施细则》 第四十七条第二款：合作企业期限届满，合作各方协商同意要求延长合作期限的，应当在期限届满的180天前向审查批准机关提出申请，说明原合作企业合同执行情况，延长合作期限的原因，同时报送合作各方就延长的期限内各方的权利、义务等事项所达成的协议。审查批准机关应当自接到申请之日起30天内，决定批准或者不批准。 第四十七条第四款：合作企业合同约定外国合作者先行回收投资，并且投资已经回收完毕的，合作企业期限届满不再延长；但是，外国合作者增加投资的，经合作各方协商同意，可以依照本条第二款的规定向审查批准机关申请延长合作期限。	在负面清单之外的领域，暂时停止实施该项行政审批，改为备案管理

续表

序号	名称	行政法规、国务院文件规定	内容
24	中外合作经营企业解散审批	1.《中华人民共和国中外合作经营企业法实施细则》 　　第四十八条第二款：前款第二项、第四项所列情形发生，应当由合作企业的董事会或者联合管理委员会做出决定，报审查批准机关批准。在前款第三项所列情形下，不履行合作企业合同、章程规定的义务的中外合作者一方或者数方，应当对履行合同的他方因此遭受的损失承担赔偿责任；履行合同的一方或者数方有权向审查批准机关提出申请，解散合作企业。 2.《中外合资经营企业合营各方出资的若干规定》 　　第七条第一款：合营一方未按照合营合同的规定如期缴付或者缴清其出资的，即构成违约。守约方应当催告违约方在一个月内缴付或者缴清出资。逾期仍未缴付或者缴清的，视同违约方放弃在合营合同中的一切权利，自动退出合营企业。守约方应当在逾期后一个月内，向原审批机关申请批准解散合营企业或者申请批准另找合营者承担违约方在合营合同中的权利和义务。守约方可以依法要求违约方赔偿因未缴付或者缴清出资造成的经济损失。 　　第十条：中外合作经营企业合作各方的出资参照本规定执行。	在负面清单之外的领域，暂时停止实施该项行政审批，改为备案管理
25	放宽中外合资、中外合作国际船舶运输企业的外资股比限制	1.《中华人民共和国船舶登记条例》 　　第二条第一款第二项：依据中华人民共和国法律设立的主要营业所在中华人民共和国境内的企业法人的船舶。但是，在该法人的注册资本中有外商出资的，中方投资人的出资额不得低于50%。 2.《中华人民共和国国际海运条例》 　　第二十九条第二款、第三款、第四款： 　　经营国际船舶运输、国际船舶代理业务的中外合资经营企业，企业中外商的出资比例不得超过49%。 　　经营国际船舶运输、国际船舶代理业务的中外合作经营企业，企业中外商的投资比例比照适用前款规定。 　　中外合资国际船舶运输企业和中外合作国际船舶运输企业的董事会主席和总经理，由中外资、合作双方协商后由中方指定。	暂时停止实施相关规定内容，由国务院交通运输主管部门制定相关管理办法

序号	名称	行政法规、国务院文件规定	内容
26	允许设立外商独资国际船舶管理企业	《中华人民共和国国际海运条例》 　　第二十九条第一款：经国务院交通主管部门批准，外商可以依照有关法律、行政法规以及国家其他有关规定，投资设立中外合资经营企业或者中外合作经营企业，经营国际船舶运输、国际船舶代理、国际船舶管理、国际海运货物装卸、国际海运货物仓储、国际海运集装箱站和堆场业务；并可以投资设立外资企业经营国际海运货物仓储业务。	暂时停止实施相关规定内容，由国务院交通运输主管部门制定相关管理办法
27	允许设立外商投资资信调查公司	《征信业管理条例》 　　第四十五条：外商投资征信机构的设立条件，由国务院征信业监督管理部门会同国务院有关部门制定，报国务院批准。 　　境外征信机构在境内经营征信业务应当经国务院征信业监督管理部门批准。	暂时停止实施相关规定内容，由国务院征信业监督管理部门制定相关管理办法
28	取消外资演出经纪机构的股比限制，允许设立外商独资演出经纪机构，为上海市提供服务	《营业性演出管理条例》 　　第十一条第一款、第二款： 　　外国投资者可以与中国投资者依法设立中外合资经营、中外合作经营的演出经纪机构、演出场所经营单位；不得设立中外合资经营、中外合作经营、外资经营的文艺表演团体，不得设立外资经营的演出经纪机构、演出场所经营单位。 　　设立中外合资经营的演出经纪机构、演出场所经营单位，中国合营者的投资比例应当不低于51%；设立中外合作经营的演出经纪机构、演出场所经营单位，中国合作者应当拥有经营主导权。	暂时停止实施相关规定内容，由国务院文化主管部门制定相关管理办法
29	允许设立外商独资的娱乐场所，在试验区内提供服务	《娱乐场所管理条例》 　　第六条：外国投资者可以与中国投资者依法设立中外合资经营、中外合作经营的娱乐场所，不得设立外商独资经营的娱乐场所。	暂时停止实施相关规定内容，由国务院文化主管部门制定相关管理办法
30	允许举办中外合作的经营性教育培训机构和经营性职业技能培训机构	《中华人民共和国中外合作办学条例》 　　第六十条：在工商行政管理部门登记注册的经营性的中外合作举办的培训机构的管理办法，由国务院另行规定。	暂时停止实施相关规定内容，由上海市制定发布相关管理办法

序号	名称	行政法规、国务院文件规定	内容
31	在保障网络信息安全的前提下,允许外资企业经营特定形式的部分增值电信业务	《外商投资电信企业管理规定》 　　第二条:外商投资电信企业,是指外国投资者同中国投资者在中华人民共和国境内依法以中外合资经营形式,共同投资设立的经营电信业务的企业。 　　第六条第二款:经营增值电信业务(包括基础电信业务中的无线寻呼业务)的外商投资电信企业的外方投资者在企业中的出资比例,最终不得超过50%。 　　第十二条:设立外商投资电信企业经营省、自治区、直辖市范围内增值电信业务,由中方主要投资者向省、自治区、直辖市电信管理机构提出申请并报送下列文件: 　　(一)本规定第十条规定的资格证明或者有关确认文件; 　　(二)电信条例规定的经营增值电信业务应当具备的其他条件的证明或者确认文件。 　　省、自治区、直辖市电信管理机构应当自收到申请之日起60日内签署意见。同意的,转报国务院工业和信息化主管部门;不同意的,应当书面通知申请人并说明理由。 　　国务院工业和信息化主管部门应当自收到省、自治区、直辖市电信管理机构签署同意的申请文件之日起30日内审查完毕,作出批准或者不予批准的决定。予以批准的,颁发《外商投资经营电信业务审定意见书》;不予批准的,应当书面通知申请人并说明理由。 　　第十四条:设立外商投资电信企业,按照国家有关规定,其投资项目需要经国务院发展改革部门核准的,国务院工业和信息化主管部门应当在颁发《外商投资经营电信业务审定意见书》前,将申请材料转送国务院发展改革部门核准。转送国务院发展改革部门核准的,本规定第十一条、第十二条规定的审批期限可以延长30日。 　　第十五条:设立外商投资电信企业,属于经营基础电信业务或者跨省、自治区、直辖市范围增值电信业务的,由中方主要投资者凭《外商投资经营电信业务审定意见书》向国务院商务主管部门报送拟设立外商投资电信企业的合同、章程;属于经营省、自治区、直辖市范围内增值电信业务的,由中方主要投资者凭《外商投资经营电信业务审定意见书》向省、自治区、直辖市人民政府商务主管部门报送拟设立外商投资电信企业的合同、章程。	

序号	名称	行政法规、国务院文件规定	内容
		国务院商务主管部门和省、自治区、直辖市人民政府商务主管部门应当自收到报送的拟设立外商投资电信企业的合同、章程之日起90日内审查完毕，作出批准或者不予批准的决定。予以批准的，颁发《外商投资企业批准证书》；不予批准的，应当书面通知申请人并说明理由。 　　第十六条：外商投资电信企业的中方主要投资者凭《外商投资企业批准证书》，到国务院工业和信息化主管部门办理《电信业务经营许可证》手续。 　　外商投资电信企业的中方主要投资者凭《外商投资企业批准证书》和《电信业务经营许可证》，向工商行政管理机关办理外商投资电信企业注册登记手续。 　　第十八条：违反本规定第六条规定的，由国务院工业和信息化主管部门责令限期改正，并处10万元以上50万元以下的罚款；逾期不改正的，由国务院工业和信息化主管部门吊销《电信业务经营许可证》，并由原颁发《外商投资企业批准证书》的商务主管部门撤销其《外商投资企业批准证书》。 　　第十九条：违反本规定第十七条规定的，由国务院工业和信息化主管部门责令限期改正，并处20万元以上100万元以下的罚款；逾期不改正的，由国务院工业和信息化主管部门吊销《电信业务经营许可证》，并由原颁发《外商投资企业批准证书》的商务主管部门撤销其《外商投资企业批准证书》。 　　第二十条：申请设立外商投资电信企业，提供虚假、伪造的资格证明或者确认文件骗取批准的，批准无效，由国务院工业和信息化主管部门处20万元以上100万元以下的罚款，吊销《电信业务经营许可证》，并由原颁发《外商投资企业批准证书》的商务主管部门撤销其《外商投资企业批准证书》。	暂时停止实施相关规定内容，由国务院工业和信息化主管部门制定相关管理办法

续表

序号	名称	行政法规、国务院文件规定	内容
32	允许外资企业从事游戏游艺设备的生产和销售，通过文化主管部门内容审查的游戏游艺设备可面向国内市场销售	《国务院办公厅转发文化部等部门关于开展电子游戏经营场所专项治理意见的通知》(国办发〔2000〕44号) 二、自本意见发布之日起，各地要立即停止审批新的电子游戏经营场所，也不得审批现有的电子游戏经营场所增添或更新任何类型的电子游戏设备。 六、自本意见发布之日起，面向国内的电子游戏设备及其零、附件生产、销售即行停止。任何企业、个人不得再从事面向国内的电子游戏设备及其零、附件的生产、销售活动。一经发现向电子游戏经营场所销售电子游戏设备及其零、附件的，由经贸、信息产业部门会同工商行政管理等部门依照有关规定进行处理。 除加工贸易方式外，严格限制以其他贸易方式进口电子游戏设备及其零、附件(海关商品编号95041000、95043010、95049010)。对电子游戏设备及其零、附件的加工贸易业务，列入限制类加工贸易产品，并实行加工贸易保证金台账实转制度，外经贸部门要严格审批和管理，海关加强实际监管，其产品只能返销出境；逾期不能出口的，由海关依法予以收缴，或监督有关企业予以销毁。各地海关要加大查验力度，实施重点查控，坚决打击通过伪报、夹藏等方式走私电子游戏设备及其零、附件的非法行为。	暂时停止实施相关规定内容，由国务院文化主管部门制定相关管理办法

国务院关于在中国(上海)自由贸易试验区内暂时调整实施有关行政法规和经国务院批准的部门规章规定的准入特别管理措施的决定

国发〔2014〕38号

各省、自治区、直辖市人民政府，国务院各部委、各直属机构：

为适应在中国(上海)自由贸易试验区进一步扩大开放的需要，国务院决定在试验区内暂时调整实施《中华人民共和国国际海运条例》、《中华人民共和国认证认可条例》、《盐业管理条例》以及《外商投资产业指导目录》、《汽车产业发展政策》、《外商投资民用航空业规定》规定的有关资质要求、股比限制、经营范围等准入特别管理措施(目录附后)。

国务院有关部门、上海市人民政府要根据上述调整,及时对本部门、本市制定的规章和规范性文件作相应调整,建立与进一步扩大开放相适应的管理制度。

国务院将根据试验区改革开放措施的实施情况,适时对本决定的内容进行调整。

附件:国务院决定在中国(上海)自由贸易试验区内暂时调整实施有关行政法规和经国务院批准的部门规章规定的准入特别管理措施目录

国务院

2014 年 9 月 4 日

(此件公开发布)

附件

国务院决定在中国(上海)自由贸易试验区内
暂时调整实施有关行政法规和经国务院
批准的部门规章规定的准入
特别管理措施目录

序号	准入特别管理措施	调整实施情况
1	《中华人民共和国国际海运条例》 　　第二十九条第一款:经国务院交通主管部门批准,外商可以依照有关法律、行政法规以及国家其他有关规定,投资设立中外合资经营企业或者中外合作经营企业,经营国际船舶运输、国际船舶代理、国际船舶管理、国际海运货物装卸、国际海运货物仓储、国际海运集装箱站和堆场业务;并可以投资设立外资企业经营国际海运货物仓储业务。	暂时停止实施相关内容,允许外商以独资形式从事国际海运货物装卸、国际海运集装箱站和堆场业务
2	《中华人民共和国国际海运条例》 　　第二十九条第二款、第三款: 　　经营国际船舶运输、国际船舶代理业务的中外合资经营企业,企业中外商的出资比例不得超过49%。 　　经营国际船舶运输、国际船舶代理业务的中外合作经营企业,企业中外商的投资比例比照适用前款规定。 《外商投资产业指导目录》 　　限制外商投资产业目录 　　六、批发和零售业 　　5.船舶代理(中方控股)、外轮理货(限于合资、合作)	暂时停止实施相关内容,允许外商以合资、合作形式从事公共国际船舶代理业务,外方持股比例放宽至51%

续表

序号	准入特别管理措施	调整实施情况
3	《中华人民共和国认证认可条例》 第十一条第一款：设立外商投资的认证机构除应当符合本条例第十条规定的条件外，还应当符合下列条件： （一）外方投资者取得其所在国家或者地区认可机构的认可； （二）外方投资者具有3年以上从事认证活动的业务经历。 《外商投资产业指导目录》 限制外商投资产业目录 十、科学研究、技术服务和地质勘查业 2.进出口商品检验、鉴定、认证公司	暂时停止实施相关内容，取消对外商投资进出口商品认证公司的限制，取消对投资方的资质要求
4	《盐业管理条例》 第二十条：盐的批发业务，由各级盐业公司统一经营。未设盐业公司的地方，由县级以上人民政府授权的单位统一组织经营。	暂时停止实施相关内容，允许外商以独资形式从事盐的批发，服务范围限于试验区内
5	《外商投资产业指导目录》 鼓励外商投资产业目录 二、采矿业 4.提高原油采收率及相关新技术的开发应用（限于合资、合作）	暂时停止实施相关内容，允许外商以独资形式从事提高原油采收率（以工程服务形式）及相关新技术的开发应用
6	《外商投资产业指导目录》 鼓励外商投资产业目录 二、采矿业 5.物探、钻井、测井、录井、井下作业等石油勘探开发新技术的开发与应用（限于合资、合作）	暂时停止实施相关内容，允许外商以独资形式从事物探、钻井、测井、录井、井下作业等石油勘探开发新技术的开发与应用
7	《外商投资产业指导目录》 禁止外商投资产业目录 三、制造业 （一）饮料制造业 1.我国传统工艺的绿茶及特种茶加工（名茶、黑茶等）	暂时停止实施相关内容，允许外商以合资、合作形式（中方控股）从事中国传统工艺的绿茶加工
8	《外商投资产业指导目录》 鼓励外商投资产业目录 三、制造业 （八）造纸及纸制品业 1.主要利用境外木材资源的单条生产线年产30万吨及以上规模化学木浆和单条生产线年产10万吨及以上规模化学机械木浆以及同步建设的高档纸及纸板生产（限于合资、合作）	暂时停止实施相关内容，允许外商以独资形式从事主要利用境外木材资源的单条生产线年产30万吨及以上规模化学木浆和单条生产线年产10万吨及以上规模化学机械木浆以及同步建设的高档纸及纸板生产

序号	准入特别管理措施	调整实施情况
9	《外商投资产业指导目录》 　鼓励外商投资产业目录 　三、制造业 　（十七）通用设备制造业 　　7.400吨及以上轮式、履带式起重机械制造（限于合资、合作）	暂时停止实施相关内容，允许外商以独资形式从事400吨及以上轮式、履带式起重机械制造
10	《外商投资产业指导目录》 　限制外商投资产业目录 　三、制造业 　（十）通用设备制造业 　　1.各类普通级（P0）轴承及零件（钢球、保持架）、毛坯制造	暂时停止实施相关内容，取消对外商投资各类普通级（P0）轴承及零件（钢球、保持架）、毛坯制造的限制
11	《外商投资产业指导目录》 　限制外商投资产业目录 　三、制造业 　（十一）专用设备制造业 　　2.320马力及以下推土机、30吨级及以下液压挖掘机、6吨级及以下轮式装载机、220马力及以下平地机、压路机、叉车、135吨级及以下电力传动非公路自卸翻斗车、60吨级及以下液力机械传动非公路自卸翻斗车、沥青混凝土搅拌与摊铺设备和高空作业机械、园林机械和工具、商品混凝土机械（托泵、搅拌车、搅拌站、泵车）制造	暂时停止实施相关内容，取消对外商投资15吨级以下（不含15吨）液压挖掘机、3吨级以下（不含3吨）轮式装载机制造的限制
12	《外商投资产业指导目录》 　限制外商投资产业目录 　三、制造业 　（十一）专用设备制造业 　　1.一般涤纶长丝、短纤维设备制造	暂时停止实施相关内容，取消对外商投资一般涤纶长丝、短纤维设备制造的限制
13	《外商投资产业指导目录》 　鼓励外商投资产业目录 　三、制造业 　（十九）交通运输设备制造业 　　3.汽车电子装置制造与研发：发动机和底盘电子控制系统及关键零部件，车载电子技术（汽车信息系统和导航系统），汽车电子总线网络技术（限于合资），电子控制系统的输入（传感器和采样系统）输出（执行器）部件，电动助力转向系统电子控制器（限于合资），嵌入式电子集成系统（限于合资、合作），电控式空气弹簧，电子控制式悬挂系统，电子气门系统装置，电子组合仪表，ABS/TCS/ESP系统，电路制动系统（BBW），变速器电控单元（TCU），轮胎气压监测系统（TPMS），车载故障诊断仪（OBD），发动机防盗系统，自动避撞系统，汽车、摩托车型试验及维修用检测系统	暂时停止实施相关内容，允许外商以独资形式从事汽车电子总线网络技术、电动助力转向系统电子控制器制造与研发

续表

序号	准入特别管理措施	调整实施情况
14	《外商投资产业指导目录》 　　鼓励外商投资产业目录 　　三、制造业 　　（十九）交通运输设备制造业 　　　6.轨道交通运输设备（限于合资、合作）：高速铁路、铁路客运专线、城际铁路、干线铁路及城市轨道交通运输设备的整车和关键零部件（牵引传动系统、控制系统、制动系统）的研发、设计与制造；高速铁路、铁路客运专线、城际铁路及城市轨道交通乘客服务设施和设备的研发、设计与制造，信息化建设中有关信息系统的设计与研发；高速铁路、铁路客运专线、城际铁路的轨道和桥梁设备研发、设计与制造，轨道交通运输通信信号系统的研发、设计与制造，电气化铁路设备和器材制造、铁路噪声和振动控制技术与研发、铁路客车排污设备制造、铁路运输安全监测设备制造	暂时停止实施相关内容，允许外商以独资形式投资与高速铁路、铁路客运专线、城际铁路配套的乘客服务设施和设备的研发、设计与制造，与高速铁路、铁路客运专线、城际铁路相关的轨道和桥梁设备研发、设计与制造，电气化铁路设备和器材制造、铁路客车排污设备制造
15	《外商投资产业指导目录》 　　鼓励外商投资产业目录 　　三、制造业 　　（十九）交通运输设备制造业 　　　18.豪华邮轮及深水（3000米以上）海洋工程装备的设计（限于合资、合作） 　　　24.游艇的设计与制造（限于合资、合作）	暂时停止实施相关内容，允许外商以独资形式从事豪华邮轮、游艇的设计
16	《外商投资产业指导目录》 　　鼓励外商投资产业目录 　　三、制造业 　　（十九）交通运输设备制造业 　　　22.船舶舱室机械的设计与制造（中方相对控股）	暂时停止实施相关内容，允许外商以独资形式从事船舶舱室机械的设计
17	《外商投资产业指导目录》 　　鼓励外商投资产业目录 　　三、制造业 　　（十九）交通运输设备制造业 　　　13.航空发动机及零部件、航空辅助动力系统设计、制造与维修（限于合资、合作）	暂时停止实施相关内容，允许外商以独资形式从事航空发动机零部件的设计、制造与维修
18	《汽车产业发展政策》 　　第四十八条：汽车整车、专用汽车、农用运输车和摩托车中外合资生产企业的中方股份比例不得低于50%。股票上市的汽车整车、专用汽车、农用运输车和摩托车股份公司对外出售法人股份时，中方法人之一必须相对控股且大于外资法人股之和。同一家外商可在国内建立两家（含两家）以下生产同类（乘用车类、商用车类、摩托车类）整车产品的合资企业，如与中方合资伙伴联合兼并国内其他汽车生产企业可不受两家的限制。境外具有法人资格的企业相对控股另一家企业，则视为同一家外商。	暂时停止实施相关内容，允许外商以独资形式从事摩托车（排量≤250ml）生产

序号	准入特别管理措施	调整实施情况
19	《外商投资产业指导目录》 　　鼓励外商投资产业目录 　　三、制造业 　　（十九）交通运输设备制造业 　　5. 大排量（排量>250ml）摩托车关键零部件制造：摩托车电控燃油喷射技术（限于合资、合作）、达到中国摩托车Ⅲ阶段污染物排放标准的发动机排放控制装置	暂时停止实施相关内容，允许外商以独资形式从事大排量（排量>250ml）摩托车关键零部件制造：摩托车电控燃油喷射技术
20	《外商投资产业指导目录》 　　鼓励外商投资产业目录 　　三、制造业 　　（二十）电气机械及器材制造业 　　6. 输变电设备制造（限于合资、合作）：非晶态合金变压器、500千伏及以上高压开关用操作机枟、灭弧装置、大型盆式绝缘子（1000千伏、50千安以上），500千伏及以上变压器用出线装置、套管（交流500、750、1000千伏、直流所有规格）、调压开关（交流500、750、1000千伏有载、无载调压开关），直流输电用干式平波电抗器、±800千伏直流输电用换流阀（水冷设备、直流场设备），符合欧盟RoHS指令的电器触头材料及无Pb、Cd的焊料	暂时停止实施相关内容，允许外商以独资形式从事符合欧盟RoHS指令的电器触头材料及无Pb、Cd的焊料制造
21	《外商投资产业指导目录》 　　鼓励外商投资产业目录 　　五、交通运输、仓储和邮政业 　　2. 支线铁路、地方铁路及其桥梁、隧道、轮渡和站场设施的建设、经营（限于合资、合作）	暂时停止实施相关内容，允许外商以独资形式从事地方铁路及其桥梁、隧道、轮渡和站场设施的建设、经营
22	《外商投资产业指导目录》 　　限制外商投资产业目录 　　六、批发和零售业 　　2. 粮食收购，粮食、棉花、植物油、食糖、烟草、原油、农药、农膜、化肥的批发、零售、配送（设立超过30家分店、销售来自多个供应商的不同种类和品牌商品的连锁店由中方控股）	暂时停止实施相关内容，允许外商以独资形式从事植物油、食糖、化肥的批发、零售、配送，粮食、棉花的零售、配送，取消门店数量限制
23	《外商投资产业指导目录》 　　限制外商投资产业目录 　　六、批发和零售业 　　1. 直销、邮购、网上销售	暂时停止实施相关内容，取消对外商投资邮购和一般商品网上销售的限制
24	《外商投资产业指导目录》 　　限制外商投资产业目录 　　五、交通运输、仓储和邮政业 　　1. 铁路货物运输公司	暂时停止实施相关内容，允许外商以独资形式从事铁路货物运输业务

续表

序号	准入特别管理措施	调整实施情况
25	《外商投资民用航空业规定》 第四条:外商投资方式包括: （一）合资、合作经营（简称"合营"）; （二）购买民航企业的股份,包括民航企业在境外发行的股票以及在境内发行的上市外资股; （三）其他经批准的投资方式。 外商以合作经营方式投资公共航空运输和从事公务飞行、空中游览的通用航空企业,必须取得中国法人资格。	允许外商以独资形式从事航空运输销售代理业务
26	《外商投资产业指导目录》 限制外商投资产业目录 八、房地产业 3.房地产二级市场交易及房地产中介或经纪公司	暂时停止实施相关内容,取消对外商投资房地产中介或经纪公司的限制
27	《外商投资产业指导目录》 限制外商投资产业目录 十、科学研究、技术服务和地质勘查业 3.摄影服务(含空中摄影等特技摄影服务,但不包括测绘航空摄影,限于合资)	暂时停止实施相关内容,允许外商以独资形式从事摄影服务(不含空中摄影等特技摄影服务)

国务院关于在自由贸易试验区暂时调整有关行政法规、国务院文件和经国务院批准的部门规章规定的决定

国发〔2016〕41 号

各省、自治区、直辖市人民政府,国务院各部委、各直属机构:

为保障自由贸易试验区有关改革开放措施依法顺利实施,根据《全国人民代表大会常务委员会关于授权国务院在中国(广东)自由贸易试验区、中国(天津)自由贸易试验区、中国(福建)自由贸易试验区以及中国(上海)自由贸易试验区扩展区域暂时调整有关法律规定的行政审批的决定》,以及《中国(广东)自由贸易试验区总体方案》、《中国(天津)自由贸易试验区总体方案》、《中国(福建)自由贸易试验区总体方案》和《进一步深化中国(上海)自由贸易试验区改革开放方案》,国务院决定,在自由贸易试验区暂时调整《中华人民共和国外资企业法实施细则》等18部行政法规、《国务院关于投资体制改革的决定》等4件国务院文件、《外商投资产业指导目录(2015年修订)》等4件经国务院批准的部门规章的有关规定(目录附后)。

国务院有关部门和天津市、上海市、福建省、广东省人民政府要根据上述调整情况,及时对本部门、本省市制定的规章和规范性文件作相应调整,建立与试点要求相适应的管理制度。

根据自由贸易试验区改革开放措施的试验情况,本决定内容适时进行调整。

附件:国务院决定在自由贸易试验区暂时调整有关行政法规、国务院文件和经国务院批准的部门规章规定目录

国务院

2016 年 7 月 1 日

(此件公开发布)

附件

国务院决定在自由贸易试验区暂时调整有关
行政法规、国务院文件和经国务院批准的
部门规章规定目录

序号	有关行政法规、国务院文件和经国务院批准的部门规章规定	调整情况	实施范围
1	1.《指导外商投资方向规定》 　　第十二条第一款的有关规定:根据现行审批权限,外商投资项目按照项目性质分别由发展计划部门和经贸部门审批、备案。 2.《外国企业或者个人在中国境内设立合伙企业管理办法》 　　第十三条:外国企业或者个人在中国境内设立合伙企业涉及须经政府核准的投资项目的,依照国家有关规定办理投资项目核准手续。 3.《国务院关于投资体制改革的决定》(国发〔2004〕20 号) 　　第二部分第二项的有关规定:对于外商投资项目,政府还要从市场准入、资本项目管理等方面进行核准。 4.《国务院关于进一步做好利用外资工作的若干意见》(国发〔2010〕9 号) 　　第四部分第十六项的有关规定:《外商投资产业指导目录》中总投资(包括增资)3 亿美元以下的鼓励类、允许类项目,除《政府核准的投资项目目录》规定需由国务院有关部门核准之外,由地方政府有关部门核准。	在负面清单之外的领域,暂时停止实施外商投资项目核准(国务院规定对国内投资项目保留核准的除外),改为备案管理	广东、天津、福建自由贸易试验区,上海自由贸易试验区扩展区域

续表

序号	有关行政法规、国务院文件和经国务院批准的部门规章规定	调整情况	实施范围
2	《政府核准的投资项目目录（2014 年本）》 　十一、外商投资 　《外商投资产业指导目录》中有中方控股（含相对控股）要求的总投资（含增资）10 亿美元及以上鼓励类项目，总投资（含增资）1 亿美元及以上限制类（不含房地产）项目，由国务院投资主管部门核准，其中总投资（含增资）20 亿美元及以上项目报国务院备案。《外商投资产业指导目录》限制类中的房地产项目和总投资（含增资）小于 1 亿美元的其他限制类项目，由省级政府核准。《外商投资产业指导目录》中有中方控股（含相对控股）要求的总投资（含增资）小于 10 亿美元的鼓励类项目，由地方政府核准。	在负面清单之外的领域，暂时停止实施外商投资项目核准（国务院规定对国内投资项目保留核准的除外），改为备案管理	上海、广东、天津、福建自由贸易试验区
3	1.《中华人民共和国外资企业法实施细则》 　第七条：设立外资企业的申请，由中华人民共和国对外贸易经济合作部（以下简称对外贸易经济合作部）审查批准后，发给批准证书。 　设立外资企业的申请属于下列情形的，国务院授权省、自治区、直辖市和计划单列市、经济特区人民政府审查批准后，发给批准证书： 　（一）投资总额在国务院规定的投资审批权限以内的； 　（二）不需要国家调拨原材料，不影响能源、交通运输、外贸出口配额等全国综合平衡的。 　省、自治区、直辖市和计划单列市、经济特区人民政府在国务院授权范围内批准设立外资企业，应当在批准后 15 天内报对外贸易经济合作部备案（对外贸易经济合作部和省、自治区、直辖市和计划单列市、经济特区人民政府，以下统称审批机关）。 　第十六条：外资企业的章程经审批机关批准后生效，修改时同。 2.《指导外商投资方向规定》 　第十二条第一款的有关规定：外商投资企业的合同、章程由外经贸部门审批、备案。其中，限制类限额以下的外商投资项目由省、自治区、直辖市及计划单列市人民政府的相应主管部门审批，同时报上级主管部门和行业主管部门备案，此类项目的审批权不得下放。属于服务贸易领域逐步开放的外商投资项目，按照国家有关规定审批。 3.《国务院关于进一步做好利用外资工作的若干意见》（国发〔2010〕9 号） 　第四部分第十六项的有关规定：服务业领域外商投资企业的设立（金融、电信服务除外）由地方政府按照有关规定进行审批。	在负面清单之外的领域，暂时停止实施外资企业设立审批，改为备案管理	广东、天津、福建自由贸易试验区，上海自由贸易试验区扩展区域

序号	有关行政法规、国务院文件和经国务院批准的部门规章规定	调整情况	实施范围
4	《中华人民共和国外资企业法实施细则》 　　第十七条:外资企业的分立、合并或者由于其他原因导致资本发生重大变动,须经审批机关批准,并应当聘请中国的注册会计师验证和出具验资报告;经审批机关批准后,向工商行政管理机关办理变更登记手续。	在负面清单之外的领域,暂时停止实施外资企业分立、合并或者其他原因导致资本发生重大变动审批,改为备案管理	广东、天津、福建自由贸易试验区,上海自由贸易试验区扩展区域
5	《中华人民共和国外资企业法实施细则》 　　第二十一条:外资企业在经营期内不得减少其注册资本。但是,因投资总额和生产经营规模等发生变化,确需减少的,须经审批机关批准。 　　第二十二条:外资企业注册资本的增加、转让,须经审批机关批准,并向工商行政管理机关办理变更登记手续。	在负面清单之外的领域,暂时停止实施外资企业注册资本减少、增加、转让审批,改为备案管理	广东、天津、福建自由贸易试验区,上海自由贸易试验区扩展区域
6	《中华人民共和国外资企业法实施细则》 　　第二十三条:外资企业将其财产或者权益对外抵押、转让,须经审批机关批准并向工商行政管理机关备案。	在负面清单之外的领域,暂时停止实施外资企业财产或者权益对外抵押、转让审批,改为备案管理	广东、天津、福建自由贸易试验区,上海自由贸易试验区扩展区域
7	《中华人民共和国外资企业法实施细则》 　　第二十五条第二款:经审批机关批准,外国投资者也可以用其从中国境内举办的其他外商投资企业获得的人民币利润出资。	在负面清单之外的领域,暂时停止实施外国投资者出资方式审批,改为备案管理	广东、天津、福建自由贸易试验区,上海自由贸易试验区扩展区域
8	《中华人民共和国外资企业法实施细则》 　　第三十八条:外资企业的土地使用年限,与经批准的该外资企业的经营期限相同。 　　第六十八条:外资企业的经营期限,根据不同行业和企业的具体情况,由外国投资者在设立外资企业的申请书中拟订,经审批机关批准。 　　第六十九条第二款:外资企业经营期满需要延长经营期限的,应当在距经营期满180天前向审批机关报送延长经营期限的申请书。审批机关应当在收到申请书之日起30天内决定批准或者不批准。	在负面清单之外的领域,暂时停止实施外资企业经营期限审批,改为备案管理	广东、天津、福建自由贸易试验区,上海自由贸易试验区扩展区域

序号	有关行政法规、国务院文件和经国务院批准的部门规章规定	调整情况	实施范围
9	《中华人民共和国外资企业法实施细则》 　　第七十条第二款：外资企业如存在前款第（二）、（三）、（四）项所列情形，应当自行提交终止申请书，报审批机关核准。审批机关作出核准的日期为企业的终止日期。 　　第七十一条：外资企业依照本实施细则第七十条第（一）、（二）、（三）、（六）项的规定终止的，应当在终止之日起15天内对外公告并通知债权人，并在终止公告发出之日起15天内，提出清算程序、原则和清算委员会人选，报审批机关审核后进行清算。	在负面清单之外的领域，暂时停止实施外资企业终止核准，改为备案管理	广东、天津、福建自由贸易试验区，上海自由贸易试验区扩展区域
10	1.《中华人民共和国中外合资经营企业法实施条例》 　　第六条第一款、第二款、第三款： 　　在中国境内设立合营企业，必须经中华人民共和国对外贸易经济合作部（以下简称对外贸易经济合作部）审查批准。批准后，由对外贸易经济合作部发给批准证书。 　　凡具备下列条件的，国务院授权省、自治区、直辖市人民政府或者国务院有关部门审批： 　　（一）投资总额在国务院规定的投资审批权限以内，中国合营者的资金来源已经落实的； 　　（二）不需要国家增拨原材料，不影响燃料、动力、交通运输、外贸出口配额等方面的全国平衡的。 　　依照前款批准设立的合营企业，应当报对外贸易经济合作部备案。 　　第十四条：合营企业协议、合同和章程经审批机构批准后生效，其修改时同。 2.《指导外商投资方向规定》 　　第十二条第一款的有关规定：外商投资企业的合同、章程由外经贸部门审批、备案。其中，限制类限额以下的外商投资项目由省、自治区、直辖市及计划单列市人民政府的相应主管部门审批，同时报上级主管部门和行业主管部门备案，此类项目的审批权不得下放。属于服务贸易领域逐步开放的外商投资项目，按照国家有关规定审批。 3.《国务院关于进一步做好利用外资工作的若干意见》（国发〔2010〕9号） 　　第四部分第十六项的有关规定：服务业领域外商投资企业的设立（金融、电信服务除外）由地方政府按照有关规定进行审批。	在负面清单之外的领域，暂时停止实施中外合资经营企业设立审批，改为备案管理	广东、天津、福建自由贸易试验区，上海自由贸易试验区扩展区域

序号	有关行政法规、国务院文件和经国务院 批准的部门规章规定	调整情况	实施范围
11	《中华人民共和国中外合资经营企业法实施条例》 　　第二十条第一款：合营一方向第三者转让其全部或者部分股权的，须经合营他方同意，并报审批机构批准，向登记管理机构办理变更登记手续。	在负面清单之外的领域，暂时停止实施中外合资经营企业转让股权审批，改为备案管理	广东、天津、福建自由贸易试验区，上海自由贸易试验区扩展区域
12	《中华人民共和国中外合资经营企业法实施条例》 　　第十九条：合营企业在合营期内不得减少其注册资本。因投资总额和生产经营规模等发生变化，确需减少的，须经审批机构批准。 　　第二十一条：合营企业注册资本的增加、减少，应当由董事会会议通过，并报审批机构批准，向登记管理机构办理变更登记手续。	在负面清单之外的领域，暂时停止实施中外合资经营企业增加、减少注册资本审批，改为备案管理	广东、天津、福建自由贸易试验区，上海自由贸易试验区扩展区域
13	《中华人民共和国中外合资经营企业法实施条例》 　　第二十七条：外国合营者作为出资的机器设备或者其他物料、工业产权或者专有技术，应当报审批机构批准。	在负面清单之外的领域，暂时停止实施外国合营者出资方式审批，改为备案管理	广东、天津、福建自由贸易试验区，上海自由贸易试验区扩展区域
14	《中外合资经营企业合营期限暂行规定》 　　第四条：合营各方在合营合同中不约定合营期限的合营企业，按照国家规定的审批权限和程序审批。除对外经济贸易部直接审批的外，其他审批机关应当在批准后30天内报对外经济贸易部备案。 　　第六条第一款：在本规定施行之前已经批准设立的合营企业，按照批准的合营合同约定的期限执行，但属本规定第三条规定以外的合营企业，合营各方一致同意将合营合同中合营期限条款修改为不约定合营期限的，合营各方应当申报理由，签订修改合营合同的协议，并提出申请，报原审批机关审查。	在负面清单之外的领域，暂时停止实施中外合资经营企业经营期限审批，改为备案管理	广东、天津、福建自由贸易试验区，上海自由贸易试验区扩展区域
15	《中华人民共和国中外合资经营企业法实施条例》 　　第九十条第二款：前款第（二）、（四）、（五）、（六）项情况发生的，由董事会提出解散申请书，报审批机构批准；第（三）项情况发生的，由履行合同的一方提出申请，报审批机构批准。	在负面清单之外的领域，暂时停止实施中外合资经营企业解散审批，改为备案管理	广东、天津、福建自由贸易试验区，上海自由贸易试验区扩展区域

序号	有关行政法规、国务院文件和经国务院批准的部门规章规定	调整情况	实施范围
16	1.《中华人民共和国中外合作经营企业法实施细则》 　　第六条：设立合作企业由对外贸易经济合作部或者国务院授权的部门和地方人民政府审查批准。 　　设立合作企业属于下列情形的，由国务院授权的部门或者地方人民政府审查批准： 　　（一）投资总额在国务院规定由国务院授权的部门或者地方人民政府审批的投资限额以内的； 　　（二）自筹资金，并且不需要国家平衡建设、生产条件的； 　　（三）产品出口不需要领取国家有关主管部门发放的出口配额、许可证，或者虽需要领取，但在报送项目建议书前已征得国家有关主管部门同意的； 　　（四）有法律、行政法规规定由国务院授权的部门或者地方人民政府审查批准的其他情形的。 2.《指导外商投资方向规定》 　　第十二条第一款的有关规定：外商投资企业的合同、章程由外经贸部门审批、备案。其中，限制类限额以下的外商投资项目由省、自治区、直辖市及计划单列市人民政府的相应主管部门审批，同时报上级主管部门和行业主管部门备案，此类项目的审批权不得下放。属于服务贸易领域逐步开放的外商投资项目，按照国家有关规定审批。 3.《国务院关于进一步做好利用外资工作的若干意见》（国发〔2010〕9号） 　　第四部分第十六项的有关规定：服务业领域外商投资企业的设立（金融、电信服务除外）由地方政府按照有关规定进行审批。	在负面清单之外的领域，暂时停止实施中外合作经营企业设立审批，改为备案管理	广东、天津、福建自由贸易试验区，上海自由贸易试验区扩展区域
17	《中华人民共和国中外合作经营企业法实施细则》 　　第十一条：合作企业协议、合同、章程自审查批准机关颁发批准证书之日起生效。在合作期限内，合作企业协议、合同、章程有重大变更的，须经审查批准机关批准。	在负面清单之外的领域，暂时停止实施中外合作经营企业协议、合同、章程重大变更审批，改为备案管理	广东、天津、福建自由贸易试验区，上海自由贸易试验区扩展区域
18	《中华人民共和国中外合作经营企业法实施细则》 　　第十六条第二款：合作企业注册资本在合作期限内不得减少。但是，因投资总额和生产经营规模等变化，确需减少的，须经审查批准机关批准。	在负面清单之外的领域，暂时停止实施中外合作经营企业注册资本减少审批，改为备案管理	广东、天津、福建自由贸易试验区，上海自由贸易试验区扩展区域

序号	有关行政法规、国务院文件和经国务院批准的部门规章规定	调整情况	实施范围
19	《中华人民共和国中外合作经营企业法实施细则》 　　第二十三条第一款:合作各方之间相互转让或者合作一方向合作他方以外的他人转让属于其在合作企业合同中全部或者部分权利的,须经合作他方书面同意,并报审查批准机关批准。	在负面清单之外的领域,暂时停止实施中外合作经营企业合作方转让其在合作企业合同中的权利审批,改为备案管理	广东、天津、福建自由贸易试验区,上海自由贸易试验区扩展区域
20	《中华人民共和国中外合作经营企业法实施细则》 　　第三十五条第二款:合作企业应当将董事会或者联合管理委员会的决议、签订的委托经营管理合同,连同被委托人的资信证明等文件,一并报送审查批准机关批准。审查批准机关应当自收到有关文件之日起30天内决定批准或者不批准。	在负面清单之外的领域,暂时停止实施中外合作经营企业委托经营管理合同审批,改为备案管理	广东、天津、福建自由贸易试验区,上海自由贸易试验区扩展区域
21	《中华人民共和国中外合作经营企业法实施细则》 　　第四十五条第一款:外国合作者依照本实施细则第四十四条第二项和第三项的规定提出先行回收投资的申请,应当具体说明先行回收投资的总额、期限和方式,经财税务机关审查同意后,报审查批准机关审批。	在负面清单之外的领域,暂时停止实施外国合作者先行回收投资报审查批准机关审批,改为备案管理	广东、天津、福建自由贸易试验区,上海自由贸易试验区扩展区域
22	《中华人民共和国中外合作经营企业法实施细则》 　　第四十七条第二款:合作企业期限届满,合作各方协商同意要求延长合作期限的,应当在期限届满的180天前向审查批准机关提出申请,说明原合作企业合同执行情况,延长合作期限的原因,同时报送合作各方就延长期限内各方的权利、义务等事项所达成的协议。审查批准机关应当自接到申请之日起30天内,决定批准或者不批准。 　　第四十七条第四款:合作企业合同约定外国合作者先行回收投资,并且投资已经回收完毕的,合作企业期限届满不再延长;但是,外国合作者增加投资的,经合作各方协商同意,可以依照本条第二款的规定向审查批准机关申请延长合作期限。	在负面清单之外的领域,暂时停止实施中外合作经营企业延长合作期限审批,改为备案管理	广东、天津、福建自由贸易试验区,上海自由贸易试验区扩展区域

序号	有关行政法规、国务院文件和经国务院批准的部门规章规定	调整情况	实施范围
23	《中华人民共和国中外合作经营企业法实施细则》 　　第四十八条第二款：前款第二项、第四项所列情形发生，应当由合作企业的董事会或者联合管理委员会做出决定，报审查批准机关批准。在前款第三项所列情形下，不履行合作企业合同、章程规定的义务的中外合作者一方或者数方，应当对履行合同的他方因此遭受的损失承担赔偿责任；履行合同的一方或者数方有权向审查批准机关提出申请，解散合作企业。	在负面清单之外的领域，暂时停止实施中外合作经营企业解散审批，改为备案管理	广东、天津、福建自由贸易试验区，上海自由贸易试验区扩展区域
24	《中华人民共和国台湾同胞投资保护法实施细则》 　　第十条：设立台湾同胞投资企业，应当向对外贸易经济合作部或者国务院授权的部门和地方人民政府提出申请，接到申请的审批机关应当自接到全部申请文件之日起45日内决定批准或者不批准。 　　设立台湾同胞投资企业的申请经批准后，申请人应当自接到批准证书之日起30日内，依法向企业登记机关登记注册，领取营业执照。	在负面清单之外的领域，暂时停止实施台湾同胞投资企业设立审批，改为备案管理	广东、天津、福建自由贸易试验区，上海自由贸易试验区扩展区域
25	《外商投资产业指导目录（2015年修订）》 　　限制外商投资产业目录 　　1. 农作物新品种选育和种子生产（中方控股）	对从事农作物（粮棉油作物除外）新品种选育（转基因除外）和种子生产（转基因除外）的两岸合资企业，暂时停止实施由大陆方面控股的要求，但台商不能独资	福建自由贸易试验区
26	《外商投资产业指导目录（2015年修订）》 　　鼓励外商投资产业目录 　　11. 石油、天然气（含油页岩、油砂、页岩气、煤层气等非常规油气）的勘探、开发和矿井瓦斯利用（限于合资、合作）	暂时停止实施相关内容，允许外商以独资形式从事矿井瓦斯利用	上海、广东、天津、福建自由贸易试验区

序号	有关行政法规、国务院文件和经国务院批准的部门规章规定	调整情况	实施范围
27	《外商投资产业指导目录(2015年修订)》 　　鼓励外商投资产业目录 　　206.汽车电子装置制造与研发:发动机和底盘电子控制系统及关键零部件,车载电子技术(汽车信息系统和导航系统),汽车电子总线网络技术(限于合资),电子控制系统的输入(传感器和采样系统)输出(执行器)部件,电动助力转向系统电子控制器(限于合资),嵌入式电子集成系统、电控式空气弹簧,电子控制式悬挂系统,电子气门系统装置,电子组合仪表,ABS/TCS/ESP系统,电路制动系统(BBW),变速器电控单元(TCU),轮胎气压监测系统(TPMS),车载故障诊断仪(OBD),发动机防盗系统,自动避撞系统,汽车、摩托车型试验及维修用检测系统	暂时停止实施相关内容,允许外商以独资形式从事汽车电子总线网络技术、电动助力转向系统电子控制器的制造与研发	上海、广东、天津、福建自由贸易试验区
28	《外商投资产业指导目录(2015年修订)》 　　鼓励外商投资产业目录 　　207.新能源汽车关键零部件制造:能量型动力电池(能量密度≥110Wh/kg,循环寿命≥2000次,外资比例不超过50%),电池正极材料(比容量≥150mAh/g,循环寿命2000次不低于初始放电容量的80%),电池隔膜(厚度15—40μm,孔隙率40%—60%);电池管理系统,电机管理系统,电动汽车电控集成;电动汽车驱动电机(峰值功率密度≥2.5kW/kg,高效区:65%工作区效率≥80%),车用DC/DC(输入电压100V—400V),大功率电子器件(IGBT,电压等级≥600V,电流≥300A);插电式混合动力机电耦合驱动系统	暂时停止实施相关内容,允许外商以独资形式从事能量型动力电池(能量密度≥110Wh/kg,循环寿命≥2000次)的制造	上海、广东、天津、福建自由贸易试验区

续表

序号	有关行政法规、国务院文件和经国务院批准的部门规章规定	调整情况	实施范围
29	《外商投资产业指导目录（2015年修订）》鼓励外商投资产业目录 209. 轨道交通运输设备（限于合资、合作）	暂时停止实施相关内容，允许外商以独资形式从事与高速铁路、铁路客运专线、城际铁路配套的乘客服务设施和设备的研发、设计与制造，与高速铁路、铁路客运专线、城际铁路相关的轨道和桥梁设备研发、设计与制造，电气化铁路设备和器材制造，铁路客车排污设备制造	上海、广东、天津、福建自由贸易试验区
30	《外商投资产业指导目录（2015年修订）》鼓励外商投资产业目录 341. 综合水利枢纽的建设、经营（中方控股）	暂时停止实施相关内容，允许外商以独资形式从事综合水利枢纽的建设、经营	上海、广东、天津、福建自由贸易试验区
31	《外商投资产业指导目录（2015年修订）》限制外商投资产业目录 6. 豆油、菜籽油、花生油、棉籽油、茶籽油、葵花籽油、棕榈油等食用油脂加工（中方控股），大米、面粉、原糖加工，玉米深加工	暂时停止实施相关内容，允许外商以独资形式从事豆油、菜籽油、花生油、棉籽油、茶籽油、葵花籽油、棕榈油等食用油脂加工；暂时停止实施对外商从事大米、面粉、原糖加工和玉米深加工的限制	上海、广东、天津、福建自由贸易试验区

序号	有关行政法规、国务院文件和经国务院批准的部门规章规定	调整情况	实施范围
32	《外商投资产业指导目录(2015年修订)》 　　限制外商投资产业目录 　　　7.生物液体燃料(燃料乙醇、生物柴油)生产(中方控股)	暂时停止实施相关内容,允许外商以独资形式从事生物液体燃料(燃料乙醇、生物柴油)生产	上海、广东、天津、福建自由贸易试验区
33	《外商投资产业指导目录(2015年修订)》 　　限制外商投资产业目录 　　　21.粮食收购,粮食、棉花批发,大型农产品批发市场建设、经营	暂时停止实施对外商从事粮食收购,粮食、棉花批发,大型农产品批发市场建设、经营的限制	上海、广东、天津、福建自由贸易试验区
34	1.《营业性演出管理条例》 　　第十条第一款、第二款: 　　外国投资者可以与中国投资者依法设立中外合资经营、中外合作经营的演出经纪机构、演出场所经营单位;不得设立中外合资经营、中外合作经营、外资经营的文艺表演团体,不得设立外资经营的演出经纪机构、演出场所经营单位。 　　设立中外合资经营的演出经纪机构、演出场所经营单位,中国合营者的投资比例应当不低于51%;设立中外合作经营的演出经纪机构、演出场所经营单位,中国合作者应当拥有经营主导权。 　　第十一条第二款:台湾地区的投资者可以在内地投资设立合资、合作经营的演出经纪机构、演出场所经营单位,但内地合营者的投资比例应当不低于51%,内地合作者应当拥有经营主导权;不得设立合资、合作、独资经营的文艺表演团体和独资经营的演出经纪机构、演出场所经营单位。 2.《外商投资产业指导目录(2015年修订)》 　　限制外商投资产业目录 　　　38.演出经纪机构(中方控股)	暂时停止实施相关内容,允许外国投资者、台湾地区的投资者设立独资演出经纪机构为本省市提供服务	广东、天津、福建自由贸易试验区,上海自由贸易试验区扩展区域

序号	有关行政法规、国务院文件和经国务院批准的部门规章规定	调整情况	实施范围
35	1.《中华人民共和国国际海运条例》 第二十八条：经国务院交通主管部门批准，外商可以依照有关法律、行政法规以及国家其他有关规定，投资设立中外合资经营企业或者中外合作经营企业，经营国际船舶运输、国际船舶代理、国际船舶管理、国际海运货物装卸、国际海运货物仓储、国际海运集装箱站和堆场业务；并可以投资设立外资企业经营国际海运货物仓储业务。 经营国际船舶运输、国际船舶代理业务的中外合资经营企业，企业中外商的出资比例不得超过49%。 经营国际船舶运输、国际船舶代理业务的中外合作经营企业，企业中外商的投资比例比照适用前款规定。 中外合资国际船舶运输企业和中外合作国际船舶运输企业的董事会主席和总经理，由中外合资、合作双方协商后由中方指定。 2.《外商投资产业指导目录（2015年修订）》 限制外商投资产业目录 22.船舶代理（中方控股）、外轮理货（限于合资、合作）	暂时停止实施相关内容，允许设立外商独资国际船舶管理、国际海运货物装卸、国际海运集装箱站和堆场企业，允许外商以合资、合作形式从事公共国际船舶代理业务，外方持股比例放宽至51%，由国务院交通运输主管部门制定相关管理办法	广东、天津、福建自由贸易试验区，上海自由贸易试验区扩展区域
36	1.《中华人民共和国国际海运条例》 第二十八条：经国务院交通主管部门批准，外商可以依照有关法律、行政法规以及国家其他有关规定，投资设立中外合资经营企业或者中外合作经营企业，经营国际船舶运输、国际船舶代理、国际船舶管理、国际海运货物装卸、国际海运货物仓储、国际海运集装箱站和堆场业务；并可以投资设立外资企业经营国际海运货物仓储业务。 经营国际船舶运输、国际船舶代理业务的中外合资经营企业，企业中外商的出资比例不得超过49%。 经营国际船舶运输、国际船舶代理业务的中外合作经营企业，企业中外商的投资比例比照适用前款规定。 中外合资国际船舶运输企业和中外合作国际船舶运输企业的董事会主席和总经理，由中外合资、合作双方协商后由中方指定。 2.《外商投资产业指导目录（2015年修订）》 鼓励外商投资产业目录 310.定期、不定期国际海上运输业务（限于合资、合作）	暂时停止实施相关内容，允许设立外商独资国际船舶运输企业，从事国际海上船舶运输业务，由国务院交通运输主管部门制定相关管理办法	上海自由贸易试验区

序号	有关行政法规、国务院文件和经国务院批准的部门规章规定	调整情况	实施范围
37	1.《中华人民共和国国际海运条例》 　　第二十八条：经国务院交通主管部门批准，外商可以依照有关法律、行政法规以及国家其他有关规定，投资设立中外合资经营企业或者中外合作经营企业，经营国际船舶运输、国际船舶代理、国际船舶管理、国际海运货物装卸、国际海运货物仓储、国际海运集装箱站和堆场业务；并可以投资设立外资企业经营国际海运货物仓储业务。 　　经营国际船舶运输、国际船舶代理业务的中外合资经营企业，企业中外商的出资比例不得超过49%。 　　经营国际船舶运输、国际船舶代理业务的中外合作经营企业，企业中外商的投资比例比照适用前款规定。 　　中外合资国际船舶运输企业和中外合作国际船舶运输企业的董事会主席和总经理，由中外合资、合作双方协商后由中方指定。 2.《外商投资产业指导目录（2015年修订）》 　　鼓励外商投资产业目录 　　310.定期、不定期国际海上运输业务（限于合资、合作）	暂时停止实施相关内容，放宽设立中外合资、中外合作国际船舶运输企业的外商出资比例、投资比例限制，由国务院交通运输主管部门制定相关管理办法	广东、天津、福建自由贸易试验区
38	1.《中华人民共和国船舶登记条例》 　　第二条第一款：下列船舶应当依照本条例规定进行登记： 　　（一）在中华人民共和国境内有住所或者主要营业所的中国公民的船舶。 　　（二）依据中华人民共和国法律设立的主要营业所在中华人民共和国境内的企业法人的船舶。但是，在该企业法人的注册资本中有外商出资的，中方投资人的出资额不得低于50%。 　　（三）中华人民共和国政府公务船舶和事业法人船舶。 　　（四）中华人民共和国港务监督机构认为应当登记的其他船舶。 2.《中华人民共和国船舶和海上设施检验条例》 　　第十三条：下列中国籍船舶，必须向中国船级社申请入级检验： 　　（一）从事国际航行的船舶； 　　（二）在海上航行的乘客定额100人以上的客船； 　　（三）载重量1000吨以上的油船； 　　（四）滚装船、液化气体运输船和散装化学品运输船； 　　（五）船舶所有人或者经营人要求入级的其他船舶。	暂时停止实施相关内容，加快国际船舶登记制度创新，基于对等原则逐步放开船舶准入，由国务院交通运输主管部门制定相关管理办法	上海、广东、天津、福建自由贸易试验区

续表

序号	有关行政法规、国务院文件和经国务院批准的部门规章规定	调整情况	实施范围
39	《印刷业管理条例》 第十三条:国家允许设立中外合资经营印刷企业、中外合作经营印刷企业,允许设立从事包装装潢印刷品印刷经营活动的外资企业。具体办法由国务院出版行政部门会同国务院对外经济贸易主管部门制定。	暂时停止实施相关内容,允许设立从事其他印刷品印刷经营活动的外资企业,由国务院新闻出版主管部门制定相关管理办法	上海、广东、天津、福建自由贸易试验区
40	《外商投资民用航空业规定》 第四条第一款:外商投资方式包括: (一)合资、合作经营(简称"合营"); (二)购买民航企业的股份,包括民航企业在境外发行的股票以及在境内发行的上市外资股; (三)其他经批准的投资方式。	暂时停止实施相关内容,允许外商以独资形式投资设立航空运输销售代理企业,由国务院民用航空主管部门制定相关管理办法	广东、天津、福建自由贸易试验区,上海自由贸易试验区扩展区域
41	《外商投资民用航空业规定》 第四条第一款:外商投资方式包括: (一)合资、合作经营(简称"合营"); (二)购买民航企业的股份,包括民航企业在境外发行的股票以及在境内发行的上市外资股; (三)其他经批准的投资方式。 第六条第四款:外商投资飞机维修(有承揽国际维修市场业务的义务)和航空油料项目,由中方控股;货运仓储、地面服务、航空食品、停车场等项目,外商投资比例由中外双方商定。	暂时停止实施相关内容,允许外商以独资形式投资设立航空货运仓储、地面服务、航空食品、停车场项目;放宽外商投资通用飞机维修由中方控股的限制;取消外商投资飞机维修承揽国际维修市场业务的义务要求。由国务院民用航空主管部门制定相关管理办法	上海、广东、天津、福建自由贸易试验区

序号	有关行政法规、国务院文件和经国务院批准的部门规章规定	调整情况	实施范围
42	《中华人民共和国认证认可条例》 　　第十一条第一款:外商投资企业取得认证机构资质,除应当符合本条例第十条规定的条件外,还应当符合下列条件: 　　(一)外方投资者取得其所在国家或者地区认可机构的认可; 　　(二)外方投资者具有3年以上从事认证活动的业务经历。	暂时停止实施外商投资企业取得认证机构资质的特殊要求,由国务院质量监督检验检疫主管部门制定相关管理办法	广东、天津、福建自由贸易试验区,上海自由贸易试验区扩展区域
43	《娱乐场所管理条例》 　　第六条:外国投资者可以与中国投资者依法设立中外合资经营、中外合作经营的娱乐场所,不得设立外商独资经营的娱乐场所。	暂时停止实施相关内容,允许设立外商独资经营的娱乐场所,在自由贸易试验区内提供服务,由国务院文化主管部门制定相关管理办法	广东、天津、福建自由贸易试验区,上海自由贸易试验区扩展区域
44	《中华人民共和国中外合作办学条例》 　　第六十条:在工商行政管理部门登记注册的经营性的中外合作举办的培训机构的管理办法,由国务院另行规定。	暂时停止实施相关内容,由国务院教育主管部门会同有关部门就经营性的中外合作举办的培训机构制定相关管理办法	广东、天津、福建自由贸易试验区,上海自由贸易试验区扩展区域
45	《旅行社条例》 　　第二十三条:外商投资旅行社不得经营中国内地居民出国旅游业务以及赴香港特别行政区、澳门特别行政区和台湾地区旅游的业务,但是国务院决定或者我国签署的自由贸易协定和内地与香港、澳门关于建立更紧密经贸关系的安排另有规定的除外。	暂时停止实施相关内容,允许在自由贸易试验区内注册的符合条件的外商投资旅行社经营中国内地居民出境旅游业务(台湾地区除外),由国务院旅游主管部门制定相关管理办法	上海、广东、天津、福建自由贸易试验区

续表

序号	有关行政法规、国务院文件和经国务院批准的部门规章规定	调整情况	实施范围
46	1.《汽车产业发展政策》 第四十八条:汽车整车、专用汽车、农用运输车和摩托车中外合资生产企业的中方股份比例不得低于50%。股票上市的汽车整车、专用汽车、农用运输车和摩托车股份公司对外出售法人股份时,中方法人之一必须相对控股且大于外资法人股之和。同一家外商可在国内建立两家(含两家)以下生产同类(乘用车类、商用车类、摩托车类)整车产品的合资企业,如与中方合资伙伴联合兼并国内其他汽车生产企业可不受两家的限制。境外具有法人资格的企业相对控股另一家企业,则视为同一家外商。 2.《外商投资产业指导目录(2015年修订)》 限制外商投资产业目录 11.汽车整车、专用汽车和摩托车制造:中方股比不低于50%,同一家外商可在国内建立两家(含两家)以下生产同类(乘用车类、商用车类、摩托车类)整车产品的合资企业,如与中方合资伙伴联合兼并国内其他汽车生产企业可不受两家的限制	暂时停止实施相关内容,允许外商以独资形式从事摩托车生产,由国务院工业和信息化主管部门会同有关部门修订相关管理办法	上海、广东、天津、福建自由贸易试验区
47	《钢铁产业发展政策》 第二十三条第四款:境外钢铁企业投资中国钢铁工业,须具有钢铁自主知识产权技术,其上年普通钢产量必须达到1000万吨以上或高合金特殊钢产量达到100万吨。投资中国钢铁工业的境外非钢铁企业,必须具有强大的资金实力和较高的公信度,提供银行、会计事务所出具的验资和企业业绩证明。境外企业投资国内钢铁行业,必须结合国内现有钢铁企业的改造和搬迁实施,不布新点。外商投资我国钢铁行业,原则上不允许外商控股。	暂时停止实施外商投资钢铁行业原则上不允许外商控股的要求,以及对外商的资质要求,允许设立外商独资钢铁生产企业,由国务院工业和信息化主管部门会同有关部门修订相关管理办法	上海、广东、天津、福建自由贸易试验区
48	《盐业管理条例》 第二十条:盐的批发业务,由各级盐业公司统一经营。未设盐业公司的地方,由县级以上人民政府授权的单位统一组织经营。	暂时停止实施相关内容,允许外商以独资形式在自由贸易试验区内从事盐的批发业务	广东、天津、福建自由贸易试验区,上海自由贸易试验区扩展区域

序号	有关行政法规、国务院文件和经国务院批准的部门规章规定	调整情况	实施范围
49	《国务院办公厅转发国土资源部等部门关于进一步鼓励外商投资勘查开采非油气矿产资源若干意见的通知》(国办发〔2000〕70号) 　一、进一步开放非油气矿产资源探矿权、采矿双市场 　(三)外商投资从事风险勘探,经外经贸部批准,到工商行政管理机关依法登记注册,向国土资源部申请探矿权。 　(六)外商申请设立采矿企业,须经外经贸部批准,到工商行政管理机关依法登记注册,向国土资源部申请采矿权。	暂时停止实施商务主管部门实施的外商在负面清单之外的非油气矿产资源领域从事风险勘探和设立采矿企业审批,改为备案管理	上海、广东、天津、福建自由贸易试验区
50	《直销管理条例》 　第七条:申请成为直销企业,应当具备下列条件: 　(一)投资者具有良好的商业信誉,在提出申请前连续5年没有重大违法经营记录;外国投资者还应当有3年以上在中国境外从事直销活动的经验; 　(二)实缴注册资本不低于人民币8000万元; 　(三)依照本条例规定在指定银行足额缴纳了保证金; 　(四)依照规定建立了信息报备和披露制度。	暂时停止实施外国投资者应当有3年以上在中国境外从事直销活动的经验的要求,由国务院商务主管部门制定相关管理办法	上海、广东、天津、福建自由贸易试验区
51	《外商投资产业指导目录(2015年修订)》 　限制外商投资产业目录 　23.加油站(同一外国投资者设立超过30家分后、销售来自多个供应商的不同种类和品牌成品油的连锁加油站,由中方控股)建设、经营	暂时停止实施相关内容,允许外商以独资形式从事加油站建设、经营,由国务院商务主管部门制定相关管理办法	上海、广东、天津、福建自由贸易试验区

国务院关于在自由贸易试验区暂时调整有关行政法规、国务院文件和经国务院批准的部门规章规定的决定

国发〔2017〕57号

各省、自治区、直辖市人民政府，国务院各部委、各直属机构：

为保障自由贸易试验区有关改革开放措施依法顺利实施，国务院决定，在自由贸易试验区暂时调整《中华人民共和国船舶登记条例》等11部行政法规，《国务院办公厅转发国家计委关于城市轨道交通设备国产化实施意见的通知》、《国务院办公厅关于加强城市快速轨道交通建设管理的通知》2件国务院文件以及《外商投资产业指导目录（2017年修订）》、《外商投资民用航空业规定》2件经国务院批准的部门规章的有关规定（目录附后）。

国务院有关部门和上海市、广东省、天津市、福建省、辽宁省、浙江省、河南省、湖北省、重庆市、四川省、陕西省人民政府要根据有关行政法规、国务院文件和经国务院批准的部门规章的调整情况，及时对本部门、本省市制定的规章和规范性文件作相应调整，建立与试点要求相适应的管理制度。

根据自由贸易试验区改革开放措施的试验情况，本决定内容适时进行调整。

附件：国务院决定在自由贸易试验区暂时调整有关行政法规、国务院文件和经国务院批准的部门规章规定目录

国务院

2017年12月25日

（此件公开发布）

附件

国务院决定在自由贸易试验区暂时调整有关行政法规、
国务院文件和经国务院批准的部门规章规定目录

序号	有关行政法规、国务院文件和经国务院批准的部门规章规定	调整情况
1	1.《中华人民共和国船舶登记条例》 　　第二条第一款:下列船舶应当依照本条例规定进行登记: 　　(一)在中华人民共和国境内有住所或者主要营业所的中国公民的船舶。 　　(二)依据中华人民共和国法律设立的主要营业所在中华人民共和国境内的企业法人的船舶。但是,在该法人的注册资本中有外商出资的,中方投资人的出资额不得低于50%。 　　(三)中华人民共和国政府公务船舶和事业法人的船舶。 　　(四)中华人民共和国港务监督机构认为应当登记的其他船舶。 2.《中华人民共和国船舶和海上设施检验条例》 　　第十三条:下列中国籍船舶,必须向中国船级社申请入级检验: 　　(一)从事国际航行的船舶; 　　(二)在海上航行的乘客定额100人以上的客船; 　　(三)载重量1000吨以上的油船; 　　(四)滚装船、液化气体运输船和散装化学品运输船; 　　(五)船舶所有人或者经营人要求入级的其他船舶。	暂时停止实施相关内容,加快国际船舶登记制度创新,基于对等原则逐步放开船级准入,由国务院交通运输主管部门制定相关管理办法
2	《印刷业管理条例》 　　第十四条:国家允许设立中外合资经营印刷企业、中外合作经营印刷企业,允许设立从事包装装潢印刷品印刷经营活动的外资企业。具体办法由国务院出版行政部门会同国务院对外经济贸易主管部门制定。	暂时停止实施相关内容,允许设立从事其他印刷品印刷经营活动的外资企业,由国务院新闻出版主管部门制定相关管理办法
3	《外商投资民用航空业规定》 　　第四条第一款:外商投资方式包括: 　　(一)合资、合作经营(简称"合营"); 　　(二)购买民航企业的股份,包括民航企业在境外发行的股票以及在境内发行的上市外资股; 　　(三)其他经批准的投资方式。 　　第六条第四款:外商投资飞机维修(有承揽国际维修市场业务的义务)和航空油料项目,由中方控股;货运仓储、地面服务、航空食品、停车场等项目,外商投资比例由中外双方商定。	暂时停止实施相关内容,允许外商以独资形式投资设立航空运输销售代理企业和航空货运仓储、地面服务、航空食品、停车场项目;放宽外商投资通用飞机维修由中方控股的限制;取消外商投资飞机维修承揽国际维修市场业务的义务要求。由国务院民用航空主管部门制定相关管理办法

续表

序号	有关行政法规、国务院文件和经国务院批准的部门规章规定	调整情况
4	《中华人民共和国认证认可条例》 第十一条第一款：外商投资企业取得认证机构资质，除应当符合本条例第十条规定的条件外，还应当符合下列条件： （一）外方投资者取得其所在国家或者地区认可机构的认可； （二）外方投资者具有3年以上从事认证活动的业务经历。	暂时停止实施外商投资企业取得认证机构资质的特殊要求，由国务院质量监督检验检疫主管部门制定相关管理办法
5	《娱乐场所管理条例》 第六条：外国投资者可以与中国投资者依法设立中外合资经营、中外合作经营的娱乐场所，不得设立外商独资经营的娱乐场所。	暂时停止实施相关内容，允许设立外商独资经营的娱乐场所，在自由贸易试验区内提供服务，由国务院文化主管部门制定相关管理办法
6	《中华人民共和国中外合作办学条例》 第六十条：在工商行政管理部门登记注册的经营性的中外合作举办的培训机构的管理办法，由国务院另行规定。	暂时停止实施相关内容，由国务院教育主管部门会同有关部门就经营性的中外合作举办的培训机构制定相关管理办法
7	《旅行社条例》 第二十三条：外商投资旅行社不得经营中国内地居民出国旅游业务以及赴香港特别行政区、澳门特别行政区和台湾地区旅游的业务，但是国务院决定或者我国签署的自由贸易协定和内地与香港、澳门关于建立更紧密经贸关系的安排另有规定的除外。	暂时停止实施相关内容，允许在自由贸易试验区内注册的符合条件的中外合资旅行社经营中国内地居民出境旅游业务（台湾地区除外），由国务院旅游主管部门制定相关管理办法
8	《直销管理条例》 第七条：申请成为直销企业，应当具备下列条件： （一）投资者具有良好的商业信誉，在提出申请前连续5年没有重大违法经营记录；外国投资者还应当有3年以上在中国境外从事直销活动的经验； （二）实缴注册资本不低于人民币8000万元； （三）依照本条例规定在指定银行足额缴纳了保证金； （四）依照规定建立了信息报备和披露制度。	暂时停止实施外国投资者应当有3年以上在中国境外从事直销活动的经验的要求，由国务院商务主管部门制定相关管理办法

序号	有关行政法规、国务院文件和经国务院批准的部门规章规定	调整情况
9	《外商投资产业指导目录(2017年修订)》 　　限制外商投资产业目录 　　24.加油站(同一外国投资者设立超过30家分店、销售来自多个供应商的不同种类和品牌成品油的连锁加注站,由中方控股)建设、经营	暂时停止实施相关内容,允许外商以独资形式从事加油站建设、经营,由国务院商务主管部门制定相关管理办法
10	1.《中华人民共和国国际海运条例》 　　第二十八条:经国务院交通主管部门批准,外商可以依照有关法律、行政法规以及国家其他有关规定,投资设立中外合资经营企业或者中外合作经营企业,经营国际船舶运输、国际船舶代理、国际船舶管理、国际海运货物装卸、国际海运货物仓储、国际海运集装箱站和堆场业务;并可以投资设立外资企业经营国际海运货物仓储业务。 　　经营国际船舶运输、国际船舶代理业务的中外合资经营企业,企业中外商的出资比例不得超过49%。 　　经营国际船舶运输、国际船舶代理业务的中外合作经营企业,企业中外商的投资比例比照适用前款规定。 　　中外合资国际船舶运输企业和中外合作国际船舶运输企业的董事会主席和总经理,由中外合资、合作双方协商后由中方指定。 2.《外商投资产业指导目录(2017年修订)》 　　限制外商投资产业目录 　　17.国内水上运输公司(中方控股),国际海上运输公司(限于合资、合作) 　　23.船舶代理(中方控股)	暂时停止实施相关内容,允许设立外商独资国际船舶运输、国际船舶管理、国际海运货物装卸、国际海运集装箱站和堆场企业,允许外商以合资、合作形式从事国际船舶代理业务,外方持股比例放宽至51%
11	《外商投资产业指导目录(2017年修订)》 　　限制外商投资产业目录 　　22.稻谷、小麦、玉米收购、批发	暂时停止实施相关内容,取消外商从事稻谷、小麦、玉米收购、批发的限制
12	《外商投资产业指导目录(2017年修订)》 　　限制外商投资产业目录 　　9.干线、支线飞机设计、制造与维修,3吨级及以上直升机设计与制造,地面、水面效应航行器制造及无人机、浮空器设计与制造(中方控股) 　　10.通用飞机设计、制造与维修(限于合资、合作)	暂时停止实施相关内容,允许外商以独资形式从事6吨级9座以下通用飞机设计、制造与维修业务;取消3吨级及以上民用直升机设计与制造的投资比例限制

续表

序号	有关行政法规、国务院文件和经国务院批准的部门规章规定	调整情况
13	1.《国务院办公厅转发国家计委关于城市轨道交通设备国产化实施意见的通知》(国办发〔1999〕20号) 第三部分的有关规定:城市轨道交通项目,无论使用何种建设资金,其全部轨道车辆和机电设备的平均国产化率要确保不低于70%。 2.《国务院办公厅关于加强城市快速轨道交通建设管理的通知》(国办发〔2003〕81号) 第六部分的有关规定:要不断提高城轨交通项目设备的国产化比例,对国产化率达不到70%的项目不予审批。	暂时停止实施相关内容,取消外商投资城市轨道交通项目设备国产化比例须达到70%以上的限制
14	《外商投资产业指导目录(2017年修订)》 禁止外商投资产业目录 26. 互联网新闻信息服务、网络出版服务、网络视听节目服务、互联网上网服务营业场所、互联网文化经营(音乐除外)、互联网公众发布信息服务	暂时停止实施相关内容,允许外商投资互联网上网服务营业场所
15	《中华人民共和国外资银行管理条例》 第三十四条第一款:外资银行营业性机构经营本条例第二十九条或者第三十一条规定业务范围内的人民币业务的,应当具备下列条件,并经国务院银行业监督管理机构批准: (一)提出申请前在中华人民共和国境内开业1年以上; (二)国务院银行业监督管理机构规定的其他审慎性条件。	暂时停止实施相关内容,取消对外资银行营业性机构经营人民币业务的开业年限限制
16	1.《营业性演出管理条例》 第十条第一款、第二款:外国投资者可以与中国投资者依法设立中外合资经营、中外合作经营的演出经纪机构、演出场所经营单位;不得设立中外合资经营、中外合作经营、外资经营的文艺表演团体,不得设立外资经营的演出经纪机构、演出场所经营单位。 设立中外合资经营的演出经纪机构、演出场所经营单位,中国合营者的投资比例应当不低于51%;设立中外合作经营的演出经纪机构、演出场所经营单位,中国合作者应当拥有经营主导权。 第十一条第二款:台湾地区的投资者可以在内地投资设立合资、合作经营的演出经纪机构、演出场所经营单位,但内地合营者的投资比例应当不低于51%,内地合作者应当拥有经营主导权;不得设立合资、合作、独资经营的文艺表演团体和独资经营的演出经纪机构、演出场所经营单位。 2.《外商投资产业指导目录(2017年修订)》 限制外商投资产业目录 35. 演出经纪机构(中方控股)	暂时停止实施相关内容,允许外国投资者、台湾地区的投资者设立独资演出经纪机构为设有自由贸易试验区的省、直辖市提供服务,由国务院文化主管部门制定相关管理办法

注:第1项至第9项此前已经在上海、广东、天津、福建自由贸易试验区作了暂时调整,此次暂时调整适用于其他自由贸易试验区。第10项至第16项适用于所有自由贸易试验区。

二、中国特色自贸区(港)改革创新意见和经验

商务部关于支持自由贸易试验区创新发展的意见

商资发〔2015〕313 号

天津市、上海市、福建省、广东省商务主管部门:

为落实党中央、国务院部署,积极推进自由贸易试验区(以下简称自贸试验区)建设,发挥自贸试验区改革开放排头兵、创新发展先行者的作用,现提出以下意见:

一、统筹协调方案实施

(一)积极发挥国务院自由贸易试验区工作部际联席会议统筹协调职能,做好联席会议办公室工作,会同有关部门按照任务分工支持自贸试验区推进方案全面落实;对于自贸试验区在发展过程中遇到的问题,及时协调有关部门研究解决,重大问题提请联席会议协调;组织开展改革开放试点事项的总结评估,会同有关部门提出向全国复制推广的建议。

二、促进对外贸易转型升级

(二)支持在自贸试验区试点设立加二贸易采购、分拨和结算中心,鼓励跨国公司开展离岸结算业务,促进加工贸易转型升级。

(三)依托自贸试验区产业集群优势,支持区内企业开展航空维修等面向国内外市场的高技术含量、高附加值的检测维修业务。

(四)支持自贸试验区发展跨境电子商务,在总结评估中国(杭州)跨境电子商务综合试验区试点情况的基础上,将海关监管、检验检疫、进出口税收和结售汇等方面的政策,优先向自贸试验区复制推广,促进跨境电子商务健康快速发展。

(五)促进自贸试验区内设立的外贸综合服务企业健康规范发展,建立重点企业联系制度,在有效防范各类监管风险的前提下,向符合条件的重点外贸综合服务企业提供快速通关、简易退税和财政金融等支持,提高企业综合竞争力。

（六）在自贸试验区推进自动进口许可证通关作业无纸化试点和电子许可证的推广工作，建立和完善电子许可证应用服务系统，推动国际贸易单一窗口的建设。

（七）充分发挥自贸试验区现代服务业集聚作用，认定一批特色服务出口基地，开展服务贸易统计试点，培育一批创新发展的服务贸易龙头企业和具备较强国际竞争力的服务品牌。积极发展服务外包业务，研究将服务外包示范城市的支持政策扩大至自贸试验区。

（八）支持上海市牵头在上海自贸试验区推进亚太示范电子口岸网络建设，尽快启动亚太示范电子口岸网络运营中心，加强国际贸易互联互通。

（九）支持天津市牵头在天津自贸试验区加快建设亚太经济合作组织绿色供应链合作网络天津示范中心，探索建立绿色供应链管理体系，鼓励开展绿色贸易。

（十）支持福建自贸试验区探索创新管理方式和监管模式，促进对台小额贸易规范发展，会同有关部门建立工作协调机制，及时总结评估、加强风险防范。

三、降低投资准入门槛

（十一）支持自贸试验区所在地省级人民政府进一步简政放权，在法定职权范围内可依照法定程序，将省级商务部门外商投资、对外投资、融资租赁、典当、拍卖等管理权限委托给自贸试验区管理机构。商务部将做好业务指导和有关技术支持服务。

（十二）放宽自贸试验区内外商投资企业申请直销经营许可资质的条件，取消外国投资者需具备3年以上在中国境外从事直销活动经验的要求。

（十三）支持自贸试验区开展商业保理试点，探索适合商业保理发展的外汇管理模式，积极发展国际保理业务，充分发挥商业保理在扩大出口、促进流通、解决中小企业融资难等方面的积极作用。

（十四）允许外国投资者在自贸试验区投资设立典当企业，设立条件、监督管理与内资典当企业保持一致，参照《典当管理办法》进行管理。

（十五）支持自贸试验区内企业加大融资租赁业务创新力度，允许符合条件的融资租赁公司设立专业子公司；支持融资租赁公司在符合相关规定的前提下，设立项目公司经营大型设备、成套设备等融资租赁业务，并开展境内外租赁业务。允许注册在自贸试验区内的内资融资租赁企业享受与现行内资融资租赁试点企业同等待遇。

（十六）允许外国投资者以独资形式在自贸试验区内设立企业，从事加油站的建设、经营，不受门店数量的限制。

（十七）研究支持广东自贸试验区在《内地与香港/澳门关于建立更紧密经贸关系的安排》框架下，进一步取消或放宽对港澳服务提供者的资质要求、持股比例、经营范围等准入限制。

四、完善市场竞争环境

（十八）支持自贸试验区开展汽车平行进口，建立多渠道、多元化汽车流通模式。试点企业可以向商务部申领汽车产品自动进口许可证。

（十九）指导自贸试验区开展大宗商品现货交易试点，建立完善制度规则，加强风险防范，推动大宗商品现货交易和资源配置平台建设。

（二十）在自贸试验区内试点开展融资租赁管理改革，统一内外资融资租赁企业的管理模式，建立统一的现场监管、机构约谈、信息报送及核查等监管制度，探索建立登记备案、经营异常名录管理、监管平级等制度。

（二十一）支持自贸试验区开展外商投资统计改革试点，实施外商投资统计直报。

（二十二）指导自贸试验区建立健全外商投资投诉受理机构，创新涉及政府行为的投资纠纷解决机制，不断提高外国投资者在华投资保护水平。

（二十三）支持自贸试验区建设"走出去"综合信息服务平台，利用政府、商协会、企业、金融机构、中介组织等渠道，及时发布相关政策，提供市场需求、项目合作等信息资源，为区内企业"走出去"提供综合信息服务。

（二十四）支持自贸试验区配合商务部开展经营者集中反垄断审查工作。受商务部委托，督促达到国务院规定申报标准的企业向商务部进行经营者集中申报，对发现的应申报而未申报或未获批准而启动实施的经营者集中向商务部报告，在本区域内协助商务部开展案件调查工作，协助商务部对禁止性、附加限制性条件的经营者集中案件进行监督和执行。

（二十五）指导自贸试验区建立产业安全预警体系，以《对外贸易法》为依据，结合自贸试验区的开放特点，以"四体联动"机制为基础，创建与之相适应的预警体系,在扩大开放的同时,保障我国产业安全。

五、做好试点总结评估

(二十六)天津市、上海市、福建省、广东省商务主管部门要坚决贯彻简政放权、放管结合、优化服务的要求,支持自贸试验区以市场为导向,先行先试,大胆创新,扎实推进商务领域各项试点任务的实施,及时总结评估试点成效。

商务部

2015 年 8 月 25 日

商务部关于支持自由贸易试验区进一步创新发展的意见

商资发〔2017〕483 号

天津市、辽宁省、上海市、浙江省、福建省、广东省、河南省、湖北省、重庆市、四川省、陕西省商务主管部门:

建设自由贸易试验区(以下简称自贸试验区)是党中央、国务院在新形势下全面深化改革、扩大开放的一项战略举措。为贯彻落实党的十九大报告新要求新部署,商务部将支持自贸试验区进一步深化改革开放、创新发展,现提出以下意见:

一、推动对外贸易由量的扩张到质的提升

(一)支持自贸试验区积极拓展对外贸易,加快培育贸易新业态新模式,支持自贸试验区发展跨境电子商务。

(二)支持自贸试验区内符合条件的商品市场开展市场采购贸易方式试点。

(三)研究出台支持外贸综合服务企业发展的政策措施,支持自贸试验区外贸综合服务企业发展。

(四)研究取消自贸试验区加工贸易企业经营状况和生产能力核查,稳妥推进自贸试验区加工贸易保税维修业务试点。

(五)支持在具备条件的自贸试验区研究推进进出口许可证件通关作业

无纸化,进一步缩短通关时间,提高通关效率。

（六）支持自贸试验区积极发展技术贸易、文化贸易、服务外包和中医药服务贸易,在自贸试验区实施服务贸易企业统计直接。

（七）支持自贸试验区研究推动服务贸易事项有序纳入国际贸易"单一窗口"建设。

（八）支持自贸试验区在适合领域逐步取消或放宽对跨境交付、自然人移动等模式的服务贸易限制措施,有序推进开放进程,率先探索建立服务领域开放风险预警机制。

二、持续优化营商环境

（九）协调有关部门继续缩减自贸试验区外商投资负面清单,重点推进金融、教育、文化、医疗等服务业领域有序开放,进一步放开一般制造业。

（十）支持自贸试验区创新投资促进体系建设,从机构设置、规划安排、职能定位、招商方式、投后服务等方面构建高水平投资促进体系。

（十一）鼓励自贸试验区构建营商环境科学评价体系,进一步优化政府服务,营造法治化、国际化、便利化营商环境。

三、完善市场运行机制

（十二）支持具备条件的自贸试验区开展汽车平行进口试点,建立多渠道、多元化汽车流通模式。

（十三）加强自贸试验区开展大宗商品现货交易工作指导,建立完善制度规则,加强风险防范,推动大宗商品现货交易和资源配置平台建设。

（十四）支持自贸试验区所在城市开展供应链创新与应用试点示范,完善本地重点产业供应链体系和重要产品追溯体系,培育供应链创新与应用示范企业,建设跨行业、跨领域的供应链协同、交易和服务示范平台。

（十五）支持自贸试验区加强商务诚信体系建设,开展跨部门联合奖惩。加强事中事后监管,提高商务行政执法能力和水平。

（十六）支持自贸试验区物流标准化、单元化建设,促进物流链与产业链、供应链的协同发展。

（十七）支持自贸试验区大力发展数字商务服务产业,推进电子商务与快递物流协同发展。

（十八）支持自贸试验区在现有法律法规框架下，进一步做好两用物项的进出口管理工作。

（十九）指导、支持自贸试验区的产业预警体系建设、贸易救济、贸易摩擦应对等工作。

（二十）指导自贸试验区配合做好经营者集中反垄断审查工作。

四、积极参与国际经贸合作

（二十一）发挥多双边经贸合作机制作用，推动自贸试验区加强国际贸易投资合作。进一步深化自贸试验区与台港澳地区经贸交流与合作。

（二十二）支持自贸试验区创新境外投资管理模式，研究境内非金融企业开展境外金融类投资以及自然人通过其控制的境外企业开展境外投资的监管措施。

（二十三）支持自贸试验区企业获得援外实施企业资格；根据相关规则申请援外项目实施企业资格，鼓励企业通过参与援外工作开展承包工程、劳务、对外投资合作以及人员培训交流，带动企业、产品、技术和服务走出去。

（二十四）支持自贸试验区企业参与实施重大战略性项目，推进与有关国家的国际产能合作和互联互通，更好地参与"一带一路"建设。

五、强化组织保障

（二十五）充分发挥国务院自由贸易试验区工作部际联席会议（以下简称联席会议）办公室统筹协调作用，会同有关部门和地方共同研究推动将更多中央及省级人民政府的经济管理权限下放至自贸试验区，赋予自贸试验区更大改革自主权。

（二十六）会同有关部门及省市做好自贸试验区总体方案落实工作；对于自贸试验区在发展过程中遇到的问题，及时协调有关部门研究解决，重大问题提请联席会议审议。

（二十七）及时总结评估自贸试验区改革创新试点任务实施效果，加强各领域试点经验系统集成。对试点效果好、风险可控且可复制可推广的成果，实施分类审查程序后复制推广至全国其他地区。

（二十八）有关省市商务主管部门要支持自贸试验区根据战略定位和差异化探索目标，大胆试、大胆闯、自主改，研究制定配套政策措施，扎实推进商务领域各项试点任务实施,积极支持自贸试验区创新发展。

商务部

2017 年 12 月 17 日

国务院关于支持自由贸易试验区
深化改革创新若干措施的通知

国发〔2018〕38 号

各省、自治区、直辖市人民政府,国务院各部委、各直属机构:

建设自由贸易试验区(以下简称自贸试验区)是党中央、国务院在新形势下全面深化改革和扩大开放的战略举措。党的十九大报告强调要赋予自贸试验区更大改革自主权,为新时代自贸试验区建设指明了新方向、提出了新要求。为贯彻落实党中央、国务院决策部署,支持自贸试验区深化改革创新,进一步提高建设质量,现将有关事项通知如下:

一、营造优良投资环境

(一)借鉴北京市服务业扩大开放综合试点经验,放宽外商投资建设工程设计企业外籍技术人员的比例要求、放宽人才中介机构限制。(负责部门:人力资源社会保障部、住房城乡建设部、商务部;适用范围:所有自贸试验区,以下除标注适用于特定自贸试验区的措施外,适用范围均为所有自贸试验区)

(二)编制下达全国土地利用计划时,考虑自贸试验区的实际情况,合理安排有关省(市)的用地计划;有关地方应优先支持自贸试验区建设,促进其健康有序发展。(负责部门:自然资源部)

(三)将建筑工程施工许可、建筑施工企业安全生产许可等工程审批类权限下放至自贸试验区。(负责部门:住房城乡建设部)

(四)授权自贸试验区开展试点工作,将省级及以下机关实施的建筑企业资质申请、升级、增项许可改为实行告知承诺制。(负责部门:住房城乡建设部)

(五)将外商投资设立建筑业(包括设计、施工、监理、检测、造价咨询等所

有工程建设相关主体)资质许可的省级及以下审批权限下放至自贸试验区。(负责部门:住房城乡建设部)

(六)自贸试验区内的外商独资建筑业企业承揽本省(市)的中外联合建设项目时,不受建设项目的中外方投资比例限制。(负责部门:住房城乡建设部)

(七)在《内地与香港关于建立更紧密经贸关系的安排》、《内地与澳门关于建立更紧密经贸关系的安排》、《海峡两岸经济合作框架协议》下,对自贸试验区内的港澳台资建筑业企业,不再执行《外商投资建筑业企业管理规定》中关于工程承包范围的限制性规定。(负责部门:住房城乡建设部)

(八)对于自贸试验区内为本省(市)服务的外商投资工程设计(工程勘察除外)企业,取消首次申请资质时对投资者的工程设计业绩要求。(负责部门:住房城乡建设部)

(九)卫生健康行政部门对自贸试验区内的社会办医疗机构配置乙类大型医用设备实行告知承诺制。(负责部门:卫生健康委)

(十)自贸试验区内医疗机构可根据自身的技术能力,按照有关规定开展干细胞临床前沿医疗技术研究项目。(负责部门:卫生健康委)

(十一)允许自贸试验区创新推出与国际接轨的税收服务举措。(负责部门:税务总局)

(十二)省级市场监管部门可以将外国(地区)企业常驻代表机构登记注册初审权限下放至自贸试验区有外资登记管理权限的市场监管部门。(负责部门:市场监管总局)

(十三)支持在自贸试验区设置商标受理窗口。(负责部门:知识产权局)

(十四)在自贸试验区设立受理点,受理商标权质押登记。(负责部门:知识产权局)

(十五)进一步放宽对专利代理机构股东的条件限制,新设立有限责任制专利代理机构的,允许不超过五分之一不具有专利代理人资格、年满18周岁、能够在专利代理机构专职工作的中国公民担任股东。(负责部门:知识产权局)

(十六)加强顶层设计,在自贸试验区探索创新政府储备与企业储备相结

合的石油储备模式。(负责部门:发展改革委、粮食和储备局,适用范围:浙江自贸试验区)

二、提升贸易便利化水平

(十七)研究支持对海关特殊监管区域外的"两头在外"航空维修业态实行保税监管。(负责部门:商务部、海关总署、财政部、税务总局)

(十八)支持有条件的自贸试验区研究和探索赋予国际铁路运单物权凭证功能,将铁路运单作为信用证议付票据,提高国际铁路货运联运水平。(负责部门:商务部、银保监会、铁路局、中国铁路总公司)

(十九)支持符合条件的自贸试验区开展汽车平行进口试点。(负责部门:商务部)

(二十)授予自贸试验区自由进出口技术合同登记管理权限。(负责部门:商务部)

(二十一)支持在自贸试验区依法合规建设能源、工业原材料、大宗农产品等国际贸易平台和现货交易市场。(负责部门:商务部)

(二十二)开展艺术品保税仓储,在自贸试验区与海关特殊监管区域之间以及海关特殊监管区域与境外之间进出货物的备案环节,省级文化部门不再核发批准文件。支持开展艺术品进出口经营活动,毛省级文化部门核发的准予进出口批准文件办理海关验放手续;省级文化部门核发的批准文件在有效期内可一证多批使用,但最多不超过六批。(负责部门:文化和旅游部、海关总署)

(二十三)支持自贸试验区开展海关税款保证保险试点。(负责部门:海关总署、银保监会)

(二十四)国际贸易"单一窗口"标准版增加航空、铁路舱单申报功能。(负责部门:海关总署、民航局、中国铁路总公司)

(二十五)支持自贸试验区试点汽车平行进口保税仓储业务。(负责部门:海关总署)

(二十六)积极探索通过国际贸易"单一窗口"与"一带一路"重点国家和地区开展互联互通和信息共享,推动国际贸易"单一窗口"标准版新项目率先在自贸试验区开展试点,促进贸易便利化。(负责部门:海关总署)

(二十七)在符合国家口岸管理规定的前提下,优先审理自贸试验区内口

岸开放项目。(负责部门：海关总署)

(二十八)在自贸试验区试点实施进口非特殊用途化妆品备案管理。(负责部门：药监局)

(二十九)支持平潭口岸建设进境种苗、水果、食用水生动物等监管作业场所。(负责部门：海关总署，适用范围：福建自贸试验区)

(三十)在对外航权谈判中支持郑州机场利用第五航权，在平等互利的基础上允许外国航空公司承载经郑州至第三国的客货业务，积极向国外航空公司推荐并引导申请进入中国市场的国外航空公司执飞郑州机场。(负责部门：民航局，适用范围：河南自贸试验区)

(三十一)在对外航权谈判中支持西安机场利用第五航权，在平等互利的基础上允许外国航空公司承载经西安至第三国的客货业务，积极向国外航空公司推荐并引导申请进入中国市场的国外航空公司执飞西安机场。(负责部门：民航局，适用范围：陕西自贸试验区)

(三十二)进一步加大对西安航空物流发展的支持力度。(负责部门：民航局，适用范围：陕西自贸试验区)

(三十三)支持利用中欧班列开展邮件快件进出口常态化运输。(负责部门：邮政局、中国铁路总公司，适用范围：重庆自贸试验区)

(三十四)支持设立首次进口药品和生物制品口岸。(负责部门：药监局、海关总署，适用范围：重庆自贸试验区)

(三十五)将台湾地区生产且经平潭口岸进口的第一类医疗器械的备案管理权限下放至福建省药品监督管理部门。(负责部门：药监局，适用范围：福建自贸试验区)

三、推动金融创新服务实体经济

(三十六)进一步简化保险分支机构行政审批，建立完善自贸试验区企业保险需求信息共享平台。(负责部门：银保监会)

(三十七)允许自贸试验区内银行业金融机构在依法合规、风险可控的前提下按相关规定为境外机构办理人民币衍生产品等业务。(负责部门：人民银行、银保监会、外汇局)

(三十八)支持坚持市场定位、满足监管要求、符合行政许可相关业务资格条件的地方法人银行在依法合规、风险可控的前提下开展人民币与外汇衍

生产品业务,或申请与具备资格的银行业金融机构合作开展远期结售汇业务等。(负责部门:人民银行、银保监会、外汇局)

(三十九)支持自贸试验区依托适合自身特点的账户体系开展人民币跨境业务。(负责部门:人民银行)

(四十)鼓励、支持自贸试验区内银行业金融机构基于真实需求和审慎原则向境外机构和境外项目发放人民币贷款,满足"走出去"企业的海外投资、项目建设、工程承包、大型设备出口等融资需求。自贸试验区内银行业金融机构发放境外人民币贷款,应严格审查借款人资信和项目背景,确保资金使用符合要求。(负责部门:人民银行、外交部、发展改革委、商务部、国资委、银保监会)

(四十一)允许银行将自贸试验区交易所出具的纸质交易凭证(须经交易双方确认)替代双方贸易合同,作为贸易真实性审核依据。(负责部门:银保监会)

(四十二)支持自贸试验区内符合条件的个人按照规定开展境外证券投资。(负责部门:证监会、人民银行)

(四十三)支持在有条件的自贸试验区开展知识产权证券化试点。(负责部门:证监会、知识产权局)

(四十四)允许平潭各金融机构试点人民币与新台币直接清算,允许境外机构境内外汇账户办理定期存款业务。(负责部门:人民银行、外汇局,适用范围:福建自贸试验区)

(四十五)推动与大宗商品出口国、"一带一路"国家和地区在油品等大宗商品贸易中使用人民币计价、结算,引导银行业金融机构根据"谁进口、谁付汇"原则办理油品贸易的跨境支付业务,支持自贸试验区保税燃料油供应以人民币计价、结算。(负责部门:人民银行等部门,适用范围:浙江自贸试验区)

(四十六)允许自贸试验区内银行业金融机构按相关规定向台湾地区金融同业跨境拆出短期人民币资金。(负责部门:人民银行,适用范围:福建自贸试验区)

(四十七)支持"海峡基金业综合服务平台"根据规定向中国证券投资基金业协会申请登记,开展私募投资基金服务业务。支持符合条件的台资保险

机构在自贸试验区内设立保险营业机构。（负责部门：银保监会、证监会，适用范围：福建自贸试验区）

四、推进人力资源领域先行先试

（四十八）增强企业用工灵活性，支持自贸试验区内制造企业生产高峰时节与劳动者签订以完成一定工作任务为期限的劳动合同、短期固定期限劳动合同；允许劳务派遣员工从事企业研发中心研发岗位临时性工作。（负责部门：人力资源社会保障部）

（四十九）将在自贸试验区内设立中外合资和外商独资人才中介机构审批权限下放至自贸试验区，由自贸试验区相关职能部门审批并报省（市）人力资源社会保障部门备案。（负责部门：人力资源社会保障部）

（五十）研究制定外国留学生在我国境内勤工助学管理制度，由自贸试验区制定有关实施细则，实现规范管理。（负责部门：教育部）

（五十一）鼓励在吸纳非卫生技术人员在医疗机构提供中医治未病服务、医疗机构中医治未病专职医师职称晋升、中医治未病服务项目收费等方面先行试点。（负责部门：中医药局）

（五十二）授权自贸试验区制定相关港澳专业人才执业管理办法（国家法律法规暂不允许的除外），允许具有港澳执业资格的金融、建筑、规划、专利代理等领域专业人才，经相关部门或机构备案后，按规定范围为自贸试验区内企业提供专业服务。（负责部门：人力资源社会保障部、住房城乡建设部、银保监会、证监会、知识产权局，适用范围：广东自贸试验区）

（五十三）支持自贸试验区开展非标准就业形式下劳动用工管理和服务试点。（负责部门：人力资源社会保障部，适用范围：上海自贸试验区）

五、切实做好组织实施

坚持党的领导。坚持和加强党对改革开放的领导，把党的领导贯穿于自贸试验区建设全过程。要以习近平新时代中国特色社会主义思想为指导，全面贯彻党的十九大和十九届二中、三中全会精神，深刻认识支持自贸试验区深化改革创新的重大意义，贯彻新发展理念，鼓励地方大胆试、大胆闯、自主改，进一步发挥自贸试验区全面深化改革和扩大开放试验田作用。

维护国家安全。各有关地区和部门、各自贸试验区要牢固树立总体国家安全观，在中央国家安全领导机构统筹领导下，贯彻执行国家安全方针政策和法律法规,强化底线思维和风险意识,维护国家核心利益和政治安全,主动服务大局。各有关省(市)人民政府依法管理本行政区域内自贸试验区的国家安全工作。各有关部门依职责管理指导本系统、本领域国家安全工作,可根据维护国家安全和核心利益需要按程序调整有关措施。

强化组织管理。各有关地区和部门要高度重视、密切协作,不断提高自贸试验区建设和管理水平。国务院自由贸易试验区工作部际联席会议办公室要切实发挥统筹协调作用,加强横向协作、纵向联动,进行差别化指导。各有关部门要加强指导和服务,积极协调指导自贸试验区解决发展中遇到的问题。各有关省(市)人民政府要承担起主体责任,完善工作机制,构建精简高效、权责明晰的自贸试验区管理体制,加强人才培养,打造高素质管理队伍。

狠抓工作落实。各有关地区和部门要以钉钉子精神抓好深化改革创新措施落实工作。国务院自由贸易试验区工作部际联席会议办公室要加强督促检查,对督查中发现的问题要明确责任、限时整改、及时总结评估,对效果好、风险可控的成果,复制推广至全国其他地区。各有关部门要依职责做好改革措施的细化分解,全程过问、一抓到底。各有关省(市)要将落实支持措施作为本地区重点工作,加强监督评估、压实工作责任,推进措施落地生效,同时研究出台本省(市)进一步支持自贸试验区深化改革创新的措施。需调整有关行政法规、国务院文件和部门规章规定的,要按法定程序办理。重大事项及时向党中央、国务院请示报告。

国务院

2018 年 11 月 7 日

国务院关于推广中国(上海)自由贸易试验区可复制改革试点经验的通知

国发〔2014〕65 号

各省、自治区、直辖市人民政府,国务院各部委、各直属机构:

设立中国(上海)自由贸易试验区(以下简称上海自贸试验区)是党中央、

国务院作出的重大决策。上海自贸试验区成立一年多来，上海市和有关部门以简政放权、放管结合的制度创新为核心，加快政府职能转变，探索体制机制创新，在建立以负面清单管理为核心的外商投资管理制度、以贸易便利化为重点的贸易监管制度、以资本项目可兑换和金融服务业开放为目标的金融创新制度、以政府职能转变为核心的事中事后监管制度等方面，形成了一批可复制、可推广的改革创新成果。经党中央、国务院批准，上海自贸试验区的可复制改革试点经验将在全国范围内推广。现就有关事项通知如下：

一、可复制推广的主要内容

上海自贸试验区可复制改革试点经验，原则上，除涉及法律修订、上海国际金融中心建设事项外，能在其他地区推广的要尽快推广，能在全国范围内推广的要推广到全国。有关部门结合自身深化改革的各项工作，已在全国范围复制推广了一批经验和做法。在此基础上，进一步推广以下事项：

（一）在全国范围内复制推广的改革事项。

1. 投资管理领域：外商投资广告企业项目备案制、涉税事项网上审批备案、税务登记号码网上自动赋码、网上自主办税、纳税信用管理的网上信用评级、组织机构代码实时赋码、企业标准备案管理制度创新、取消生产许可证委托加工备案、企业设立实行"单一窗口"等。

2. 贸易便利化领域：全球维修产业检验检疫监管、中转货物产地来源证管理、检验检疫通关无纸化、第三方检验结果采信、出入境生物材料制品风险管理等。

3. 金融领域：个人其他经常项下人民币结算业务、外商投资企业外汇资本金意愿结汇、银行办理大宗商品衍生品柜台交易涉及的结售汇业务、直接投资项下外汇登记及变更登记下放银行办理等。

4. 服务业开放领域：允许融资租赁公司兼营与主营业务有关的商业保理业务、允许设立外商投资资信调查公司、允许设立股份制外资投资性公司、融资租赁公司设立子公司不设最低注册资本限制、允许内外资企业从事游戏游艺设备生产和销售等。

5. 事中事后监管措施：社会信用体系、信息共享和综合执法制度、企业年度报告公示和经营异常名录制度、社会力量参与市场监督制度，以及各部门的专业监管制度。

（二）在全国其他海关特殊监管区域复制推广的改革事项。

1.海关监管制度创新：期货保税交割海关监管制度、境内外维修海关监管制度、融资租赁海关监管制度等措施。

2.检验检疫制度创新：进口货物预检验、分线监督管理制度、动植物及其产品检疫审批负面清单管理等措施。

二、高度重视推广工作

各地区、各部门要深刻认识推广上海自贸试验区可复制改革试点经验的重大意义，将推广工作作为全面深化改革的重要举措，积极转变政府管理理念，以开放促改革，结合本地区、本部门实际情况，着力解决市场体系不完善、政府干预过多和监管不到位等问题，更好地发挥市场在资源配置中的决定性作用和政府作用。要适应经济全球化的趋势，逐步构建与我国开放型经济发展要求相适应的新体制、新模式，释放改革红利，促进国际国内要素有序自由流动、资源高效配置、市场深度融合，加快培育参与和引领国际经济合作竞争的新优势。

三、切实做好组织实施

各省（区、市）人民政府要因地制宜，将推广相关体制机制改革措施列为本地区重点工作，建立健全领导机制，积极创造条件、扎实推进，确保改革试点经验生根落地，产生实效。国务院各有关部门要按照规定时限完成相关改革试点经验推广工作。各省（区、市）人民政府和国务院各有关部门要制订工作方案，明确具体任务、时间节点和可检验的成果形式，于2015年1月31日前送商务部，由商务部汇总后报国务院。改革试点经验推广过程中遇到的重大问题，要及时报告国务院。

附件：1.国务院有关部门负责复制推广的改革事项任务分工表
　　　2.各省（区、市）人民政府借鉴推广的改革事项任务表

国务院

2014年12月21日

附件 1

国务院有关部门负责复制推广的改革事项任务分工表

序号	改革事项	负责部门	推广范围	时限
1	外商投资广告企业项目备案制	工商总局		
2	涉税事项网上审批备案	税务总局		
3	税务登记号码网上自动赋码			
4	网上自主办税			
5	纳税信用管理的网上信用评级			
6	组织机构代码实时赋码	质检总局		
7	企业标准备案管理制度创新			
8	取消生产许可证委托加工备案			
9	全球维修产业检验检疫监管			
10	中转货物产地来源证管理			
11	检验检疫通关无纸化			
12	第三方检验结果采信		全国	2015 年 6 月 30 日前
13	出入境生物材料制品风险管理			
14	个人其他经常项下人民币结算业务	人民银行		
15	外商投资企业外汇资本金意愿结汇	外汇局		
16	银行办理大宗商品衍生品柜台交易涉及的结售汇业务			
17	直接投资项下外汇登记及变更登记下放银行办理			
18	允许融资租赁公司兼营与主营业务有关的商业保理业务	商务部		
19	允许设立外商投资资信调查公司			
20	允许设立股份制外资投资性公司			
21	融资租赁公司设立子公司不设最低注册资本限制			
22	允许内外资企业从事游戏游艺设备生产和销售,经文化部门内容审核后面向国内市场销售	文化部		

序号	改革事项	负责部门	推广范围	时限
23	从投资者条件、企业设立程序、业务规则、监督管理、违规处罚等方面明确扩大开放行业具体监管要求,完善专业监管制度	各行业监管部门	在全国借鉴推广	结合扩大开放情况
24	期货保税交割海关监管制度	海关总署		
25	境内外维修海关监管制度			
26	融资租赁海关监管制度		海关特殊监管区域	2015 年 6 月 30 日前
27	进口货物预检验			
28	分线监督管理制度	质检总局		
29	动植物及其产品检疫审批负面清单管理			

附件 2

各省(区、市)人民政府借鉴推广的改革事项任务表

序号	改革事项	主要内容	时限
1	企业设立实行"单一窗口"	企业设立实行"一个窗口"集中受理	
2	社会信用体系	建设公共信用信息服务平台,完善与信用信息、信用产品使用有关的系列制度等	
3	信息共享和综合执法制度	建设信息服务和共享平台,实现各管理部门监管信息的归集应用和全面共享;建立各部门联动执法、协调合作机制等	2—3 年内
4	企业年度报告公示和经营异常名录制度	与工商登记制度改革相配套,运用市场化、社会化的方式对企业进行监管	
5	社会力量参与市场监督制度	通过扶持引导、购买服务、制定标准等制度安排,支持行业协会和专业服务机构参与市场监督	
6	完善专业监管制度	配合行业监管部门完善专业监管制度	结合扩大开放情况

国务院关于做好自由贸易试验区新一批
改革试点经验复制推广工作的通知

国发〔2016〕63 号

各省、自治区、直辖市人民政府，国务院各部委、各直属机构：

设立自由贸易试验区（以下简称自贸试验区）是党中央、国务院在新形势下作出的重大决策。2015 年 4 月，中国（广东）自由贸易试验区、中国（天津）自由贸易试验区、中国（福建）自由贸易试验区以及中国（上海）自由贸易试验区扩展区域运行。1 年多来，4 省市和有关部门按照党中央、国务院部署，以制度创新为核心，简政放权、放管结合、优化服务，推动自贸试验区在投资、贸易、金融、事中事后监管等多个方面进行了大胆探索，形成了新一批改革创新成果。经党中央、国务院批准，自贸试验区可复制、可推广的新一批改革试点经验将在全国范围内复制推广。现就有关事项通知如下：

一、复制推广的主要内容

（一）在全国范围内复制推广的改革事项。

1. 投资管理领域："负面清单以外领域外商投资企业设立及变更审批改革"、"税控发票领用网上申请"、"企业简易注销"等 3 项。

2. 贸易便利化领域："依托电子口岸公共平台建设国际贸易单一窗口，推进单一窗口免费申报机制"、"国际海关经认证的经营者（AEO）互认制度"、"出境加工监管"、"企业协调员制度"、"原产地签证管理改革创新"、"国际航行船舶检疫监管新模式"、"免除低风险动植物检疫证书清单制度"等 7 项。

3. 事中事后监管措施："引入中介机构开展保税核查、核销和企业稽查"、"海关企业进出口信用信息公示制度"等 2 项。

（二）在海关特殊监管区域复制推广的改革事项。

包括："入境维修产品监管新模式"、"一次备案，多次使用"、"委内加工监管"、"仓储货物按状态分类监管"、"大宗商品现货保税交易"、"保税展示交易货物分线监管、预检验和登记核销管理模式"、"海关特殊监管区域间保税货物流转监管模式"等 7 项。

二、高度重视推广工作

各地区、各部门要深刻认识复制推广自贸试验区改革试点经验的重大意义，将复制推广工作作为贯彻落实创新、协调、绿色、开放、共享的发展理念，推进供给侧结构性改革的重要举措，积极转变政府管理理念，提高政府管理水平，着力推动制度创新，深入推进简政放权、放管结合、优化服务改革，逐步构建与我国开放型经济发展要求相适应的新体制、新模式，持续释放改革红利，增强发展新动能、拓展发展新空间。

三、切实做好组织实施

各省（区、市）人民政府要将自贸试验区改革试点经验复制推广工作列为本地区重点工作，完善领导机制和复制推广工作机制，积极创造条件、扎实推进，确保改革试点经验落地生根，产生实效。国务院各有关部门要按照规定时限完成复制推广工作，需报国务院批准的事项要按程序报批，需调整有关行政法规、国务院文件和部门规章规定的，要按法定程序办理。国务院自由贸易试验区工作部际联席会议办公室要适时督促检查改革试点经验复制推广工作进展情况及其效果。复制推广工作中遇到的重大问题，要及时向国务院报告。

附件：自由贸易试验区改革试点经验复制推广工作任务分工表

国务院

2016 年 11 月 2 日

附件

自由贸易试验区改革试点经验复制推广工作任务分工表

序号	改革事项	负责部门	推广范围	时限
1	负面清单以外领域外商投资企业设立及变更审批改革	商务部	全国	
2	依托电子口岸公共平台建设国际贸易单一窗口，推进单一窗口免费申报机制	海关总署	全国	
3	国际海关经认证的经营者（AEO）互认制度	海关总署	全国	
4	出境加工监管	海关总署	全国	

续表

序号	改革事项	负责部门	推广范围	时限
5	企业协调员制度	海关总署	全国	
6	引入中介机构开展保税核查、核销和企业稽查	海关总署	全国	
7	海关企业进出口信用信息公示制度	海关总署	全国	
8	税控发票领用网上申请	税务总局	全国	
9	企业简易注销	工商总局	全国	
10	原产地签证管理改革创新	质检总局 海关总署	全国	
11	国际航行船舶检疫监管新模式	质检总局	全国	
12	免除低风险动植物检疫证书清单制度	质检总局	全国	
13	入境维修产品监管新模式	商务部 海关总署 质检总局 环境保护部	全国海关特殊监管区域	2016 年 11 月 30 日前
14	一次备案，多次使用	海关总署	全国海关特殊监管区域	
15	委内加工监管	海关总署	全国海关特殊监管区域	
16	仓储货物按状态分类监管	海关总署	全国海关特殊监管区域	
17	大宗商品现货保税交易	海关总署	全国海关特殊监管区域	
18	保税展示交易货物分线监管、预检验和登记核销管理模式	质检总局	全国海关特殊监管区域	
19	海关特殊监管区域间保税货物流转监管模式	海关总署	实行通关一体化的海关特殊监管区域	

商务部　交通运输部　工商总局　质检总局　外汇局
关于做好自由贸易试验区第三批改革试点经验
复制推广工作的函

商资函〔2017〕515 号

　　建设自由贸易试验区(以下简称自贸试验区)是党中央、国务院在新形势下全面深化改革和扩大开放的一项战略举措。一段时间以来,自贸试验区制度创新成果丰硕,已集中向全国复制推广了两批改革试点经验。近期,上海、广东、福建、天津 4 省市和有关部门按照党中央、国务院部署,持续加快政府职能转变,探索体制机制创新,主动服务国家战略,加大压力测试和风险防控,推动自贸试验区在投资、贸易、金融等方面大胆探索,形成了新一批改革创新成果。

　　经商相关部门同意,自贸试验区第三批改革试点经验包括"会展检验检疫监管新模式""进口研发样品便利化监管制度""海事集约登轮检查制度""融资租赁公司收取外币租金""市场主体名称登记便利化改革"等 5 项内容,将向全国范围内复制推广。

　　请各地高度重视复制推广自贸试验区改革试点经验的重大意义,将复制推广工作作为贯彻新发展理念、推进供给侧结构性改革,进一步深化改革和扩大开放的重要举措,强化组织机制保障,落实主体责任,加强监督检查,确保改革试点经验落地生根、取得实效,持续释放改革红利,打造法治化、国际化、便利化的营商环境。复制推广工作中遇到的重大问题,要及时报告。

　　附件:自贸试验区第三批复制推广的改革试点经验

　　　　　　　商务部　交通运输部　工商总局　质检总局　外汇局
　　　　　　　　　　　　　　　　　　　　2017 年 7 月 26 日

附件

自贸试验区第三批复制推广的改革试点经验

序号	事项	主要内容	部门	推广范围
1	会展检验检疫监管新模式	一是简化审批手续,对报检单位登记备案、出入境特殊物品卫生检疫审批、口岸卫生许可、进境(过境)动植物及其产品检疫审批等检验检疫审批项目,实行网上申请和审批。二是创新展品监管措施,对需办理强制性产品认证(CCC认证)的产品实行"入区登记、展后区别监管"的监管方式,无需办理《免于办理强制性产品认证证明》。会展结束后,退运出境的展品采取复出核销的便捷措施,销售、使用的展品按照强制忄产品认证的有关规定办理。三是改口岸查验为场馆集中查验,对入境展品实行口岸核证直接放行。	质检总局	全国
2	进口研发样品便利化监管制度	对研发科创类型企业进口的研发用样品采取合格假定、信用放行的监管新模式,对产品实施风险分类监管,简化入出境办理手续,实施事中事后监管。	质检总局	全国
3	海事集约登轮检查制度	整合海事执法力量,实现一站式登轮检查,对海事部门涉及的各类检查项目,做到能够不登轮检查的不再登轮检查,必须登轮检查的事项,一次完成海事监管所有执法检查。	交通运输部	全国
4	市场主体名称登记便利化改革	实行企业名称"自助查重、自主申报":一是减少名称登记环节。企业名称核准与企业设立登记可以同时办理。二是开放名称数据库,设定名称禁限用规则,供申请人自助查重、自主申报使用。三是探索名称争议除名制度。应予纠正的企业名称,登记机关责令企业限期改正,拒不改正的,可以用除名方式,或者暂以统一社会信用代码代替,通过国家企业信用信息公示系统予以公示。	工商总局	全国
5	融资租赁公司收取外币租金	金融租赁公司、外商投资融资租赁公司及中资融资租赁公司办理融资租赁业务时,如用以购买租赁物的资金50%以上来源于自身内外汇贷款或外币负债,可以在境内以外币形式收取租金。	外汇局	全国

国务院关于做好自由贸易试验区第四批改革
试点经验复制推广工作的通知

国发〔2018〕12 号

各省、自治区、直辖市人民政府,国务院各部委、各直属机构:

建设自由贸易试验区(以下简称自贸试验区)是党中央、国务院在新形势下全面深化改革和扩大开放的战略举措。按照党中央、国务院部署,11 个自贸试验区所在省市和有关部门结合各自贸试验区功能定位和特色特点,全力推进制度创新实践,形成了自贸试验区第四批改革试点经验,将在全国范围内复制推广。现将有关事项通知如下:

一、复制推广的主要内容

(一)在全国范围内复制推广的改革事项。

1. 服务业开放领域:"扩大内地与港澳合伙型联营律师事务所设立范围"、"国际船舶运输领域扩大开放"、"国际船舶管理领域扩大开放"、"国际船舶代理领域扩大开放"、"国际海运货物装卸、国际海运集装箱场站和堆场业务扩大开放"等 5 项。

2. 投资管理领域:"船舶证书'三合一'并联办理"、"国际船舶登记制度创新"、"对外贸易经营者备案和原产地企业备案'两证合一'"、"低风险生物医药特殊物品行政许可审批改革"、"一般纳税人登记网上办理"、"工业产品生产许可证'一企一证'改革"等 6 项。

3. 贸易便利化领域:"跨部门一次性联合检查"、"保税燃料油供应服务船舶准入管理新模式"、"先放行、后改单作业模式"、"铁路运输方式舱单归并新模式"、"海运进境集装箱空箱检验检疫便利化措施"、"入境大宗工业品联动检验检疫新模式"、"国际航行船舶供水'开放式申报+验证式监管'"、"进境保税金属矿产品检验监管制度"、"外锚地保税燃料油受油船舶'申报无疫放行'制度"等 9 项。

4. 事中事后监管措施:"企业送达信息共享机制"、"边检服务掌上直通车"、"简化外锚地保税燃料油加注船舶入出境手续"、"国内航行内河船舶进出港管理新模式"、"外锚地保税燃料油受油船舶便利化海事监管模式"、"保税燃料油供油企业信用监管新模式"、"海关企业注册及电子口岸入网全程无纸化"等7项。

（二）在特定区域复制推广的改革事项。

1.在海关特殊监管区域复制推广："海关特殊监管区域'四自一简'监管创新"、"'保税混矿'监管创新"等2项。

2.在海关特殊监管区域及保税物流中心（B型）复制推广："先出区、后报关"。

二、高度重视复制推广工作

各地区、各部门要以习近平新时代中国特色社会主义思想为指导，全面贯彻党的十九大精神，深刻认识复制推广自贸试验区改革试点经验的重大意义，将复制推广工作作为贯彻新发展理念、推动高质量发展、建设现代化经济体系的重要举措，更大力度转变政府职能，全面提升治理能力现代化水平，着力推动制度创新，进一步优化营商环境，激发市场活力，逐步构建与我国开放型经济发展要求相适应的新体制、新模式，推动形成全面开放新格局，不断增强经济创新力和竞争力。

三、切实做好组织实施

各省（自治区、直辖市）人民政府要将自贸试验区改革试点经验复制推广工作列为本地区重点工作，加强组织领导，加大实施力度，强化督促检查，确保复制推广工作顺利推进，改革试点经验落地生根、取得实效。国务院各有关部门要主动作为，做好细化分解，完成复制推广工作。需报国务院批准的事项要按程序报批，需调整有关行政法规、国务院文件和部门规章规定的，要按法定程序办理。国务院自由贸易试验区工作部际联席会议办公室要适时督查复制推广工作进展和成效，协调解决复制推广工作中的重点和难点问题。复制推广工作中遇到的重大问题，要及时报告国务院。

附件：自由贸易试验区第四批改革试点经验复制推广工作任务分工表

国务院

2018年5月3日

（此件公开发布）

附件

自由贸易试验区第四批改革试点经验
复制推广工作任务分工表

序号	改革事项	负责单位	推广范围
1	企业送达信息共享机制	最高人民法院、国家市场监督管理总局	全国
2	边检服务掌上直通车	公安部	全国
3	简化外锚地保税燃料油加注船舶入出境手续	公安部	全国
4	扩大内地与港澳合伙型联营律师事务所设立范围	司法部	全国
5	船舶证书"三合一"并联办理	交通运输部	全国
6	国内航行内河船舶进出港管理新模式	交通运输部	全国
7	外锚地保税燃料油受油船舶便利化海事监管模式	交通运输部	全国
8	保税燃料油供油企业信用监管新模式	交通运输部	全国
9	保税燃料油供应服务船舶准入管理新模式	交通运输部	全国
10	国际船舶运输领域扩大开放	交通运输部	全国
11	国际船舶管理领域扩大开放	交通运输部	全国
12	国际船舶代理领域扩大开放	交通运输部	全国
13	国际海运货物装卸、国际海运集装箱场站和堆场业务扩大开放	交通运输部	全国
14	国际船舶登记制度创新	交通运输部	全国
15	对外贸易经营者备案和原产地企业备案"两证合一"	商务部、海关总署、中国贸促会	全国
16	跨部门一次性联合检查	海关总署	全国
17	海关企业注册及电子口岸入网全程无纸化	海关总署	全国
18	先放行、后改单作业模式	海关总署	全国
19	铁路运输方式舱单归并新模式	海关总署	全国
20	低风险生物医药特殊物品行政许可审批改革	海关总署	全国
21	海运进境集装箱空箱检验检疫便利化措施	海关总署	全国
22	入境大宗工业品联动检验检疫新模式	海关总署	全国

序号	改革事项	负责单位	推广范围
23	国际航行船舶供水"开放式申报+验证式监管"	海关总署	全国
24	进境保税金属矿产品检验监管制度	海关总署	全国
25	外锚地保税燃料油受油船舶"申报无疫放行"制度	海关总署	全国
26	海关特殊监管区域"四自一简"监管创新	海关总署	全国海关特殊监管区域
27	先出区、后报关	海关总署	全国海关特殊监管区域及保税物流中心（B型）
28	"保税混矿"监管创新	海关总署	全国海关特殊监管区域
29	一般纳税人登记网上办理	税务总局	全国
30	工业产品生产许可证"一企一证"改革	国家市场监督管理总局	全国

国务院关于做好自由贸易试验区第五批
改革试点经验复制推广工作的通知

国函〔2019〕38号

各省、自治区、直辖市人民政府，国务院各部委、各直属机构：

建设自由贸易试验区（以下简称自贸试验区）是党中央、国务院在新时代推进改革开放的一项战略举措，在我国改革开放进程中具有里程碑意义。按照党中央、国务院决策部署，自贸试验区所在省市和有关部门结合各自贸试验区功能定位和特色特点，全力推进制度创新实践，形成了自贸试验区第五批改革试点经验，将在全国范围内复制推广。现就有关事项通知如下：

一、复制推广的主要内容

（一）在全国范围内复制推广的改革事项。

1. 投资管理领域："公证'最多跑一次'"、"自然人'一人式'税收档案"、

"网上办理跨区域涉税事项"、"优化涉税事项办理程序,压缩办理时限"、"企业名称自主申报制度"等5项。

2.贸易便利化领域:"海运危险货物查验信息化,船舶载运危险货物及污染危害性货物合并申报"、"国际航行船舶进出境通关全流程'一单多报'"、"保税燃料油跨港区供应模式"、"海关业务预约平台"、"生产型出口企业出口退税服务前置"、"中欧班列集拼集运模式"等6项。

3.事中事后监管措施:"审批告知承诺制、市场主体自我信用承诺及第三方信用评价三项信用信息公示"、"公共信用信息'三清单'(数据清单、行为清单、应用清单)编制"、"实施船舶安全检查智能选船机制"、"进境粮食检疫全流程监管"、"优化进口粮食江海联运检疫监管措施'、"优化进境保税油检验监管制度"等6项。

(二)在自贸试验区复制推广的改革事项。

投资管理领域:"推进合作制公证机构试点"。

二、高度重视复制推广工作

各地区、各部门要以习近平新时代中国特色社会主义思想为指导,全面贯彻党的十九大和十九届二中、三中全会精神,深刻认识复制推广自贸试验区改革试点经验的重大意义,将复制推广工作作为贯彻新发展理念、推动高质量发展、建设现代化经济体系的重要举措,更大力度转变政府职能,全面提升治理能力现代化水平,着力推动制度创新,进一步优化营商环境,激发市场活力,逐步构建与我国开放型经济发展要求相适应的新体制、新模式,推动形成全面开放新格局,不断增强经济创新力和竞争力。

三、切实做好组织实施

各省(自治区、直辖市)人民政府要将自贸试验区改革试点经验复制推广工作列为本地区重点工作,加强组织领导,加大实施力度,强化督促检查,确保复制推广工作顺利推进,改革试点经验落地生根、取得实效。国务院各有关部门要主动作为,完成复制推广工作。需报国务院批准的事项要按程序报批,需调整有关行政法规、国务院文件和部门规章规定的,要按法定程序办理。国务院自由贸易试验区工作部际联席会议办公室要适时督查复制推广工作进展和成效,协调复制推广工作中的重点和难点问题。复制推广工作中遇到的重大问题,要及时报告国务院。

附件：自由贸易试验区第五批改革试点经验复制推广工作任务分工表

国务院

2019 年 4 月 14 日

（此件公开发布）

附件

自由贸易试验区第五批改革试点经验
复制推广工作任务分工表

序号	改革事项	主要内容	负责单位	推广范围
1	审批告知承诺制、市场主体自我信用承诺及第三方信用评价三项信用信息公示	依托全国信用信息共享平台和国家企业信用信息公示系统，实现与审批平台和综合监管平台的信息共享和互联互通，推动审批告知承诺制公示、市场主体自我信用承诺公示及第三方信用评价公示。	发展改革委、人民银行、市场监管总局	全国
2	公共信用信息"三清单"（数据清单、行为清单、应用清单）编制	编制数据清单、行为清单、应用清单。根据数据清单对城市公共信用信息进行目录化管理，按照目录归集数据。在数据清单基础上，对信息主体监管类行为信息分级分类，按照统一规范编制形成行为清单。根据应用清单对城市公共信用信息应用事项进行目录化管理，包括日常监管、行政审批、行政处罚、政府采购、招标投标、表彰评优、资金支持、录用晋升等。	发展改革委	全国
3	公证"最多跑一次"	改革"取证方式"，减少申请材料要求。变群众提供材料为主动收集材料，变书面审核材料为实地调查核实。创新"办证模式"，变群众跑路为数据共享。推行网上办证、远程办证、上门办证模式。提供延时服务、延伸服务、预约服务、加急服务。	司法部	全国

序号	改革事项	主要内容	负责单位	推广范围
4	实施船舶安全检查智能选船机制	将船舶按照安全管理风险进行分类分级，筛选出高风险船舶并予以重点监管，提高船舶现场监督检查的针对性，提升船舶事中事后现场监管能力。	交通运输部	全国
5	海运危险货物查验信息化，船舶载运危险货物及污染危害性货物合并申报	对既属于危险货物又属于污染危害性货物的船载货物，申报人可采取网上合并申报方式，海事部门实行合并受理，实现船或危验货物比对功能，通过智慧海事危防信息系统，将申报或报考信息与危险货物名录进行比对筛选，为执法人员提供决策信息支持，有效提高审批工作效率。	交通运输部	全国
6	国际航行船舶进出境通关全流程"一单多报"	依托国际贸易"单一窗口"国家示准版运输工具（船舶）申报系统，企业一次性录入船舶相关信息，实现国际航行船舶进出境通关全流程"单一窗口"网上申报和电子核放，并实现《船舶出口岸许可证》远程自助打印功能。除船员出入境证件、临时入境许可申请名单外，口岸监管部门原则上不再要求企业提交其他纸质材料。	交通运输部、海关总署、移民局	全国
7	保税燃料油跨港区供应模式	在供油企业按规定取得国内水路运输相关资质后，对跨港区船舶油料供受作业单位备案情况予以互认，即供受作业单位在两地海事、海关部门进行备案后就可以在两地范围内开展保税燃料油直供作业，建立常态化信息沟通机制，统一执法标准。	交通运输部、海关总署	全国
8	海关业务预约平台	依托国际贸易"单一窗口"开发海关业务预约平台（含移动端），企业可通过平台在网上向海关自助预约办理查验等业务事项，并查询预约结果。	海关总署	全国
9	进境粮食检疫全流程监管	创新"互联网+全程监管"工作模式，运用互联网技术、电子信息化和视频监控手段，实现从申报、锚地检疫到卸船、仓储、调运的进境粮食检疫全流程监管。	海关总署	全国

续表

序号	改革事项	主要内容	负责单位	推广范围
10	优化进口粮食江海联运检疫监管措施	对进口粮食调运船舶开展适载性风险管理，全程定位进江船舶，防范调运环节可能出现的短重、撒漏以及疫情扩散风险。	海关总署	全国
11	优化进境保税油检验监管制度	在安全、卫生、环保项目监管基础上实施信用监管，根据企业信用等级实施差别化通关管理措施，对高信用企业简化数重量鉴定、品质检验监管。在数重量检验方面，根据货物流转方式制定实施差别化通关监管措施，对复出境的保税油作备案管理，采信进出口商品检验鉴定机构的检验结果，对转进口的保税油按照一般贸易进口实施法定检验和数重量鉴定；在品质检验方面，对高信用企业的转进口批次多、间隔短、品质稳定的货物，降低检验频次。将保税油储运企业和报关企业纳入海关统一的企业信用管理制度，根据企业信用等级实施差别化海关监管措施，对高信用企业实施通关便利化措施。对高信用企业适用保税油转进口"集中检验、分批核销"、现场实验室快速检验、优先办理通关放行手续等检验便利政策。	海关总署	全国
12	自然人"一人式"税收档案	建立全国自然人"一人式"税收档案，依托个税征管系统按纳税人识别号全面归集纳税人基础信息和扣缴申报、自行申报、信用记录、第三方涉税信息。	税务总局	全国
13	网上办理跨区域涉税事项	实现跨区域涉税事项报告、跨区域涉税事项报验、跨区域涉税事项信息反馈。跨区域经营纳税人可在经营地设立银行账户，并与经营地税务机关签订三方协议；可在网上实现跨区域预缴税款。	税务总局	全国

序号	改革事项	主要内容	负责单位	推广范围
14	优化涉税事项办理程序,压缩办理时限	进一步优化非正常户解除等事项办理流程,限办改即办。对增值税专用发票(增值税税控系统)最高开票限额(百万元及以上)审批等事项进一步压缩办理时限,提高办税效率。	税务总局	全国
15	生产型出口企业出口退税服务前置	税务机关提前调查企业出口和购货真实性,将原本在生产型出口企业出口退税申报后进行的生产经营情况、供货企业风险、备案单证等核查和服务程序,提至出口退税申报前。企业申报后,税务机关可快速对按规定不需发函调查的疑点给出核查结论,提高办理效率。在遵循现行出口退税管理规定、确保风险可控的前提下,对生产型出口企业及其全部供货企业都归属同一主管税务机关的,可推广出口退税服务前置。	税务总局	全国
16	企业名称自主申报制度	推进企业名称登记管理制度改革,取消企业名称预先核准,扩大企业名称自主申报改革试点范围。	市场监管总局	全国
17	中欧班列集拼集运模式	支持回程开展以集装箱为单元的中欧班列内外贸货物混编运输业务。建立铁路部门联系机制,联合制定回程中欧班列集拼集运输方案,细化作业流程,针对有加挂需求的集装箱,配合做好补轴、补货作业组织,提升作业效率。	中国国家铁路集团有限公司	全国
18	推进合作制公证机构试点	制定实施方案,做好合作制公证机构的申报设立、人员安置、清产核资、资产移交、业务承接、档案管理和法律责任划分等工作。制定好章程,合作制公证机构建立内部管理规章制度体系。制定合作制公证机构管理办法,对合作制公证机构设立、合作人、法人治理结构、内部管理等事项作出明确规定。	司法部	自贸试验区

参考文献

一、中文类

（一）著作类

[1]《中共中央关于全面深化改革若干重大问题的决定》，人民出版社 2013 年版

[2]《中共中央关于全面推进依法治国若干重大问题的决定》，人民出版社 2014 年版

[3] 习近平:《之江新语》，浙江人民出版社 2007 年版

[4] 习近平:《决胜全面建成小康社会　夺取新时代中国特色社会主义伟大胜利——在中国共产党第十九次全国代表大会上的报告》，人民出版社 2017 年版

[5]《习近平谈治国理政》第二卷，外文出版社 2017 年版

[6]《习近平关于全面深化改革论述摘编》，中央文献出版社 2014 年版

[7] 陈利强著:《美国贸易调整援助制度研究》，人民出版社 2010 年版

[8] 上海保税区管委会研究室编:《世界自由贸易区研究》，改革出版社 1996 年版

[9] 成思危主编:《从保税区到自由贸易区:中国保税区的改革与发展》，经济科学出版社 2003 年版

[10] 蒋兆康等译:《美国海关法典》（上、下），中国社会科学出版社 2003 年版

[11] 郭信昌主编:《世界自由港和自由贸易区概论》，北京航空学院出版社 1987 年版

[12]《世界自由港和自由贸易区》，北京对外贸易学院国际贸易问题研究所 1977 年 10 月

[13] 陈永山等编著:《世界各地的自由港和自由贸易区》，厦门大学出版社 1988 年版

[14] 海关总署国际合作司编译:《关于简化和协调海关制度的国际公约（京都公约）总附约和专项附约指南》，中国海关出版社 2003 年版

［15］李友华：《境外自由贸易区与中国保税区比较研究》吉林大学出版社 2006 年第 1 版

［16］李友华：《中国保税区向自由贸易港区转型研究》，福建人民出版社 2007 年版

［17］［美］戴斯勒：《美国贸易政治》（第四版），王恩冕、于少蔚译，中国市场出版社 2006 年版

［18］周阳：《美国海关法律制度研究》，法律出版社 2010 年版

［19］周阳：《美国对外贸易区法律问题研究》，法律出版社 2015 年版

［20］李泊溪、周飞跃、孙兵：《中国自由贸易园区的构建》，机械工业出版社 2013 年版

［21］宁清同、黎其武等著：《保税港区法律问题研究》，法律出版社 2011 年版

［22］美国海关总署法规裁定司编：《美国海关手续指南》，蒋兆康译，中国民主法制出版社 2003 年版

［23］王淑敏：《保税港区的法律制度研究》，知识产权出版社 2011 年版

［24］曾文革：《特殊经济功能区法律制度研究》，对外经济贸易大学出版社 2012 年版

［25］丁伟：《上海自贸试验区法治创新的轨迹：理论思辩与实践探索》，上海人民出版社 2016 年版

［26］丁伟：《与改革发展同频共振：上海地方立法走过三十八年》，上海人民出版社 2018 年版

［27］刘晓红、贺小勇主编：《中国（上海）自由贸易试验区法治建设蓝皮书》，北京大学出版社 2016 年版

［28］上海财经大学自由贸易区研究院、上海发展研究院：《中国（上海）自由贸易试验区与国际经济合作》，上海财经大学出版社 2013 年版

［29］上海财经大学自由贸易区研究院、上海发展研究院：《2014 中国（上海）自由贸易试验区发展研究报告》，上海财经大学出版社 2013 年版

［30］袁志刚主编：《中国（上海）自由贸易试验区新战略研究》，格致出版社／上海人民出版社 2013 年版

［31］上海市社会科学界联合会编：《中国（上海）自由贸易试验区 150 问》，格致出版社／上海人民出版社 2013 年版

［32］上海财经大学自由贸易区研究院、上海发展研究院：《全球 100 个自由贸易区概览（上、下）》，上海财经大学出版社 2013 年版

［33］全国人大常委会法制工作委员会研究室编著：《中国特色社会主义法律体系

读本》，国家行政学院出版社 2011 年版

[34]吕晓杰、韩立余、黄东黎、史晓丽、杨国华编写：《入世十年　法治中国——纪念中国加入世贸组织十周年访谈录》，人民出版社 2011 年版

[35]佟丽华：《十八大以来的法治变革》，人民出版社 2015 年版

[36]李力主编：《世界自由贸易区研究》，改革出版社 1996 年版

[37]陆剑宝：《全球典型自由贸易港建设经验研究》，中山大学出版社 2018 年版

[38]李善民主编：《中国自由贸易试验区发展蓝皮书（2016—2017）》，中山大学出版社 2017 年版

[39]李善民主编：《中国自由贸易试验区发展蓝皮书（2017—2018）》，中山大学出版社 2018 年版

[40]刘志云等著：《福建自贸区重大法律问题研究》，厦门大学出版社 2016 年版

[41]杜玉琼：《中国自贸区及"一带一路"法律问题研究》，电子科技大学出版社 2017 年版

[42]周旺生：《立法学》，法律出版社 2009 年版

[43]邓世豹：《授权立法的法理思考》，中国人民公安大学出版社 2002 年版

[44]刘云亮：《中国经济特区立法研究》，南海出版公司 1996 年版

[45]高小珺、高大石：《自由贸易试验区的制度创新与法律保障》，法律出版社 2017 年版

[46]李璐玲、张娜主编：《自由贸易区法律问题研究》，中国政法大学出版社 2014 年版

[47]孙昂：《美国对外事务法律机制》（上下），国际文化出版社 2010 年版

[48]韩立余：《美国外贸法》，法律出版社 1999 年版

[49]黄进编著：《法治天下——黄进教授访谈录》，人民出版社 2016 年版

[50]李巍：《制度之战：战略竞争时代的中美关系》，社会科学文献出版社 2017 年版

[51]陆立军、王祖强、杨志文：《义乌模式》，人民出版社 2008 年版

[52]亚里士多德：《政治学》，吴寿彭译，商务印书馆 1965 年版

[53]国务院发展研究中心港澳研究所：《香港基本法读本》，商务印书馆 2009 年版

[54]许崇德主编：《港澳基本法教程》，中国人民大学出版社 1994 年版

[55]石佑启、朱最新、韩永红：《自由贸易试验区国外相关法律文件编译》，广东教育出版社 2015 年版

[56]王名扬：《美国行政法》（上），中国法制出版社 1995 年版

[57]陈志龙等:《保税区改革与上海的战略选择》,经济科学出版社 2004 年版

(二)论文类

[1]张晓君、刘泽扬:《外商投资法推进改革开放迈上新台阶》,载《人民法治》2019年第 10 期

[2]张晓君:《更高开放水平的外商投资法》,载《人民法治》2019 年第 7 期

[3]刘志云、史欣媛:《论自贸区金融创新立法的完善》,载《厦门大学学报(哲学社会科学版)》2017 年第 5 期

[4]张亮:《对构建粤港澳自贸区的初步思考——从上海自贸区谈起》,载《当代港澳研究》2014 年第 2 期

[5]屠新泉:《从新中国成立七十周年视角看中美经贸摩擦一周年:评估与展望》,载《国际金融》2019 年第 6 期

[6]屠新泉:《以开放促改革:中国与多边贸易体制 40 年》,载《人民论坛·学术前沿》2018 年第 23 期

[7]屠新泉:《让社会力量参与自由贸易园(港)区涉外法治建设》,载《红旗文摘》2015 年第 5 期

[8]杨松:《WTO 与中国经济法制度的发展》,载《辽宁省社会科学界联合会专题资料汇编》2010 年 8 月 1 日

[9]杨松:《全球金融治理中制度性话语权的构建》,载《当代法学》2017 年第 6 期

[10]单文华:《法治中国的国际维度》,载《当代社科视野》2014 年第 12 期

[11]孔庆江:《〈中华人民共和国外商投资法〉与相关法律的衔接与协调》,载《上海对外经贸大学学报》2019 年第 3 期

[12]孔庆江:《试论中美贸易摩擦持续情况下的中国对策》,载《国际贸易》2019 年第 1 期

[13]王受文:《加强贸易政策合规　全面提升开放质量》,载《行政管理改革》2018年第 9 期

[14]王受文:《推进自由贸易试验区建设　彰显改革开放试验田作用》,载《时事报告(党委中心组学习)》2017 年第 5 期

[15]王受文:《我国当前自贸区发展的几个问题》,载《行政管理改革》2016 年第10 期

[16]张湧:《自贸试验区核心使命:处理好政府与市场的关系》,载《广东经济》2018 年第 12 期

[17]赵晋平:《让自贸试验区成为吸引外资的"强磁场"》,载《中国外资》2018 年

第 23 期

[18]赵晋平:《关于探索建设自由贸易港的几点思考》,载《中国发展观察》2018 年第 6 期

[19]赵晋平、文丰安:《自由贸易港建设的价值与趋势》,载《改革》2018 年第 5 期

[20]赵晋平、许宏强、陈红娜、黄端、马成芳、张涌:《借鉴英国经验,进一步深化自贸试验区改革》,载《发展研究》2016 年第 7 期

[21]隆国强、张琦、王金照、赵福军:《中国应对国际经济格局变化的战略选择》,载《中国发展观察》2019 年第 2 期

[22]隆国强:《中国对外开放战略回顾与展望》,载《中国经济报告》2018 年第 12 期

[23]隆国强:《中国需要推进开放式创新》,载《中国发展观察》2017 年第 15 期

[24]贾康:《全面改革中攻坚克难的压力、动力与经验》,载《经济》2018 年第 24 期

[25]贾康:《改革发展现阶段的四个基本特征》,载《经济》2018 年第 22 期

[26]李钢:《多边贸易体系变革与扩大高水平对外开放》,载《中国国情国力》2019 年第 4 期

[27]李钢:《改革开放四十年商务发展的实践和理论创新》,载《国际贸易》2018 年第 12 期

[28]罗培新:《世界银行营商环境评估方法论:以"开办企业"指标为视角》,载《东方法学》2018 年第 6 期

[29]罗培新:《自贸区商事裁判经验"可复制,可推广"之困境辨析——以信义义务案件的实证分析为视角》,载《学术月刊》2014 年第 5 期

[30]迟福林:《从自由贸易试验区走向自由贸易港》,载《中国远洋海运》2018 年第 11 期

[31]迟福林:《探索建设中国特色自由贸易港及其司法体制改革》,载《金融经济》2019 年第 11 期

[32]迟福林:《海南探索建设中国特色自由贸易港的初步设想》,载《改革》2019 年第 4 期

[33]迟福林:《高标准高质量建设海南自贸试验区的四点建议》,载《今日海南》2018 年第 12 期

[34]丁伟:《上海地方立法发展历程:回顾与经验》,载《地方立法研究》2019 年第 2 期

[35]丁伟:《上海自贸区立法经验及启示》,载《人民政坛》2015 年第 9 期

［36］丁伟:《〈中国(上海)自由贸易试验区条例〉立法透析》,载《政法论坛》2015年第1期

［37］丁伟:《法治是实现国家治理体系现代化的必然路径》,载《上海人大月刊》2014年第3期

［38］丁伟:《中国(上海)自由贸易试验区法制保障的探索与实践》,载《法学》2013年第11期

［39］丁伟:《以法治方式促进自贸试验区先行先试》,载《上海人大月刊》2013年第10期

［40］丁伟:《建立"人大主导型"立法体制的几点思考》,载《上海人大》2013年第6期

［41］龚柏华:《中国自贸试验区到自由贸易港法治理念的转变》,载《政法论丛》2019年第3期

［42］龚柏华:《上海自由贸易港"境内关外"概念和机制辨析》,载《海关与经贸研究》2018年第2期

［43］龚柏华:《"一带一路"背景下上海自由贸易港构建的法治思维》,载《上海对外经贸大学学报》2018年第2期

［44］龚柏华:《中国自贸试验区需试验法治新思维》,载《人民法治》2016年第12期

［45］王崇敏、曹晓路:《海南中国特色自由贸易港建设的法治创新与立法保障》,载《江汉大学学报(社会科学版)》2019年第1期

［46］曹晓路、王崇敏:《海南建设自由贸易港的临时仲裁机制创新研究》,载《海南大学学报(人文社会科学版)》2018第3期

［47］左海聪:《简论自由贸易试验区的制度创新试验》,载《公民与法(综合版)》2018年第8期

［48］贺小勇、许凯:《上海自贸试验区立法实践与思考》,载《地方立法研究》2019年第2期

［49］贺小勇:《迪拜自由区的"创法路径"与借鉴意义》,载《检察风云》2019年第4期

［50］贺小勇:《上海自贸试验区法治建设评估与展望》,载《人民法治》2016年第12期

［51］贺小勇:《中国(上海)自由贸易试验区法治建设的评估与展望》,载《海关与经贸研究》2015年第2期

［52］贺小勇：《TPP 视野下上海自贸区的法治思维与问题》，载《国际商务研究》2014 年第 4 期

［53］胡加祥：《我国建设自由贸易港若干重大问题研究》，载《太平洋学报》2019 年第 1 期

［54］胡加祥：《亚太自贸区法律框架构建路径研究》，载《交大法学》2019 年第 2 期

［55］胡加祥：《我国自由贸易港建设的法治创新及其意义》，载《东方法学》2018 年第 4 期

［56］胡加祥：《国际投资准入前国民待遇法律问题探析——兼论上海自贸区负面清单》，载《上海交通大学学报（哲学社会科学版）》2014 年第 1 期

［57］陈利强：《中国自由贸易试验区法治建构论》，载《国际贸易问题》2017 年第 1 期

［58］陈利强：《破解自贸区法治建设中的"四化"问题的建议》，载中国法学会《要报》2017 年第 2 期

［59］陈利强：《自由贸易试验区的"中国模式论纲"》，2016 年浙江大学博士后研究工作报告

［60］陈利强：《中国（上海）自由贸易试验区制度创新研究（上海自由贸易区制度创新论纲）》，载张汉林主编：《世界贸易组织发展报告 2013》高等教育出版社 2014 年版

［61］陈利强、屠新泉：《中国涉外经贸法治建构论——以中国入世与上海自贸区为视角》，载《国际贸易问题》2015 年第 3 期

［62］陈利强、屠新泉：《为后危机时代中国贸易自由化立法》，载《国际贸易问题》2011 年第 6 期

［63］刘云亮：《中国特色自由贸易港授权立法研究》，载《政法论丛》2019 年第 3 期

［64］陈儒丹：《自由贸易港建设背景下的互惠制改革》，载《法学》2018 年第 11 期

［65］李猛：《新时代我国自由贸易港建设中的政策创新及对策建议》，载《上海经济研究》2018 年第 5 期

［66］李猛：《中国自贸区国家立法问题研究》，载《理论月刊》2017 年第 1 期

［67］李猛：《中国自贸区法律制度的构造及其完善》，载《上海对外经贸大学学报》2017 年第 2 期

［68］李猛：《香港自由贸易港制度对中国自贸区的启示》，载《"一国两制"研究》2017 年第 3 期

［69］梅振中：《建设自贸区（港）如何争取国家事权下放海南》，载《新东方》2018

年第 3 期

[70]叶海波:《香港特区立法权运行争议的法理分析》,载《政法学刊》2012 年第 6 期

[71]符正平:《论中国特色自由贸易港的建设模式》,载《区域经济评论》2018 年第 2 期

[72]万其刚:《论西方发达国家的授权立法》,载《人大研究》1996 年第 11 期

[73]周阳:《我国自由贸易试验区的性质分析》,载《上海经济研究》2016 年第 7 期

[74]周阳:《论美国对外贸易区的建立、发展与趋势》,载《国际贸易》2013 年第 12 期

[75]周阳:《论美国对外贸易区的立法及其对我国的启示》,载《社会科学》2014 年第 10 期

[76]石良平、周阳:《试论中国(上海)自由贸易试验区海关监管制度的改革》,载《上海海关学院学报》2013 年第 4 期

[77]罗雨泽:《借鉴国际经验 推进自由贸易港建设》,载《理论导报》2018 年第 4 期

[78]罗雨泽:《美国对外贸易区建设促进制造业就业作用突出》,载《中国发展观察》2013 年第 9 期

[79]王胜、刘从勇、张东东:《迪拜自贸港区发展对海南的启示》,载《今日海南》2018 年第 7 期

[80]商务部国际贸易经济合作研究院课题组:《中国(上海)自由贸易试验区与中国香港、新加坡自由港政策比较及借鉴研究》,载《科学发展》2014 年第 9 期

[81]王志明:《海关特殊监管区贸易监管体制改革探索》,载《学海》2014 年第 6 期

[82]张燕生:《新一轮高标准改革开放应如何先行先试—中国(上海)自由贸易试验区的改革重点和未来方向》,载《学术月刊》2013 年第 10 期

[83]王新奎:《融入经济全球化之路:中国"入世'15 年的回顾与展望》,载《国际商务研究》2016 年第 6 期

[84]王新奎:《我们为什么还需要以开放倒逼改革》,载《新金融》2014 年第 6 期

[85]王战:《让试验田上培育出的种子尽快开花结果》,载《求是》2014 年第 23 期

[86]赵晓雷:《上海自贸试验区建设开放度最高的自由贸易园区难点评估及战略思路》,载《科学发展》2017 年第 3 期

[87]赵晓雷:《自贸港是比自贸试验区开放水平更高的功能区》,载《中国外汇》2017 年第 24 期

[88]赵晓雷:《建设自由贸易港区将进一步提升上海自贸试验区全方位开放水平》,载《经济学家》2017 年第 12 期

[89]孙元欣:《中美 BIT 谈判与自由贸易试验区金融创新》,载《科学发展》2017 年第 4 期

[90]孙元欣:《外资负面清单管理的国际镜鉴:上海自贸区例证》,载《改革》2014 年第 10 期

[91]周汉民:《建设中国(上海)自由贸易试验区,以更大的开放促进更深入的改革》,载《国际商务研究》2014 年第 1 期

[92]周汉民:《我与改革开放 40 年》,载《上海市社会主义学院学报》2018 年第 2 期

[93]周汉民:《我国四大自贸区的共性分析、战略定位和政策建议》,载《国际商务研究》2015 年第 4 期

[94]陈晖:《从中国(上海)自由贸易试验区看我国综合保税区的建立和发展》,载《海关法评论》2014 年

[95]展国红:《试论中国(上海)自由贸易试验区海关监管的法制基础》,载《海关与经贸研究》2014 年第 4 期

[96]石静霞:《国际贸易投资规则的再构建及中国的因应》,载《中国社会科学》2015 年第 9 期

[97]石静霞、马兰:《〈跨太平洋伙伴关系协定〉(TPP)投资章节核心规则解析》,载《国家行政学院学报》2016 年第 1 期

[98]曾令良:《国际法治与中国法治建设》,载《中国社会科学》2015 年第 10 期

[99]刘水林:《中国(上海)自由贸易试验区的监管法律制度设计》,载《法学》2013 年第 11 期

[100]彼得·克雷斯迪安·弥勒-格拉夫:《国家与市场关系的法治化——德国、欧共体以及美国思路的比较》,刘旭译,载《经济法论丛》2010 年第 2 期

[101]莫纪宏:《人大立法中的"法法衔接"问题研究》,载《人大研究》2019 年第 5 期

[102]刘剑文、侯卓:《事权划分法治化的中国路径》,载《中国社会科学》2017 年第 2 期

[103]刘剑文、魏建国、翟继光:《全球化视野下的自贸区与法治建设》,载《人民政坛》2015 年第 9 期

[104]刘剑文:《法治财税视野下的上海自贸区改革之展开》,载《法学论坛》2014

年第 3 期

［105］"自贸区走私犯罪问题研究"课题组:《自贸区走私犯罪问题研究》,载《海关与经贸研究》2015 年第 1 期

［106］李玫:《论"境内关外边境贸易区"的法律地位——以云南姐告边境贸易区为例》,载《暨南学报(哲学社会科学版)》2007 年第 2 期

［107］吴大器:《注重制度创新,实践中国(上海)自由贸易试验区的新突破》,载《上海金融学院学报》2013 年第 5 期

［108］李墨丝、彭羽、沈玉良:《中国(上海)自由贸易试验区:实现国家战略的可复制和可推广》,载《国际贸易》2013 年第 12 期

［109］肖林:《中国(上海)自由贸易试验区改革开放成效与制度创新研究》,载《科学发展》2015 年第 1 期

［110］肖林:《自贸试验区建设与推动政府职能转变》,载《科学发展》2017 年第 1 期

［111］肖林:《中国自由贸易试验区建设成效和战略举措》,载《科学发展》2016 年第 11 期

［112］徐泉:《美国外贸政策决策机制的变革——美国〈1934 年互惠贸易协定法〉述评》,载《法学家》2008 年第 1 期

［113］姜作利:《美国发展对外贸易区的经验与启示》,载《山东师范大学学报》(人文社会科学版)2014 年第 59 卷第 2 期

［114］武轶尘、姜作利:《发展中国家依 WTO 法调整其自由贸易区法的经验分析》,载《东岳论丛》2014 年第 10 期

［115］何力:《自由贸易区的国际经济法解析》,载《上海商学院学报》2013 年第 14 卷第 6 期

［116］何力:《贸易含义的演进与中国(上海)自由贸易试验区性质探析》,载《海关与经贸研究》2014 年第 1 期

［117］沈国明:《法治创新:建设上海自贸区的基础要求》,载《东方法学》2013 年第 6 期

［118］沈国明:《改革开放 40 年法治中国建设:成就 经验与未来》,载《东方法学》2018 年第 6 期

［119］张乃根:《反思 WTO 法:二十年及未来——兼评"WTO 法是模范国际法"》,载《国际经济法学刊》2015 年第 3 期

［120］张乃根:《论 WTO 法下的中国法制变化》,载《法学家》2011 年第 1 期

［121］张乃根：《试论国际经济法律秩序的演变与中国的应对》，载《中国法学》2013 年第 2 期

［122］曾丽凌、刘敬东：《海法与自贸港区建设前沿问题与法律完善——海法与自贸港区建设法律问题高端研讨会综述》，载《海峡法学》2019 年第 1 期

［123］刘敬东、丁广宇：《自贸试验区战略司法保障问题研究》，载《法律适用》2017 年第 17 期

［124］徐崇利：《真伪之辨：现行国际贸易体系对美国"不公平"？》，载《国际经济法学刊》2019 年第 1 期

［125］赵骏：《全球治理视野下的国际法治与国内法治》，载《中国社会科学》2014 年第 10 期

［126］郑少华：《论自贸试验区在建设国家治理现代化中的特殊意义》，载《法制与社会发展》2014 年第 5 期

［127］郑少华：《中国（上海）自由贸易试验区的司法试验》，载《法学》2013 年第 12 期

［128］宋晓燕：《上海自贸区金融改革对宏观审慎监管的挑战》，载《东方法学》2014 年第 1 期

［129］宋晓燕：《中国（上海）自由贸易试验区的外资安全审查机制》，载《法学》2014 年第 1 期

［130］东艳：《中美经贸关系：探索新平衡》，载《中国外汇》2017 年第 9 期

［131］李巍、张玉环：《特朗普经济学"与中美经贸关系》，载《现代国际关系》2017 年第 2 期

［132］梅冠群：《纠缠的中美经贸关系——中美经贸领域主要矛盾的解构与处理》，载《公共外交季刊》2017 年第 4 期

［133］王辉耀：《谋求中美经贸关系稳定大局》，载《WTO 经济导刊》2018 第 4 期

［134］宋国友：《特朗普政府与中美经贸关系发展新变局》，载《美国问题研究》2017 年第 1 期

［135］肖永平：《全面依法治国的新阶段——统筹推进国内法治与国际法治建设》，载《武大国际法评论》2018 年第 1 期

［136］杨国华：《亲历法治——WTO 对中国法治建设的影响》，载《国际法研究》2015 年第 5 期

［137］韩立余：《自由贸易协定新议题辨析》，载《国际法研究》2015 年第 5 期

［138］黄进：《依法治国为全面深化改革保驾护航》，载《中国报业》2014 年第 23 期

［139］吴汉民：《努力发挥地方立法对全面深化改革的引领和推动作用》，载《上海人大月刊》2014 年第 10 期

［140］向立力：《地方立法发展的权限困境与出路试探》，载《政治与法律》2015 年第 1 期

［141］邓利娟：《台湾自由贸易港区的进展及其影响》，载《台湾研究》2006 年第 2 期

［142］李志鹏：《中国建设自由贸易园区内涵和发展模式探索》，载《国际贸易》2013 年第 7 期

［143］车丕照：《中国（上海）自由贸易试验区的"名"与"实"——相关概念的国际经济法解读》，载《国际法研究》2014 年第 1 期

［144］车丕照：《认真对待条约——写在中国"入世"10 周年之际》，载《国际经济法学刊》2011 年第 2 期

［145］朱秋沅：《特殊区域内知识产权边境侵权规制问题比较研究——兼驳"特殊监管区域处于境内关外"的误解》，载《上海海关学院学报》2012 年第 4 期

［146］朱秋沅：《中国自贸区海关法律地位极其知识产权边境保护问题的四点建议》，载《电子知识产权》2014 年第 2 期

［147］朱秋沅：《欧盟自由区海关制度分析及对中国自贸区建设的启示》，载《国际贸易》2014 年第 5 期

［148］刘晓红：《我国自贸试验区负面清单透明度现状、存在问题及对策研究》，载《科学发展》2015 年第 6 期

［149］舒琴芳：《中国（上海）自由贸易试验区海关监管服务改革创新研究》，载《海关与经贸研究》2014 年第 5 期

［150］洋山海关课题组：《海关支持临港地区发展的理论思考与实践研究》，载《海关法评论》2014 年

［151］何力：《智利及巴拉圭自贸区实践及其对上海自贸区的启示》，载《海关法评论》2014 年

［152］程洁：《香港新宪制秩序的法理基础：分权还是授权》，载《中国法学》2017 年第 4 期

［153］王禹：《港澳基本法中有关授权的概念辨析》，载《政治与法律》2012 年第 9 期

［154］焦洪昌、杨敬之：《中央与特别行政区关系中的授权》，载《国家行政学院学报》2017 年第 3 期

［155］张定淮、底高扬：《论一国两制下中央对香港特别行政区授权的性质》，载《政治与法律》2017年第5期

［156］王成义：《深圳经济特区立法述评》，载《中德法学论坛》2006年

［157］闫然：《全球先进自由贸易区的功能定位、监管模式与政策创新——以迪拜、新加坡、伊基克为例》，载《上海商学院学报》2014年第4期

［158］皮舜、武康平：《中国保税区的新发展需要国家统一立法》，载《管理评论》2003年第11期

［159］徐文进：《中国（上海）自贸区法律监管模式探讨》，载《财贸研究》2014年第4期

［160］刘斌、李禾禾：《中国（上海）自由贸易试验区政府监管模式创新刍议》，载《上海商学院学报》2014年第1期

［161］高秦伟：《美国禁止授权原则的发展及其启示》，载《环球法律评论》2010年第5期

［162］孙笑侠、胡瓷红：《法治发展的差异与中国式进路》，载《浙江社会科学》2003年第4期

［163］孙笑侠、钟瑞庆：《"先发"地区的先行法治化——以浙江省法治发展实践为例》，载《学习与探索》2010年第1期

［164］孙笑侠：《论行业法》，载《中国法学》2013年第1期

［165］孙笑侠：《一些地方先行法治化突出》，载《政府法制》2010年第8期

［166］封丽霞：《地方"先行先试"的法治困境》，载《法律方法与法律思维》2010年第6辑

［167］耿亮：《法治建设是上海证券交易所市场发展的重要保障》，载《证券法苑》2011年第1期

［168］喻中：《改进党对法治建设的领导方式》，载《北京行政学院学报》2013年第1期

［169］尚明：《中国涉外经济法制建设的发展进程》，载《中国法律》2008年第4期

［170］吴敬琏：《建设法治的市场经济》，载《经济体制改革》2003年第6期

［171］沈四宝、沈健：《中国涉外经贸法律制度发展的战略新思路》，载《WTO经济导刊》2011年第12期

［172］沈四宝、沈健：《对外开放三十年来我国外经贸法治建设基本经验和展望》，载《河北法学》2008年第10期

［173］曾晖、黄志雄：《"权力政治"下的"贸易法治"——对WTO法律体系的几点

反思》，载《武汉大学学报（哲学社会科学版）》2013 年第 3 期

［174］杨解君、赵会泽：《法治的界域：由"法治 xx（区划）"引发的思考》，载《湖南社会科学》2004 年第 4 期

［175］国务院研究室义乌市场研究课题组：《关于在义乌进行国际贸易综合改革试点的调查与建议》，载《中国党政干部论坛》2010 年第 11 期

［176］刘亭：《改革劲风吹向何方》，载《浙商》2013 年第 2 期

［177］郑玲丽：《国际贸易关系的法治与全球治理》，载《世界贸易组织动态与研究》2007 年第 12 期

［178］李林：《市场经济改革中的法治建设》，载《经齐社会体制比较》2008 年第 4 期

［179］余松：《试论市场经济与法治的几个问题》，载《西南民族学院学报》（哲学社会科学版）1999 年 S3 期

［180］雷琳：《善治政府的典范——浙江义乌社会考察体会》，载《新疆社科论坛》2007 年第 5 期

［181］李燕霞：《地方法治评价体系论纲——以"法治折江"建设为例》，载《浙江社会科学》2006 年第 2 期

［182］钱弘道、戈含锋、王朝霞、刘大伟：《法治评估及其中国运用》，载《中国社会科学》2012 年第 4 期

［183］赵爱玲：《建设自由贸易港　助力全面开放新格局》，载《中国对外贸易》2017 年第 11 期

［184］王浦劬：《中央与地方事权划分的国别经验及其启示——基于六个国家经验的分析》，载《政治学研究》2016 年第 5 期

［185］范进学：《授权与解释：中国（上海）自由贸易试验区变法模式之分析》，载《东方法学》2014 年第 2 期

［186］孙超：《自由贸易港的税收制度研究——兼论我国海南自由贸易港的税收激励机制的构建》，载《税收经济研究》2018 年第 4 期

［187］王利平：《地方制度创新的困境与路径——以福建自贸试验区建设为例》，载《中共福建省委党校学报》2016 年第 10 期

［188］程蕊、王新新：《海峡两岸保税港区与自由贸易港区立法比较研究》，载《海峡法学》2012 年第 1 期

［189］海南省外事侨务办公室调研组：《香港自贸港发展浅析与借鉴意义》，载《今日海南》2018 年第 5 期

［190］宗庆后：《深化义乌国际贸易综合改革试点　规划建设国际贸易改革试验区》，载《中国经贸导刊》2017 年第 10 期

［191］王淑敏、谭文雯：《中国特色自由贸易港的港口立法问题探析》，载《大连海事大学学报》（社会科学版）2018 年第 4 期

［192］朱秋沅：《中国自贸区海关法律地位及其知识产权边境保护问题的四点建议》，载《电子知识产权》2014 年第 2 期

［193］董晨甦：《新加坡自由贸易区的发展》，载《港口经济》2014 年第 2 期

［194］盛宝富、陈瑛：《深度剖析新加坡樟宜自由贸易区》，载《国际市场》2014 年第 1 期

［195］储昭根：《新加坡自由港的成功之道》，载《中国经济报告》2014 年第 7 期

［196］海南省外事侨务办公室调研组：《新加坡自贸港发展策略探析》，载《今日海南》2018 年第 5 期

［197］尹轶立、刘澄：《韩国自贸区的发展逻辑及启示》，载《技术经济与管理研究》2017 年第 7 期

［198］燕秋梅：《自由贸易园区建设的国际经验及启示》，载《现代商业》2016 年第 33 期

［199］孟庆友、徐士元：《国外自由贸易园区管理体制对我国的启示》，载《北京电子科技学院学报》2014 年第 1 期

［200］王丽英：《论中国自由贸易区行政管理体制——以中国（上海）自由贸易试验区为例》，载《时代法学》2017 年第 2 期

［201］庄锡强：《关于建立自由贸易试验区事中事后监管体系的研究》，载《发展研究》2016 年第 2 期

［202］丁友良：《比较视野下浙江自贸试验区事中事后监管体系建设研究》，载《浙江海洋大学学报（人文科学版）》2018 年第 4 期

［203］王乐泉：《论改革与法治的关系》，载《中国法学》2014 年第 6 期

［204］陈建军：《不失时机推动长三角更高质量一体化发展》，载《人民论坛·学术前沿》2019 年第 4 期

［205］叶竹盛：《法治与改革，谁是笼中之鸟？》，载《南风窗》2013 年第 24 期

［206］叶竹盛：《"负面清单"的法治思维》，载《领导文萃》2014 年第 9 期

［207］靳相木、王海燕：《改革与法治"二律背反"及其消解方式》，载《贵州社会科学》2014 年第 2 期

［208］陈金钊：《法治与改革的关系及改革顶层设计》，载《法学》2014 年第 8 期

［209］陈金钊:《在深化改革中拓展法治——统合意义上的"法治改革"论》,载《法律科学》2017 年第 5 期

［210］陈金钊:《改革与修法的意义阐释》,载《河南大学学报》(社会科学版)2014 年第 6 期

［211］陈金钊:《如何理解法治与改革的关系?》,载《玉州大学学报》(法学版)2014 年第 2 期

［212］陈金钊:《重新界定法治与改革关系的意义》,载《江西社会科学》2016 年第 1 期

［213］许昌、陈利强等:《关于推进浙江自贸试验区深度发展的法治建议》,载《法治浙江》(专报)2018 年第 17 期

［214］许林、戴郦仕:《云南姐告边境贸易区"境内关外"政策效应的经济学分析》,载《生态经济》2014 年第 9 期

［215］王淑敏、李忠操:《海南自由贸易港拟建国际商事法庭应重点聚焦国际化改革》,《政法论丛》2019 年第 3 期

［216］王淑敏、陈晓:《中国建设自由贸易港的离岸金融监管问题研究》,《国际商务研究》2018 年第 4 期

［217］王淑敏,朱晓晗:《建设中国自由贸易港的立法必要性及可行性研究》,《中国海商法研究》2018 年第 2 期

(三)报刊类

［1］唐文弘:《自贸试验区建设成效显著　试验田作用有效发挥》,载《国际商报》2017 年 12 月 26 日

［2］丁伟:《以法治引领和推动自贸试验区先行先试》,载《文汇报》2014 年 7 月 29 日

［3］丁伟:《自贸区"基本法"的难点与看点》,载《上海证券报》2014 年 5 月 16 日

［4］龚柏华:《自贸试验区是应对 TPP 影响的试验田》,载《上海证券报》2015 年 10 月 9 日

［5］龚柏华:《自贸试验区负面清单的国家意义》,载《上海证券报》2014 年 6 月 20 日

［6］肖林:《自贸区"国际水准"全对标(一)、(二)、(三)、(四)——中国(上海)自由贸易试验区之国际标杆研究》,载《国际金融报》2013 年 9 月 30 日

［7］肖林:《主动开放战略与上海自贸试验区制度创新》,载《文汇报》2013 年 11 月 25 日

[8]陈利强:《以法治化路径塑造舟山对内对外开放竞争新优势》,载《舟山日报》2018年10月26日

[9]汪洋:《加强涉外法律工作》,载《人民日报》2014年11月6日

[10]汪洋:《推动形成全面开放新格局》,载《人民日报》2017年11月10日

[11]肖玮、王胜明:《法治兴市:书记市长揭秘义乌奇迹》,载《检察日报》2005年12月27日

[12]鲍洪俊、袁亚平:《让世界瞩目的嬗变——浙江义乌市落实科学发展观纪实》,载《人民日报》2006年7月11日

[13]刘志铭:《法治广东:确保市场经济规范有序运行》,载《南方日报》2012年6月11日

[14]青锋:《法治化:行政管理体制改革基本路径》,载《学习时报》2007年11月5日

[15]习近平:《完善法治建设规划提高立法工作质量效率　为推进改革发展稳定工作营造良好法治环境》,载《人民日报》2019年2月26日

[16]中国(海南)改革发展研究院:《海南自贸试验区要强化改革统筹谋划和系统集成》,载《海南日报》2018年11月21日

[17]叶辅靖:《进一步扩大开放要革新边境内措施》,载《经济参考报》2018年7月18日

[18]高虎城:《加强贸易政策合规　全面推进依法治国》,载《光明日报》2014年12月31日

[19]袁曙宏:《准确把握新形势下改革与法治的关系》,载《学习时报》2015年7月30日

(四)学位论文类

[1]张婷玉:《美国自由贸易区战略研究——基于政治经济视角》,辽宁大学2014年博士学位论文

[2]娄万锁:《中国海关改革的政治学分析——国家自主性理论的视角》,复旦大学2012年博士学位论文

二、外文类

(一)著作类

[1]Thoman, Richard S., Free ports and foreign-trade zones, Cambridge, Md., Cornell Maritime Press, 1956.

[2]United States.Congress.House.Committee on Ways and Means, Foreign trade zones. Hearings before a Subcommittee of the Committee on Ways and Means, House of Representatives, seventy-third Congress, second session, on H. R. 5657. Washington: U. S. Govt. Print Off., 1934.

[3]Dymsza, William A., Foreign trade zones and international business, Trenton, N. J., 1964.

[4]Lomax, Alfred L., The foreign-trade zone, Bureau of Business Research, School of Business Administration, University of Oregon, 1947.

[5]Susan Tiefenbrun, Tax Free Trade Zones of the World and in the United States, Edward Elgar Press, 2012.

（二）论文类

[1]Sherzod Shadikhodjaev, International Regulation of Free Zones: An Analysis of Multilateral Customs and Trade Rules, World T.R 2011.2.

[2]Mary Jane Bolle, Brock R.Williams, U.S.Foreign-Trade Zones: Background and Issues for Congress, CRS Report(R42686), November 12, 2013.

[3]Thomas F.Clasen, Note, U.S.Foreign Trade Zone Manufacturing and Assembly: Overview and Update, 13 LAw & POL'Y INT'L Bus.339, 345-46(1981).

[4]Atkins, Doyle & Schwidetzsky, Foreign Trade Zones: Sub-Zones, State Taxation and State Legislation, 8 DEN.J.INT'L L.& POL'Y, (1979).

[5]Foreign-Trade Zones.Everything Except the Customs?, 31 U.FLA.L.REV.(1979).

[6]North Carohna Foreign-Trade Zones: Problems & Perspectives, 5 N.C.J.INT'LL.& COM.REG.(1980).

[7]J.Alavi, H.Thompson(1988)Towards a Theory of Foreign Trade Zones, International Trade Journal Vol.II, No.2.

[8]J.Carver(2005)Understanding Foreign Trade Zones(Colliers International).

[9]Harold Hongju Kou, Congressional Controls on Presidential Trade Policymaking after I.N.S.V.CHADHA, N.Y.U.J.Int'I L.& Pol, vol.18(1985-1986).

[10]Susan & Tiefenbrun, U. S. Foreign Trade Zones, Tax-Free Trade Zones of The World, and Their Impact on The U. S. Economy, Hofstra International Law & Business Journal, 2013, vol.13.

[11]John Patrick Smirnow, From The Hanseatic Cities of 19th Century Europe to Canned Fish: The Radical Transformation of The Foreign Trade Zones Act of 1934, T. M.

Cooley L.Rev.1993,vol.10.

［12］Donald E.deKieffer & George W.Thompson,Political and Policy Dimensions of Foreign Trade Zones：Expansion or The Beginning ofThe End?,Vand.J.Transnatl L,1985, vol.18.

［13］Michael Brown and Pavneet Singh,China's Technology Transfer Strategy,Defense Innovation Unit Experimental(DIUX),Jan.2018.

［14］Timothy R.Heath and William R.Thompson,Avoiding U.S.-China Competition Is Futile：Why the Best Option Is to Manage Strategic Rivalry,2018.

［15］European Chamber,China Manufacturing 2025：Putting Industrial Policy ahead of Market Forces.

［16］The Making of a High-Tech Superpower and Consequences For Industrial Countries,Mercator Institute for China Studies,Dec.2016.

［17］U.S.Chamber,Submission,Section.301 Hearing(Oct.3,2017).

［18］David Stambrook,Canada/US Comparison of Foreign Trade Zone(FTZ)Related Programs & Policies,(2009).

［19］Belay Seyoum and Juan Ramirez,Foreign trade zones in the United States：A study with special emphasis on the proposal for trade agreement parity,(2010),Journal of Economic Studies.

［20］T.Bettina Cornwell,Foreign-Trade Zones in the United States：A Longitudinal Management Perspective,(1988),International Marketing Review.

［21］M.Ferguson and C.Steverango,Maximizing the Potential of the Foreign Trade Zone Concept in Canada,(2013),McMaster Institute for Transportation and Logistics.

［22］Howard N.III Fenton,A New Era for Administration and Judicial Review of Foreign Trade Zones Board Decisions,4 Minn.J.Global Trade(1995).

［23］Lynette Knowles Mathur and Ike Mathur,The Effectiveness of The Foreign-Trade Zone as an Export Promotion Program Policy Issues and Alternatives,(1997),Journal of Macro marketing.

［24］Fernando Robles,George C.Hozier,Jr,Understanding ForeignTrade Zones, (2007),International Marketing Review.

［25］Madani,D.,A Review of the Role and Impact of Export Processing Zones,Policy Research(1999).

［26］Export processing Zones：Past and Future Role in Trade and Development,Oecd

Trade Policy Papers35(9),(2008).

[27] G Akinci, J Crittle, Special Economic Zones: Performance, Lessons Learned, and Implications for Zone Development,(2008).

[28] WG Kanellis, Reining in the Foreign Trade Zones Board: Making Foreign Trade Zone Decisions Reflect the Legislative Intent of the Foreign Trade Zones Act of 1934(1995).

[29] R Vincent, M Rosenberg, Foreign Trade Zones: Does Canada Need Them?, Canadian Journal of Regional Science(1987).

[30] P Pakdeenurit, N Suthikarnnarunai, W Rattanawong, Special Economic Zone: Facts, Roles, and Opportunities of Investment, Lecture Notes in Engineering & Computer Science,2210(1),(2014).

[31] Thomas Farole, Special Economic Zones: What Have We Learned?, World Bank-Economic Premise,(2011).

[32] JP Palmer, H Grubel, Free Market Zones: Deregulating Canadian Enterprise, (1984).

[33] Wolfgang Wiegand, Americanization of Law: Reception or Convergence? (1994).

[34] Cary Coglianese, Presidential control of administrative agencies: a debate over law or politics? (2010).

[35] Robert E.Cushman, The constitutional status of the independent regulatory commission, Cornell Law Quarterly, Feb.1939.

[36] Lewis E.Leibowitz, The Important Role of Foreign-Trade Zones in US Trade Expansion, Sep.2012.

[37] John J.Jr.DaPonte, United States Foreign-Trade Zones: Adapting to Time and Space,5 Mar.Law.(1980).

[38] Michael Borrus; Judith Goldstein, United States TradeProtectionism: Institutions, Norms, and Practices,8 Nw.J.Int'l L.& Bus.(1987).

[39] Michael J.Mazarr & Timothy R.Heath & Astrid Stuth Cevallos, China and the International Order,2018.

[40] Thoman, Richard S., Free ports and foreign-trade zones, Cambridge, Md., Cornell Maritime Press,1956.

[41] William G.Kanellis, Reining in the Foreign Trade Zones Board: Making Foreign Trade Zone Decisions Reflect the Legislative Intent of the Foreign Trade Zones Act of 1934, (2013).

［42］Robert E.Cushman,The constitutional status of the independent regulatory commission,Feb.1939.

［43］Takayoshi Kusago,Export Processing Zones:A Review in Need of Update,(1998).

［44］Jenny Schultz,Balancing the Trade Relationship between The United States of America and The People's Republic of China.Asia Pacific Journal of Environment Law,1999.

［45］Kurt M.Campbell and Ely Ratner,The China Reckoning:How Beijing Defied American Expectations,97 Foreign Aff.2018.

［46］Yi-Chih YANG,A Comparative Analysis of Free Trade Zone Policies in Taiwan and Korea based on a Port Hinterland Perspective,The Asian Journal of Shipping and Logistics,2009.

（三）其他类

［1］Establishment of Foreign-Trade Zones in the United States.

［2］Annual report of the Foreign-Trade Zones Board to the Congress of the United States.

［3］The National Association of Foreign-Trade Zones,"2013 Annual Report".

［4］Foreign-Trade Zone Resource Centre(FTZ-RC) A Brief History of the US Foreign-Trade Zones Program,http://www.foreign-trade-zone.com/history.htm.

［5］FTZ-RC Foreign-Trade Zones Grantee Responsibilities http://www.foreign-trade-zone.com/grantee_respon.htm.

［6］A.McGilvray(2004)Enhancing the Foreign-Trade Zones Program for Smalland MediumSized Manufacturers(US-FTZ Board Staff Report).

［7］M.Ferguson and C.Steverango,Maximizing the Potential of the Foreign Trade Zone Concept in Canada,McMaster Institute for Transportation and Logistics,McMaster University,Hamilton,Ontario,January 2013,mitl.mcmaster.ca.Prepared for MITL Partners.

［8］David Stambrook(President-Virtuosity Consulting),Canada/US Comparison of Foreign Trade Zone (FTZ) Related Programs & Policies(Final Report),Under Contract with Transport Canada – Strategic Policy Value-Added Gateway Project,31 March 2009.

［9］Ministry of Transportation and Infrastructure & Ministry of Jobs,Tourism and Innovation,Feasibility of a British Columbia Foreign Trade Zone (FTZ) Program (FINAL REPORT),Prepared by InterVISTAS Consulting Inc.,4 November 2011.

［10］United Nations,Economic and Social Commission for Asia and the Pacific,Free Trade Zone and Port Hinterland Development,Prepared by Korea Maritime Institute,2005.

［11］Free Trade Zone Study,Prepared by Deloitte Consulting Services for Western Economic Diversification Canada, October 15, 2008.

[12] Special Economic Zones: Performance, Lessons Learned, and Implications for Zone Development, Prepared by FIAS(the Multi-Donor Investment Climate Advisory Service of the World Bank Group), April 2008.

[13] White House Office of Trade and Manufacturing Policy, How China's Economic Aggression Threatens the Technologies and Intellectual Property of the United States and the World, 2018, https://www. whitehouse. gov/wp-content/uploads/2018/06/FINAL-China-Technology-Report-6.18.18-PDF.pdf.

[14] Josh Wübbeke, Mirjam Meissner, Max J. Zengle n, Jaqueline Ives, and Björn Conrad, Made in China 2025, Mercator Institute for China Studies, 2016, https://www. merics.org/sites/default/files/2017-09/MPOC_No 2_MadeinChina2025.pdf.

[15] US Customs and Border, Foreign-Trade Zone Manual, (2011). https://www.cbp. gov/sites/default/files/documents/FTZmanual2011.pdf.

[16] National Association of Foreign-Trade Zones, The Impact of Foreign-Trade Zones on The 50 States & Puerto Rico, 2012.

[17] InterVISTAS Consulting Inc., Feasibility of a British Columbia Foreign Trade Zone (FTZ) Program, Prepared for Ministry of Transportation and Infrastructure & Ministry of Jobs, Tourism and Innovation, 4 November 2011.

[18] Korea Maritime Institute, Free Trade Zone and Port Hinterland Development, Prepared for United Nations, Economic and Social Commission for Asia and the Pacific, 2005.

[19] Deloitte Consulting Services, Free Trade Zone Study, Prepared by, October 15, 2008.

[20] FIAS (the Multi-Donor Investment Climate Advisory Service of the World Bank Group), Special Economic Zones: Performance, Lessons Learned, and Implications for Zone Development, April 2008.

[21] Robert E. Lighthizer & Hiroshige Seko & CeciliaMalmström, Joint Statement on Trilateral Meeting of the Trade Ministers of the United States, Japan, and the European Union, May 2018.

[22] Robert E. Lighthizer, Testimony Before the U.S.—China Economic and Security Review Commission: Evaluating China's Role in the World Trade Organization Over the Past Decade, 2010.

[23] United States Department of Defense, National Defense Strategy, 2008, https://ar-

chive.defense.gov/pubs/2008NationalDefenseStrategy.pdf.

［24］Office of the United States Trade Representative，2018 National Trade Estimate Report on Foreign Trade Barriers，2018．https：//ustr. gov/sites/default/files/files/Press/Reports/2018%20National%20Trade%20Estimate%20Report.pdf.

［25］U. S.-China Economic and Security Review Commission，USCC Annual Report，2017，https：//www. uscc. gov/sites/default/files/annual_reports/2017_Annual_Report_to_Congress.pdf.

［26］European Commission，WTO Appellate Body Confirms：China's Export Restrictions on Rare Earths and Other Raw Materials Illegal，Aug. 7，2014，https：//www. ictsd. org/sites/default/files/downloads/2012/02/td-vol-4-bridges-case-study-raw-materials-app.pdf.

［27］CNN Transcript，Intelligence Chiefs Take Questions From Senate Intelligence Committee，Feb.13，2018，http：//transcripts.cnn.com/TRANSCRIPTS/1802/13/cnr.04.html.

［28］Office of the United States Trade Representative，2017 Special 301 Report，https：//ustr. gov/sites/default/files/301/2017% 20Special% 20301% 20Report% 20FINAL.PDF.

［29］United Nationals Economic and Social Commission for Asia and the Pacific，Free Trade Zone and Port Hinterland Development，（2005），https：//www. unescap. org/sites/default/files/pub_2377_fulltext.pdf.

［30］United States International Trade Commission，The Implications of Foreign-Trade Zones for U. S. Industries and for CompetitiveConditions Between U. S. and Foreign Firms，（1988），https：//www.usitc.gov/publications/332/pub2059.pdf.

［31］UNESCAP，Free Trade Zone and.Port Hinterland Development，the Port Industry，（2005）.

［32］U.S General Accounting Office，Foreign-trade zone growth primarily benefits users who import for domestic commerce，Mar.2，1984.

［33］U.S.House of Representatives，Hearing before the subcommittee of the committee on U.S.House of Representatives，The implication of foreign trade zones for US industries and for competitive conditions between us and foreign firms，Feb. 1988，https：//www. usitc. gov/publications/332/pub2059.pdf.

［34］The National Association of Foreign-Trade Zones，2013 Annual Report，https：//www.naftz.org/wp-content/uploads/2016/10/NAFTZ-Annual-Report-2013.pdf.

［35］FIAS（the Multi-Donor Investment Climate Advisory Service of the World Bank

Group），Special Economic Zones Performance，Lessons Learned，And Implications For Zone Development，April 2008.

［36］House of Representatives，Foreign trade zones. Hearings before a Subcommittee of the Committee on Ways and Means，seventy-third Congress，second session，on H. R. 3657，Washington：U.S.Govt.Print Off.，1934.

［37］Gao Reports，Foreign Trade Zones：Program Needs Clarified Criteria，（1989），https：//www.gao.gov/assets/150/147348.pdf.

［38］Gao Reports，Persistent Weaknesses in the In-Bond Cargo System Impede Customs and Border Protection's Ability to Address Revenue，（1989），https：//www. gao. gov/assets/260/259534.pdf.

［39］China's Trade-Disruptive Economic Model，July. 16，2018. https：//docs. wto. org/dol2fe/Pages/SS/directdoc.aspx? filename＝q：/WT/GC/W745.pdf，2018－8－30.

［40］USTR Section 301 Investigation，https：//ustr. gov/sites/default/files/Section%20301%20FINAL.PDF，2018－8－30.

［41］National Security Strategy of the United States of America，Dec.2017.https：//www.whitehouse.gov/wp-content/uploads/2017/12/NSS-Final-12-18-2017-0905.pdf，2018－8－30.

［42］Statement by the President Regarding Trade with China.https：//www. whitehouse. gov/briefings-statements/statement-president-regarding-trade-china/，2018－8－30.

［43］President Donald J. Trump is Confronting China's Unfair Trade Policies，https：//www. whitehouse. gov/briefings-statements/president-donald-j-trump-confronting-chinas-unfair-trade-policies/，2018－8－30.

［44］2017 USTR Report to Congress on China's WTO Compliance. https：//ustr. gov/sites/default/files/files/Press/Reports/China%202017%20WTO%20Report.pdf.

［45］A. McGilvray（2004），Enhancing the Foreign-Trade Zones Program for Smalland MediumSized Manufacturers（US-FTZ Board Staff Report）.

［46］M.Ferguson and C.Steverango，Maximizing the Potential of the Foreign Trade Zone Concept in Canada，（2013），McMaster Institute for Transportation and Logistics.

［47］M.Ferguson and C.Steverango，Maximizing the Potential of the Foreign Trade Zone Concept in Canada，McMaster Institute for Transportation and Logistics，McMaster University，Hamilton，Ontario，January 2013，mitl.mcmaster.ca.Prepared for MITL Partners.

［48］Wayne M.Morrison，China-U.S.Trade Issues，CRS REPORT，July 6，2018.

［49］Brock R. Williams，Bilateral and Regional Trade Agreements：Issues for

Congress,2018.

[50]World Bank Group,Special Economic Zones:Performance,Lessons Learned,and Implications for Zone Development,2008.

后 记

2019年11月,习近平总书记在第二届中国国际进口博览会开幕式上指出,"中国将继续鼓励自由贸易试验区大胆试、大胆闯,加快推进海南自由贸易港建设,打造开放新高地。"①面对百年未有之大变局,中国坚持以开放促改革、促发展、促创新,持续推进更高水平的对外开放。加快探索中国特色自贸区(港)法治保障智力支撑和法治建构理论创新,正逢其时。

历经八年的艰辛探索,拙著《中国特色自贸区(港)法治建构论》即将付梓。这是继"美国对外关系法与贸易法丛书"之一的《美国贸易调整援助制度研究》后,我在人民出版社出版的又一本专著。"漫漫治学,诚惶诚恐",唯求坚守我做学问之初心——"做国家最需要的学问"。

八年来,我始终坚持这一治学理念,带领专业智库团队,不忘学术初心,牢记学者使命,将国家需要作为治学的动力和目标,遵循法学"三性"(政治性、科学性、实践性)原则,走出象牙塔,立足中国国情,注重从真实世界里找学问。在深入参与中国特色自贸区(港)改革创新与法治保障实践研究中,深刻感悟到象牙塔内的法学研究无法有效解释、回应象牙塔外的社会问题。有基于此,我带领团队,逐步关注知识发现和知识创造,历经5年从理论到实践、再从实践到理论的艰苦奋斗和艰难探索,正在努力创建偏实证、重应用、讲经验的"中国特色高级应用法学",试图自主创立解释中国改革开放法治建构经验现象的一套系统方法,重在创新四大学术功能:一是解释功能(学术解释力);二是建构功能(理论建构力);三是指引功能(方向指引力);四是操作功能(方案执行力)。

---

① 习近平:《开放合作 命运与共——在第二届中国国际进口博览会开幕式上的主旨演讲》,载《人民日报》2019年11月6日。

拙著创作跨涉四个治学阶段（2011—2012 年中国社科院法学所访学、2013—2016 年浙江大学公管学院在职博士后、2014—2015 年加州大学伯克利分校法学院访学、2016 年至今担任中国（浙江）自贸试验区建设领导小组办公室成员），是在博士后研究报告基础上不断补充、修改、调整和完善而成的，在此，对博士后导师浙江大学郁建兴教授表示衷心感谢。拙著"思想体系和方法论"的形成前后汇聚了八年来我的实证调研、研究报告、决策咨询、政策设计、条例研制、法治宣讲、专题授课、已经发表和尚未发表的专业论文等全部思考。尤其是我为浙江、四川、安徽、河南、湖北、重庆、海南等省市各级干部和各种论坛主讲"中国特色自贸区（港）改革创新与法治保障"专题，共计 70 多次，为拙著创作提供了良好的实践基础。拙著"系统性框架"的形成主要得益于浙江省法学会自由贸易园（港）区法治研究中心以及中国自由贸易试验区法治智库联盟、中国特色自由贸易港建设法治论坛、中国（浙江）自由贸易试验区法治论坛、舟山市法学会自由贸易港区法治研究会等研究、实践和协作平台。

"艰难困苦，玉汝于成"。一路走来，有太多感谢和感恩。感谢省法学会、省商务厅、舟山、义乌、宁波等相关部门的提携和支持。

感谢浙江工业大学校领导和法学院领导以及全体同事的支持以及中国特色高级应用法学团队为拙著文字校对工作的辛勤付出。

特别要感谢人民出版社茅友生编辑一如既往的支持和帮助，让我更加坚定了探索"中国改革开放法治建构主义"的决心和信心。

最后要感谢家人对我事业的默默支持和生活的细心照顾。尤其是我的妻子，一直以来对我的理解和包容。

需要感谢的实在太多，无法在这里一一列出来，但感恩之情铭记于心中，化成我不断前行的动力。由于客观条件限制和本人水平浅陋，本书还存在许多不足之处，恳请读者批评指正！

陈利强

2019 年 11 月于杭州

责任编辑：茅友生

封面设计：胡欣欣

图书在版编目（CIP）数据

中国特色自贸区（港）法治建构论/陈利强 著. —北京：人民出版社，2019.12

ISBN 978－7－01－021527－3

Ⅰ.①中⋯　Ⅱ.①陈⋯　Ⅲ.①自由贸易区-社会主义法治-建设-研究-中国

Ⅳ.①D920.0

中国版本图书馆 CIP 数据核字（2019）第 239213 号

中国特色自贸区（港）法治建构论

ZHONGGUO TESE ZIMAOQU GANG FAZHI JIANGOU LUN

陈利强　著

人民出版社 出版发行

（100706　北京市东城区隆福寺街 99 号）

北京盛通印刷股份有限公司印刷　新华书店经销

2019 年 12 月第 1 版　2019 年 12 月北京第 1 次印刷

开本：710 毫米×1000 毫米 1/16　印张：21

字数：398 千字　印数：0,001—5,000 册

ISBN 978－7－01－021527－3　定价：98.00 元

邮购地址 100706　北京市东城区隆福寺街 99 号

人民东方图书销售中心　电话（010）65250042　65289539